A book for You
赤本バックナンバーの

赤本バックナンバーを1年単位で印刷製本しお届

弊社発行の「**高校別入試対策シリーズ（赤本）**」の収録から外れた古い年度の過去問を1年単位でご購入いただくことができます。

「**赤本バックナンバー**」はamazon（アマゾン）の***プリント・オン・デマンドサービス**によりご提供いたします。

定評のあるくわしい解答解説はもちろん赤本そのまま，解答用紙も付けてあります。

志望校の受験対策をさらに万全なものにするために，「**赤本バックナンバー**」をぜひご活用ください。

⚠ *プリント・オン・デマンドサービスとは，ご注文に応じて1冊から印刷製本し，お客様にお届けするサービスです。

ご購入の流れ

① 英俊社のウェブサイト https://book.eisyun.jp/ にアクセス
② トップページの「高校受験」 赤本バックナンバー をクリック
③ ご希望の学校・年度をクリックすると，amazon（アマゾン）のウェブサイトの該当書籍のページにジャンプ
④ amazon（アマゾン）のウェブサイトでご購入

⚠ 納期や配送，お支払い等，購入に関するお問い合わせは，amazon（アマゾン）のウェブサイトにてご確認ください。
⚠ 書籍の内容についてのお問い合わせは英俊社（06−7712−4373）まで。

国私立高校・高専 バックナンバー

⚠ 表中の×印の学校・年度は，著作権上の事情等により発刊いたしません。あしからずご了承ください。

（アイウエオ順）

※価格はすべて税込表示

学校名	2019年実施問題	2018年実施問題	2017年実施問題	2016年実施問題	2015年実施問題	2014年実施問題	2013年実施問題	2012年実施問題	2011年実施問題	2010年実施問題	2009年実施問題	2008年実施問題	2007年実施問題	2006年実施問題	2005年実施問題	2004年実施問題	2003年実施問題
大阪教育大附高池田校舎	1,540円 66頁	1,430円 60頁	1,430円 62頁	1,430円 60頁	1,430円 60頁	1,430円 58頁	1,430円 58頁	1,430円 60頁	1,430円 58頁	1,430円 56頁	1,430円 54頁	1,320円 50頁	1,320円 52頁	1,320円 52頁	1,320円 48頁	1,320円 48頁	
大阪星光学院高	1,320円 48頁	1,320円 44頁	1,210円 42頁	1,210円 34頁	×	1,210円 36頁	1,210円 30頁	1,210円 32頁	1,650円 88頁	1,650円 84頁	1,650円 84頁	1,650円 80頁	1,650円 86頁	1,650円 80頁	1,650円 82頁	1,320円 52頁	1,430円 54頁
大阪桐蔭高	1,540円 74頁	1,540円 66頁	1,540円 68頁	1,540円 66頁	1,540円 66頁	1,430円 64頁	1,540円 68頁	1,430円 62頁	1,430円 62頁	1,540円 68頁	1,430円 62頁	1,430円 62頁	1,430円 60頁	1,430円 62頁	1,430円 58頁		
関西大学高	1,430円 56頁	1,430円 56頁	1,430円 58頁	1,430円 54頁	1,320円 52頁	1,320円 52頁	1,430円 54頁	1,320円 50頁	1,320円 52頁	1,320円 50頁							
関西大学第一高	1,540円 66頁	1,430円 64頁	1,430円 64頁	1,430円 56頁	1,430円 62頁	1,430円 54頁	1,320円 48頁	1,430円 56頁	1,430円 56頁	1,430円 56頁	1,430円 56頁	1,320円 52頁	1,320円 52頁	1,320円 50頁	1,320円 46頁	1,320円 52頁	
関西大学北陽高	1,540円 68頁	1,540円 72頁	1,540円 70頁	1,430円 64頁	1,430円 62頁	1,430円 60頁	1,430円 60頁	1,430円 58頁	1,430円 58頁	1,430円 58頁	1,430円 56頁	1,430円 54頁					
関西学院高	1,210円 36頁	1,210円 36頁	1,210円 34頁	1,210円 34頁	1,210円 32頁	1,210円 32頁	1,210円 32頁	1,210円 32頁	1,210円 28頁	1,210円 30頁	1,210円 28頁	1,210円 30頁	×	1,210円 30頁	1,210円 28頁	×	1,210円 26頁
京都女子高	1,540円 66頁	1,430円 62頁	1,430円 60頁	1,430円 60頁	1,430円 60頁	1,430円 54頁	1,430円 56頁	1,430円 56頁	1,430円 56頁	1,430円 56頁	1,430円 56頁	1,430円 54頁	1,430円 54頁	1,320円 50頁	1,320円 50頁	1,320円 48頁	
近畿大学附属高	1,540円 72頁	1,540円 68頁	1,540円 68頁	1,540円 66頁	1,430円 64頁	1,430円 62頁	1,430円 58頁	1,430円 60頁	1,430円 58頁	1,430円 60頁	1,430円 54頁	1,430円 58頁	1,430円 56頁	1,430円 54頁	1,430円 56頁	1,320円 52頁	
久留米大学附設高	1,430円 64頁	1,430円 62頁	1,430円 58頁	1,430円 60頁	1,430円 58頁	1,430円 58頁	1,430円 58頁	1,430円 58頁	1,430円 56頁	1,430円 58頁	1,430円 54頁	×	1,430円 54頁	1,430円 54頁			
四天王寺高	1,540円 74頁	1,430円 62頁	1,430円 64頁	1,540円 66頁	1,210円 40頁	1,210円 40頁	1,430円 64頁	1,430円 64頁	1,430円 58頁	1,430円 62頁	1,430円 60頁	1,430円 60頁	1,430円 64頁	1,430円 58頁	1,430円 62頁	1,430円 58頁	
須磨学園高	1,210円 40頁	1,210円 40頁	1,210円 36頁	1,210円 42頁	1,210円 40頁	1,210円 40頁	1,210円 38頁	1,210円 38頁	1,320円 44頁	1,320円 48頁	1,320円 46頁	1,320円 48頁	1,320円 46頁	1,320円 44頁	1,210円 42頁		
清教学園高	1,540円 66頁	1,540円 66頁	1,430円 64頁	1,430円 56頁	1,320円 52頁	1,320円 50頁	1,320円 52頁	1,320円 48頁	1,320円 52頁	1,320円 50頁	1,320円 50頁	1,320円 46頁					
西南学院高	1,870円 102頁	1,760円 98頁	1,650円 82頁	1,980円 116頁	1,980円 112頁	1,980円 112頁	1,870円 110頁	1,870円 112頁	1,870円 106頁	1,540円 76頁	1,540円 76頁	1,540円 72頁	1,540円 72頁	1,540円 70頁			
清風高	1,430円 58頁	1,430円 54頁	1,430円 60頁	1,430円 60頁	1,430円 60頁	1,430円 60頁	1,430円 60頁	1,430円 60頁	1,430円 56頁	1,430円 58頁	×	1,430円 56頁	1,430円 58頁	1,430円 54頁	1,430円 54頁		

※価格はすべて税込表示

学校名	2019年 実施問題	2018年 実施問題	2017年 実施問題	2016年 実施問題	2015年 実施問題	2014年 実施問題	2013年 実施問題	2012年 実施問題	2011年 実施問題	2010年 実施問題	2009年 実施問題	2008年 実施問題	2007年 実施問題	2006年 実施問題	2005年 実施問題	2004年 実施問題	2003年 実施問題
清風南海高	1,430円 64頁	1,430円 64頁	1,430円 62頁	1,430円 60頁	1,430円 60頁	1,430円 58頁	1,430円 58頁	1,430円 60頁	1,430円 56頁	1,430円 56頁	1,430円 56頁	1,430円 56頁	1,430円 58頁	1,430円 58頁	1,320円 52頁	1,430円 54頁	
智辯学園和歌山高	1,320円 44頁	1,210円 42頁	1,210円 40頁	1,210円 40頁	1,210円 38頁	1,210円 38頁	1,210円 40頁	1,210円 38頁	1,210円 38頁	1,210円 40頁	1,210円 40頁	1,210円 38頁	1,210円 38頁	1,210円 38頁	1,210円 38頁	1,210円 38頁	
同志社高	1,430円 56頁	1,430円 56頁	1,430円 54頁	1,430円 54頁	1,430円 56頁	1,430円 54頁	1,320円 52頁	1,320円 52頁	1,320円 50頁	1,320円 48頁	1,320円 50頁	1,320円 50頁	1,320円 46頁	1,320円 48頁	1,320円 44頁	1,320円 48頁	1,320円 46頁
灘高	1,320円 52頁	1,320円 46頁	1,320円 48頁	1,320円 46頁	1,320円 46頁	1,320円 48頁	1,210円 42頁	1,320円 44頁	1,320円 50頁	1,320円 48頁	1,320円 46頁	1,320円 48頁	1,320円 48頁	1,320円 46頁	1,320円 44頁	1,320円 46頁	1,320円 46頁
西大和学園高	1,760円 98頁	1,760円 96頁	1,760円 90頁	1,540円 68頁	1,540円 66頁	1,430円 62頁	1,430円 62頁	1,430円 62頁	1,430円 64頁	1,430円 64頁	1,430円 62頁	1,430円 64頁	1,430円 64頁	1,430円 62頁	1,430円 60頁	1,430円 56頁	1,430円 58頁
福岡大学附属大濠高	2,310円 152頁	2,310円 148頁	2,200円 142頁	2,200円 144頁	2,090円 134頁	2,090円 132頁	2,090円 128頁	1,760円 96頁	1,760円 94頁	1,650円 88頁	1,650円 84頁	1,760円 88頁	1,760円 90頁	1,760円 92頁			
明星高	1,540円 76頁	1,540円 74頁	1,540円 68頁	1,430円 62頁	1,430円 62頁	1,430円 64頁	1,430円 64頁	1,430円 60頁	1,430円 58頁	1,430円 56頁	1,430円 56頁	1,430円 54頁	1,430円 54頁	1,430円 54頁	1,320円 52頁	1,320円 52頁	
桃山学院高	1,430円 64頁	1,430円 64頁	1,430円 62頁	1,430円 60頁	1,430円 58頁	1,430円 54頁	1,430円 56頁	1,430円 54頁	1,430円 58頁	1,430円 58頁	1,430円 56頁	1,320円 52頁	1,320円 52頁	1,320円 48頁	1,320円 46頁	1,320円 50頁	1,320円 50頁
洛南高	1,540円 66頁	1,430円 64頁	1,540円 66頁	1,540円 66頁	1,430円 62頁	1,430円 64頁	1,430円 62頁	1,430円 62頁	1,430円 62頁	1,430円 60頁	1,430円 58頁	1,430円 64頁	1,430円 60頁	1,430円 62頁	1,430円 58頁	1,430円 58頁	1,430円 60頁
ラ・サール高	1,540円 70頁	1,540円 66頁	1,430円 60頁	1,430円 62頁	1,430円 60頁	1,430円 58頁	1,430円 60頁	1,430円 60頁	1,430円 58頁	1,430円 54頁	1,430円 60頁	1,430円 54頁	1,430円 56頁	1,320円 50頁			
立命館高	1,760円 96頁	1,760円 94頁	1,870円 100頁	1,760円 96頁	1,870円 104頁	1,870円 102頁	1,870円 100頁	1,760円 92頁	1,650円 88頁	1,760円 94頁	1,650円 88頁	1,650円 86頁	1,320円 48頁	1,650円 80頁	1,430円 54頁		
立命館宇治高	1,430円 62頁	1,430円 60頁	1,430円 58頁	1,430円 58頁	1,430円 56頁	1,430円 54頁	1,430円 54頁	1,320円 52頁	1,320円 52頁	1,430円 54頁	1,430円 56頁	1,320円 52頁					
国立高専	1,650円 78頁	1,540円 74頁	1,540円 66頁	1,430円 64頁	1,430円 62頁	1,430円 62頁	1,430円 62頁	1,540円 68頁	1,540円 70頁	1,430円 64頁	1,430円 62頁	1,430円 62頁	1,430円 60頁	1,430円 58頁	1,430円 60頁	1,430円 56頁	1,430円 60頁

公立高校 バックナンバー

※価格はすべて税込表示

府県名・学校名	2019年 実施問題	2018年 実施問題	2017年 実施問題	2016年 実施問題	2015年 実施問題	2014年 実施問題	2013年 実施問題	2012年 実施問題	2011年 実施問題	2010年 実施問題	2009年 実施問題	2008年 実施問題	2007年 実施問題	2006年 実施問題	2005年 実施問題	2004年 実施問題	2003年 実施問題
岐阜県公立高	990円 64頁	990円 60頁	990円 60頁	990円 60頁	990円 58頁	990円 56頁	990円 58頁	990円 52頁	990円 54頁	990円 52頁	990円 52頁	990円 48頁	990円 50頁	990円 52頁			
静岡県公立高	990円 62頁	990円 58頁	990円 58頁	990円 60頁	990円 60頁	990円 56頁	990円 58頁	990円 58頁	990円 56頁	990円 54頁	990円 52頁	990円 54頁	990円 52頁	990円 52頁			
愛知県公立高	990円 126頁	990円 120頁	990円 114頁	990円 114頁	990円 114頁	990円 110頁	990円 112頁	990円 108頁	990円 108頁	990円 110頁	990円 102頁	990円 102頁	990円 102頁	990円 100頁	990円 100頁	990円 96頁	990円 96頁
三重県公立高	990円 72頁	990円 66頁	990円 66頁	990円 64頁	990円 66頁	990円 64頁	990円 66頁	990円 64頁	990円 62頁	990円 62頁	990円 58頁	990円 58頁	990円 52頁	990円 54頁			
滋賀県公立高	990円 66頁	990円 62頁	990円 60頁	990円 62頁	990円 62頁	990円 46頁	990円 48頁	990円 46頁	990円 48頁	990円 44頁	990円 44頁	990円 44頁	990円 46頁	990円 44頁	990円 44頁	990円 40頁	990円 42頁
京都府公立高(中期)	990円 60頁	990円 56頁	990円 54頁	990円 54頁	990円 56頁	990円 54頁	990円 56頁	990円 54頁	990円 56頁	990円 54頁	990円 52頁	990円 50頁	990円 50頁	990円 50頁	990円 46頁	990円 46頁	990円 48頁
京都府公立高(前期)	990円 40頁	990円 38頁	990円 40頁	990円 38頁	990円 38頁	990円 36頁											
京都市立堀川高 探究学科群	1,430円 64頁	1,540円 68頁	1,430円 60頁	1,430円 62頁	1,430円 64頁	1,430円 60頁	1,430円 60頁	1,430円 58頁	1,430円 58頁	1,430円 64頁	1,430円 54頁	1,320円 48頁	1,210円 42頁	1,210円 38頁	1,210円 36頁	1,210円 40頁	
京都市立西京高 エンタープライジング科	1,650円 82頁	1,540円 76頁	1,650円 80頁	1,540円 72頁	1,540円 72頁	1,540円 70頁	1,320円 46頁	1,320円 50頁	1,320円 46頁	1,320円 44頁	1,210円 42頁	1,210円 42頁	1,210円 38頁	1,210円 38頁	1,210円 40頁	1,210円 34頁	
京都府立嵯峨野高 京都こすもす科	1,540円 68頁	1,540円 66頁	1,540円 68頁	1,430円 64頁	1,430円 64頁	1,430円 62頁	1,210円 42頁	1,210円 42頁	1,320円 46頁	1,320円 44頁	1,210円 42頁	1,210円 40頁	1,210円 40頁	1,210円 36頁	1,210円 36頁	1,210円 34頁	
京都府立桃山高 自然科学科	1,320円 46頁	1,320円 46頁	1,210円 42頁	1,320円 44頁	1,320円 46頁	1,320円 44頁	1,210円 42頁	1,210円 38頁	1,210円 42頁	1,210円 40頁	1,210円 40頁	1,210円 38頁	1,210円 34頁	1,210円 34頁			

※価格はすべて税込表示

府県名・学校名	2019年 実施問題	2018年 実施問題	2017年 実施問題	2016年 実施問題	2015年 実施問題	2014年 実施問題	2013年 実施問題	2012年 実施問題	2011年 実施問題	2010年 実施問題	2009年 実施問題	2008年 実施問題	2007年 実施問題	2006年 実施問題	2005年 実施問題	2004年 実施問題	2003年 実施問題
大阪府公立高(一般)	990円 148頁	990円 140頁	990円 140頁	990円 122頁													
大阪府公立高(特別)	990円 78頁	990円 78頁	990円 74頁	990円 72頁													
大阪府公立高(前期)					990円 70頁	990円 68頁	990円 66頁	990円 72頁	990円 70頁	990円 60頁	990円 58頁	990円 56頁	990円 56頁	990円 54頁	990円 52頁	990円 52頁	990円 48頁
大阪府公立高(後期)					990円 82頁	990円 76頁	990円 72頁	990円 64頁	990円 64頁	990円 64頁	990円 62頁	990円 62頁	990円 62頁	990円 58頁	990円 56頁	990円 58頁	990円 56頁
兵庫県公立高	990円 74頁	990円 78頁	990円 74頁	990円 74頁	990円 74頁	990円 68頁	990円 66頁	990円 64頁	990円 60頁	990円 56頁	990円 58頁	990円 56頁	990円 58頁	990円 56頁	990円 56頁	990円 54頁	990円 52頁
奈良県公立高(一般)	990円 62頁	990円 50頁	990円 50頁	990円 52頁	990円 50頁	990円 52頁	990円 50頁	990円 48頁	990円 48頁	990円 48頁	990円 48頁	990円 48頁	×	990円 44頁	990円 46頁	990円 42頁	990円 44頁
奈良県公立高(特色)	990円 30頁	990円 38頁	990円 44頁	990円 46頁	990円 46頁	990円 44頁	990円 40頁	990円 40頁	990円 32頁	990円 32頁	990円 32頁	990円 32頁	990円 28頁	990円 28頁			
和歌山県公立高	990円 76頁	990円 70頁	990円 68頁	990円 64頁	990円 66頁	990円 64頁	990円 64頁	990円 62頁	990円 66頁	990円 62頁	990円 60頁	990円 60頁	990円 58頁	990円 56頁	990円 56頁	990円 56頁	990円 52頁
岡山県公立高(一般)	990円 66頁	990円 60頁	990円 58頁	990円 56頁	990円 58頁	990円 56頁	990円 58頁	990円 60頁	990円 56頁	990円 56頁	990円 52頁	990円 52頁	990円 50頁				
岡山県公立高(特別)	990円 38頁	990円 36頁	990円 34頁	990円 34頁	990円 34頁	990円 32頁											
広島県公立高	990円 68頁	990円 70頁	990円 74頁	990円 68頁	990円 60頁	990円 58頁	990円 54頁	990円 46頁	990円 48頁	990円 46頁	990円 46頁	990円 46頁	990円 44頁	990円 46頁	990円 44頁	990円 44頁	990円 44頁
山口県公立高	990円 86頁	990円 80頁	990円 82頁	990円 84頁	990円 76頁	990円 78頁	990円 76頁	990円 64頁	990円 62頁	990円 58頁	990円 58頁	990円 60頁	990円 56頁				
徳島県公立高	990円 88頁	990円 78頁	990円 86頁	990円 74頁	990円 76頁	990円 80頁	990円 64頁	990円 62頁	990円 60頁	990円 58頁	990円 60頁	990円 54頁	990円 52頁				
香川県公立高	990円 76頁	990円 74頁	990円 72頁	990円 74頁	990円 72頁	990円 68頁	990円 68頁	990円 66頁	990円 66頁	990円 62頁	990円 62頁	990円 60頁	990円 62頁				
愛媛県公立高	990円 72頁	990円 68頁	990円 66頁	990円 64頁	990円 68頁	990円 64頁	990円 62頁	990円 60頁	990円 62頁	990円 56頁	990円 58頁	990円 56頁	990円 54頁				
福岡県公立高	990円 66頁	990円 68頁	990円 68頁	990円 66頁	990円 60頁	990円 56頁	990円 56頁	990円 54頁	990円 56頁	990円 58頁	990円 52頁	990円 54頁	990円 52頁	990円 48頁			
長崎県公立高	990円 90頁	990円 86頁	990円 84頁	990円 84頁	990円 82頁	990円 80頁	990円 80頁	990円 82頁	990円 80頁	990円 80頁	990円 80頁	990円 78頁	990円 76頁				
熊本県公立高	990円 98頁	990円 92頁	990円 92頁	990円 92頁	990円 94頁	990円 74頁	990円 72頁	990円 70頁	990円 70頁	990円 68頁	990円 68頁	990円 64頁	990円 68頁				
大分県公立高	990円 84頁	990円 78頁	990円 80頁	990円 76頁	990円 80頁	990円 66頁	990円 62頁	990円 62頁	990円 62頁	990円 58頁	990円 58頁	990円 56頁	990円 58頁				
鹿児島県公立高	990円 66頁	990円 62頁	990円 60頁	990円 60頁	990円 60頁	990円 60頁	990円 60頁	990円 60頁	990円 60頁	990円 58頁	990円 58頁	990円 54頁	990円 58頁				

英語リスニング音声データのご案内

英語リスニング問題の音声データについて

赤本収録年度の音声データ　弊社発行の**「高校別入試対策シリーズ（赤本）」に収録している年度**の音声データは，以下の一覧の学校分を提供しています。希望の音声データをダウンロードし，赤本に掲載されている問題に取り組んでください。

赤本収録年度より古い年度の音声データ　**「高校別入試対策シリーズ（赤本）」に収録している年度よりも古い年度**の音声データは，6ページの国私立高と公立高を提供しています。赤本バックナンバー（1～3ページに掲載）と音声データの両方をご購入いただき，問題に取り組んでください。

ご購入の流れ

① 英俊社のウェブサイト https://book.eisyun.jp/ にアクセス
② トップページの「高校受験」 リスニング音声データ をクリック
③ ご希望の学校・年度をクリックすると，オーディオブック（audiobook.jp）のウェブサイトの該当ページにジャンプ
④ オーディオブック（audiobook.jp）のウェブサイトでご購入。※初回のみ会員登録（無料）が必要です。

⚠ ダウンロード方法やお支払い等，購入に関するお問い合わせは，オーディオブック（audiobook.jp）のウェブサイトにてご確認ください。

音声データを入手できる学校と年度

赤本収録年度の音声データ

ご希望の年度を1年分ずつ，もしくは赤本に収録している年度をすべてまとめてセットでご購入いただくことができます。セットでご購入いただくと，1年分の単価がお得になります。

⚠ ×印の年度は音声データをご提供しておりません。あしからずご了承ください。

国私立高（アイウエオ順）

※価格は税込表示

学校名	税込価格				
	2020年	2021年	2022年	2023年	2024年
アサンプション国際高	¥550	¥550	¥550	¥550	¥550
5か年セット	¥2,200				
育英西高	¥550	¥550	¥550	¥550	¥550
5か年セット	¥2,200				
大阪教育大附高池田校	¥550	¥550	¥550	¥550	¥550
5か年セット	¥2,200				
大阪薫英女学院高	¥550	¥550	¥550	¥550	×
4か年セット	¥1,760				
大阪国際高	¥550	¥550	¥550	¥550	¥550
5か年セット	¥2,200				
大阪信愛学院高	¥550	¥550	¥550	¥550	¥550
5か年セット	¥2,200				
大阪星光学院高	¥550	¥550	¥550	¥550	¥550
5か年セット	¥2,200				
大阪桐蔭高	¥550	¥550	¥550	¥550	¥550
5か年セット	¥2,200				
大谷高	×	×	×	¥550	¥550
2か年セット	¥880				
関西創価高	¥550	¥550	¥550	¥550	¥550
5か年セット	¥2,200				
京都先端科学大附高（特進・進学）	¥550	¥550	¥550	¥550	¥550
5か年セット	¥2,200				

※価格は税込表示

学校名	税込価格				
	2020年	2021年	2022年	2023年	2024年
京都先端科学大附高（国際）	¥550	¥550	¥550	¥550	¥550
5か年セット	¥2,200				
京都橘高	¥550	×	¥550	¥550	¥550
4か年セット	¥1,760				
京都両洋高	¥550	¥550	¥550	¥550	¥550
5か年セット	¥2,200				
久留米大附設高	×	¥550	¥550	¥550	¥550
4か年セット	¥1,760				
神戸星城高	¥550	¥550	¥550	¥550	¥550
5か年セット	¥2,200				
神戸山手グローバル高	×	×	×	¥550	¥550
2か年セット	¥880				
神戸龍谷高	¥550	¥550	¥550	¥550	¥550
5か年セット	¥2,200				
香里ヌヴェール学院高	¥550	¥550	¥550	¥550	¥550
5か年セット	¥2,200				
三田学園高	¥550	¥550	¥550	¥550	¥550
5か年セット	¥2,200				
滋賀学園高	¥550	¥550	¥550	¥550	¥550
5か年セット	¥2,200				
滋賀短期大学附高	¥550	¥550	¥550	¥550	¥550
5か年セット	¥2,200				

国私立高（アイウエオ順）

※価格は税込表示

学校名	税込価格				
	2020年	2021年	2022年	2023年	2024年
樟蔭高	¥550	¥550	¥550	¥550	¥550
5か年セット			¥2,200		
常翔学園高	¥550	¥550	¥550	¥550	¥550
5か年セット			¥2,200		
清教学園高	¥550	¥550	¥550	¥550	¥550
5か年セット			¥2,200		
西南学院高（専願）	¥550	¥550	¥550	¥550	¥550
5か年セット			¥2,200		
西南学院高（前期）	¥550	¥550	¥550	¥550	¥550
5か年セット			¥2,200		
園田学園高	¥550	¥550	¥550	¥550	¥550
5か年セット			¥2,200		
筑陽学園高（専願）	¥550	¥550	¥550	¥550	¥550
5か年セット			¥2,200		
筑陽学園高（前期）	¥550	¥550	¥550	¥550	¥550
5か年セット			¥2,200		
智辯学園高	¥550	¥550	¥550	¥550	¥550
5か年セット			¥2,200		
帝塚山高	¥550	¥550	¥550	¥550	¥550
5か年セット			¥2,200		
東海大付大阪仰星高	¥550	¥550	¥550	¥550	¥550
5か年セット			¥2,200		
同志社高	¥550	¥550	¥550	¥550	¥550
5か年セット			¥2,200		
中村学園女子高（前期）	×	¥550	¥550	¥550	¥550
4か年セット			¥1,760		
灘高	¥550	¥550	¥550	¥550	¥550
5か年セット			¥2,200		
奈良育英高	¥550	¥550	¥550	¥550	¥550
5か年セット			¥2,200		
奈良学園高	¥550	¥550	¥550	¥550	¥550
5か年セット			¥2,200		
奈良大附高	¥550	¥550	¥550	¥550	¥550
5か年セット			¥2,200		

※価格は税込表示

学校名	税込価格				
	2020年	2021年	2022年	2023年	2024年
西大和学園高	¥550	¥550	¥550	¥550	¥550
5か年セット			¥2,200		
梅花高	¥550	¥550	¥550	¥550	¥550
5か年セット			¥2,200		
白陵高	¥550	¥550	¥550	¥550	¥550
5か年セット			¥2,200		
初芝立命館高	×	×	×	×	¥550
東大谷高	×	×	¥550	¥550	¥550
3か年セット			¥1,320		
東山高	×	×	×	×	¥550
雲雀丘学園高	¥550	¥550	¥550	¥550	¥550
5か年セット			¥2,200		
福岡大附大濠高（専願）	¥550	¥550	¥550	¥550	¥550
5か年セット			¥2,200		
福岡大附大濠高（前期）	¥550	¥550	¥550	¥550	¥550
5か年セット			¥2,200		
福岡大附大濠高（後期）	¥550	¥550	¥550	¥550	¥550
5か年セット			¥2,200		
武庫川女子大附高	×	×	¥550	¥550	¥550
3か年セット			¥1,320		
明星高	¥550	¥550	¥550	¥550	¥550
5か年セット			¥2,200		
和歌山信愛高	¥550	¥550	¥550	¥550	¥550
5か年セット			¥2,200		

公立高

※価格は税込表示

学校名	税込価格				
	2020年	2021年	2022年	2023年	2024年
京都市立西京高（エンタープライジング科）	¥550	¥550	¥550	¥550	¥550
5か年セット			¥2,200		
京都市立堀川高（探究学科群）	¥550	¥550	¥550	¥550	¥550
5か年セット			¥2,200		
京都府立嵯峨野高（京都こすもす科）	¥550	¥550	¥550	¥550	¥550
5か年セット			¥2,200		

赤本収録年度より古い年度の音声データ

以下の音声データは,赤本に収録以前の年度ですので,赤本バックナンバー(P.1～3に掲載)と合わせてご購入ください。
赤本バックナンバーは1年分が1冊の本になっていますので,音声データも1年分ずつの販売となります。

※価格は税込表示

国私立高(アイウエオ順)

学校名	税込価格																
	2003年	2004年	2005年	2006年	2007年	2008年	2009年	2010年	2011年	2012年	2013年	2014年	2015年	2016年	2017年	2018年	2019年
大阪教育大附高池田校		¥550	¥550	¥550	¥550	¥550	¥550	¥550	¥550	¥550	¥550	¥550	¥550	¥550	¥550	¥550	¥550
大阪星光学院高(1次)	¥550	¥550	¥550	¥550	¥550	¥550	¥550	¥550	¥550	¥550	×	¥550	×	¥550	¥550	¥550	¥550
大阪星光学院高(1.5次)			¥550	¥550	¥550	¥550	¥550	¥550	×	×	×	×	×	×	×	×	×
大阪桐蔭高						¥550	¥550	¥550	¥550	¥550	¥550	¥550	¥550	¥550	¥550	¥550	¥550
久留米大附設高				¥550	¥550	×	¥550	¥550	¥550	¥550	¥550	¥550	¥550	¥550	¥550	¥550	¥550
清教学園高														¥550	¥550	¥550	¥550
同志社高						¥550	¥550	¥550	¥550	¥550	¥550	¥550	¥550	¥550	¥550	¥550	¥550
灘高																¥550	¥550
西大和学園高				¥550	¥550	¥550	¥550	¥550	¥550	¥550	¥550	¥550	¥550	¥550	¥550	¥550	¥550
福岡大附大濠高(専願)											¥550	¥550	¥550	¥550	¥550	¥550	¥550
福岡大附大濠高(前期)				¥550	¥550	¥550	¥550	¥550	¥550	¥550	¥550	¥550	¥550	¥550	¥550	¥550	¥550
福岡大附大濠高(後期)				¥550	¥550	¥550	¥550	¥550	¥550	¥550	¥550	¥550	¥550	¥550	¥550	¥550	¥550
明星高															¥550	¥550	¥550
立命館高(前期)						¥550	¥550	¥550	¥550	¥550	¥550	¥550	¥550	×	×	×	×
立命館高(後期)						¥550	¥550	¥550	¥550	¥550	¥550	¥550	¥550	×	×	×	×
立命館宇治高										¥550	¥550	¥550	¥550	¥550	¥550	¥550	×

※価格は税込表示

公立高(府県順)

府県名・学校名	税込価格																
	2003年	2004年	2005年	2006年	2007年	2008年	2009年	2010年	2011年	2012年	2013年	2014年	2015年	2016年	2017年	2018年	2019年
岐阜県公立高				¥550	¥550	¥550	¥550	¥550	¥550	¥550	¥550	¥550	¥550	¥550	¥550	¥550	¥550
静岡県公立高				¥550	¥550	¥550	¥550	¥550	¥550	¥550	¥550	¥550	¥550	¥550	¥550	¥550	¥550
愛知県公立高(Aグループ)	¥550	¥550	¥550	¥550	¥550	¥550	¥550	¥550	¥550	¥550	¥550	¥550	¥550	¥550	¥550	¥550	¥550
愛知県公立高(Bグループ)	¥550	¥550	¥550	¥550	¥550	¥550	¥550	¥550	¥550	¥550	¥550	¥550	¥550	¥550	¥550	¥550	¥550
三重県公立高				¥550	¥550	¥550	¥550	¥550	¥550	¥550	¥550	¥550	¥550	¥550	¥550	¥550	¥550
滋賀県公立高	¥550	¥550	¥550	¥550	¥550	¥550	¥550	¥550	¥550	¥550	¥550	¥550	¥550	¥550	¥550	¥550	¥550
京都府公立高(中期選抜)	¥550	¥550	¥550	¥550	¥550	¥550	¥550	¥550	¥550	¥550	¥550	¥550	¥550	¥550	¥550	¥550	¥550
京都府公立高(前期選抜 共通学力検査)												¥550	¥550	¥550	¥550	¥550	¥550
京都市立西京高(エンタープライジング科)		¥550	¥550	¥550	¥550	¥550	¥550	¥550	¥550	¥550	¥550	¥550	¥550	¥550	¥550	¥550	¥550
京都市立堀川高(探究学科群)												¥550	¥550	¥550	¥550	¥550	¥550
京都府立嵯峨野高(京都こすもす科)		¥550	¥550	¥550	¥550	¥550	¥550	¥550	¥550	¥550	¥550	¥550	¥550	¥550	¥550	¥550	¥550
大阪府公立高(一般選抜)														¥550	¥550	¥550	¥550
大阪府公立高(特別選抜)														¥550	¥550	¥550	¥550
大阪府公立高(後期選抜)	¥550	¥550	¥550	¥550	¥550	¥550	¥550	¥550	¥550	¥550	¥550	¥550	¥550	×	×	×	×
大阪府公立高(前期選抜)	¥550	¥550	¥550	¥550	¥550	¥550	¥550	¥550	¥550	¥550	¥550	¥550	¥550	×	×	×	×
兵庫県公立高	¥550	¥550	¥550	¥550	¥550	¥550	¥550	¥550	¥550	¥550	¥550	¥550	¥550	¥550	¥550	¥550	¥550
奈良県公立高(一般選抜)	¥550	¥550	¥550	¥550	×	¥550	¥550	¥550	¥550	¥550	¥550	¥550	¥550	¥550	¥550	¥550	¥550
奈良県公立高(特色選抜)				¥550	¥550	¥550	¥550	¥550	¥550	¥550	¥550	¥550	¥550	¥550	¥550	¥550	¥550
和歌山県公立高	¥550	¥550	¥550	¥550	¥550	¥550	¥550	¥550	¥550	¥550	¥550	¥550	¥550	¥550	¥550	¥550	¥550
岡山県公立高(一般選抜)					¥550	¥550	¥550	¥550	¥550	¥550	¥550	¥550	¥550	¥550	¥550	¥550	¥550
岡山県公立高(特別選抜)												¥550	¥550	¥550	¥550	¥550	¥550
広島県公立高	¥550	¥550	¥550	¥550	¥550	¥550	¥550	¥550	¥550	¥550	¥550	¥550	¥550	¥550	¥550	¥550	¥550
山口県公立高					¥550	¥550	¥550	¥550	¥550	¥550	¥550	¥550	¥550	¥550	¥550	¥550	¥550
香川県公立高					¥550	¥550	¥550	¥550	¥550	¥550	¥550	¥550	¥550	¥550	¥550	¥550	¥550
愛媛県公立高					¥550	¥550	¥550	¥550	¥550	¥550	¥550	¥550	¥550	¥550	¥550	¥550	¥550
福岡県公立高				¥550	¥550	¥550	¥550	¥550	¥550	¥550	¥550	¥550	¥550	¥550	¥550	¥550	¥550
長崎県公立高					¥550	¥550	¥550	¥550	¥550	¥550	¥550	¥550	¥550	¥550	¥550	¥550	¥550
熊本県公立高(選択問題A)													¥550	¥550	¥550	¥550	¥550
熊本県公立高(選択問題B)													¥550	¥550	¥550	¥550	¥550
熊本県公立高(共通)					¥550	¥550	¥550	¥550	¥550	¥550	¥550	¥550	×	×	×	×	×
大分県公立高					¥550	¥550	¥550	¥550	¥550	¥550	¥550	¥550	¥550	¥550	¥550	¥550	¥550
鹿児島県公立高					¥550	¥550	¥550	¥550	¥550	¥550	¥550	¥550	¥550	¥550	¥550	¥550	¥550

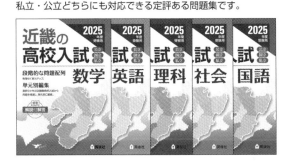

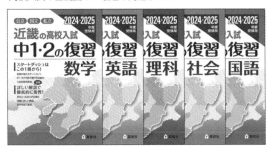

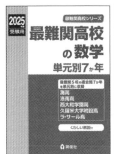

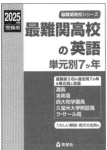

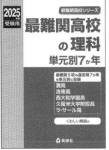

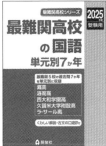

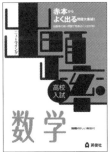

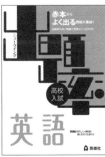

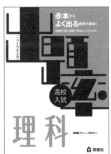

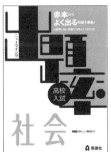

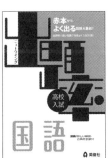

近道問題シリーズ

重要ポイントに絞ったコンパクトな問題集。苦手分野の集中トレーニングに最適です!

数学5分冊

01 式と計算
02 方程式・確率・資料の活用
03 関数とグラフ
04 図形〈1・2年分野〉
05 図形〈3年分野〉

英語6分冊

06 単語・連語・会話表現
07 英文法
08 文の書きかえ・英作文
09 長文基礎
10 長文実践
11 リスニング

理科6分冊

12 物理
13 化学
14 生物・地学
15 理科計算
16 理科記述
17 理科知識

社会4分冊

18 地理
19 歴史
20 公民
21 社会の応用問題 ー資料読解・記述ー

国語5分冊

22 漢字・ことばの知識
23 文法
24 長文読解 ー攻略法の基本ー
25 長文読解 ー攻略法の実践ー
26 古典

学校・塾の指導者の先生方へ

赤本収録の**入試問題データベース**を利用して、**オリジナルプリント教材**を作成していただけるサービスが登場!!　生徒**ひとりひとりに合わせた**教材作りが可能です。

プリント教材作成システム
KAWASEMI Lite

くわしくは KAWASEMI Lite 検索 で検索!
まずは**無料体験版**をぜひお試しください。

※指導者の先生方向けの専用サービスです。受験生など個人の方はご利用いただけませんので、ご注意ください。

公立高校入試対策シリーズ 3034

❖もくじ

（注） 著作権の都合により，実際に使用された写真と異なる場合があります。 （編集部）

2020～2024年度のリスニング音声（書籍収録分すべて）は
英俊社ウェブサイト「**リスもん**」から再生できます。
https://book.eisyun.jp/products/listening/index/

リスもん
リスニング問題 音声再生ウェブページ

再生の際に必要な入力コード→ **45769328**
（コードの使用期限：2025年７月末日）

スマホはこちら ——→

※音声は英俊社で作成したものです。

❖入学者選抜制度について（全日制課程）

一次選抜（併設型高等学校を除く）

★選抜の方法　ア　一般学力検査

① 実施教科は，国語，社会，数学，理科及び外国語（英語）の5教科とする。

② 実施時間は，各教科それぞれ50分とする。

③ 配点は，各教科50点満点で，合計250点満点とする。

④ 検査問題は，県教育委員会が作成する。

⑤ 検査問題は，中学校学習指導要領に準拠した内容とする。また，外国語（英語）については，放送による聞き取り検査も実施する。

⑥ 高等学校長は，各高等学校，課程，学科等の特色に応じ，一般学力検査問題に替えて，自校が作成した検査問題により学力検査を実施することができる。

イ　調査書

① 学習の記録の評定及び合計評点

a　第1学年及び第2学年の国語，社会，数学，理科，音楽，美術，保健体育，技術・家庭及び外国語については，5段階で評定する。

b　第3学年の国語，社会，数学，理科，音楽，美術，保健体育，技術・家庭及び外国語については，5段階で評定した評点を3倍する。

c　調査書の合計評点は，上記a及びbを合計した225点満点とする。

② 特記事項については，選抜の資料として活用する。

ウ　自己表現

① 自己を認識する力，自分の人生を選択する力及び表現する力をみるために，個人ごとの面談形式で実施する。

② 実施時間は，1人当たり10分以内とする。

③ 配点は，検査官1人当たり15点満点とする。

なお，高等学校長は，2～3人の範囲内で検査官の人数を定める。

エ　学校独自検査

① 面接，作文，小論文及び実技検査等

高等学校長は，各高等学校，課程，学科等の特色に応じ，面接，作文，小論文及び実技検査等を実施することができる。

② 自校作成問題による学力検査

高等学校長は，県教育委員会と協議の上，各高等学校，課程，学科等の特色に応じ，県教育委員会が作成する一般学力検査問題に加えて，自校が作成した問題により学力検査を実施することができる。

★合格者の決定　ア　特色枠による選抜

高等学校長は，各高等学校，課程，学科等の特色に応じ，入学定員の50％以内において，次のとおり，合格者を決定することができる。

①　高等学校長は，一般学力検査，調査書及び自己表現の配点の比重を定め，一般学力検査，調査書及び自己表現の結果を総合的に判断して決定する。

②　一般学力検査及び調査書について，高等学校長は，各高等学校，課程，学科等の特色に応じ，特定の教科のみを活用することができる。また，特定の教科の配点に比重をかける傾斜配点を実施することができる。

イ　一般枠による選抜

一般学力検査，調査書及び自己表現の配点の比重は6：2：2とし，一般学力検査，調査書及び自己表現の結果を総合的に判断して決定する。

なお，一般学力検査について，高等学校長は，各高等学校，課程，学科等の特色に応じ，特定の教科の配点に比重をかける傾斜配点を実施することができる。

ウ　特色枠による選抜を実施した学科・コースにあっては，特色枠による選抜により合格者を決定した後，一般枠による選抜により合格者を決定する。

エ　学校独自検査を実施した学科・コースにあっては，その結果を選抜の資料に加えて，総合的に判断して決定する。

★選抜日程

●出願登録　2025年1月23日(木)～2月10日(月)正午
●志願変更　2025年2月13日(木)～2月19日(水)正午
●調査書等提出　2025年2月13日(木)～2月20日(木)正午
●学力検査・自己表現等　2025年2月26日(水)～2月28日(金)
●追 検 査　2025年3月5日(水)
●合格者発表　2025年3月10日(月)

二次選抜

一次選抜の結果，合格者の数が入学定員に満たない場合，実施する。

●出願登録・調査書等提出　2025年3月13日(木)～3月17日(月)正午
●自己表現等　2025年3月18日(火)
●合格者発表　2025年3月19日(水)

一次選抜の実施内容（前年度参考）

特色枠による選抜

【全日制　本校】

市区町名	学校名	学科・コース	入学定員（人）	定員枠		学力検査					調査書									自己表現	学校独自検査						比重			
				割合（%）	人数（人）	国	社	数	理	英	国	社	数	理	音	美	保体	技家	外		面接	作文	小論	実技	学力	他	学力	調査	表現	独自
中区	広島国泰寺	普通	240	50	120	●	●	2倍	●	2倍	●	●	●	●	●	●	●	●	●	30							400	400	200	
						350					225																			
	広島国泰寺	普通・理数	80	50	40	●	●	2倍	2倍	●	●	●	●	●	●	●	●	●	●	30							400	400	200	
						350					225																			
	市立基町	普通	320	30	96	●	●	●	●	●	●	●	●	●	2倍	2倍	2倍	2倍	●	30							400	400	200	
						250					325																			
	市立基町	普通・創造表現	40	50	20	●	●	●	●	●	●	●	●	●	2倍	2倍	2倍	2倍	●	30				●			200	200	200	600
						250					325										200									
	市立舟入	普通	280	30	84	2倍	●	2倍	●	2倍	●	●	●	●	●	●	●	●	●	30							400	400	200	
						400					225																			
	市立舟入	普通・国際コミュニケーション	40	30	12	2倍	●	2倍	●	2倍	●	●	●	●	●	●	●	●	●	30	●						400	400	200	200
						400					225										50									
	広島商業	情報ビジネス	320	50	160	●	●	●	●	●	●	●	●	●	●	●	●	●	●	30							400	400	200	
						250					225																			
東区	市立広島商業	みらい商業	240	50	120	●	●	●	●	●	●	●	●	●	●	●	●	●	●	30							300	500	200	
						250					225																			
南区	広島皆実	普通	240	30	72	●	●	●	●	●	●	●	●	●	●	●	●	●	●	30							400	400	200	
						250					225																			
	広島皆実	衛生看護	40	30	12	●	●	●	●	●	●	●	●	●	●	●	●	●	●	30							400	400	200	
						250					225																			
	広島皆実	体育	40	50	20	●	●	●	●	●	●	●	●	●	●	●	●	●	●	30				●			200	200	200	600
						250					225										100									
	広島工業	機械	80	50	40	●	●	●	●	●	●	●	●	●	●	●	●	●	●	30							400	300	300	
						250					225																			
	広島工業	電気	80	50	40	●	●	●	●	●	●	●	●	●	●	●	●	●	●	30							400	300	300	
						250					225																			
	広島工業	建築	80	50	40	●	●	●	●	●	●	●	●	●	●	●	●	●	●	30							400	300	300	
						250					225																			
	広島工業	土木	40	50	20	●	●	●	●	●	●	●	●	●	●	●	●	●	●	30							400	300	300	
						250					225																			
	広島工業	化学工学	40	50	20	●	●	●	●	●	●	●	●	●	●	●	●	●	●	30							400	300	300	
						250					225																			
	市立広島工業	機械	40	50	20	●	●	●	●	●	●	●	●	●	●	●	●	●	●	30							500	300	200	
						250					225																			
	市立広島工業	自動車	40	50	20	●	●	●	●	●	●	●	●	●	●	●	●	●	●	30							500	300	200	
						250					225																			
	市立広島工業	電気	40	50	20	●	●	●	●	●	●	●	●	●	●	●	●	●	●	30							500	300	200	
						250					225																			
	市立広島工業	情報電子	40	50	20	●	●	●	●	●	●	●	●	●	●	●	●	●	●	30							500	300	200	
						250					225																			
	市立広島工業	建築	40	50	20	●	●	●	●	●	●	●	●	●	●	●	●	●	●	30							500	300	200	
						250					225																			
	市立広島工業	環境設備	40	50	20	●	●	●	●	●	●	●	●	●	●	●	●	●	●	30							500	300	200	
						250					225																			
西区	広島井口	普通	320	50	160	●	●	●	●	●	●	●	●	●	●	●	●	●	●	30							400	400	200	
						250					225																			
	広島観音	総合学科	280	40	112	●	●	●	●	●	●	●	●	●	2倍	2倍	2倍	2倍	●	30							300	400	300	
						250					325																			

市区町名	学校名	学科・コース	入学定員（人）	定員枠		学力検査						調査書										自己表現	学校独自検査							比重			
				割合（%）	人数（人）	国	社	数	理	英		国	社	数	理	音	美	保体	技家	外			面接	作文	小論	実技	学力	他		学力	調査	表現	独自
安佐南区	安古市	普通	320	50	160	●	●	●	●	●	250	●	●	●	●	2倍	2倍	2倍	2倍	●	325	30								200	600	200	
	安西	普通	80	50	40	●	●	●	●	●	250	●	●	●	●	●	●	●	●	●	225	30								200	600	200	
	祇園北	普通	280	50	140	●	●	1.5倍	●	1.5倍	300	●	●	●	●	●	●	●	●	●	225	30								400	400	200	
		普通・理数	40	50	20	●	●	1.5倍	●	1.5倍	300	●	●	●	●	●	●	●	●	●	225	30								400	400	200	
	市立沼田	普通	240	50	120	●	●	●	●	●	250	●	●	●	●	●	●	●	●	●	225	30								300	500	200	
		普通・体育	80	50	40	●	●	●	●	●	250	●	●	●	●	●	●	●	●	●	225	30				●			100	200	200	200	600
安佐北区	可部	普通	240																														
	高陽	普通	240	50	120	●	●	●	●	●	250	●	●	●	●	●	●	●	●	●	225	30								300	500	200	
	高陽東	総合学科	240	50	120	●	●	●	●	●	250	●	●	●	●	2倍	2倍	2倍	2倍	●	325	30	●						30	400	400	200	200
安芸区	安芸南	普通	200	20	40	●	●	●	●	●	250	●	●	●	●	2倍	2倍	2倍	2倍	●	325	30								400	400	200	
佐伯区	五日市	普通	240	20	48	2倍	●	2倍	●	2倍	400	●	●	●	●	2倍	2倍	2倍	2倍	●	325	30								400	400	200	
	湯来南	普通	40																														
	市立美鈴が丘	普通	240	30	72	2倍	●	2倍	●	2倍	400	●	●	●	●	2倍	2倍	2倍	2倍	●	325	30								400	400	200	
呉市	広	普通	200	50	100	●	●	●	●	●	250	●	●	●	●	2倍	2倍	2倍	2倍	●	325	30								400	400	200	
	呉宮原	普通	200	50	100	●	●	●	●	●	250	●	●	●	●	2倍	2倍	2倍	2倍	●	325	30								300	500	200	
	呉三津田	普通	200	50	100	●	●	●	●	●	250	●	●	●	●	●	●	●	●	●	225	30								400	400	200	
	音戸	普通	40																														
	呉工業	機械・材料工学	80	30	24	●	●	●	●	●	250	●	●	●	●	●	●	●	●	●	225	30	●						30	400	400	200	200
		電気・電子機械	40	30	12	●	●	●	●	●	250	●	●	●	●	●	●	●	●	●	225	30	●						30	400	400	200	200
	呉商業	情報ビジネス	160	50	80	●	●	●	●	●	250	●	●	●	●	●	●	●	●	●	225	30								200	600	200	
	市立呉	総合学科	160	50	80	●	●	●	●	●	250	●	●	●	●	●	●	●	●	●	225	45	●						45	200	400	200	300
竹原市	竹原	普通	40	40	16	●	●	●	●	●	250	●	●	●	●	●	●	●	●	●	225	30	●						60	400	400	200	100
		商業	40	40	16	●	●	●	●	●	250	●	●	●	●	●	●	●	●	●	225	30	●						60	400	400	200	100
	忠海	普通	80	30	24	●	●	●	●	●	250	2倍	2倍	2倍	2倍	●	●	●	●	2倍	350	30								500	300	200	

市区町名	学校名	学科・コース	入学定員（人）	定員枠		学力検査						調査書										自己表現	学校独自検査							比重			
				割合（%）	人数（人）	国	社	数	理	英	配点	国	社	数	理	音	美	保体	技家	外	配点		面接	作文	小論	実技	学力	他	配点	学力	調査	表現	独自
三原市	三原	普通	160																														
	三原東	普通	80	40	32	●	●	●	●	●	250	●	●	●	●	●	●	●	●	●	225	30	●						60	400	400	200	200
	総合技術	電子機械	40	50	20	●	●	●	●	●	250	●	●	●	●	●	●	●	●	●	225	30								400	400	200	
		情報技術	40	50	20	●	●	●	●	●	250	●	●	●	●	●	●	●	●	●	225	30								400	400	200	
		環境設備	40	50	20	●	●	●	●	●	250	●	●	●	●	●	●	●	●	●	225	30								400	400	200	
		現代ビジネス	40	50	20	●	●	●	●	●	250	●	●	●	●	●	●	●	●	●	225	30								400	400	200	
		人間福祉	40	50	20	●	●	●	●	●	250	●	●	●	●	●	●	●	●	●	225	30								400	400	200	
		食デザイン	40	50	20	●	●	●	●	●	250	●	●	●	●	●	●	●	●	●	225	30								400	400	200	
尾道市	尾道東	普通	120	20	24	●	●	●	●	●	250	2倍	●	2倍	●	●	●	●	●	2倍	300	30								300	400	300	
		普通･国際教養	40	50	20	●	●	●	●	2倍	300	2倍	●	2倍	●	●	●	●	●	2倍	300	30				●			25	400	300	200	300
	御調	普通	80																														
	瀬戸田	普通	40																														
	尾道商業	情報ビジネス	200	50	100	●	●	●	●	●	250	●	●	●	●	●	●	●	●	●	225	30								200	500	300	
	尾道北	総合学科	200	40	80	●	●	2倍	●	2倍	350	●	●	●	●	●	●	●	●	●	225	30								300	500	200	
	因島	総合学科	80	50	40	●	●	●	●	●	250	●	●	●	●	●	●	●	●	●	225	30								200	600	200	
福山市	福山葦陽	普通	320	20	64	●	●	●	●	●	250	●	●	●	●	●	●	●	●	●	225	30								200	600	200	
	沼南	家政	40																														
		園芸デザイン	40																														
	大門	普通	200	50	100	2倍	●	2倍	●	2倍	400	●	●	●	●	●	●	●	●	●	225	30								400	400	200	
		普通・理数	40	50	20	●	●	2倍	2倍	●	350	●	●	●	●	●	●	●	●	●	225	30								400	400	200	
	福山明王台	普通	280	20	56	●	●	●	●	●	250	●	●	●	●	●	●	●	●	●	225	30								200	600	200	
	神辺旭	普通	200	20	40	●	●	●	●	●	250	●	●	●	●	●	●	●	●	●	225	30								400	400	200	
		体育	40	50	20	●	●	●	●	●	250	●	●	●	●	●	●	3倍	●	●	275	30				●			200	200	200	200	600

市区町名	学校名	学科・コース	入学定員（人）	定員枠		学力検査						調査書										自己表現	学校独自検査							比重			
				割合（%）	人数（人）	国	社	数	理	英		国	社	数	理	音	美	保体	技家	外			面接	作文	小論	実技	学力	他		学力	調査	表現	独自
（福山市）	福山工業	機械	80	30	24	●	●	●	●	●	250	●	●	●	●	●	●	●	●	●	225	30								400	300	300	
		電気	40	30	12	●	●	●	●	●	250	●	●	●	●	●	●	●	●	●	225	30								400	300	300	
		建築	40	30	12	●	●	●	●	●	250	●	●	●	●	●	●	●	●	●	225	30								400	300	300	
		工業化学・染織システム	40	30	12	●	●	●	●	●	250	●	●	●	●	●	●	●	●	●	225	30								400	300	300	
		電子機械	80	30	24	●	●	●	●	●	250	●	●	●	●	●	●	●	●	●	225	30								400	300	300	
	福山商業	情報ビジネス	160	50	80	●	●	●	●	●	250	●	●	●	●	●	●	●	●	●	225	30	●						30	400	300	300	200
	※福山誠之館	総合学科	320	50	160	2倍	●	6倍	●	4倍	700	●	●	●	●	●	●	●	●	●	225	30					●		100	700	100	200	100
	松永	総合学科	160	30	48	2倍	●	●	●	2倍	350	2倍	●	●	●	●	●	●	●	2倍	275	30	●						50	400	400	200	200
	神辺	総合学科	200	20	40	●	●	●	●	●	250	●	●	●	●	●	●	●	●	●	225	30								200	600	200	
	戸手	総合学科	200	25	50	●	●	●	●	●	250	●	●	●	●	●	●	●	●	●	225	30								300	300	400	
	府中	普通	200	40	80	2倍	●	2倍	●	2倍	400	●	●	●	●	●	●	●	●	●	225	30								500	300	200	
	上下	普通	40																														
	府中東	普通	80	20	16	●	●	●	●	●	250	●	●	●	●	●	●	●	●	●	225	30								300	400	300	
		インテリア	40	20	8	●	●	●	●	●	250	●	●	●	●	●	●	●	●	●	225	30								300	400	300	
		都市システム	40	20	8	●	●	●	●	●	250	●	●	●	●	●	●	●	●	●	225	30								300	400	300	
三次市	日彰館	普通	80																														
	三次青陵	総合学科	80	50	40	●	●	●	●	●	250	●	●	●	●	●	●	●	●	●	225	30								300	500	200	
庄原市	庄原格致	普通	80	20	16	●	●	1.5倍	●	1.5倍	300	●	●	●	●	2倍	2倍	2倍	2倍	●	325	30								400	300	300	
		普通・医療/教職	40	40	16	●	●	1.5倍	●	1.5倍	300	●	●	●	●	2倍	2倍	2倍	2倍	●	325	30								400	300	300	
	東城	普通	40																														
	西城紫水	普通	40																														
	庄原実業	生物生産学	40	30	12	●	●	●	●	●	250	●	●	●	●	●	●	●	●	●	225	30								400	400	200	
		環境工学	40	30	12	●	●	●	●	●	250	●	●	●	●	●	●	●	●	●	225	30								400	400	200	
		食品工学	40	30	12	●	●	●	●	●	250	●	●	●	●	●	●	●	●	●	225	30								400	400	200	
		生活科学	40	30	12	●	●	●	●	●	250	●	●	●	●	●	●	●	●	●	225	30								400	400	200	
大竹市	大竹	総合学科	160	50	80	●	●	●	●	●	250	●	●	●	●	●	●	●	●	●	225	30	●						100	200	200	200	600

※福山誠之館：一般学力検査の数学は，一般学力検査に替えて自校作成問題により実施する。
学校独自検査では，英語の自校作成問題を加えて実施する。

市区町名	学校名	学科・コース	入学定員（人）	定員枠		学力検査					調査書									自己表現	学校独自検査						比重			
				割合（%）	人数（人）	国	社	数	理	英	国	社	数	理	音	美	保体	技家	外		面接	作文	小論	実技	学力	他	学力	調査	表現	独自
東広島市	賀茂	普通	240	50	120	●	●	●	●	●	●	●	●	●	●	●	●	●	●	30							200	600	200	
								250							225															
	賀茂北	普通	40																											
	黒瀬	普通	80																											
		福祉	40																											
	河内	普通	80																											
	豊田	普通	40																											
	西条農業	園芸	40	50	20	●	●	●	●	●	●	●	●	●	●	●	●	●	●	30							200	200	600	
								250							225															
		畜産	40	50	20	●	●	●	●	●	●	●	●	●	●	●	●	●	●	30							200	200	600	
								250							225															
		生活	40	50	20	●	●	●	●	●	●	●	●	●	●	●	●	●	●	30							200	200	600	
								250							225															
		農業機械	40	50	20	●	●	●	●	●	●	●	●	●	●	●	●	●	●	30							200	200	600	
								250							225															
		緑地土木	40	50	20	●	●	●	●	●	●	●	●	●	●	●	●	●	●	30							200	200	600	
								250							225															
		生物工学	40	50	20	●	●	●	●	●	●	●	●	●	●	●	●	●	●	30							200	200	600	
								250							225															
		食品科学	40	50	20	●	●	●	●	●	●	●	●	●	●	●	●	●	●	30							200	200	600	
								250							225															
廿日市市	廿日市	普通	280	50	140	●	●	●	●	●	5倍	5倍	5倍	5倍	●	●	●	●	5倍	30							400	400	200	
								250							725															
	佐伯	普通	40	50	20	●	2倍	●	2倍	●	●	●	●	●	2倍	2倍	2倍	2倍	●	30							300	500	200	
								350							325															
	廿日市西	普通	160	50	80	●	●	●	●	●	●	●	●	●	●	●	●	●	●	30							200	600	200	
								250							225															
	宮島工業	機械	80	30	24	●	●	●	●	●	●	●	●	●	●	●	●	●	●	30							400	400	200	
								250							225															
		電気･情報技術	80	30	24	●	●	●	●	●	●	●	●	●	●	●	●	●	●	30							400	400	200	
								250							225															
		建築･インテリア	80	30	24	●	●	●	●	●	●	●	●	●	●	●	●	●	●	30							400	400	200	
								250							225															
		素材システム	40	30	12	●	●	●	●	●	●	●	●	●	●	●	●	●	●	30							400	400	200	
								250							225															
安芸高田市	吉田	探究	120	50	60	2倍	●	●	●	●	●	●	●	●	●	●	●	●	●	30							400	400	200	
								300							225															
		アグリビジネス	40	50	20	2倍	●	●	●	●	●	●	●	●	●	●	●	●	●	30							400	400	200	
								300							225															
	向原	普通	40	50	20	●	●	●	●	●	●	●	●	●	●	●	●	●	●	30	●	●					200	400	200	400
								250							225								200（100+100）							
江田島市	大柿	普通	40																											
府中町	安芸府中	普通	200	20	40	●	●	●	●	●	●	●	●	●	●	●	●	●	●	30							200	600	200	
								250							225															
		国際	40	50	20	●	●	●	●	2倍	●	●	●	●	●	●	●	●	2倍	30							300	500	200	
								300							250															
海田町	海田	普通	200	50	100	●	●	●	●	●	2倍	●	2倍	●	●	●	●	●	2倍	30							100	700	200	
								250							300															
		家政	80	50	40	●	●	●	●	●	●	●	●	●	●	●	●	2倍	●	30							100	700	200	
								250							250															

市区町名	学校名	学科・コース	入学定員（人）	定員枠		学力検査					調査書									自己表現	学校独自検査						比重			
				割合（%）	人数（人）	国	社	数	理	英	国	社	数	理	音	美	保体	技家	外		面接	作文	小論	実技	学力	他	学力	調査	表現	独自
熊野町	熊野	普通	160	50	80	●	●	●	●	●	●	●	●	●	●	●	●	●	●	30							100	700	200	
						250					225																			
安芸太田町	加計	普通	40																											
北広島町	千代田	普通	80																											
大崎上島町	大崎海星	普通	40	25	10	●	●	●	●	●	●	●	●	●	●	●	●	●	●	30							200	500	300	
						250					225																			
世羅町	世羅	普通	80	50	40	●	●	●	●	●	●	●	●	●	●	●	●	●	●	30							300	300	400	
						250					225																			
		生活福祉	40	50	20	●	●	●	●	●	●	●	●	●	●	●	●	●	●	30							200	400	400	
						250					225																			
		農業経営	40	50	20	●	●	●	●	●	●	●	●	●	●	●	●	●	●	30							200	400	400	
						250					225																			
神石高原町	油木	普通	40																											
		産業ビジネス	40																											

【全日制　分校】

市区町名	学校名	学科・コース	入学定員（人）	定員枠		学力検査					調査書									自己表現	学校独自検査						比重			
				割合（%）	人数（人）	国	社	数	理	英	国	社	数	理	音	美	保体	技家	外		面接	作文	小論	実技	学力	他	学力	調査	表現	独自
北広島町	加計・芸北	普通	1学級																											

【併設型高等学校】

市区町名	学校名	学科・コース	入学定員（人）	定員枠		学力検査					調査書									自己表現	学校独自検査						比重			
				割合（%）	人数（人）	国	社	数	理	英	国	社	数	理	音	美	保体	技家	外		面接	作文	小論	実技	学力	他	学力	調査	表現	独自
福山市	福山市立福山	普通	80（注）																											
三次市	三次	普通	120（注）																											
東広島市	広島	普通	80（注）	50	40	●		●		●	●	●	●	●	●	●	●	●	●	30							400	400	200	
						300（100+100+100）					225																			

注）福山市立福山高等学校の入学定員（200人）から福山市立福山中学校第３学年の定員（120人）を除いた人数。
三次高等学校普通科の入学定員（200人）から三次中学校第３学年の定員（80人）を除いた人数。
広島高等学校普通科の入学定員（240人）から広島中学校第３学年の定員（160人）を除いた人数。

「特色枠による選抜」の表の見方

① 特色枠による選抜を実施しない高等学校，学科等については，すべて空白になっています。

② 「定員枠」の「割合（%）」の欄の数字は，入学定員に対する特色枠による選抜の定員の割合を示しています。ただし，加計高校，加計高校芸北分校，御調高校，油木高校及び賀茂北高校については，入学定員から連携型中高一貫教育に関する選抜の定員を除いた人数に対する特色枠による選抜の定員の割合を示しています。

③ 「学力検査」の欄の●は，その教科が50点満点であることを示しています。数字は，特定の教科の配点に比重をかける傾斜配点を示しています。例えば「２倍」の場合は，その教科が100点満点であるという意味です。

④ 「調査書」の欄の●は，その教科が25点満点であることを示しています。数字は，特定の教科の配点に比重をかける傾斜配点を示しています。例えば「２倍」の場合は，その教科が50点満点であるという意味です。

⑤ 「自己表現」の欄の数字は，各高等学校の配点を示しています。配点は，検査官一人当たり15点満点で，検査官の人数（２～３名）に応じて定められます。例えば，検査官の人数が２名の場合には，30点満点となります。

⑥ 「学校独自検査」の欄の●は，「面接」，「作文」，「小論文」，「実技検査」，「一般学力検査問題に加えて自校が作成した問題による学力検査」を実施することを示しています。

⑦ 「比重」の欄の数字は，学力検査，調査書，自己表現，及び学校独自検査の配点の比重の割合を定め，それぞれの配点をその割合により換算した点数を示しています。学校独自検査を実施しない場合には1,000点満点，学校独自検査を実施する場合には1,100点満点又は1,200点満点となります。

一般枠による選抜

【全日制　本校】

市区町名	学校名	学科・コース	入学定員（人）	定員枠		学力検査						調査書	自己表現	学校独自検査							比重			
				割合（%）	人数（人）	国	社	数	理	英				面接	作文	小論	実技	学力	他		学力	調査	表現	独自
中区	広島国泰寺	普通	240	50	120	●	●	●	●	●	250	225（傾斜配点なし）	30								600	200	200	
		普通・理数	80	50	40	●	●	●	●	●	250		30											
	市立基町	普通	320	70	224	●	●	●	●	●	250		30											
		普通・創造表現	40	50	20	●	●	●	●	●	250		30				●			200				200
	市立舟入	普通	280	70	196	2倍	●	2倍	●	2倍	400		30											
		普通・国際コミュニケーション	40	70	28	2倍	●	2倍	●	2倍	400		30	●						50				100
	広島商業	情報ビジネス	320	50	160	●	●	●	●	●	250		30											
東区	市立広島商業	みらい商業	240	50	120	●	●	●	●	●	250		30											
南区	広島皆実	普通	240	70	168	●	●	●	●	●	250		30											
		衛生看護	40	70	28	●	●	●	●	●	250		30											
		体育	40	50	20	●	●	●	●	●	250		30				●			100				200
	広島工業	機械	80	50	40	●	●	●	●	●	250		30											
		電気	80	50	40	●	●	●	●	●	250		30											
		建築	80	50	40	●	●	●	●	●	250		30											
		土木	40	50	20	●	●	●	●	●	250		30											
		化学工学	40	50	20	●	●	●	●	●	250		30											
	市立広島工業	機械	40	50	20	●	●	●	●	●	250		30											
		自動車	40	50	20	●	●	●	●	●	250		30											
		電気	40	50	20	●	●	●	●	●	250		30											
		情報電子	40	50	20	●	●	●	●	●	250		30											
		建築	40	50	20	●	●	●	●	●	250		30											
		環境設備	40	50	20	●	●	●	●	●	250		30											
西区	広島井口	普通	320	50	160	●	●	●	●	●	250		30											
	広島観音	総合学科	280	60	168	●	●	●	●	●	250		30											

市区町名	学校名	学科・コース	入学定員（人）	定員枠		学力検査						調査書	自己表現	学校独自検査							比重			
				割合（%）	人数（人）	国	社	数	理	英				面接	作文	小論	実技	学力	他		学力	調査	表現	独自
安佐南区	安古市	普通	320	50	160	●	●	●	●	●	250	225（傾斜配点なし）	30								600	200	200	
	安西	普通	80	50	40	●	●	●	●	●	250		30											
	祇園北	普通	280	50	140	●	●	1.5倍	●	1.5倍	300		30											
		普通・理数	40	50	20	●	●	1.5倍	●	1.5倍	300		30											
	市立沼田	普通	240	50	120	●	●	●	●	●	250		30											
		普通・体育	80	50	40	●	●	●	●	●	250		30				●			100				200
安佐北区	可部	普通	240	100	240	2倍	●	2倍	●	2倍	400		30											
	高陽	普通	240	50	120	●	●	●	●	●	250		30											
	高陽東	総合学科	240	50	120	●	●	●	●	●	250		30	●						30				100
安芸区	安芸南	普通	200	80	160	●	●	●	●	●	250		30											
佐伯区	五日市	普通	240	80	192	2倍	●	2倍	●	2倍	400		30											
	湯来南	普通	40	100	40	●	●	●	●	●	250		30											
	市立美鈴が丘	普通	240	70	168	●	●	●	●	●	250		30											
呉市	広	普通	200	50	100	2倍	●	2倍	●	2倍	400		30											
	呉宮原	普通	200	50	100	●	●	2倍	●	2倍	350		30											
	呉三津田	普通	200	50	100	●	●	●	●	●	250		30											
	音戸	普通	40	100	40	●	●	●	●	●	250		30											
	呉工業	機械・材料工学	80	70	56	●	●	●	●	●	250		30	●						30				200
		電気・電子機械	40	70	28	●	●	●	●	●	250		30	●						30				200
	呉商業	情報ビジネス	160	50	80	●	●	●	●	●	250		30											
	市立呉	総合学科	160	50	80	●	●	●	●	●	250		45	●						45				100
竹原市	竹原	普通	40	60	24	●	●	●	●	●	250		30	●						60				100
		商業	40	60	24	●	●	●	●	●	250		30	●						60				100
	忠海	普通	80	70	56	●	●	●	●	●	250		30											

<table>
<tr><th rowspan="2">市区町名</th><th rowspan="2">学校名</th><th rowspan="2">学科・コース</th><th rowspan="2">入学定員（人）</th><th colspan="2">定員枠</th><th colspan="5">学力検査</th><th rowspan="2">調査書</th><th rowspan="2">自己表現</th><th colspan="6">学校独自検査</th><th colspan="4">比重</th></tr>
<tr><th>割合（%）</th><th>人数（人）</th><th>国</th><th>社</th><th>数</th><th>理</th><th>英</th><th>面接</th><th>作文</th><th>小論</th><th>実技</th><th>学力</th><th>他</th><th>学力</th><th>調査</th><th>表現</th><th>独自</th></tr>
<tr><td rowspan="16">三原市</td><td rowspan="2">三原</td><td rowspan="2">普通</td><td rowspan="2">160</td><td rowspan="2">100</td><td rowspan="2">160</td><td>●</td><td>●</td><td>●</td><td>●</td><td>●</td><td rowspan="50">225（傾斜配点なし）</td><td rowspan="2">30</td><td></td><td></td><td></td><td></td><td></td><td></td><td rowspan="50">600</td><td rowspan="50">200</td><td rowspan="50">200</td><td rowspan="2"></td></tr>
<tr><td colspan="5">250</td><td colspan="6"></td></tr>
<tr><td rowspan="2">三原東</td><td rowspan="2">普通</td><td rowspan="2">80</td><td rowspan="2">60</td><td rowspan="2">48</td><td>●</td><td>●</td><td>●</td><td>●</td><td>●</td><td rowspan="2">30</td><td>●</td><td></td><td></td><td></td><td></td><td></td><td rowspan="2">200</td></tr>
<tr><td colspan="5">250</td><td colspan="6">60</td></tr>
<tr><td rowspan="12">総合技術</td><td rowspan="2">電子機械</td><td rowspan="2">40</td><td rowspan="2">50</td><td rowspan="2">20</td><td>●</td><td>●</td><td>●</td><td>●</td><td>●</td><td rowspan="2">30</td><td></td><td></td><td></td><td></td><td></td><td></td><td rowspan="2"></td></tr>
<tr><td colspan="5">250</td><td colspan="6"></td></tr>
<tr><td rowspan="2">情報技術</td><td rowspan="2">40</td><td rowspan="2">50</td><td rowspan="2">20</td><td>●</td><td>●</td><td>●</td><td>●</td><td>●</td><td rowspan="2">30</td><td></td><td></td><td></td><td></td><td></td><td></td><td rowspan="2"></td></tr>
<tr><td colspan="5">250</td><td colspan="6"></td></tr>
<tr><td rowspan="2">環境設備</td><td rowspan="2">40</td><td rowspan="2">50</td><td rowspan="2">20</td><td>●</td><td>●</td><td>●</td><td>●</td><td>●</td><td rowspan="2">30</td><td></td><td></td><td></td><td></td><td></td><td></td><td rowspan="2"></td></tr>
<tr><td colspan="5">250</td><td colspan="6"></td></tr>
<tr><td rowspan="2">現代ビジネス</td><td rowspan="2">40</td><td rowspan="2">50</td><td rowspan="2">20</td><td>●</td><td>●</td><td>●</td><td>●</td><td>●</td><td rowspan="2">30</td><td></td><td></td><td></td><td></td><td></td><td></td><td rowspan="2"></td></tr>
<tr><td colspan="5">250</td><td colspan="6"></td></tr>
<tr><td rowspan="2">人間福祉</td><td rowspan="2">40</td><td rowspan="2">50</td><td rowspan="2">20</td><td>●</td><td>●</td><td>●</td><td>●</td><td>●</td><td rowspan="2">30</td><td></td><td></td><td></td><td></td><td></td><td></td><td rowspan="2"></td></tr>
<tr><td colspan="5">250</td><td colspan="6"></td></tr>
<tr><td rowspan="2">食デザイン</td><td rowspan="2">40</td><td rowspan="2">50</td><td rowspan="2">20</td><td>●</td><td>●</td><td>●</td><td>●</td><td>●</td><td rowspan="2">30</td><td></td><td></td><td></td><td></td><td></td><td></td><td rowspan="2"></td></tr>
<tr><td colspan="5">250</td><td colspan="6"></td></tr>
<tr><td rowspan="14">尾道市</td><td rowspan="4">尾道東</td><td rowspan="2">普通</td><td rowspan="2">120</td><td rowspan="2">80</td><td rowspan="2">96</td><td>●</td><td>●</td><td>●</td><td>●</td><td>●</td><td rowspan="2">30</td><td></td><td></td><td></td><td></td><td></td><td></td><td rowspan="2"></td></tr>
<tr><td colspan="5">250</td><td colspan="6"></td></tr>
<tr><td rowspan="2">普通·国際教養</td><td rowspan="2">40</td><td rowspan="2">50</td><td rowspan="2">20</td><td>●</td><td>●</td><td>●</td><td>●</td><td>●</td><td rowspan="2">30</td><td></td><td></td><td></td><td>●</td><td></td><td></td><td rowspan="2">200</td></tr>
<tr><td colspan="5">250</td><td colspan="6">25</td></tr>
<tr><td rowspan="2">御調</td><td rowspan="2">普通</td><td rowspan="2">80</td><td rowspan="2">100</td><td rowspan="2">55</td><td>●</td><td>●</td><td>●</td><td>●</td><td>●</td><td rowspan="2">30</td><td></td><td></td><td></td><td></td><td></td><td></td><td rowspan="2"></td></tr>
<tr><td colspan="5">250</td><td colspan="6"></td></tr>
<tr><td rowspan="2">瀬戸田</td><td rowspan="2">普通</td><td rowspan="2">40</td><td rowspan="2">100</td><td rowspan="2">40</td><td>●</td><td>●</td><td>●</td><td>●</td><td>●</td><td rowspan="2">45</td><td></td><td></td><td></td><td></td><td></td><td></td><td rowspan="2"></td></tr>
<tr><td colspan="5">250</td><td colspan="6"></td></tr>
<tr><td rowspan="2">尾道商業</td><td rowspan="2">情報ビジネス</td><td rowspan="2">200</td><td rowspan="2">50</td><td rowspan="2">100</td><td>●</td><td>●</td><td>●</td><td>●</td><td>●</td><td rowspan="2">30</td><td></td><td></td><td></td><td></td><td></td><td></td><td rowspan="2"></td></tr>
<tr><td colspan="5">250</td><td colspan="6"></td></tr>
<tr><td rowspan="2">尾道北</td><td rowspan="2">総合学科</td><td rowspan="2">200</td><td rowspan="2">60</td><td rowspan="2">120</td><td>●</td><td>●</td><td>2倍</td><td>●</td><td>2倍</td><td rowspan="2">30</td><td></td><td></td><td></td><td></td><td></td><td></td><td rowspan="2"></td></tr>
<tr><td colspan="5">350</td><td colspan="6"></td></tr>
<tr><td rowspan="2">因島</td><td rowspan="2">総合学科</td><td rowspan="2">80</td><td rowspan="2">50</td><td rowspan="2">40</td><td>●</td><td>●</td><td>●</td><td>●</td><td>●</td><td rowspan="2">30</td><td></td><td></td><td></td><td></td><td></td><td></td><td rowspan="2"></td></tr>
<tr><td colspan="5">250</td><td colspan="6"></td></tr>
<tr><td rowspan="16">福山市</td><td rowspan="2">福山葦陽</td><td rowspan="2">普通</td><td rowspan="2">320</td><td rowspan="2">80</td><td rowspan="2">256</td><td>●</td><td>●</td><td>●</td><td>●</td><td>●</td><td rowspan="2">30</td><td></td><td></td><td></td><td></td><td></td><td></td><td rowspan="2"></td></tr>
<tr><td colspan="5">250</td><td colspan="6"></td></tr>
<tr><td rowspan="4">沼南</td><td rowspan="2">家政</td><td rowspan="2">40</td><td rowspan="2">100</td><td rowspan="2">40</td><td>●</td><td>●</td><td>●</td><td>●</td><td>●</td><td rowspan="2">30</td><td></td><td></td><td></td><td></td><td></td><td></td><td rowspan="2"></td></tr>
<tr><td colspan="5">250</td><td colspan="6"></td></tr>
<tr><td rowspan="2">園芸デザイン</td><td rowspan="2">40</td><td rowspan="2">100</td><td rowspan="2">40</td><td>●</td><td>●</td><td>●</td><td>●</td><td>●</td><td rowspan="2">30</td><td></td><td></td><td></td><td></td><td></td><td></td><td rowspan="2"></td></tr>
<tr><td colspan="5">250</td><td colspan="6"></td></tr>
<tr><td rowspan="4">大門</td><td rowspan="2">普通</td><td rowspan="2">200</td><td rowspan="2">50</td><td rowspan="2">100</td><td>●</td><td>●</td><td>●</td><td>●</td><td>●</td><td rowspan="2">30</td><td></td><td></td><td></td><td></td><td></td><td></td><td rowspan="2"></td></tr>
<tr><td colspan="5">250</td><td colspan="6"></td></tr>
<tr><td rowspan="2">普通・理数</td><td rowspan="2">40</td><td rowspan="2">50</td><td rowspan="2">20</td><td>●</td><td>●</td><td>●</td><td>●</td><td>●</td><td rowspan="2">30</td><td></td><td></td><td></td><td></td><td></td><td></td><td rowspan="2"></td></tr>
<tr><td colspan="5">250</td><td colspan="6"></td></tr>
<tr><td rowspan="2">福山明王台</td><td rowspan="2">普通</td><td rowspan="2">280</td><td rowspan="2">80</td><td rowspan="2">224</td><td>●</td><td>●</td><td>●</td><td>●</td><td>●</td><td rowspan="2">30</td><td></td><td></td><td></td><td></td><td></td><td></td><td rowspan="2"></td></tr>
<tr><td colspan="5">250</td><td colspan="6"></td></tr>
<tr><td rowspan="4">神辺旭</td><td rowspan="2">普通</td><td rowspan="2">200</td><td rowspan="2">80</td><td rowspan="2">160</td><td>●</td><td>●</td><td>●</td><td>●</td><td>●</td><td rowspan="2">30</td><td></td><td></td><td></td><td></td><td></td><td></td><td rowspan="2"></td></tr>
<tr><td colspan="5">250</td><td colspan="6"></td></tr>
<tr><td rowspan="2">体育</td><td rowspan="2">40</td><td rowspan="2">50</td><td rowspan="2">20</td><td>●</td><td>●</td><td>●</td><td>●</td><td>●</td><td rowspan="2">30</td><td></td><td></td><td></td><td>●</td><td></td><td></td><td rowspan="2">200</td></tr>
<tr><td colspan="5">250</td><td colspan="6">200</td></tr>
</table>

市区町名	学校名	学科・コース	入学定員（人）	定員枠		学力検査						調査書	自己表現	学校独自検査							比重			
				割合（%）	人数（人）	国	社	数	理	英				面接	作文	小論	実技	学力	他		学力	調査	表現	独自
（福山市）	福山工業	機械	80	70	56	●	●	●	●	●	250	225（傾斜配点なし）	30								600	200	200	
		電気	40	70	28	●	●	●	●	●	250		30											
		建築	40	70	28	●	●	●	●	●	250		30											
		工業化学・染織システム	40	70	28	●	●	●	●	●	250		30											
		電子機械	80	70	56	●	●	●	●	●	250		30											
	福山商業	情報ビジネス	160	50	80	●	●	●	●	●	250		30	●						30				200
	※福山誠之館	総合学科	320	50	160	●	●	●	●	●	250		30					●		100				100
	松永	総合学科	160	70	112	●	●	●	●	●	250		30	●						50				100
	神辺	総合学科	200	80	160	●	●	●	●	●	250		30											
	戸手	総合学科	200	75	150	●	●	●	●	●	250		30											
	府中	普通	200	60	120	●	●	●	●	●	250		30											
	上下	普通	40	100	40	●	●	●	●	●	250		30											
	府中東	普通	80	80	64	●	●	●	●	●	250		30											
		インテリア	40	80	32	●	●	●	●	●	250		30											
		都市システム	40	80	32	●	●	●	●	●	250		30											
三次市	日彰館	普通	80	100	80	●	●	●	●	●	250		30											
	三次青陵	総合学科	80	50	40	●	●	●	●	●	250		30											
庄原市	庄原格致	普通	80	80	64	●	●	1.5倍	●	1.5倍	300		30											
		普通・医療/教職	40	60	24	●	●	1.5倍	●	1.5倍	350		30											
	東城	普通	40	100	40	●	●	●	●	●	250		30											
	西城紫水	普通	40	100	40	●	●	●	●	●	250		30	●						70				200
	庄原実業	生物生産学	40	70	28	●	●	●	●	●	250		30											
		環境工学	40	70	28	●	●	●	●	●	250		30											
		食品工学	40	70	28	●	●	●	●	●	250		30											
		生活科学	40	70	28	●	●	●	●	●	250		30											
大竹市	大竹	総合学科	160	50	80	●	●	●	●	●	250		30	●						100				200

※福山誠之館：一般学力検査の数学は，一般学力検査に替えて自校作成問題により実施する。
学校独自検査では，英語の自校作成問題を加えて実施する。

市区町名	学校名	学科・コース	入学定員（人）	定員枠 割合（%）	定員枠 人数（人）	学力検査 国	社	数	理	英		調査書	自己表現	学校独自検査 面接	作文	小論	実技	学力	他		比重 学力	調査	表現	独自
東広島市	賀茂	普通	240	50	120	●	●	●	●	●	250	225（傾斜配点なし）	30								600	200	200	
	賀茂北	普通	40	100	35	●	●	●	●	●	250		30											
	黒瀬	普通	80	100	80	●	●	●	●	●	250		30	●						150				200
		福祉	40	100	40	●	●	●	●	●	250		30	●						150				200
	河内	普通	80	100	80	●	●	●	●	●	250		30	●						80				100
	豊田	普通	40	100	40	●	●	●	●	●	250		30											
	西条農業	園芸	40	50	20	●	●	●	●	●	250		30											
		畜産	40	50	20	●	●	●	●	●	250		30											
		生活	40	50	20	●	●	●	●	●	250		30											
		農業機械	40	50	20	●	●	●	●	●	250		30											
		緑地土木	40	50	20	●	●	●	●	●	250		30											
		生物工学	40	50	20	●	●	●	●	●	250		30											
		食品科学	40	50	20	●	●	●	●	●	250		30											
廿日市市	廿日市	普通	280	50	140	●	●	●	●	●	250		30											
	佐伯	普通	40	50	20	●	2倍	●	2倍	●	350		30											
	廿日市西	普通	160	50	80	●	●	●	●	●	250		30											
	宮島工業	機械	80	70	56	●	●	●	●	●	250		30											
		電気・情報技術	80	70	56	●	●	●	●	●	250		30											
		建築・インテリア	80	70	56	●	●	●	●	●	250		30											
		素材システム	40	70	28	●	●	●	●	●	250		30											
安芸高田市	吉田	探究	120	50	60	●	●	●	●	●	250		30											
		アグリビジネス	40	50	20	●	●	●	●	●	250		30											
	向原	普通	40	50	20	●	●	●	●	●	250		30	●	●					200（100+100）				200
江田島市	大柿	普通	40	100	40	●	●	●	●	●	250		30											
府中町	安芸府中	普通	200	80	160	●	●	●	●	●	250		30											
		国際	40	50	20	●	●	●	●	●	250		30											
海田町	海田	普通	200	50	100	●	●	●	●	●	250		30											
		家政	80	50	40	●	●	●	●	●	250		30											

市区町名	学校名	学科・コース	入学定員（人）	定員枠 割合（%）	定員枠 人数（人）	学力検査 国	社	数	理	英	学力検査 配点	調査書	自己表現	学校独自検査 面接	作文	小論	実技	学力	他	学校独自検査 配点	比重 学力	調査	表現	独自
熊野町	熊野	普通	160	50	80	●	●	●	●	●	250	225（傾斜配点なし）	30								600	200	200	
安芸太田町	加計	普通	40	100	16	●	●	●	●	●	250		45											
北広島町	千代田	普通	80	100	80	●	●	●	●	●	250		30											
大崎上島町	大崎海星	普通	40	75	30	●	●	●	●	●	250		30											
世羅町	世羅	普通	80	50	40	●	●	●	●	●	250		30											
		生活福祉	40	50	20	●	●	●	●	●	250		30											
		農業経営	40	50	20	●	●	●	●	●	250		30											
神石高原町	油木	普通	40	100	11	●	●	●	●	●	250		30	●						30				200
		産業ビジネス	40	100	22	●	●	●	●	●	250		30	●						30				200

【全日制　分校】

市区町名	学校名	学科・コース	入学定員（人）	定員枠 割合（%）	定員枠 人数（人）	学力検査 国	社	数	理	英	学力検査 配点	調査書	自己表現	学校独自検査 面接	作文	小論	実技	学力	他	学校独自検査 配点	比重 学力	調査	表現	独自
北広島町	加計・芸北	普通	1学級	100	30	●	●	●	●	●	250	225	30	●						200	600	200	200	200

【併設型高等学校】

市区町名	学校名	学科・コース	入学定員（人）	定員枠 割合（%）	定員枠 人数（人）	学力検査 国	社	数	理	英	学力検査 配点	調査書	自己表現	学校独自検査 面接	作文	小論	実技	学力	他	学校独自検査 配点	比重 学力	調査	表現	独自
福山市	福山市立福山	普通	80（注）	100	80	●		●		●	300（100+100+100）	225	30								600	200	200	
三次市	三次	普通	120（注）	100	120	●		●		●	300（100+100+100）		30											
東広島市	広島	普通	80（注）	50	40	●		●		●	300（100+100+100）		30											

注）福山市立福山高等学校の入学定員（200人）から福山市立福山中学校第３学年の定員（120人）を除いた人数。
三次高等学校普通科の入学定員（200人）から三次中学校第３学年の定員（80人）を除いた人数。
広島高等学校普通科の入学定員（240人）から広島中学校第３学年の定員（160人）を除いた人数。

「一般枠による選抜」の表の見方

① 「定員枠」の「割合（%）」の欄の数字は，入学定員に対する一般枠による選抜の定員の割合を示しています。
　ただし，加計高校，加計高校芸北分校，御調高校，油木高校及び賀茂北高校については，入学定員から連携型中高一貫教育に関する選抜の定員を除いた人数に対する一般枠による選抜の定員の割合を示しています。

② 「学力検査」,「自己表現」及び「学校独自検査」については,「特色枠による選抜」の③,⑤及び⑥と同様です。

③ 「比重」の欄の数字は，一般枠による選抜における学力検査，調査書及び自己表現の配点の比重（6：2：2）に対する学校独自検査の配点の比重の割合を定め，それぞれの配点をその割合により換算した点数を示しています。
　学校独自検査を実施しない場合には，1,000点満点となります。
　学校独自検査を実施する場合には，1,100点満点又は1,200点満点となります。

❖2024年度 一次選抜入学定員と志願者数

（注）志願者数・志願倍率は，志願変更後の最終志願者数・最終志願倍率。

【全日制　本校】

市区町名		学校名	学科・コース	一次選抜定員	志願者数	志願倍率
広島市	中区	広島国泰寺	普通	240	357	1.49
			普通・理数	80	85	1.06
		市立基町	普通	320	412	1.29
			普通・創造表現	40	43	1.08
		市立舟入	普通	280	291	1.04
			普通・国際コミュニケーション	40	47	1.18
		広島商業	情報ビジネス	320	348	1.09
	東区	市立広島商業	みらい商業	240	247	1.03
	南区	広島皆実	普通	240	327	1.36
			衛生看護	40	48	1.20
			体育	40	40	1.00
		広島工業	機械	80	49	0.61
			電気	80	67	0.84
			建築	80	62	0.78
			土木	40	17	0.43
			化学工学	40	23	0.58
		市立広島工業	機械	40	35	0.88
			自動車	40	44	1.10
			電気	40	42	1.05
			情報電子	40	49	1.23
			建築	40	53	1.33
			環境設備	40	32	0.80
	西区	広島井口	普通	320	388	1.21
		広島観音	総合学科	280	374	1.34
	安佐南区	安古市	普通	320	381	1.19
		安西	普通	80	59	0.74
		祇園北	普通	280	306	1.09
			普通・理数	40	38	0.95
		市立沼田	普通	240	288	1.20
			普通・体育	80	87	1.09
	安佐北区	可部	普通	240	262	1.09
		高陽	普通	240	319	1.33
		高陽東	総合学科	240	290	1.21
	安芸区	安芸南	普通	200	252	1.26
	佐伯区	五日市	普通	240	296	1.23
		湯来南	普通	40	18	0.45
		市立美鈴が丘	普通	240	286	1.19

市区町名	学校名	学科・コース	一次選抜定員	志願者数	志願者数
呉市	広	普通	200	209	1.05
	呉宮原	普通	200	216	1.08
	呉三津田	普通	200	175	0.88
	音戸	普通	40	23	0.58
	呉工業	機械 材料工学	80	26	0.33
		電気 電子機械	40	19	0.48
	呉商業	情報ビジネス	160	134	0.84
	市立呉	総合学科	160	187	1.17
竹原市	竹原	普通	40	23	0.58
		商業	40	19	0.48
	忠海	普通	80	57	0.71
三原市	三原	普通	160	202	1.26
	三原東	普通	80	65	0.81
	総合技術	電子機械	40	41	1.03
		情報技術	40	42	1.05
		環境設備	40	31	0.78
		現代ビジネス	40	36	0.90
		人間福祉	40	44	1.10
		食デザイン	40	40	1.00
尾道市	尾道東	普通	120	126	1.05
		普通・国際教養	40	43	1.08
	御調	普通	57	18	0.32
	瀬戸田	普通	40	29	0.73
	尾道商業	情報ビジネス	200	226	1.13
	尾道北	総合学科	200	181	0.91
	因島	総合学科	80	56	0.70
福山市	福山葦陽	普通	320	378	1.18
	沼南	家政	40	10	0.25
		園芸デザイン	40	22	0.55
	大門	普通	200	211	1.06
		普通・理数	40	27	0.68
	福山明王台	普通	280	298	1.06
	神辺旭	普通	200	158	0.79
		体育	40	40	1.00
	福山市立福山	普通	94	99	1.05
	福山工業	機械	80	58	0.73
		電気	40	34	0.85
		建築	40	23	0.58
		工業化学 染織システム	40	19	0.48
		電子機械	80	60	0.75
	福山商業	情報ビジネス	160	146	0.91
	福山誠之館	総合学科	320	394	1.23
	松永	総合学科	160	108	0.68
	神辺	総合学科	200	220	1.10
	戸手	総合学科	200	234	1.17

市区町名	学校名	学科・コース	一次選抜定員	志願者数	志願倍率
府中市	府中	普通	200	190	0.95
	上下	普通	40	28	0.70
	府中東	普通	80	56	0.70
		インテリア	40	24	0.60
		都市システム	40	12	0.30
三次市	三次	普通	127	143	1.13
	日彰館	普通	80	82	1.03
	三次青陵	総合学科	80	81	1.01
庄原市	庄原格致	普通	80	70	0.88
		普通・医療/教職	40	20	0.50
	東城	普通	40	20	0.50
	西城紫水	普通	40	22	0.55
	庄原実業	生物生産学	40	14	0.35
		環境工学	40	14	0.35
		食品工学	40	18	0.45
		生活科学	40	17	0.43
大竹市	大竹	総合学科	160	109	0.68
東広島市	賀茂	普通	240	275	1.15
	賀茂北	普通	38	22	0.58
	黒瀬	普通	80	54	0.68
		福祉	40	16	0.40
	河内	普通	80	82	1.03
	豊田	普通	40	36	0.90
	広島	普通	85	77	0.91
	西条農業	園芸	40	44	1.10
		畜産	40	40	1.00
		生活	40	40	1.00
		農業機械	40	35	0.88
		緑地土木	40	38	0.95
		生物工学	40	40	1.00
		食品科学	40	39	0.98
廿日市市	廿日市	普通	280	306	1.09
	佐伯	普通	40	44	1.10
	廿日市西	普通	160	156	0.98
	宮島工業	機械	80	60	0.75
		電気	80	91	1.14
		情報技術			
		建築	80	58	0.73
		インテリア			
		素材システム	40	13	0.33

市区町名	学校名	学科・コース	一次選抜定員	志願者数	志願倍率
安芸高田市	吉田	探究	120	71	0.59
		アグリビジネス	40	8	0.20
	向原	普通	40	17	0.43
江田島市	大柿	普通	40	23	0.58
府中町	安芸府中	普通	200	195	0.98
		国際	40	41	1.03
海田町	海田	普通	200	264	1.32
		家政	80	83	1.04
熊野町	熊野	普通	160	140	0.88
安芸太田町	加計	普通	16	24	1.50
北広島町	千代田	普通	80	51	0.64
大崎上島町	大崎海星	普通	40	36	0.90
世羅町	世羅	普通	80	63	0.79
		生活福祉	40	17	0.43
		農業経営	40	24	0.60
神石高原町	油木	普通	15	6	0.40
		産業ビジネス	28	21	0.75

【全日制　分校】

市区町名	学校名	学科名	一次選抜定員	志願者数	志願倍率
北広島町	加計・芸北	普通	33	23	0.70

❖傾向と対策〈数学〉

出題傾向

	数と式							方程式						関数					図形								資料の活用	
																								中3単元				
	数の計算	数の性質	平方根の計算	平方根の性質	文字式の利用	式の計算	式の展開・因数分解	一次方程式の計算	一次方程式の応用	連立方程式の計算	連立方程式の応用	二次方程式の計算	二次方程式の応用	比例・反比例	一次関数	関数 $y=ax^2$	いろいろな事象と関数	関数と図形	図形の性質	平面図形の計量	空間図形の計量	図形の証明	作図	相似	三平方の定理	円周角の定理	場合の数・確率	資料の分析と活用・標本調査
2024年度	○		○		○					○				○		○	○	○	○	○	○	○			○	○	○	○
2023年度	○		○		○	○	○				○	○		○	○	○		○		○	○	○		○	○	○	○	○
2022年度	○		○			○	○				○			○		○	○	○	○	○	○	○		○	○	○	○	○
2021年度	○		○	○	○	○						○			○	○	○		○	○	○	○		○	○	○	○	○
2020年度	○		○		○	○	○				○	○		○		○		○	○	○		○			○		○	○

出題分析

★数と式…………数の計算については，正負の数，平方根などの四則計算，式の計算については，単項式・多項式の計算，式の展開，因数分解などが出題されている。また，文字式を用いて説明する問題が出題される場合もある。

★方程式…………連立方程式や２次方程式の計算問題か文章問題が毎年出題されている。

★関　数…………放物線，直線や反比例のグラフについて，比例定数，座標，変域，直線の式などのほか，図形との融合問題が出題されている。また，自転車のレンタル料金を借りた時間の区分ごとに表した階段上のグラフなど，様々な事象を関数としてとらえる問題も出題されている。

★図　形…………合同，相似，三平方の定理，円周角の定理などの応用はもちろん，さまざまな図形の性質について幅広く問う内容になっている。証明問題が毎年出題されている。

★資料の活用……人の選び方やさいころの出た目による位置の移動など，様々な題材の確率の問題が出題されている。また，度数分布表や箱ひげ図などの資料を利用する問題も出題されている。

来年度の対策

　中学校で学習する全領域から幅広く出題されているので，まずは全般にわたっての復習をし，基本事項をマスターしておこう。効率良く復習をしたい人は，高校入試での出題率を分析し，よく出る問題を集めて編集した「**ニューウイング 出題率 数学**」（英俊社）を活用してみよう。苦手単元がある人は，「**数学の近道問題シリーズ**（全５冊）」（英俊社）で克服しておくとよいだろう。

　後半の大問は，問題文が長く，読解力が必要となる場合も多い。内容を的確に読み取り，必要な条件を素早くまとめられるように，日頃から同形式の問題を多く演習しておこう。また，証明・説明の問題も必ず出題されているため，記述力も必要となる。証明問題では，形式に慣れるだけではなく，解答の土台となる図形の基本性質についてもきちんと確認をしておこう。

　英俊社のホームページにて，中学入試算数・高校入試数学の解法に関する補足事項を掲載しております。必要に応じてご参照ください。

URL ⟶ https://book.eisyun.jp/

スマホはこちら ──→

❖傾向と対策〈英語〉

出題傾向

	放送問題	語い	音声			英文法					英作文			読解		長文問題										
																			設問の内容							
			語の発音	語のアクセント	文の区切り・強勢	語形変化	英文完成	同意文完成	指示による書きかえ	正誤判断	整序作文	和文英訳	その他の英作文	問答・応答	絵や表を見て答える問題	会話文	長文読解	長文総合	音声・語い	文法事項	英文和訳	英作文	内容把握	文の整序・挿入	英問英答	要約
2024 年度	○												○			○		○				○	○	○	○	○
2023 年度	○												○			○		○				○	○	○	○	○
2022 年度	○												○			○		○		○		○	○	○	○	
2021 年度	○												○			○		○		○		○	○	○	○	○
2020 年度	○												○			○		○				○	○	○	○	○

出題分析

★長文問題の設問は内容把握に関するものがほとんどである。問題量は多くないが，質問に対する答えを英文で書くなど，記述形式の問題も出題されている。また，整序作文や空欄補充問題などでは，基礎的な文法の知識も求められている。

★リスニングテストは内容を理解して，自分の考えを書く作文問題が出題されている。

来年度の対策

①長文になれておくこと！

日頃からできるだけたくさんの長文を読み，大意をつかみながらスピードをあげて読めるようになっておきたい。それには，**英語の近道問題シリーズ**の「**長文基礎**」「**長文実践**」（ともに英俊社）がおすすめ。

②リスニングに慣れておくこと！

リスニングは今後も実施されると思われる。日頃からネイティブスピーカーの話す英語に慣れるように練習しておこう。

③効率的な学習を心がけること！

日常ではもちろん，入試間近では，特に大切なことである。これにピッタリの問題集が「**ニューウイング 出題率 英語**」（英俊社）だ。過去の入試問題を詳しく分析し，出題される傾向が高い形式の問題を中心に編集してあるので，ぜひ取り組んでおこう。

❖傾向と対策〈社会〉

出題傾向

	地理							歴史							公民										融合問題
	世界地理			日本地理			世界地理・日本地理総合	日本史					世界史	日本史・世界史総合	政治				経済				国際社会	公民総合	
	全域	地域別	地図・時差（単独）	全域	地域別	地形図（単独）		原始・古代	中世	近世	近代・現代	複数の時代			人権・憲法	国会・内閣・裁判所	選挙・地方自治	総合・その他	しくみ・企業	財政・金融	社会保障・労働・人口	総合・その他			
2024年度				○								○												○	○
2023年度							○					○			○										○
2022年度							○															○			○
2021年度							○					○					○								○
2020年度							○					○				○									○

出題分析

地理的分野，歴史的分野，公民的分野から各1題，融合問題1題の計4題が出題されることが多い。記述式・論述式の比重が高く，総合的な思考による判断を求める出題が多い。

①地理的分野

日本と世界の結びつきをさまざまなテーマから読み解く力や，日本地理・世界地理の基本的な知識が問われている。

②歴史的分野

時代を限定せず，あるテーマについて幅広く問う問題が多い。教科書などでは見かけない資料が使われていることもあり，読解には時間がかかる場合もあるので注意が必要。

③公民的分野

現代社会の抱える問題を中心としたテーマからの出題が多い。時事的な内容も含まれているので，教科書の内容よりは日常の生活の中で得られる知識の方が役立つ場合もある。

④融合問題

持続可能な社会，地域の伝統的な生活・文化，G7広島サミットといったテーマから地理・歴史・公民の内容について問われている。

来年度の対策

①**地理的分野**では，必ず地図で都市や地域あるいは山脈・河川などの位置，経度や緯度との関係を確認し，その名称や特色などを理解すること。資料集を使ってグラフや統計表の読解練習も積んでおこう。

②**歴史的分野**では，時代の流れをつかみ，重要なできごとや関連人物の業績をまとめること。日本と世界（特に中国や朝鮮）との関係にも注意。

③**公民的分野**では，政治・経済の分野を中心に用語を整理し，新聞やインターネットなどで時事的問題についても理解を深めておくこと。

基礎知識の習得が済んだら，それらを文章で説明できるような練習が必要となる。**社会の近道問題シリーズ**の「**社会の応用問題―資料読解・記述―**」（英俊社）には，他県の公立高入試や私立高入試で出題された短文で説明するタイプの問題が多く収録されている。本県の入試を突破するための心強い味方となるはずなので，是非取り組んでもらいたい。

❖傾向と対策〈理科〉

出題傾向

	物理					化学					生物					地学					環境問題
	光	音	力	電流の性質とその利用	運動とエネルギー	物質の性質	物質どうしの化学変化	酸素が関わる化学変化	いろいろな化学変化	酸・アルカリ	植物	動物	ヒトのからだのつくり	細胞・生殖・遺伝	生物のつながり	火山	地震	地層	天気とその変化	地球と宇宙	
2024 年度				○	○					○	○			○						○	
2023 年度			○					○						○	○	○		○			
2022 年度	○	○							○				○							○	
2021 年度				○		○					○			○					○		
2020 年度					○				○			○						○			

出題分析

物理・化学・生物・地学の各分野から1題ずつ出題されている。選択式は少なく，計算，用語，短文説明，グラフ作成，図示などの記述式が多い。以前は，基本的な学習内容の実験・観察の図・表・グラフをもとにした出題で，複雑な難問はなかったが，理科と関わりのある身近な現象を中学校の学習内容を基に考察する問題や，自分の言葉で説明する問題が増えてきているので，要注意。

★物理的分野

実験内容の，表や図，グラフを読み取る力が問われ，考察力，計算力も必要になる。

★化学的分野

実験の基本的操作法や，結果の考察，表・グラフの読み取り，計算力などが問われる。

★生物的分野

基礎的な知識・理解が問われるとともに実験や観察の結果についての考察力も必要になる。

★地学的分野

模式図や記録，グラフを読み取る力が問われる。重要語句を幅広く覚えておくとともに，実験内容について考察する力も必要になる。

来年度の対策

全分野において，実験・観察の方法や結果を整理し，重要事項を確実に理解し，図やグラフもよく見ておくこと。現象の説明や理由などを記述で答える問題もあるので，正確に表現できるようにしておくこと。

①**物理→**法則を応用できるよう整理し，合力の作図などにも慣れておく。

②**化学→**教科書に出てくる化学式，化学反応式は重要。基本事項を整理し，グラフの読み取り練習はしっかりやっておく。

③**生物→**実験・観察の内容から多く出題されるので，教科書の内容を整理しておく。基本事項をおさえ，生物細部の名称について，記述できるようにしておく。

④**地学→**図やグラフの読み取り練習が必要。恒星の動き，地層の読みなど立体的な考え方も身につけておくこと。天体・気象内容での計算練習もしておこう。

受験対策には，まず頻出問題を収録編集した「**ニューウイング 出題率 理科**」（英俊社）をやってみよう。また，そこで見つけた弱点は，「**理科の近道問題シリーズ**（全6冊）」（英俊社）でしっかり補強をしておこう。特に，文章で記述する問題が増えてきているので，上記シリーズの「**理科記述**」（英俊社）はぜひやっておいてほしい。

❖傾向と対策〈国語〉

出題傾向

	現代文の読解									国語の知識									作文		古文・漢文								
	内容把握	原因・理由	接続語	適語挿入	脱文挿入	段落の働き・論の展開	要旨・主題	心情把握・人物把握	表現把握	漢字の読み書き	漢字・熟語の知識	ことばの知識	慣用句・ことわざ・四字熟語	文法	敬語	文学史	韻文の知識	表現技法	課題作文・条件作文	短文作成・表現力	読解問題	主語・動作主把握	会話文・心中文	要旨・主題	古語の意味・口語訳	仮名遣い	文法・係り結び	返り点・書き下し文	古文・漢文・漢詩の知識
2024 年度	○	○	○	○						○											○					○		○	
2023 年度	○	○	○	○						○									○		○					○			
2022 年度	○		○	○				○		○	○								○	○	○							○	
2021 年度	○	○	○	○				○		○		○							○	○	○					○			
2020 年度	○	○	○	○				○		○	○								○		○					○			

【出典】

2024年度　[1]文学的文章　辻村深月「この夏の星を見る」
[2]論理的文章　気候変動適応情報プラットフォームウェブページ
[3]漢文　「呂氏春秋」

2023年度　[1]文学的文章　髙柳克弘「そらのことばが降ってくる」
[2]論理的文章　国立環境研究所ウェブページ・「ナショナル　ジオグラフィック日本版」二〇二二年六月号
[3]古文　「毎月抄」

2022年度　[1]文学的文章　鈴村ふみ「櫓太鼓がきこえる」
[2]論理的文章　田中　修「植物のいのち」　[3]漢文　「菜根譚」

2021年度　[1]文学的文章　戸川幸夫「爪王」　[2]論理的文章　藤野栄介「指揮者の知恵」
[3]古文　「独ごと」

2020年度　[1]文学的文章　横光利一「笑われた子」　[2]論理的文章　原田マハ「いちまいの絵」
[3]古文　「御伽草子集」

出題分析

★長　文…………素材文は，論理的文章と文学的文章が１題ずつ出題されることが多い。設問内容の特色は，本文をふまえた図や会話文を通じて内容把握を問われている点にある。答えるべきことを的確におさえるために，文章を注意深く読みこんでいくことを心がけたい。

★古文・漢文……説話の出題が多く，仮名遣いと内容把握の問題が中心となっている。また，2022・2024 年度では，漢文が書き下し文とともに出題され，2023 年には，古文の内容をふまえた作文問題が出題された。現代文と同様に，生徒の会話や生徒がまとめたものを通しての出題もある。

★漢　字…………長文問題の一部として，読み書きがあわせて5題程度出される。

来年度の対策

2022年度までは大問4題での出題が続いていたが，2023年度以降は大問3題での出題となった。資料も含めると文章量が多く，記述式の出題が中心となっているので，制限時間内での的確な読解力と記述力が求められている。基本的な国語の知識や，古文の歴史的仮名遣いや古語の意味，漢文の書き下し文なども理解しておこう。なお，2023年度までは，資料や古文の内容をふまえた200～250字記述の作文問題が出されていた。しっかりとした記述力を身につけておいてほしい。

入試問題では，国語に関する限り，教科書に見られる文章そのままが出題されることは少ない。教科書で学習したことがらを，**他の文章にも応用できる国語力**を養っておくように心がけ，教科書を基点としてその単元に関連した他の読みものに広げていこう。**国語の近道問題シリーズ**の「**長文読解—攻略法の基本—**」「**長文読解—攻略法の実践—**」「**古典**」（いずれも英俊社）は薄手でありながら，出題傾向に沿って問題を集め，解説も加えられている問題集なのでおすすめしたい。また，くわしい分析によって出題頻度の高い問題を集めた「**ニューウイング 出題率 国語**」（英俊社）で最後の確認をしておけば，入試本番に自信を持って臨むことができるだろう。

身近なものでは，日頃から新聞に目を通してもらいたい。毎日読んでおくだけでも国語力の向上につながり，社説・コラム等の要旨をまとめ，それに対する意見を記述する練習を重ねると，相当な読解力と記述力がつくはずである。

【写真協力】 F&K CULTURAL TOURSAND SAFARIS ／ Google Map ／ Tamago Moffle・https://flic.kr/p/7vbda3・CC-BY SA ／ ピクスタ株式会社 ／ 金融広報中央委員会 HP ／ 国土交通省観光庁 ／ 国立民族学博物館 ／ 四国新聞社 ／ 世界遺産オンラインガイド ／ 帝国書院 ／ 日本ユニセフ HP ／ 片平孝・アフロ

【地形図】 本書に掲載した地形図は，国土地理院発行の地形図・地勢図を使用したものです。

~MEMO~

~MEMO~

広島県公立高等学校

2024年度
入学試験問題

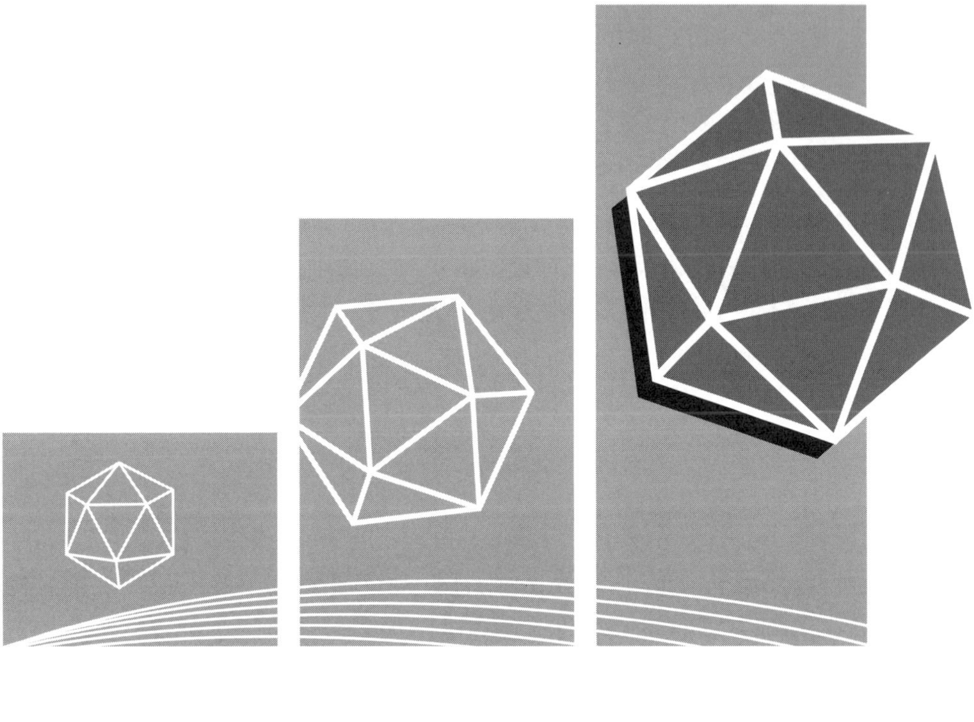

数学

時間　50分　　　　満点　50点

1　次の(1)～(8)に答えなさい。

(1)　$9 + 4 \times (-2)$ を計算しなさい。(　　　)

(2)　$\dfrac{5}{11} \div \left(-\dfrac{2}{3}\right)$ を計算しなさい。(　　　)

(3)　次の連立方程式を解きなさい。

$$\begin{cases} 3x + 2y = -5 \\ -x + 3y = 9 \end{cases}$$
(　　　　)

(4)　$(\sqrt{6} + 2)(\sqrt{6} - 3)$ を計算しなさい。(　　　)

(5)　y は x の2乗に比例し，$x = 6$ のとき $y = 12$ です。このとき，y を x の式で表しなさい。

(　　　)

(6)　1つの外角の大きさが40°である正多角形の辺の数を求めなさい。(　　　)

(7)　右の図のように，AB = 4cm，BC = 7cm，∠A = 90°の直角三角形ABCがあります。辺ACの長さは何cmですか。(　　　cm)

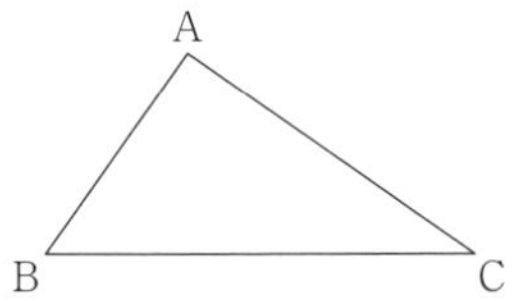

(8)　袋の中に白玉と黒玉の2種類の玉が合計450個入っています。この袋の中の玉をよくかき混ぜてから，35個の玉を無作為に抽出したところ，白玉が21個，黒玉が14個ふくまれていました。はじめに袋の中に入っていた黒玉の個数はおよそ何個と考えられますか。次のア～エの中から最も適当なものを選び，その記号を書きなさい。(　　　)

ア　およそ180個　　イ　およそ210個　　ウ　およそ240個　　エ　およそ270個

2　次の(1)～(3)に答えなさい。

(1)　右の図のように，円すいの展開図があり，側面となるおうぎ形OABは半径がOA = 3cm，中心角が∠AOB = 72°です。この展開図を組み立ててできる円すいの表面積は何cm^2ですか。ただし，円周率はπとします。

(　　　cm^2)

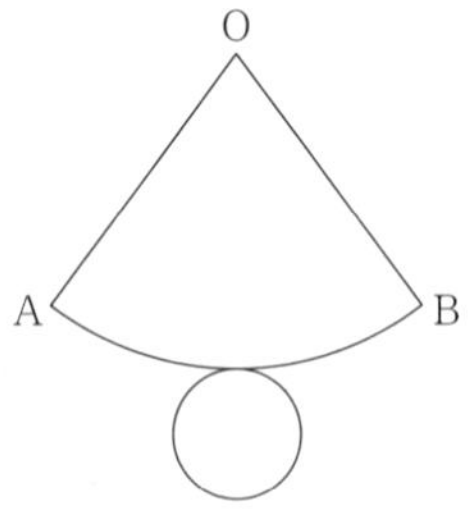

(2)　次の図のように，8段の階段があり，川口さんは床の位置にいます。川口さんは，正しく作られた大小2つのさいころを同時に1回投げて，次の【規則】に従ってこの階段を移動します。

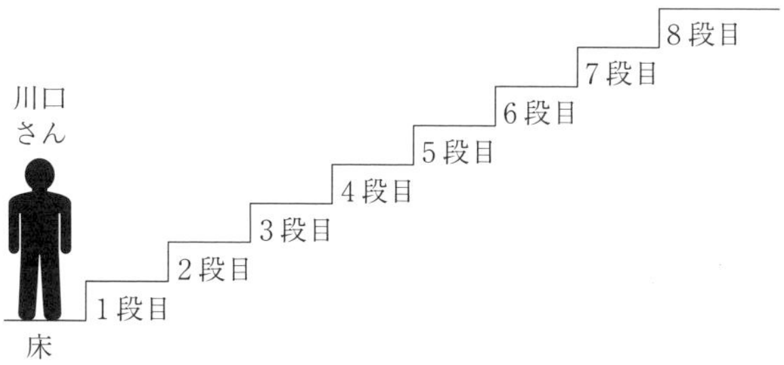

【規則】

> 床の位置から，大小2つのさいころの出た目の数の和だけ，上に向かって1段ずつ移動する。8段目に到達したときに移動する数が残っていれば，8段目から，残っている数だけ下に向かって1段ずつ移動する。

川口さんが，この2つのさいころを同時に1回投げて，【規則】に従って移動を終えたとき，6段目にいる確率を求めなさい。(　　　)

(3) 次の図は，ある中学校のA班23人とB班23人のハンドボール投げの記録を班ごとに箱ひげ図に表したものです。この箱ひげ図から読み取れることとして必ず正しいといえるものを，下のア～オの中から全て選び，その記号を書きなさい。ただし，記録はメートルを単位とし，メートル未満は切り捨てるものとします。(　　　)

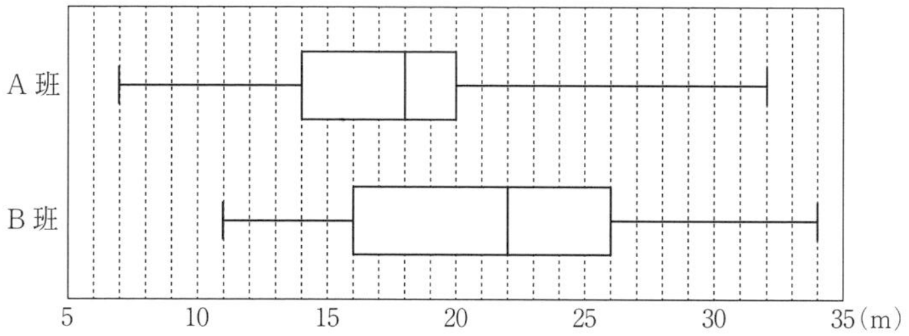

ア　A班の記録の平均値は18mである。

イ　B班で，記録が16mの人は，少なくとも1人はいる。

ウ　A班の記録の範囲は，B班の記録の範囲より小さい。

エ　B班の記録の四分位範囲は，A班の記録の四分位範囲より大きい。

オ　記録が22m以上の人は，B班にはA班の2倍以上いる。

3　右の図のように，関数 $y=\dfrac{18}{x}$ のグラフ上に，y 座標が9である点Aと x 座標が6である点Bがあります。また，このグラフ上に，$x<0$ の範囲で動く点Cがあります。点Aを通り x 軸に平行な直線と，点Bを通り y 軸に平行な直線との交点をD，点Bを通り y 軸に平行な直線と，x 軸との交点をEとします。

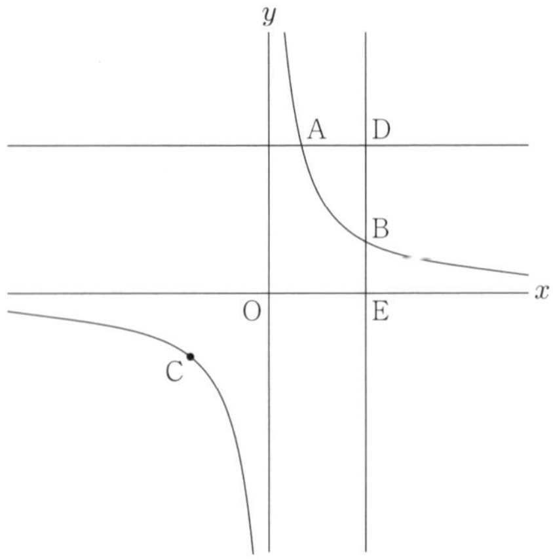

次の(1)・(2)に答えなさい。

(1)　点Cの x 座標が -6 のとき，直線CDの式を求めなさい。(　　　)

(2)　△ABDと△BCEの面積の比が3：4となるとき，点Cの x 座標を求めなさい。(　　　)

4　右の図のように，△ABCは鋭角三角形で，頂点A，B，Cは円Oの円周上にあります。点Aから辺BCに垂線ADを引きます。また，点Bから辺ACに垂線を引き，線分ADとの交点をE，辺ACとの交点をF，円Oとの交点をGとします。さらに，点Aと点Gを結びます。このとき，△AEF ≡ △AGFであることを証明しなさい。

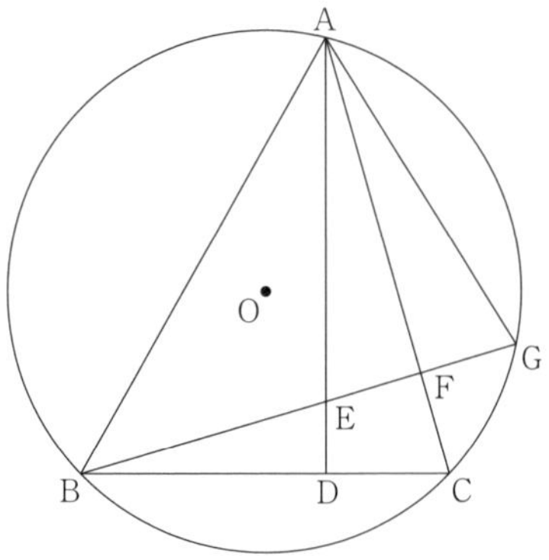

5　ある観光地には，自転車をレンタルすることができるお店がA店とB店の2店あります。右の表1は，A店のレンタル料金表であり，表1中の料金欄には，借りた時間の区分ごとの自転車1台当たりの料金を示しています。A店で自転車を借りることができる最大の時間は12時間です。自転車1台を x 時間借りたときの料金を y 円として，表1を基に，A店における x と y の関係をグラフで表すと，図1のようになります。

表1

借りた時間	料金
3時間以内	900円
6時間以内	1400円
9時間以内	1800円
12時間以内	2100円

次の(1)・(2)に答えなさい。

(1)　A 店における x と y の関係について，y は x の関数であるといえます。その理由を書きなさい。

(　　　　　　　　　　　　　　　　　　　　　　　　　　　　)

図 1

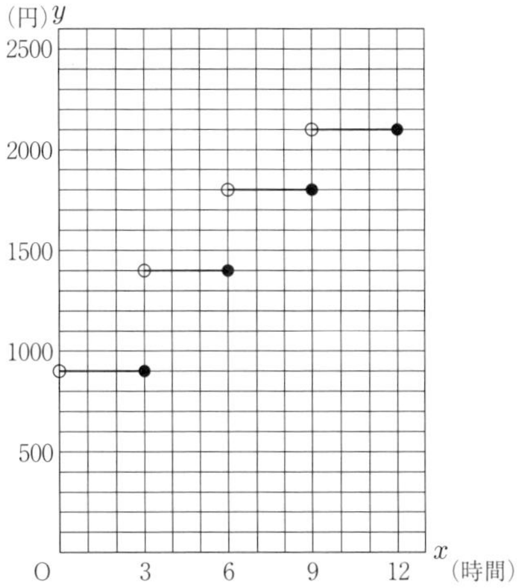

●はグラフがその点をふくむことを示し，○はグラフがその点をふくまないことを示している。

(2)　右の表 2 は，B 店のレンタル料金表であり，表 2 中の料金欄には，借りた時間の区分ごとの自転車 1 台当たりの料金を示しています。B 店で自転車を借りることができる最大の時間は 12 時間です。表 2 を基に，B 店における x と y の関係を表すグラフを，A 店にならって，図 1 にかき入れなさい。ただし，解答は必ず解答欄にかきなさい。

表 2

借りた時間	料金
4 時間以内	800 円
8 時間以内	1600 円
12 時間以内	2300 円

また，下の【自転車 1 台を A 店で借りたときの料金と B 店で借りたときの料金の比較】の［ア］・［イ］に当てはまる数をそれぞれ書きなさい。

【自転車 1 台を A 店で借りたときの料金と B 店で借りたときの料金の比較】

B 店より A 店の方が料金が安いのは，借りた時間が［ア］時間より長く［イ］時間以内の場合と 8 時間より長く 12 時間以内の場合であり，借りた時間がそれ以外の場合は A 店より B 店の方が料金が安い。

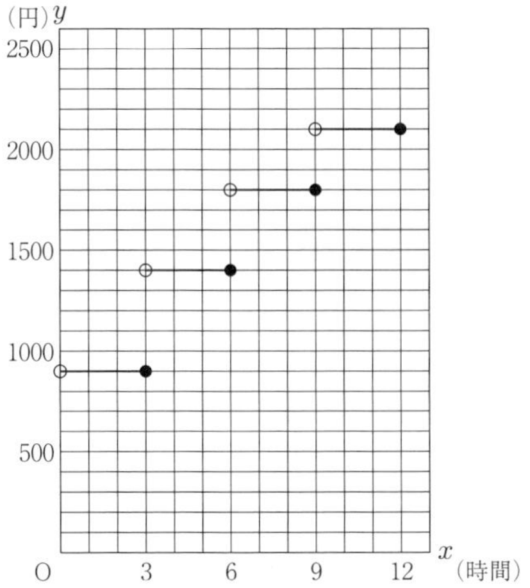

●はグラフがその点をふくむことを示し，○はグラフがその点をふくまないことを示している。

ア(　　　　)　イ(　　　　)

6　石田さんは，連続する3つの整数のそれぞれの2乗の和からある自然数をひいた数について，どのようなことが成り立つかを調べています。

1，2，3では，$1^2+2^2+3^2-2=12=3\times2^2$

2，3，4では，$2^2+3^2+4^2-2=27=3\times3^2$

3，4，5では，$3^2+4^2+5^2-2=48=3\times4^2$

上の計算の結果では，連続する3つの整数のそれぞれの2乗の和から2をひいた数は，その連続する3つの整数の中央の数を2乗して3倍した数と等しくなっていました。そこで，石田さんは，上の計算の結果から次のことを予想しました。

【予想】

> 連続する3つの整数のそれぞれの2乗の和から2をひいた数は，その連続する3つの整数の中央の数を2乗して3倍した数と等しくなる。

次の(1)～(3)に答えなさい。

(1)　石田さんは，この【予想】がいつでも成り立つことを，次のように説明しました。

【説明】

> nを整数とすると，連続する3つの整数は，n，$n+1$，$n+2$と表される。
>
> したがって，連続する3つの整数のそれぞれの2乗の和から2をひいた数は，その連続する3つの整数の中央の数を2乗して3倍した数と等しくなる。

【説明】の に説明の続きを書き，説明を完成させなさい。

(2)　次に，石田さんは，連続する3つの整数のそれぞれの2乗の和から5をひいた数について調べたところ，次の【性質Ⅰ】がいつでも成り立つことが分かりました。

【性質Ⅰ】

> 連続する3つの整数のそれぞれの2乗の和から5をひいた数は，その連続する3つの整数のうち ア を イ 倍した数と等しくなる。

【性質Ⅰ】の ア には，当てはまる言葉を次の①～⑥の中から選び，その番号を書き， イ には，当てはまる数を書きなさい。ア(　　　)　イ(　　　)

①　最も小さい数と中央の数の和　　②　最も小さい数と最も大きい数の和

③　中央の数と最も大きい数の和　　④　最も小さい数と中央の数の積

⑤　最も小さい数と最も大きい数の積　　⑥　中央の数と最も大きい数の積

(3)　さらに，石田さんは，連続する4つの整数のそれぞれの2乗の和から5をひいた数についても調べたところ，次の【性質Ⅱ】・【性質Ⅲ】がいつでも成り立つことが分かりました。

【性質Ⅱ】

連続する4つの整数のそれぞれの2乗の和から5をひいた数は，その連続する4つの整数のうち最も小さい数と最も大きい数の和を2乗した数と等しくなる。

【性質Ⅲ】

連続する4つの整数のそれぞれの2乗の和から5をひいた数は，その連続する4つの整数のうち[　ウ　]を2乗した数と等しくなる。

【性質Ⅲ】の[　ウ　]に当てはまる言葉を，次の①～⑤の中から選び，その番号を書きなさい。

（　　　）

①　最も小さい数と小さい方から2番目の数の和

②　最も小さい数と大きい方から2番目の数の和

③　小さい方から2番目の数と大きい方から2番目の数の和

④　小さい方から2番目の数と最も大きい数の和

⑤　大きい方から2番目の数と最も大きい数の和

英語

時間　50分　　　　満点　50点

（編集部注）　放送問題の放送原稿は英語の末尾に掲載しています。
音声の再生についてはもくじをご覧ください。

（注）　最初に，放送による聞き取りテストを行います。

1　放送を聞いて答えなさい。

問題A　これから，No.1～No.3まで，対話を3つ放送します。それぞれの対話を聞き，そのあとに続く質問の答えとして最も適切なものを，下のア～エの中から選んで，その記号を書きなさい。

No.1（　　　）　No.2（　　　）　No.3（　　　）

No.1

ア

イ
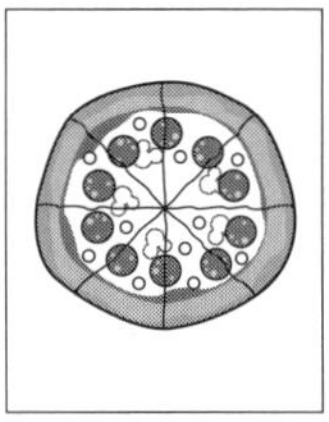

ウ

エ

No.2

ア
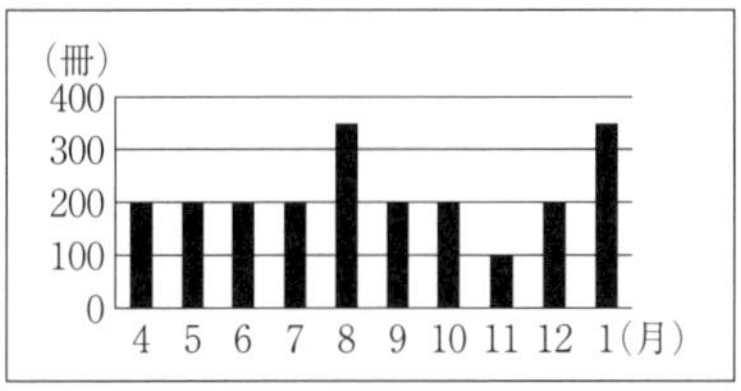

イ
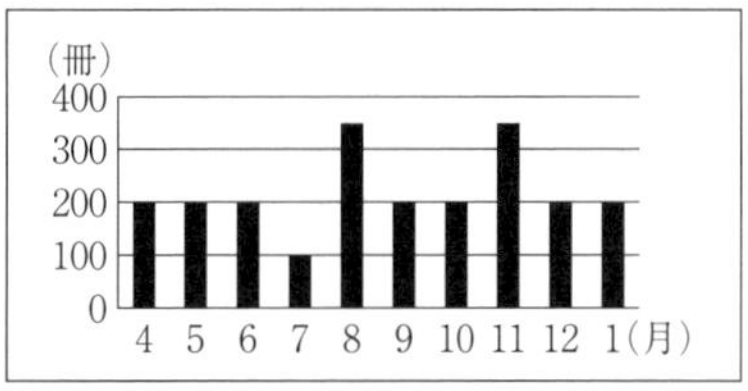

ウ
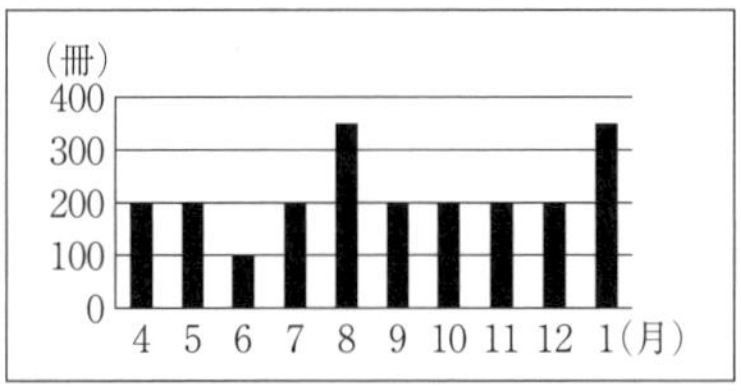

エ
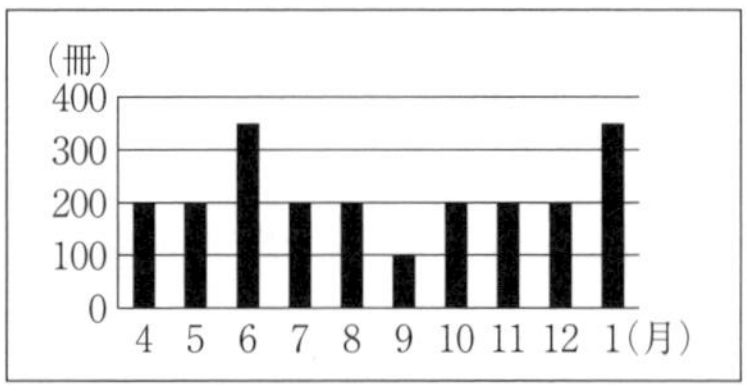

No.3

ア　Three people.

イ　Four people.

ウ　Five people.

エ　Six people.

問題B　これから放送する対話は，高校生の信一と留学生のカレンが，ある話題に関して話したときのものです。あとの【対話】に示されているように，まず①で信一が話し，次に②でカレンが話し，そのあとも交互に話します。⑤では信一が話す代わりにチャイムが1回鳴ります。あなたが信一なら，この話題に関しての対話を続けるために，⑤でカレンにどのような質問をしますか。

⑤に入る質問を 4 語以上の英文で書きなさい。

(　　　　　　　　　　　　　　　　　　　　　　　　　　　　　　　)

【対話】

Shinichi	:	①
Karen	:	②
Shinichi	:	③
Karen	:	④
Shinichi	:	⑤　チャイム

問題C　これから放送する英文は，留学生のルーシーが高校生の次郎に対して話したときのものです。ルーシーの質問に対して，あなたならどのように答えますか。あなたの考えをその理由とともに英文で書きなさい。なお，2 文以上になっても構いません。

(　　　　　　　　　　　　　　　　　　　　　　　　　　　　　　　)

[2]　次の会話は，ある高校の生徒会のメンバーである春花と太郎が，2人の高校を訪問中の，アメリカにある姉妹校の生徒会のメンバーのジョンと，お互いの生徒会の活動について話したときのものです。また，グラフ1は，そのとき太郎が説明に用いたものです。これらに関して，あとの1〜5に答えなさい。

Haruka : Our school donated used clothes last year, so we would like to talk about it today.

John : OK. Our school has donated food and other things a few times before, so I can share our experiences with you.

Taro : Great! First, I will tell you why we decided to donate used clothes. In social studies class, our teacher showed this graph and told us how people got rid of used clothes in Japan. The graph shows that [A] % of the clothes were thrown away, and only 3% of the clothes were given away or donated. The teacher also said that people throw away clothes that they can still reuse or recycle. We thought that if we donated used clothes, we could reduce the amount of clothes that are thrown away.

Haruka : [あ] After we decided to donate used clothes, we found an NPO that donates used clothes to people in some countries in Asia. Then, we collected used clothes from the students at our school.

John : I see. So, was everything OK?

Taro : No. [い] After we collected many kinds of used clothes, we found that the NPO did not accept winter clothes. They send clothes only to people living in hot areas in Asia. So, we had to remove the winter clothes from the used clothes given by the students and send the rest of the used clothes to the NPO. ① <u>This</u> happened because we did not think about things that the people really needed.

Haruka : We should try to learn more about people who will receive used clothes. If we understand them better, we will know what they need. Now, can you tell us about the activities at your school?

John : [う] We had an experience that is similar to yours. When our school donated for the first time, we collected things that we didn't use. We tried to give those things to families in need in our town, but some families didn't accept them.

Haruka : [B], then?

John : We asked them what they needed. They told us that they needed food. We decided to sell things that we collected from our students. We got money by selling the things, and then with the money we got, we bought food and gave it to the families.

Taro : I see. I think it is a good idea to sell things after we collect them.

John : [え] There are many ways to help people. After all, it is important to understand other people and what they need if we want to help them.

（注） donate　寄付する　　used　中古の　　get rid of 〜　〜を手放す
be thrown away　廃棄される　　give away 〜　〜を譲渡する　　throw away 〜　〜を廃棄する

reuse　再利用する　　recycle　リサイクルする　　reduce　減らす　　amount　量
NPO　非営利団体（non-profit organization の略）　accept　受け取る　　remove　取り除く
rest　残り　　be similar to ～　～に似ている　　for the first time　初めて
in need　困っている　　after all　結局

グラフ1　服を手放す手段（2022年度調査）

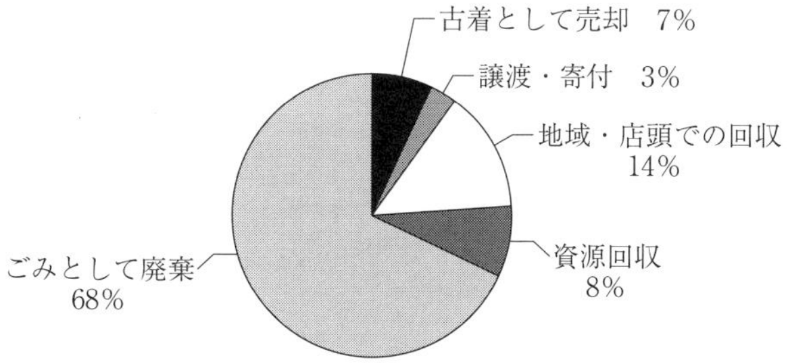

（環境省ウェブページにより作成。）

1　本文中の A に当てはまる数値を，次のア～エの中から選び，その記号を書きなさい。
（　　）

ア　7　　イ　14　　ウ　8　　エ　68

2　下線部①について，その内容を表している最も適切な英文を，次のア～エの中から選び，その記号を書きなさい。（　　）

ア　Taro and Haruka decided to throw away used clothes.

イ　Taro and Haruka had to remove some clothes from the used clothes given by the students at their school and send the rest to an NPO.

ウ　Taro and Haruka found an NPO that donates used clothes to some foreign countries.

エ　Taro and Haruka got money by selling the used clothes given by the students at their school.

3　本文中の B に当てはまる最も適切な英語を，次のア～エの中から選び，その記号を書きなさい。（　　）

ア　Why did you do that　　イ　How did you do that　　ウ　What did you do

エ　Who did that

4　次の英文は，本文中から抜き出したものです。この英文を入れる最も適切なところを本文中の［ あ ］～［ え ］の中から選び，その記号を書きなさい。（　　）

We had one problem.

5　太郎は，アメリカに帰国したジョンに次のメールを送りました。本文の内容を踏まえて，このメール中の（ a ）～（ d ）に当てはまる最も適切な語を，あとのア～エの中からそれぞれ選び，その記号を書きなさい。a（　　）　b（　　）　c（　　）　d（　　）

Dear John,

Thank you for visiting our school last week. We were glad to（ a ）our experiences with you. As we discussed with you, to help others, we should understand what they (b). So, before we donate used clothes next time, we will (c) for more information about people who will receive the clothes. If we know more about them and their lives, we can (d) them clothes that are useful.

Let's talk again soon!

Taro

(注) as we discussed 私たちが話したように

ア give イ look ウ share エ need

3　次の英文は，高校生の健一が，英語の授業で「心に残る思い出」というテーマで書いた英作文です。これに関して，あとの1～6に答えなさい。

Did you know that geese fly in a V-formation? I heard about this formation in our high school class for the first time and learned that they can fly farther in this way. While geese are flying in the V-formation, they take turns leading the formation. When the lead goose is tired, it goes to the back and another goose comes to the front. In this way they can share the load and fly farther.

When I listened to this story, I remembered the chorus contest I had when I was a junior high school student. In that contest, I became a class leader because I was a member of the brass band and thought that ① I knew (to　the　how　chorus　make) better.

In May, we began to practice singing the song for the contest. I said to my classmates, "Let's practice hard and win first prize!" We practiced singing every day, but I thought our chorus was not getting better. I always told my classmates what was bad about our chorus.

One day, when we had two weeks before the contest, we were going to practice singing in the music room, and I asked everyone to come. However, only half of the class came. I got angry and said, "We cannot practice today." Then, one of my classmates said, "What? We came here to practice!" I didn't say anything. Then, Kyoka, another classmate, said, "Kenichi is tired because he is always thinking about our chorus. We should help him." She came to the front and said, "What do you want to practice today?" Some students told her they wanted to practice the beginning of the song. She said, "OK. We'll practice that part. Is it OK, Kenichi?" I said, "Yes...." Kyoka said, "Everyone, smile! Yes! That's perfect!" All of them smiled and sang louder. She said, "Our chorus is getting better! We can win first prize!"

After practicing, I went to her and said, "Thank you for helping me." She just smiled. I said, "You should be the leader instead of me because you understand them." She said, "I think you are a good leader, because you have a strong passion. We still have two weeks before the contest. We can win first prize!" After I talked to Kyoka, I wondered what was the best for the class and ② made some decisions.

The next day, I asked Kyoka to take turns leading the class with me. I said to her, "You can say □ things to our classmates when we practice singing. If both you and I are leaders, our chorus will be better." Kyoka thought about it for a few minutes and said yes. Kyoka and I spoke to the class about our chorus in turn.

I also asked the other classmates to say what they thought about our chorus to the class. A lot of classmates did so, and some of them cheered the class on. That improved our chorus.

At the chorus contest, we did our best and our chorus was great. We didn't win first prize, but everyone in the class said that the chorus contest was a good memory.

From this experience, I have learned that it is hard for only one member to improve the performance of the team. When each member shares the responsibility with the other members, the team can perform better.

（注）goose　雁《がん》（渡り鳥の一種，複数形は geese）　V-formation　V 字型の隊形
for the first time　初めて　farther　より遠くへ　take turns ～　交替で～する
lead　先導する　lead goose　先頭の雁　back　後ろ　load　負担　leader　リーダー
brass band　吹奏楽部　loud　大きな声で　instead of ～　～の代わりに　passion　情熱
wonder　あれこれ考える　make a decision　決心をする　in turn　交替で
cheer ～ on　～を応援する　responsibility　責任　perform better　よりよい結果を出す

1　次の(1)・(2)に対する答えを，それぞれ英文で書きなさい。

(1)　Did Kenichi learn about the V-formation of geese in junior high school?
(　　　　　　　　　　　　　　　　　　　　　　　　)

(2)　Why did Kenichi get angry and say, “We cannot practice today”?
(　　　　　　　　　　　　　　　　　　　　　　　　)

2　下線部①が意味の通る英語になるように，(　　)内の語を並べかえなさい。
I knew (　　　　　　　　　　　　　　　　　　　　) better.

3　下線部②について，その内容を表している英文を，次のア～エの中から 2 つ選び，その記号を書きなさい。(　　　)

ア　Kenichi decided to tell his classmates to smile and sing louder.

イ　Kenichi decided to tell Kyoka that Kyoka and Kenichi should be leaders.

ウ　Kenichi decided to ask his classmates to share what they thought about their chorus with the class.

エ　Kenichi decided to stop practicing the song for the chorus contest.

4　本文中の［　　］に適切な語を 1 語補って，英文を完成しなさい。(　　　)

5　次のア～エの中で，本文の内容に合っているものを 1 つ選び，その記号を書きなさい。
(　　　)

ア　When geese fly in a V-formation, the lead goose never feels tired.

イ　In May, Kenichi’s class started to practice singing for the chorus contest.

ウ　Kyoka did not think that Kenichi was a good leader.

エ　Kenichi’s class won first prize in the chorus contest.

6　健一のクラスは，英語の授業で，ペアで互いの英作文を読み，読んだ感想を伝え合うことになりました。次の対話は，健一が，ペアを組んだ広子と，健一の英作文について話したときのものです。これを読んで，あとの(1)・(2)に答えなさい。

Hiroko：Your essay was really good!
Kenichi：Thank you.
Hiroko：I like the beginning of your essay. I didn’t know about the V-formation of geese. Have you ever ［ a ］ geese in a V-formation?

Kenichi：　No, but I want to see them someday.

Hiroko　：　I also like your idea about improving the team performance. I am captain of the volleyball club, and I want our team to get stronger. After I read your essay, I realized that it is important for each team member to [b]. If we do so, our team will perform better, right?

Kenichi：　Yes, I think that it is important for each member to do so.

（注） essay　作文　　captain　キャプテン

(1)　対話の流れに合うように，[a] に入る適切な英語を 1 語で書きなさい。(　　　　)

(2)　本文を踏まえて，[b] に入る適切な英語を 7 語以内で書きなさい。

(　　　　　　　　　　　　　　　　　　　　　　　　　　　　　　　　　　　　)

4　あなたは，英語の授業で，次のテーマについてクラスで意見交換をすることになりました。このテーマについて，賛成または反対のいずれかの立場で，あなたの意見を 30 語以上 50 語以内のまとまりのある英文で書きなさい。なお，2 文以上になっても構いません。ただし，下の【条件】と【注意事項】に従って書くこと。

______ ______ ______ ______ ______ ______ ______ ______ ______ ______ ______ ______

______ ______ ______ ______ ______ ______ ______ ______ ______ ______ ______ ______

______ ______ ______ ______ ______ ______ ______ ______ ______ ______ ______ ______

______ ______ ______ ______ ______ ______ ______ ______ ______ ______ ______ ______

______ ______

紙の本より電子書籍の方がよい。
E-books are better than paper books.

（注） e-book　電子書籍

【条件】

(1)　賛成か反対かの立場を明確にすること。

(2)　賛成か反対を選んだ理由を 2 つ挙げること。

【注意事項】

英文は次の記入例のように各下線上に 1 語ずつ書くこと。短縮形（I'll や don't など）は 1 語と数え，符号（. や ? など）は語数に含めません。

（記入例）　I'll　go　there.（3 語）

〈放送原稿〉

(チャイム)

2024年度広島県公立高等学校入学試験英語聞き取り検査を始めます。

はじめに，問題についての説明を行います。

聞き取り検査には，問題A，問題B，問題Cの3種類の問いがあります。

問題Aは対話と質問，問題Bは対話，問題Cは英文を放送します。これらはすべて2回ずつ放送します。メモをとっても構いません。

では，問題Aを始めます。

(チャイム)

問題A　これから，No.1～No.3まで，対話を3つ放送します。それぞれの対話を聞き，そのあとに続く質問の答えとして最も適切なものを，下のア～エの中から選んで，その記号を書きなさい。

No.1

A：　Can we have dinner at a restaurant, Mom?

B：　Sure, Jack. What did you have for lunch today?

A：　I had a hamburger.

B：　Well, we will not have hamburgers for dinner, then. How about pizza or spaghetti?

A：　I want to eat something else today. How about Japanese food?

B：　OK. Let's go to a sushi restaurant, then.

A：　Great idea!

Question No.1：What are Jack and his mother going to eat for dinner?

No.2

A：　Hi, Yuta. What does this graph show?

B：　Hi, Ms. Green. It shows how many books students in my class read each month.

A：　Students read more than three hundred books in both August and January.

B：　We had vacations and had a lot of time to read books.

A：　I see. Oh, students read only about one hundred books in June. Why?

B：　We had tests and also had to practice for Sports Day after school, so we were very busy.

Question No.2：Which graph are Yuta and Ms. Green looking at?

No.3

A：　Tom, I heard that you are going to go to the Christmas party at Kenta's house today.

B：　Yes. I know Emily will join it, too. Do you know how many people are going to join the party?

A：　Five people. You, Kenta, Emily, Nozomi, and me.

B：　Oh, Emily told me that Nozomi is not going to come because she is sick.

A：　I didn't know that. I hope she will get better soon.

Question No.3：How many people are going to join the Christmas party?

もう１回くりかえします。

問題A

No.1

A： Can we have dinner at a restaurant, Mom?

B： Sure, Jack. What did you have for lunch today?

A： I had a hamburger.

B： Well, we will not have hamburgers for dinner, then. How about pizza or spaghetti?

A： I want to eat something else today. How about Japanese food?

B： OK. Let's go to a sushi restaurant, then.

A： Great idea!

Question No.1：What are Jack and his mother going to eat for dinner?

No.2

A： Hi, Yuta. What does this graph show?

B： Hi, Ms. Green. It shows how many books students in my class read each month.

A： Students read more than three hundred books in both August and January.

B： We had vacations and had a lot of time to read books.

A： I see. Oh, students read only about one hundred books in June. Why?

B： We had tests and also had to practice for Sports Day after school, so we were very busy.

Question No.2：Which graph are Yuta and Ms. Green looking at?

No.3

A： Tom, I heard that you are going to go to the Christmas party at Kenta's house today.

B： Yes. I know Emily will join it, too. Do you know how many people are going to join the party?

A： Five people. You, Kenta, Emily, Nozomi, and me.

B： Oh, Emily told me that Nozomi is not going to come because she is sick.

A： I didn't know that. I hope she will get better soon.

Question No.3：How many people are going to join the Christmas party?

これで，問題Aを終わります。

次に問題Bに入ります。これから放送する対話は，高校生の信一と留学生のカレンが，ある話題に関して話したときのものです。あとの【対話】に示されているように，まず①で信一が話し，次に②でカレンが話し，そのあとも交互に話します。⑤では信一が話す代わりにチャイムが１回鳴ります。あなたが信一なら，この話題に関しての対話を続けるために，⑤でカレンにどのような質問をしますか。⑤に入る質問を４語以上の英文で書きなさい。

問題B

Shinichi： Hi, Karen. Did you have a nice weekend?

Karen　： Yes, I did. I saw a movie with my family.

Shinichi：　Did you see the new movie that you wanted to see?

Karen　：　No. We watched a different one.

Shinichi：　（チャイム）

もう1回くりかえします。

問題B

Shinichi：　Hi, Karen. Did you have a nice weekend?

Karen　：　Yes, I did. I saw a movie with my family.

Shinichi：　Did you see the new movie that you wanted to see?

Karen　：　No. We watched a different one.

Shinichi：　（チャイム）

これで，問題Bを終わります。30秒後に問題Cに入ります。

問題Cに入ります。これから放送する英文は，留学生のルーシーが高校生の次郎に対して話したときのものです。ルーシーの質問に対して，あなたならどのように答えますか。あなたの考えをその理由とともに英文で書きなさい。なお，2文以上になっても構いません。

問題C　I have been studying Japanese since I came to Japan three months ago. I can read Japanese better now, but I am still not good at listening to it. I want to listen to Japanese and understand it better. What should I do?

もう1回くりかえします。

問題C　I have been studying Japanese since I came to Japan three months ago. I can read Japanese better now, but I am still not good at listening to it. I want to listen to Japanese and understand it better. What should I do?

これで，聞き取り検査の問題の放送を全て終わります。

このあとは，2番以降の問題に進んでも構いません。

（チャイム）

社会

時間 50分　　満点 50点

1 日本の地理に関して，あとの1～4に答えなさい。

1 次の地図Ⅰを見て，あとの(1)・(2)に答えなさい。

(1) 地図Ⅰ中のA～Dの経線の中で，日本の標準時子午線に当たるものはどれですか。その記号を書きなさい。(　　　)

(2) 次のア～エは，地図Ⅰ中の①～④の都市のいずれかの雨温図を示しています。ア～エの中で，③の都市の雨温図に当たるものはどれですか。その記号を書きなさい。(　　　)

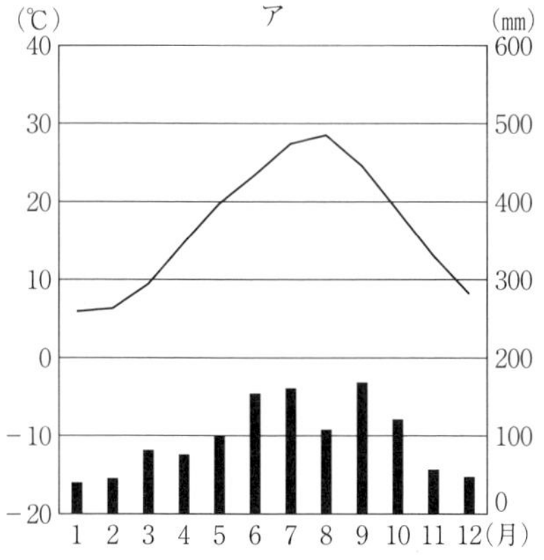

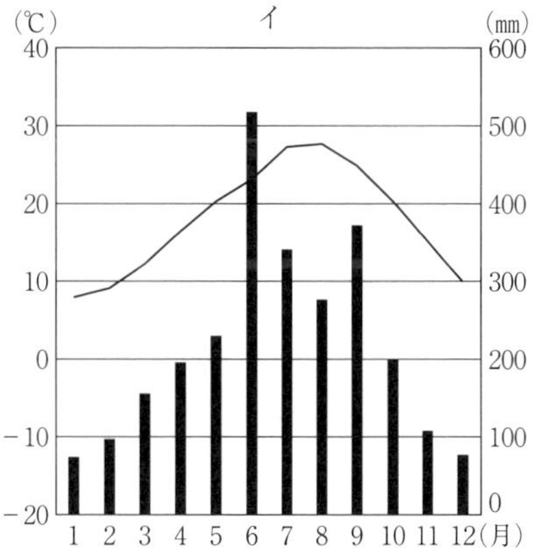

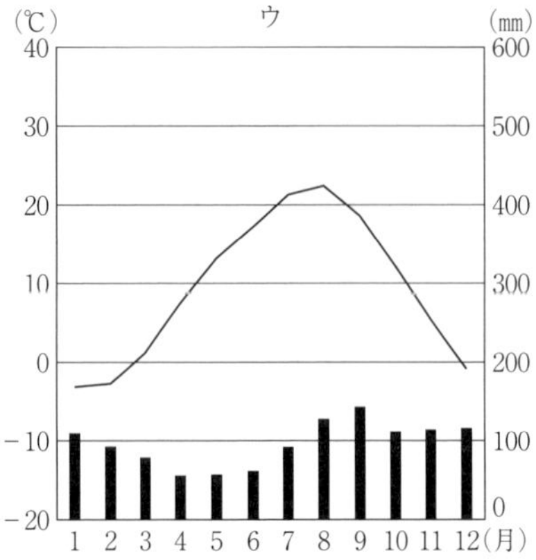

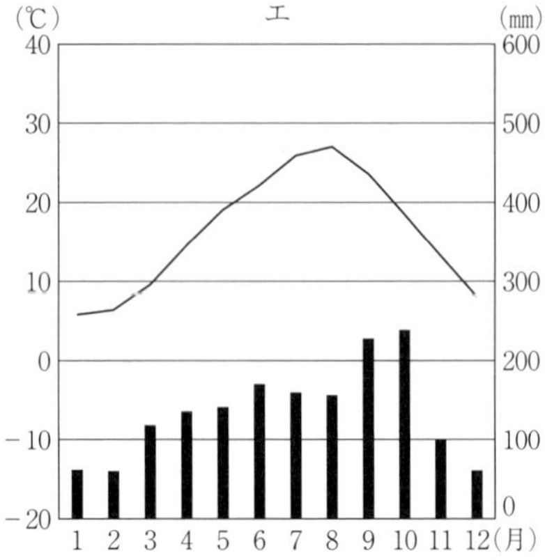

(気象庁ウェブページにより作成。)

2　次のア～エの地図には，火山災害，高潮，津波，土砂災害の，いずれかの災害の自然災害伝承碑の位置を示しています。ア～エの中で，津波の自然災害伝承碑の位置を示したものはどれですか。その記号を書きなさい。(　　　)

ア

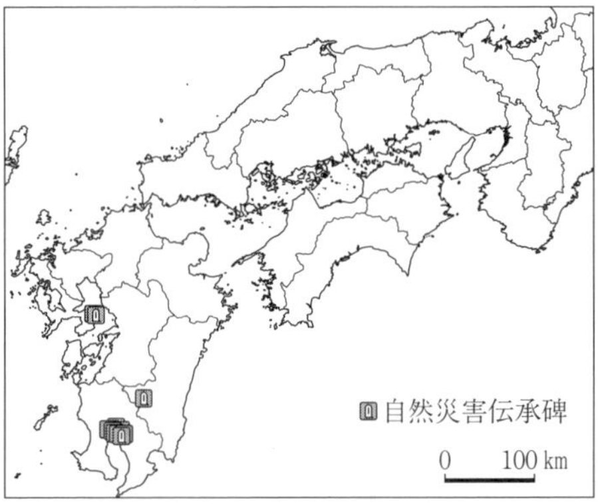

イ

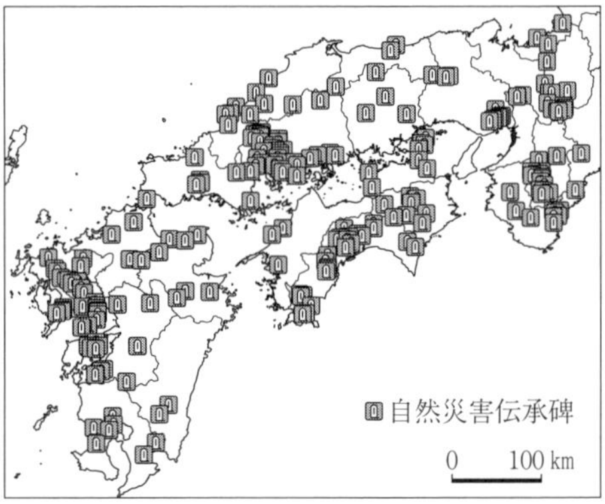

ウ

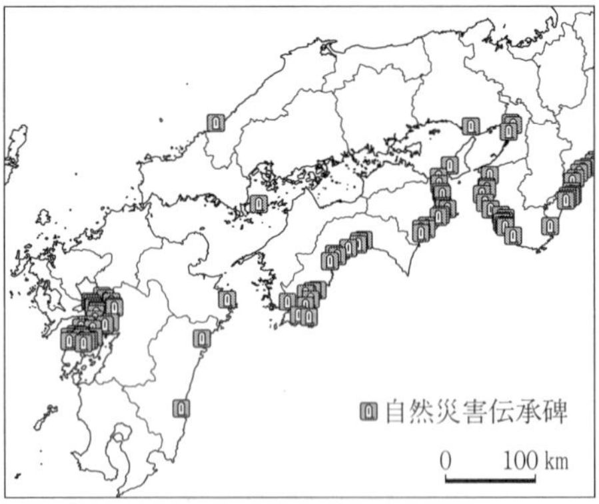

エ

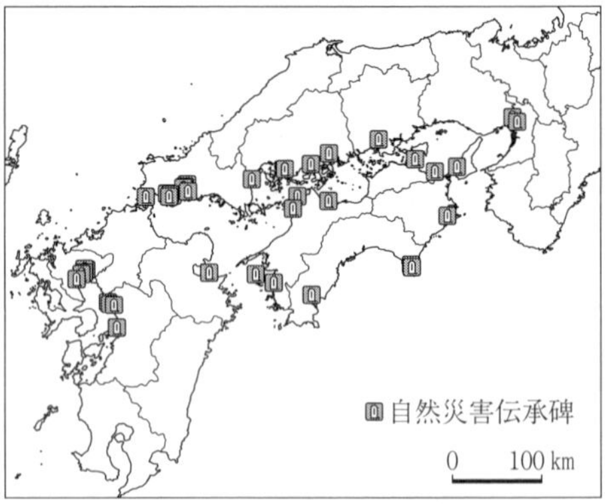

(地理院地図ウェブページにより作成。)

3　次の地形図Ⅰ・地形図Ⅱは，それぞれ2002年と2015年に発行された，富山市の同じ地域の2万5千分の1の地形図の一部であり，いずれも同じ範囲を示しています。あとのア～エの中で，地形図Ⅰ・地形図Ⅱを比較して読み取れることについて述べた文として最も適切なものはどれですか。その記号を書きなさい。(　　　)

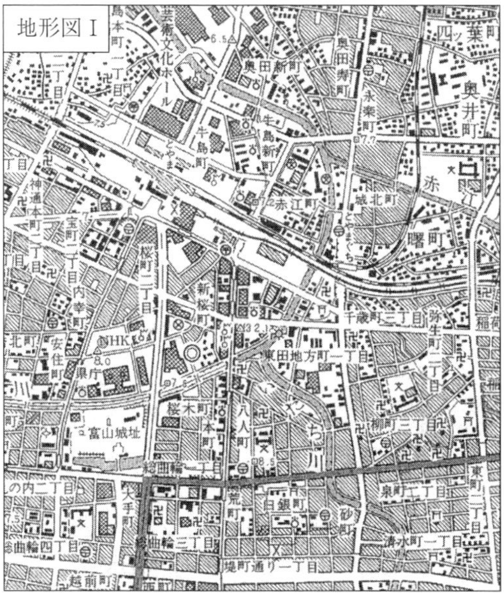

(2万5千分の1地形図「富山」 2002年発行による。)

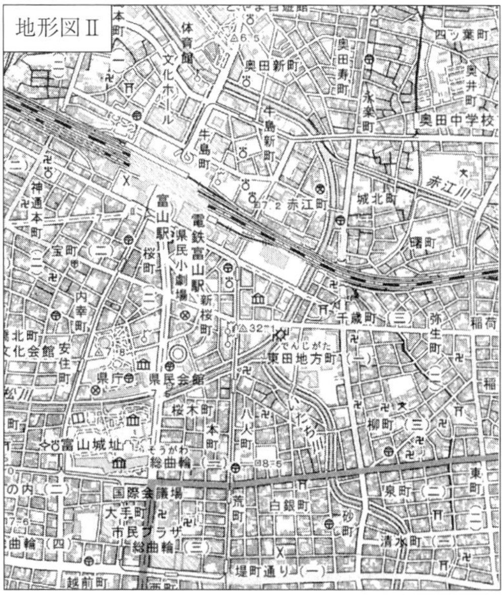

(2万5千分の1地形図「富山」 2015年発行による。)

(編集部注：原図を縮小しています。)

ア　地形図Ⅰ中でも地形図Ⅱ中でも，富《と》山口《やまぐち》駅を通るJR線が存在している。

イ　地形図Ⅰ中で富《と》山《やま》駅の東寄りにある消防署が，地形図Ⅱ中では富山駅の西寄りにある。

ウ　地形図Ⅱ中では，路面電車の軌道が環状になっている。

エ　地形図Ⅱ中では，変電所の北側に面した道路に路面電車が通っている。

4　右の表Ⅰは，東京都中央卸売市場への3月及び9月の菊の出荷総量と，そのうちの沖縄県産の菊の出荷量を示したものです。沖縄県産の菊の出荷量が，9月に比べて3月に多いのはなぜだと考えられますか。その理由を，「輸送費」，「気候」，「生産費」の語を用いて簡潔に書きなさい。

(　　　　　　　　　　　　　　　　　　　　　)

表Ⅰ　東京都中央卸売市場への菊の出荷量
(月別，2022年)

(万本)

	3月	9月
菊の出荷総量	3,023	2,933
沖縄県産の菊の出荷量	1,236	3

(東京都中央卸売市場ウェブページにより作成。)

② 次の年表は，日本の交通に関することがらについてまとめたものです。あとの1～6に答えなさい。

時代	日本の交通に関することがら
平安時代	①平安京と地方を結ぶ道路を通って調・庸が運搬された。
鎌倉時代	鎌倉幕府によって，②鎌倉と京都を結ぶ道路が整備された。
室町時代	馬借とよばれる運送業者が，年貢などの物資を運搬した。
安土桃山時代	③織田信長によって，各地の関所が廃止された。
江戸時代	江戸幕府によって，④五街道が整備された。
明治時代	新橋・横浜間に⑤鉄道が開通した。

1　下線部①に関して，794年に都が平安京とされました。このときの天皇は誰ですか。次のア～エの中から選び，その記号を書きなさい。(　　　)

ア　天武天皇　　イ　聖武天皇　　ウ　桓武天皇　　エ　後醍醐天皇

2　下線部②に関して，次の文章は，鎌倉幕府が各地と迅速に通信や連絡ができるよう設けた制度について述べたものです。下のア～エの中で，文章中の□に当てはまる内容として最も適切なものはどれですか。その記号を書きなさい。(　　　)

鎌倉幕府は東海道の整備に努め，一定距離に馬・人夫を常備し，人・物を素早く順々に送る駅制を設けたため，鎌倉―京都間は3日間で連絡することができるようになった。やがて，□ため，駅制を九州にまで延長した。

ア　応仁の乱が起こった　　イ　奥州藤原氏を滅ぼす　　ウ　保元の乱が起こった

エ　元軍による襲来を受けた

3　下線部③に関して，次のア～エの中で，織田信長が各地の関所を廃止した主な理由について述べた文として最も適切なものはどれですか。その記号を書きなさい。(　　　)

ア　キリスト教が広がることを防ぐため。

イ　商工業者に自由な経済活動を行わせるため。

ウ　百姓による一揆などの抵抗を防ぐため。

エ　朝鮮通信使の移動を円滑にするため。

4　下線部④に関して，次の文章は，江戸時代の絵画と庶民の旅への関心の高まりとの関連について述べたものであり，資料Ⅰは，江戸時代に描かれた絵画です。文章中の□に当てはまる適切な語を書きなさい。(　　　)

江戸時代に発達した絵画である□では，錦絵とよばれる多色刷りの技術が進んだ。旅人が東海道を通る様子が描かれた資料Ⅰのような風景画が流行したことなどにより，庶民の旅への関心が高まった。

資料Ⅰ

(国史大辞典による。)

5　下線部⑤に関して，右の資料Ⅱは，明治時代に整備された鉄道の路線の一部を示しています。資料Ⅱ中の「1884年以降に開通した鉄道の路線」が整備されたことによって，資料Ⅱに示した群馬県の五つの都市から横浜までの区間が鉄道でつながるようになりました。この区間が鉄道でつながるようにしたのはなぜだと考えられますか。その主な理由を，資料Ⅱに示した群馬県の五つの都市で当時共通して盛んだった産業と，当時の輸出の特徴とに触れて，簡潔に書きなさい。

(　　　　　　　　　　　　　　　　　　　　　　　　　　)

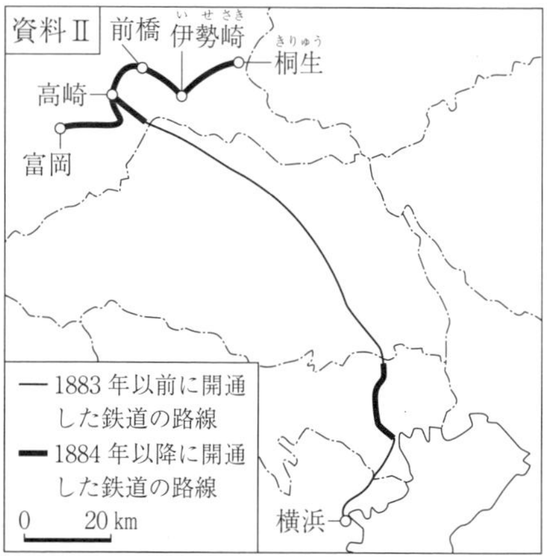

6　次の文章は，ある時期に発達した米市について述べたものです。下のア～エの中で，この文章中の米市が発達した背景について述べた文として最も適切なものはどれですか。その記号を書きなさい。(　　　)

北浜は淀川《よどがわ》に面して水運の便がよく，当時の豪商であった淀屋《よどや》が米市を開いた。この淀屋の米市は，北浜の米市ともいわれ，当時の書物には，北浜の米市は，大阪が日本第一の港だからこそ，二時間ぐらいの間に五万貫目もの取り引きがあるという内容が書かれている。

ア　15世紀に，定期市での米などの取り引きにおいて，輸入された明銭が使用された。

イ　17世紀に，諸藩の蔵屋敷が置かれ，年貢米や特産物が売りさばかれた。

ウ　19世紀に，地租改正が行われ，税が米ではなく現金で納められるようになった。

エ　20世紀に，シベリア出兵に向けて，米の買い占めが行われた。

3　あとの1・2に答えなさい。

1　次の図Ⅰは，日本の三権分立のしくみの一部を示したものです。下の(1)～(3)に答えなさい。

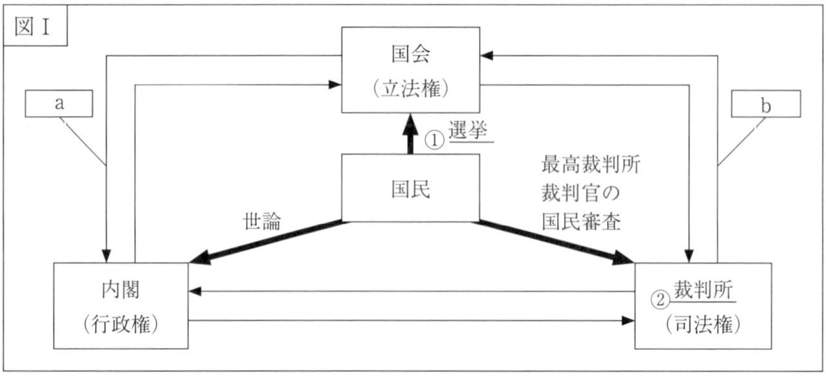

図Ⅰ

(1)　下線部①に関して，日本の選挙の原則のうち，一定の年齢以上の全ての国民が選挙権をもつことを何といいますか。次のア～エの中から最も適切なものを選び，その記号を書きなさい。
（　　　）

ア　直接選挙　　イ　平等選挙　　ウ　秘密選挙　　エ　普通選挙

(2)　図Ⅰ中の［ a ］・［ b ］に当てはまる内容はそれぞれ何ですか。次のア～エの組み合わせの中から最も適切なものを選び，その記号を書きなさい。（　　　）

ア　a　内閣不信任の決議　　b　違憲立法審査

イ　a　内閣不信任の決議　　b　弾劾裁判

ウ　a　衆議院の解散　　b　違憲立法審査

エ　a　衆議院の解散　　b　弾劾裁判

(3)　下線部②に関して，次の文章は，日本国憲法第33条の内容について述べたものです。下のア～エの中で，文章中の［　　］に当てはまる内容として最も適切なものはどれですか。その記号を書きなさい。（　　　）

日本国憲法第33条の規定により，現行犯逮捕などの場合を除き，警察官が被疑者を逮捕するときには裁判官の発する令状が必要である。このことは，［　　］ためのしくみの一つである。

ア　不当な人権侵害を防止する

イ　捜査を早急に進める

ウ　裁判員裁判の件数を増やす

エ　国民の意見を尊重する

2　税に関して，次の(1)・(2)に答えなさい。

(1)　所得税や法人税のように，税を納める人と負担する人が一致する税を何といいますか。その名称を書きなさい。（　　　）

(2)　日本政府は，社会保障の財源として消費税をあてることが望ましいと考えています。政府がこのように考えているのはなぜですか。その理由を，次のグラフⅠを基に簡潔に書きなさい。
（　　　　　　　　　　　　　　　　　　　　　　　　　　　　　）

グラフⅠ　日本政府の所得税，法人税，消費税のそれぞれの税収及び消費税率の推移

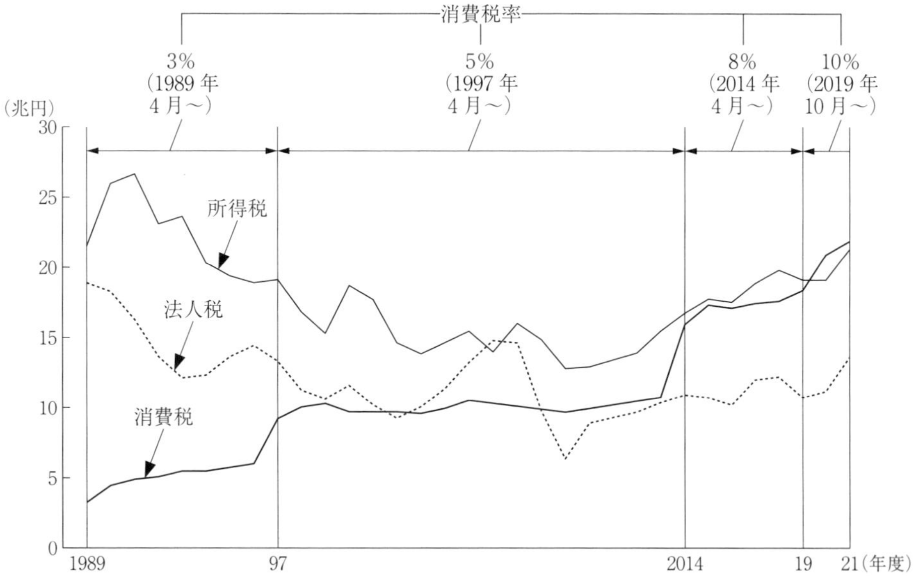

(財務省ウェブページにより作成。)

4　ある学級の社会科の授業で，「G7 広島サミット」に関して，班ごとに分かれて学習をしました。次の資料は，この授業のはじめに先生が配付したプリントの一部です。あとの 1～5 に答えなさい。

豆知識
第 1 回サミット
①第 1 回サミットは，1975 年にフランスで開催されました。

〔G7 サミット〕
G7 サミット（主要国首脳会議）とは，②フランス，アメリカ，イギリス，ドイツ，日本，イタリア，カナダ（議長国順）の 7 か国（G7 メンバー）及び③ヨーロッパ連合（EU）が参加して毎年開催される国際会議です。

豆知識
お好み焼きでおもてなし
G7 広島サミットの開催前には，このサミットを盛り上げるために，④G7 メンバーの 7 か国の食材や食文化をいかしたお好み焼きが開発されました。

〔G7 広島サミット〕
2023 年 5 月 19 ～ 21 日に開催された G7 広島サミットには，G7 メンバーの 7 か国以外の招待国や国際機関も参加し，国際社会が直面する諸課題について議論されました。
議論の中では，⑤人工知能（AI）などのデジタル技術の飛躍的な進展が経済や社会にもたらす影響についても取り上げられました。

1　下線部①に関して，西川さんの班では，G7 サミットの歴史について興味をもち，G7 サミットが開催されるようになったきっかけについて調べ，次のようにまとめました。まとめの中の □ に当てはまる適切な語を書きなさい。なお，文章中の 2 か所の □ には同じ語が入ります。
(　　　)

西川さんの班のまとめ
1973 年に中東で起こった戦争の影響を受けて発生した □ という経済的な混乱により，日本を含む多くの国々でインフレーションが起こり，世界的な不況となった。□ などの諸問題に直面した先進国の間では，経済，通貨，貿易，エネルギーなどに対する政策協調について総合的に議論する場が必要であるとの認識が生まれ，フランスの大統領の提案により，フランス，アメリカ，イギリス，ドイツ，日本，イタリアの 6 か国による第 1 回サミットが開催された。

2　下線部②に関して，山本さんの班では，G7 メンバーの 7 か国の特徴について考えるために，各国の人口，面積，国内総生産（GDP）を次の表Ⅰのとおりまとめ，比較することとしました。表Ⅰ中の あ～え は，アメリカ，カナダ，日本，フランスのいずれかの国と一致します。あ～え の中で，アメリカに当たるものはどれですか。その記号を書きなさい。(　　　)

表Ⅰ　2020年におけるG7メンバーの7か国の人口，面積，国内総生産(GDP)

国名	人口(万人)	面積(万 km^2)	国内総生産(GDP)(億ドル)
イギリス	6,789	24.2	27,642
イタリア	6,046	30.2	18,887
ドイツ	8,378	35.8	38,464
あ	6,527	55.2	26,303
い	33,100	983.4	208,937
う	3,774	998.5	16,440
え	12,615	37.8	50,397

(世界の統計　2022年版，2023年版により作成。)

3　下線部③に関して，中山さんの班では，EU加盟国間の協力関係について調べ，次の資料Ⅰと下のグラフⅠを見付けました。中山さんの班では，これらを基にシェンゲン協定加盟国の労働者にとっての利点についてあとのようにまとめました。まとめの中の[　　　]にはどのような内容が当てはまりますか。資料Ⅰとグラフを基に簡潔に書きなさい。

(　　　　　　　　　　　　　　　　　　　　　　　　　　　　　　　　　)

資料Ⅰ

EU市民は，EU内のどの国においても，居住し，働き，学び，隠居することができます。こうした移動の自由は，シェンゲン協定によって担保されています。EU加盟国22カ国と非加盟の数カ国は，シェンゲン協定の下，域内国境の廃止に合意しています。

(駐日欧州連合代表部ウェブページによる。)

グラフⅠ　EU加盟国のうちシェンゲン協定に加盟している4か国の1か月当たり最低賃金
(2023年7月1日時点)

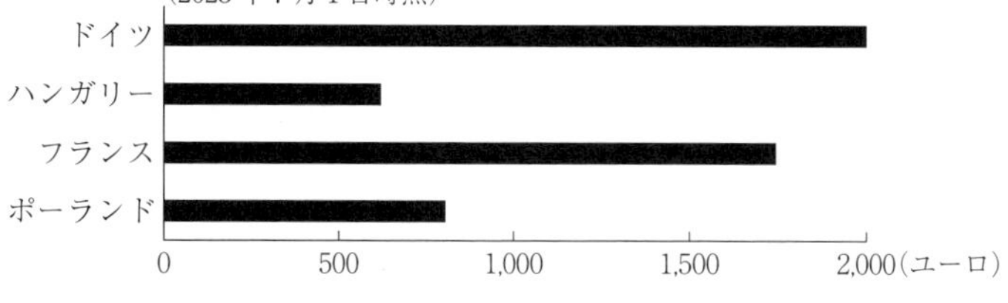

(Eurostatにより作成。)

中山さんの班のまとめ

シェンゲン協定加盟国の間では，労働者にとっては，[　　　　　]ことがしやすいという利点がある。

4　下線部④に関して，池田さんの班では，G7メンバーの7か国の食文化に興味をもち，食料の生産や貿易の特徴について考えるために，各国の主な農産物の食料自給率を調べ，次の表Ⅱのとおりまとめることとしました。表Ⅱ中の[a]・[b]に当てはまる語はそれぞれ何ですか。あとのア～エの組み合わせの中から，最も適切なものを選び，その記号を書きなさい。(　　　)

表Ⅱ　2019年におけるG7メンバーの7か国の主な農産物の食料自給率　（%）

	a	豆類	果実類	b
フランス	199.7	118.0	65.6	103.3
アメリカ	175.0	136.5	55.9	114.8
イギリス	98.8	102.6	12.4	78.1
ドイツ	125.2	77.9	32.4	129.1
日本	15.7	43.1	51.1	61.0
イタリア	61.5	46.6	107.8	81.7
カナダ	350.6	469.9	24.7	141.8

（世界の統計　2023年版により作成。）

ア　a　米　　b　卵類　　イ　a　米　　b　肉類　　ウ　a　小麦　　b　卵類

エ　a　小麦　　b　肉類

5　下線部⑤に関して，木下さんの班では，デジタル技術の活用に興味をもって調べ，宅配事業者Z社のデジタル技術を活用した取り組みを知りました。さらに，木下さんは，日本の宅配事業者を取り巻く状況についても調べました。次のノートは，木下さんが調べたことをまとめたものであり，あとの会話は，班員が，このノートを基に話し合いをしたときのものです。会話中の［A］・［B］には，どのような内容が当てはまりますか。それぞれ簡潔に書きなさい。

A（　　　　　　　　　　　　　　　　　　　　）　B（　　　　　　　　　　）

ノート

〔宅配事業者Z社のデジタル技術を活用した取り組み〕

・自社のアプリによって様々なサービスを提供している。サービスの内容としては，アプリに荷物の配達予定日時の通知が届くこと，配達前にアプリを使って荷物の受け取り日時や受け取り場所を変更できることなどがある。

〔日本の宅配事業者を取り巻く状況〕

・宅配便の取扱個数は，右のグラフⅡのように推移している。

・自動車の運転業務の時間外労働については，これまでは法律による上限規制がなかったが，「働き方改革関連法」に基づき，2024年4月から，年960時間の上限規制が適用される。

グラフⅡ　宅配便の取扱個数の推移

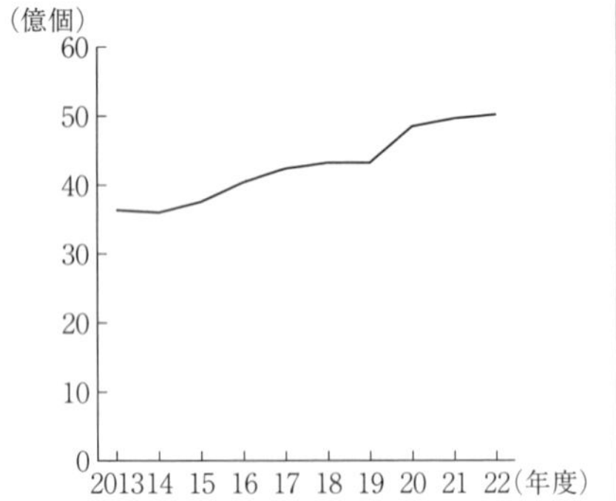

（国土交通省ウェブページにより作成。）

村田：物流の「2024年問題」があると聞いたことがあるけど，宅配事業者にとってはどのような問題が生じるのかな。

中野：〔日本の宅配事業者を取り巻く状況〕に書かれている2点を基に考えると，この状況のまま何も対策をしなかったとしたら，2024年4月を迎えるときには，宅配便の取扱個数が［ A ］ためにこれまでと同じ日数で配達できなくなるという問題が生じるかもしれないね。

村田：〔宅配事業者Z社のデジタル技術を活用した取り組み〕は，この問題の解決につながるのかな。

中野：荷物の受け取り人にこのアプリのサービスをもっと活用してもらえば，宅配事業者の［ B ］ことができて効率よく配達できるようになるから，この問題の解決につながると考えられるね。

村田：宅配事業者が他にどのような取り組みをしているか調べてみよう。

理科

時間　50分　　　　満点　50点

1　植物の観察と分類の仕方に関して，あとの1・2に答えなさい。

1　植物の観察に関して，次の(1)～(3)に答えなさい。

(1)　次のア～エの中で，切り取った花を手に持って右の写真1のようなルーペで観察するときの方法として最も適切なものはどれですか。その記号を書きなさい。(　　　)

写真1

ア　ルーペを目から離して固定し，顔を前後に動かしてピントを合わせる。

イ　ルーペを目から離して固定し，切り取った花を前後に動かしてピントを合わせる。

ウ　ルーペを目に近付けて固定し，顔を前後に動かしてピントを合わせる。

エ　ルーペを目に近付けて固定し，切り取った花を前後に動かしてピントを合わせる。

(2)　右の図1は，マツの雌花のりん片をスケッチしたものです。図1において，胚珠はどの部分ですか。図中のその部分を全て黒く塗りつぶしなさい。

図1

(3)　右の図2は，シダ植物のイヌワラビをスケッチしたものです。次の文章は，図2のスケッチから分かることについて述べたものであり，下線を引いたア～ウの語のうちの1つに誤りがあります。誤った語をア～ウの中から1つ選び，その記号を書きなさい。また，その誤った語に代わる正しい語を書きなさい。記号(　　　)　正しい語(　　　)

図2

葉，ア茎，イ仮根がある。また，葉の裏にはウ胞子のうがある。

2　次の表1は，ジャガイモ，トウモロコシ，ダイコン，ナス，キャベツの5種類の植物の特徴をまとめたものです。あとの(1)～(3)に答えなさい。

表1

種類／特徴	ジャガイモ	トウモロコシ	ダイコン	ナス	キャベツ
ふえ方	主に無性生殖	有性生殖	有性生殖	有性生殖	有性生殖
根のつくり	太い根とそこからのびる細い根	たくさんの細い根	太い根とそこからのびる細い根	太い根とそこからのびる細い根	太い根とそこからのびる細い根
葉脈のつくり	網目状	平行	網目状	網目状	網目状
花弁のつくり	花弁が1つにくっついている	(花弁はない)	花弁が互いに離れている	花弁が1つにくっついている	花弁が互いに離れている
花弁の色	主に白色		主に淡紫色	主に紫色	主に淡黄色

(1)　ジャガイモは，いもを植えれば新しい個体として芽や根を出します。このように，植物がからだの一部から新しい個体をつくる無性生殖のことを何といいますか。その名称を書きなさい。

(　　　)

(2)　次の文は，トウモロコシの根の様子から考えられることについて述べたものです。文中の［ａ］に当てはまる適切な数字を書きなさい。また，［ｂ］に当てはまる適切な語を書きなさい。a（　　　）　b（　　　）

たくさんの細い根をもっていることから，トウモロコシは，子葉が［ａ］枚の植物である［ｂ］類と考えられる。

(3)　表１を見た平田さんは，家で育てているブロッコリーを表１中の植物と比較して分類することにしました。平田さんはブロッコリーを観察したり，図鑑で調べたりして，ブロッコリーが示す特徴を表１にならって整理した上で，表１中の植物と比較して分類を行いました。次の文章は，平田さんがその分類についてまとめたものです。文章中の［ｃ］に当てはまる内容を下のア～エの中から選び，その記号を書きなさい。また，文章中の［ｄ］に当てはまる内容を簡潔に書きなさい。なお，文章中の２か所の［ｃ］には同じ内容が入ります。

c（　　　）　d（　　　　　　　　　　　　　　　　　　　　）

・ブロッコリーの根の様子を観察すると，太い根とそこからのびる細い根をもっていることが分かった。根のつくりに注目すると，ブロッコリーは，「ジャガイモ，ダイコン，ナス，キャベツ」と同じグループに分類できる。
・ブロッコリーの［ｃ］を図鑑で調べると，［ｄ］ことが分かった。［ｃ］に注目すると，上で分類した「ジャガイモ，ダイコン，ナス，キャベツ，ブロッコリー」のグループは，「ダイコン，キャベツ，ブロッコリー」のグループと，「ジャガイモ，ナス」のグループに分類できる。

ア　ふえ方　　イ　葉脈のつくり　　ウ　花弁のつくり　　エ　花弁の色

2　太陽系の天体に関して，あとの1～3に答えなさい。

1　ある日，写真1のように，太陽投影板をとりつけた天体望遠鏡を用いて，太陽を観察しました。太陽投影板に図1のようなあらかじめ円が描かれた記録用紙を固定し，投影した太陽の像の大きさを記録用紙の円の大きさに合わせ，黒点の位置と形を素早くスケッチしました。図2は，そのときのスケッチです。下の(1)～(3)に答えなさい。

写真1

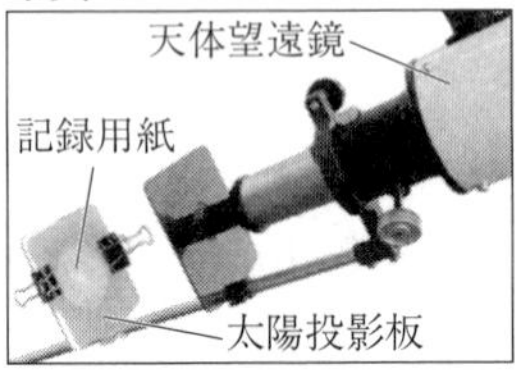

図1

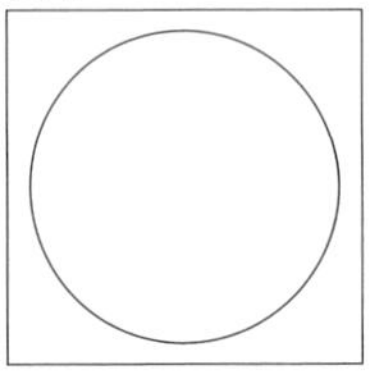

図2

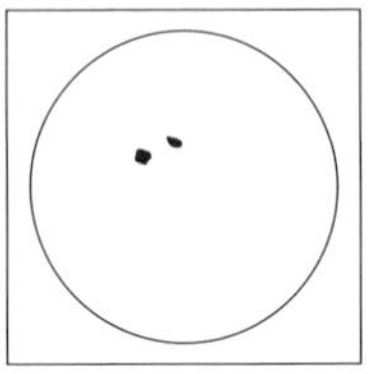

(1)　太陽のように自ら光や熱を放つ天体を何といいますか。その名称を書きなさい。(　　　)

(2)　スケッチを行った後も，天体望遠鏡を固定しておくと，図2のスケッチを行った記録用紙の円から太陽の像がゆっくりと一方向にずれていきました。この現象と同じ原因で起こる現象について述べた文として最も適切なものを，次のア～エの中から選び，その記号を書きなさい。

(　　　)

ア　北半球では，太陽の南中高度は，夏至のころは高く，冬至のころは低い。

イ　南中していたオリオン座が，時間とともに移動し，西の地平線に沈む。

ウ　月によって太陽が隠され，太陽の一部または全部が欠けて見える。

エ　同じ時刻に真南に見える星座は季節によって異なる。

(3)　右の図3は最初の観察から2日後のスケッチ，図4は最初の観察から4日後のスケッチです。また，次の文章は，図2～図4のスケッチに描かれた黒点の様子から分かることについてまとめたものです。文章中の□に当てはまる適切な語を書きなさい。(　　　)

図3

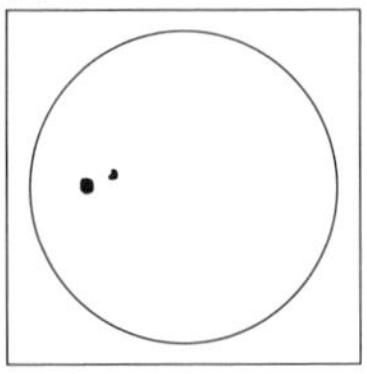

図4

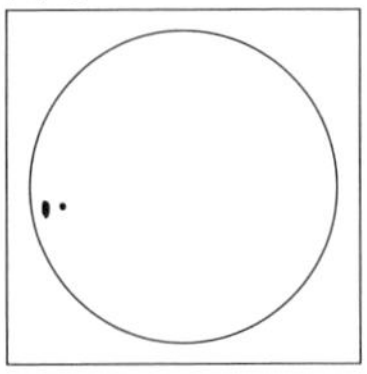

図2で太陽の中央部に見えた黒点は，数日経《た》つと，図3・図4のように，その位置が少しずつ一方向へ移動している。また，図2で太陽の中央部で円形に見えた黒点は，図4では周辺部へ移動し，だ円形に見える。このような黒点の位置や形の変化から，太陽が□であり，自転していることが分かる。

2　次の表1は，太陽系の一部の惑星の特徴をまとめたものです。表1中のア～エの惑星を太陽からの距離が近い順に左から並べ，その記号を書きなさい。(　　→　　→　　→　　)

表1

惑星	質量(地球＝1)	平均密度〔g/cm^3〕	大気の主な成分
地球	1.00	5.51	窒素，酸素
ア	95.16	0.69	水素，ヘリウム
イ	317.83	1.33	水素，ヘリウム
ウ	0.06	5.43	(大気はほとんどない)
エ	0.11	3.93	二酸化炭素

3　次の図5は，ある年の6月から12月の太陽，金星，地球の位置関係を模式的に示したもので，は地球の自転の向きを示しています。下の(1)・(2)に答えなさい。

図5

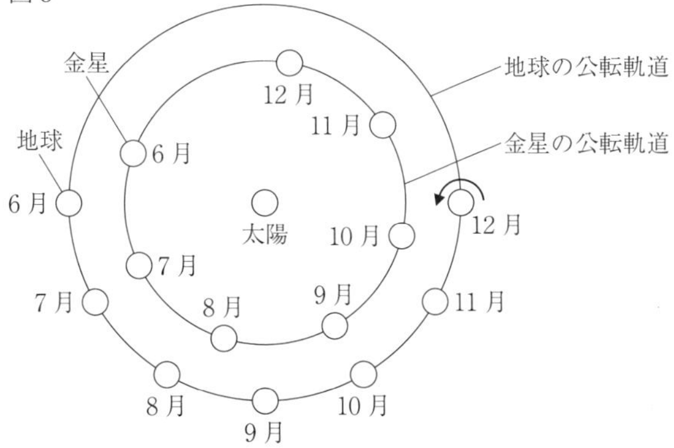

(1)　この年の8月と12月に，日本のある場所で，同じ倍率の望遠鏡で金星を観察すると，12月に観察した金星の見かけの大きさや形は，8月に観察したときと比べて，それぞれどのようになりますか。次のア～エの組み合わせの中から適切なものを選び，その記号を書きなさい。

(　　　)

ア　大きさ：大きくなる　　形：欠け方が大きくなる

イ　大きさ：大きくなる　　形：欠け方が小さくなる

ウ　大きさ：小さくなる　　形：欠け方が大きくなる

エ　大きさ：小さくなる　　形：欠け方が小さくなる

(2)　この年の12月のある観察日からちょうど1年後の同じ日に，同じ場所で金星を観察すると，金星は，いつごろ，どの方角の空に見えると考えられますか。次のア～エの中から最も適切なものを選び，その記号を書きなさい。ただし，地球の公転周期は1年，金星の公転周期は0.62年とします。(　　　)

ア　明け方の西の空　　イ　明け方の東の空　　ウ　夕方の西の空　　エ　夕方の東の空

3　電磁誘導と発電に関して，あとの1～3に答えなさい。

1　次に示したものは，コイルに流れる電流について調べる実験の方法と結果です。あとの(1)～(3)に答えなさい。

◆実験1

〔方法〕

右の図1のように，検流計につないだコイルを手で持って，固定したアクリルのパイプが中心にくるようにコイルをパイプに通してAの位置でコイルを固定する。N極を下にした棒磁石を図1中のXの位置から，アクリルのパイプの中を通るようにして，コイルに近付ける。

図1

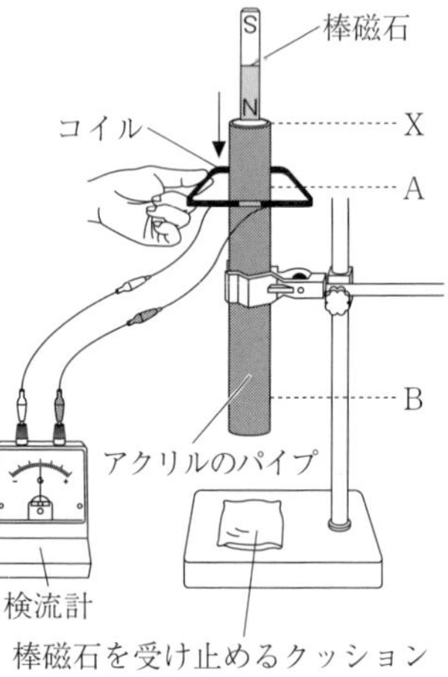

〔結果〕

検流計の針が左にふれた。

◆実験2

〔方法〕

実験1とコイルの位置を変えずに，S極を下にした棒磁石をアクリルのパイプの中を通り抜けるように，図1中のXの位置から静かに落下させる。

〔結果〕

落下する棒磁石のS極がコイルを固定していたAの位置に近付き，N極がAの位置から遠ざかるまでの間に，□。

(1)　実験1の〔結果〕から分かるように，磁石をコイルに近付けると，コイルに電圧が生じ，コイルに電流が流れます。このときに流れる電流を何といいますか。その名称を書きなさい。

(　　　)

(2)　実験2の〔結果〕中の□に当てはまる最も適切な内容を，次のア～エの中から選び，その記号を書きなさい。(　　　)

ア　検流計の針が，右にふれた

イ　検流計の針が，左にふれた

ウ　検流計の針が，右にふれた後，左にふれた

エ　検流計の針が，左にふれた後，右にふれた

(3)　コイルを図1中のBの位置で固定し，S極を下にした棒磁石を，図1中のXの位置からアクリルのパイプの中を通り抜けるように，静かに落下させると，コイルに流れる電流の大きさは，実験2のときと比べてどのようになると考えられますか。次のア・イから適切なものを選び，その記号を書きなさい。また，その記号が答えとなる理由を簡潔に書きなさい。

記号(　　　)　理由(　　　　　　　　　　)

ア　大きくなる　　イ　小さくなる

2　コイルＣとコイルＤがあり，コイルＣには鉄心が入っています。次の図２のように，コイルＣの右側にコイルＤがくるようにしてそれぞれ棒に糸でつるした上で，コイルＣを電源装置に，コイルＤを検流計にそれぞれつなぎました。また，図２のように，方位磁針を台の上に置きました。なお，コイルＣに電流が流れていないとき，方位磁針のＮ極は北を指していました。

図２

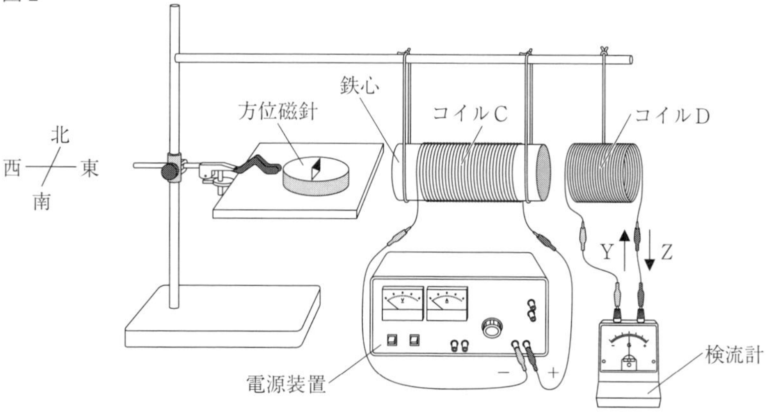

次の文章は，コイルＣに電流を流したときの，コイルＣとコイルＤと方位磁針の様子をまとめたものです。文章中の［　a　］・［　b　］に当てはまる内容はそれぞれ何ですか。下のア～エの組み合わせの中から適切なものを選び，その記号を書きなさい。(　　　)

コイルＣに電流を流すと，その直後にコイルＤには図２中のＺの向きに電流が流れ，コイルＣとコイルＤはしりぞけ合った。また，コイルＣに電流が流れている間，方位磁針のＮ極は東を指していた。

次に，コイルＣに先ほどとは逆向きの電流を流すと，その直後にコイルＤには図２中の［　a　］の向きに電流が流れ，コイルＣとコイルＤは［　b　］。また，コイルＣに電流が流れている間，方位磁針のＮ極は西を指していた。

ア　a：Ｙ　　b：引き合った　　イ　a：Ｙ　　b：しりぞけ合った

ウ　a：Ｚ　　b：引き合った　　エ　a：Ｚ　　b：しりぞけ合った

3　右の図３は，LED電球，プロペラ付きモーター，スイッチ，送風機を用いた装置を示しており，LED電球とプロペラ付きモーターとスイッチは導線によりつながっています。また，下の文章は，図３の装置を用いた発電の様子について述べたものです。次の(1)・(2)に答えなさい。

図３

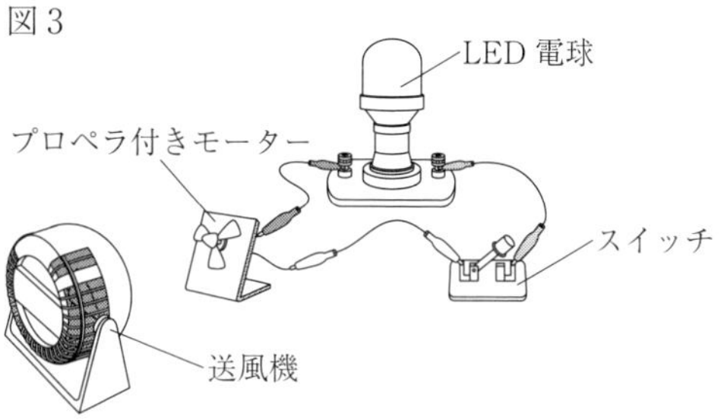

【図３の装置を用いた発電の様子】

> 図３の装置のスイッチを切った状態で，送風機を使ってプロペラ付きモーターのプロペラに向かって一定の風量で風を送ると，プロペラとモーターは一定の速さで回る。その状態のまま，スイッチを入れると①LED電球が点灯する。

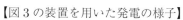

(1)　次の文は，下線部①について述べたものです。文中の［　　　］に当てはまる適切な語を書きなさい。(　　　　)

LED 電球が点灯したのは，［　　　］発電によるものである。

(2)　【図 3 の装置を用いた発電の様子】において，プロペラの回転する速さは，スイッチを入れる前より入れた後の方が小さくなります。このように，スイッチを入れるとプロペラの回転する速さが小さくなるのはなぜですか。その理由を，「エネルギー」の語を用いて簡潔に書きなさい。
(　　)

4　酸とアルカリに関して，あとの1・2に答えなさい。

1　次のア～エの中で，酸性の水溶液の性質について述べた文として最も適切なものはどれですか。その記号を書きなさい。(　　　)

ア　フェノールフタレイン溶液を赤色に変える。

イ　マグネシウムリボンを入れると，水素が発生する。

ウ　酸性が強い水溶液ほどpHの値が7より大きくなる。

エ　BTB溶液を青色に変える。

2　小川さんは，水溶液に含まれているイオンと水溶液の性質との関係を調べるため，うすい塩酸とうすい水酸化ナトリウム水溶液を用いて実験を行い，レポートにまとめました。次に示したものは，小川さんのレポートの一部です。あとの(1)～(5)に答えなさい。

〔方法〕

Ⅰ　うすい塩酸とうすい水酸化ナトリウム水溶液を用いて，次の表に示す体積の割合で水溶液A～水溶液Eをつくる。

	水溶液A	水溶液B	水溶液C	水溶液D	水溶液E
うすい塩酸の体積〔cm^3〕	10	10	10	10	10
うすい水酸化ナトリウム水溶液の体積〔cm^3〕	0	4.0	8.0	12	16

Ⅱ　次の図1のように，スライドガラスの上に，①硝酸カリウム水溶液で湿らせたろ紙をのせ，2つの金属のクリップでそのろ紙を挟むようにしてスライドガラスの両端を留めた後に，それぞれのクリップを電源装置につなぐ。

図1

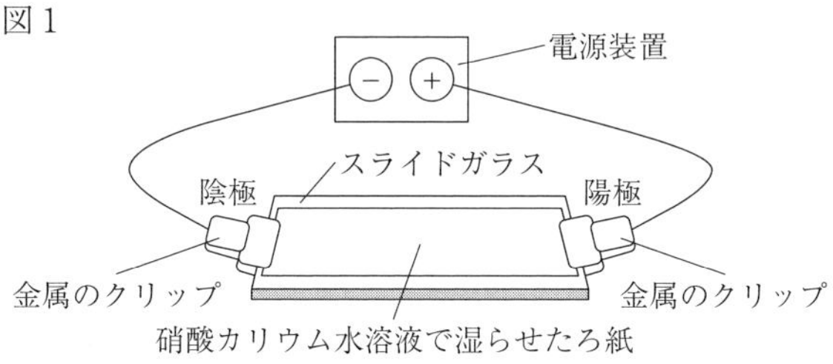

Ⅲ　次の図2のように，図1のろ紙の上に，硝酸カリウム水溶液で湿らせた赤色と青色リトマス紙をのせ，さらにその上に水溶液Aで湿らせたろ紙を置いた後に，一定の電圧を加え，リトマス紙の色の変化を観察する。

図2

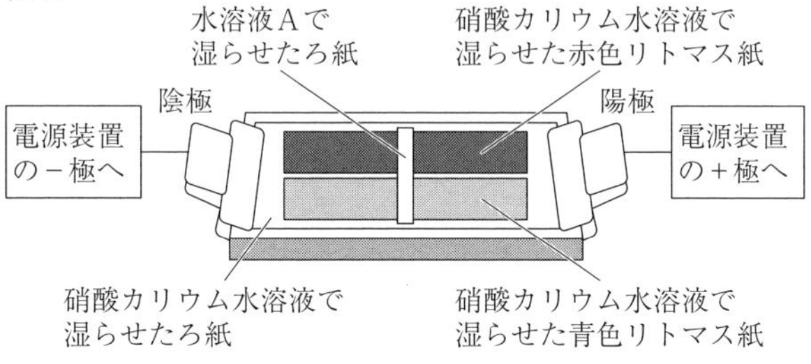

Ⅳ　水溶液B～水溶液Eについても，水溶液Aと同じように，図1のろ紙の上に，硝酸カリウム水溶液で湿らせた別の赤色と青色リトマス紙をのせ，さらにその上に水溶液B～水溶液Eそれぞれで湿らせたろ紙を置いた後に，一定の電圧を加え，リトマス紙の色の変化を観察する。

〔結果〕

水溶液Aと水溶液Bでは，青色リトマス紙の陰極側が赤色に変化し，赤色リトマス紙は色が変化しなかった。水溶液Cでは，どちらのリトマス紙も色が変化しなかった。水溶液Dと水溶液Eでは，赤色リトマス紙の陽極側が青色に変化し，青色リトマス紙は色が変化しなかった。

〔考察〕

水溶液Cでどちらのリトマス紙も色が変化しなかったのは，水溶液Cでは，塩酸に含まれていた水素イオンと水酸化ナトリウム水溶液に含まれていた水酸化物イオンとが，全て結びついて，互いの性質を打ち消し合ったためだと考える。このことより，この実験で用いた塩酸と水酸化ナトリウム水溶液は，同じ体積であれば，塩酸中の水素イオンの数は水酸化ナトリウム水溶液中の水酸化物イオンの数の□倍となるといえる。

(1)　この実験を行うために，100mLまで測定できるメスシリンダーを用いて，うすい塩酸50cm^3を測りとることとします。右の図3は，そのメスシリンダーに入っている塩酸の液面付近を真横から水平に見たときの様子を示したものです。塩酸50cm^3を測りとるには，さらに何cm^3の塩酸を加えたらよいですか。次のア～エの中から最も適切なものを選び，その記号を書きなさい。(　　　)

図3

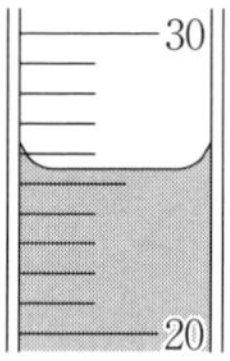

ア　23.5cm^3　　イ　24.0cm^3　　ウ　24.5cm^3　　エ　25.5cm^3

(2)　下線部①について，ろ紙を硝酸カリウム水溶液で湿らせるのは，ろ紙に電流を通しやすくするためです。硝酸カリウムのように，水に溶かしたときに電流が流れる物質を何といいますか。その名称を書きなさい。(　　　)

(3)　水溶液Bの一部をスライドガラスにとり，水溶液から水を蒸発させると白い結晶が得られました。この物質の化学式を書きなさい。(　　　)

(4)　〔考察〕中の□に当てはまる値を書きなさい。(　　　)

(5)　次のア～オの中で，水溶液A～水溶液Eの説明として適切なものはどれですか。その記号を全て書きなさい。(　　　)

ア　水溶液Aに存在している陽イオンの数は，陰イオンの数よりも多い。

イ　水溶液Bには，水素イオンが存在している。

ウ　水溶液Cには，イオンが存在していない。

エ　水溶液Dには，中和により生成した水は含まれていない。

オ　水溶液Eは，水溶液A～水溶液Eの中で，水溶液に存在しているイオンの総数が最も多い。

を受け取らなかったという賜の行動は、それにふさわしいと思うけど。

今井：「化を観ること遠きなり」とあるよね。孔子は、弟子たちの行動が、後々に与える影響を考えたのだと思うよ。人々の手本となるべき賜の取った行動が、後々に与える影響を考えてみたらよいと思うよ。

青木：それを踏まえると、孔子は、（　Ⅰ　）から、「魯人、人を贖はざらん」と考えて、賜の行動を「間違っている」と言ったのかな。

西田：なるほど。そういえそうだね。

3　次の文章を読んで、あとの問いに答えなさい。

> 魯《ろ》の国には、他国に捕らわれた自国の人を、金を払って救出した人に対して、後に国がその金を支払うという法があった。孔子の弟子の賜《し》は、金を払って魯の国の人を救出したが、国からの金を受け取らなかった。

【書き下し文】

孔子①曰《い》はく、「賜之《これ》を失せり（間違っている）。今より以往、魯人、人を贖《あがな》はざらん（救出しなくなるだろう）。其《そ》の金を取るとも、則《すなは》ち行ひに損する（善行を損なう）無く、其の金を取らざれば、則ち復《ま》た（二度と）人を贖はず。」と。

子路《注》、溺者を拯《すく》ふ（救助した）。②其の人之を拝する（謝礼する）に牛を以《もっ》てし、子路之を受く。

孔子曰はく、「魯人必ず溺者を拯はん（救助するだろう）。」と。

孔子之を見るに細を以てし、化を観《み》ること遠きなり（成り行きを遠くまで見通していた）。

【漢文】

孔子曰ハク、「賜失セリレ之ヲ矣。自《よ》リレ今以往、魯人、不《ざ》ランレ贖ハレ人ヲ矣。取ルトモ二其ノ金ヲ一、則チ無クレ損スル二於行ヒニ一、不《ざ》レバレ取ラ二其ノ金ヲ一、則チ不《ず》ト二復タ贖ハレ人ヲ矣。」

子路、拯フ二溺者ヲ一。其ノ人拝スルニレ之ヲ以テシレ牛ヲ、子路受クレ之ヲ。

孔子曰ハク、「魯人必ズ拯ハント二溺者ヲ一矣。」

孔子③見ルニ之ヲ以テシレ細ヲ、観ルコトレ化ヲ遠キ也《なり》。（「呂氏春秋《りょししゅんじゅう》」より）

（注）子路＝孔子の弟子。

1　①曰はくの平仮名の部分を、現代仮名遣いで書きなさい。（曰　　）

2　②其の人とは、誰のことですか。次のア～エの中から最も適切なものを選び、その記号を書きなさい。（　　）

ア　孔子　イ　賜　ウ　子路　エ　溺者

3　③見ルニ之ヲに、【書き下し文】の読み方になるように、返り点を書きなさい。

見ルニ之ヲ

4　国語の時間に生徒がこの文章を読んで、班で話し合いをしました。次の【生徒の会話】はそのときのものです。これを読んで、空欄Ⅰに当てはまる適切な表現を、現代の言葉を用いて、八十字以内で書きなさい。

【生徒の会話】

青木：賜も子路も、人を救ったんだよね。それなのに、孔子は、どうして賜のことを「間違っている」と言ったのだろう。

西田：私もそう思う。孔子は、人々の手本となるような行動を取るように弟子たちを教育していたらしいし、人を救って、金海水の温度が上昇すると、海の生きものの代謝が盛んになる。そのため、魚やイカをはじめ、生物は海水からより多くの酸素を取り込む必要が生じる。しかしその一方で、海水に溶ける酸素の量は水温が高くなるほど減る。この酸素の減少は、多くの海ですでに起きていることが指摘されている。

（日本経済新聞ウェブページより）

【生徒の会話】

和田：記事に書かれている魚の小型化は、本文で筆者が述べている分布域の変化、順応、進化という（　Ⅰ　）の一つの具体的な事例として捉えることができるよね。

田中：そうだね。気候変動による海水温の上昇によって魚が小型化するんだね。知らなかったな。この記事を私たちのまとめるレポートに引用しようよ。きっとみんなも驚くと思うよ。

木村：ちょっと待って。魚が小型化しているのは、人間がかつてある時期にその魚の大型の個体を乱獲したからだという説を、前に聞いたことがあるのだけれど、魚の小型化には、海水温の上昇と乱獲のどちらが影響しているのだろう。

田中：引用するなら、調べておいた方がいいよね。

和田：仮に、海水温の上昇が魚の小型化に影響しているとするならば、（　Ⅱ　）があればいいのではないかな。

木村：そのようなデータがあれば、よさそうだね。

(1)　空欄Ⅰに当てはまる最も適切な表現を、本文の第三段落から第六段落までの中から十四字で抜き出して書きなさい。

(2)　空欄Ⅱに当てはまる最も適切な表現を、次のア～エの中から選び、その記号を書きなさい。（　　）

ア　乱獲された時期に関係して、魚が小型化していることを示すデータと、海水温の上昇に伴って、魚が小型化していることを示すデータ

イ　乱獲された時期に関係なく、魚が小型化していることを示すデータと、海水温の上昇に伴って、魚が小型化していることを示すデータ

ウ　乱獲された時期に関係して、魚が小型化していることを示すデータと、海水温の上昇に関係なく、魚が小型化していることを示すデータ

エ　乱獲された時期と海水温の上昇のどちらにも関係なく、魚が小型化していることを示すデータ

したわけではないと言われています。複数の要因が影響したと考えられていますが、特に影響が強かった要因として「植生の変化」を挙げる説があります。気候の温暖・湿潤化に伴い、それまで餌場として利用していた草原が樹林に変化したために、個体数が大幅に減少したという意味です。もしそうなら、草や木の分布や量の変化が、それを餌としていた動物の絶滅をもたらした例と言えます。

いままで花粉を運んでくれていたハチが北に移動してしまったら？　これまで害虫を食べてくれていたカエルが別の食べ物を選ぶようになったら？　気候変動がもたらしうるこれらの変化は、間接的に別の種の衰退をもたらすかもしれません。

①気候変動は地球の生態系の姿を大きく変える可能性があり、その影響は十分に予想できません。なるべく進行を遅らせる努力をしつつ、自然の仕組みの理解や、賢明な適応のあり方の検討を進めることが重要です。

（気候変動適応情報プラットフォームウェブページより）

1　a に当てはまる最も適切な語を、この文章の第一段落から二字で抜き出して書きなさい。［　　］

2　b に当てはまる最も適切な語を、次のア～エの中から選び、その記号を書きなさい。（　　）

ア　たとえば　　イ　しかし　　ウ　または　　エ　さらに

3　c に当てはまる最も適切な表現を、次のア～エの中から選び、その記号を書きなさい。（　　）

ア　進化の速度が気候変動の速度よりも緩やかであれば、絶滅を避けることができるかもしれませんが、進化の速度が気候変動の速度よりも速ければ絶滅します

イ　生物によっては、気候変動によって世代時間が短くなり、それが要因となり絶滅します

ウ　気候変動の速度に比べ進化の速度が十分に速ければ、絶滅せずに「変化しながら残る」ことになり、逆に進化の速度が追いつかなければ絶滅します

エ　生物の世代時間が長ければ、遺伝子の変化が世代を超えて生じ、絶滅せずに「変化しながら残る」ことになります

4　①気候変動は地球の生態系の姿を大きく変える可能性がありとあるが、気候変動が生態系の姿を大きく変える可能性がある理由を、この文章における筆者の主張を踏まえて、八十字以内で書きなさい。

5　総合的な学習の時間に海の環境問題をテーマに学習しているある班の生徒は、本文を読んで、気候変動が生物に与える影響について関心をもち、海洋生物に対する影響について、インターネットで調べることにしました。次の【記事の一部】は、この班の和田さんが見付けたものです。また、【生徒の会話】は、班員が【記事の一部】を読んで行ったものです。これらを読んで、あとの(1)・(2)に答えなさい。

【記事の一部】

気候変動による海水温の上昇と海水に溶ける酸素の減少によって、マグロやハタから、サケ、オナガザメ、タラに至るまで、数百種の魚がこれまで考えられていた以上のペースで小型化している。二〇一七年八月二十一日付の科学誌「Global Change Biology」誌に掲載された論文でそんな結論が導き出された。

ています。

順応とは、個体の生涯の期間で生じる「環境に対応した変化」です。温帯で暮らしていた人が熱帯に移住すると、発汗機能が向上したりします。これは遺伝子が変化したわけではないので、進化とは呼びません。生物の多くは環境の変化に対して順応する能力をもっていますが、反応できる変化の幅には限界があります。

進化は、ある環境で何度も世代を経ることで、その集団の遺伝的な特徴が変化する現象を指します。進化は次の三つの条件がそろったときに生じます。それは、①集団の中に特徴の異なる個体が存在すること、②その特徴の違いが遺伝子の違いに起因すること、③その特徴の違いに応じて生存率や繁殖率が異なること、という条件です。生物集団の中に「暑さへの耐性」に関する性質に違いがある個体が存在し、その性質は遺伝的なものであり、かつその性質をもった個体が他の個体よりも多くの子孫を残すならば、その生物は暑さへの耐性をもつように進化します。

気候変動は急速に進行する、大きな環境変化です。順応によって対応できる範囲を超えることもしばしばあるため、生物が長期にわたって存続するためには、分布域を変化させるか、進化するしかありません。分布域の変化も、順応も、進化もうまくいかなかった場合、待っているのは絶滅です。

気候変動が生物の進化を引き起こしたと考えられている実例は、すでに報告されています。イギリスの湖においてミジンコの性質の変化を調べた研究では、一九六〇年代から二〇〇〇年代までの間に、高温に耐性をもつ個体が増加したことが示唆されています。また、フランスの耕地雑草である一年生植物ヤグルマギクの研究では、一九九二年に採取し保存されていた種子と、二〇一〇年に採取された種子を同じ条件の畑に蒔《ま》いて育てた結果、二〇一〇年の種子のグループの方が平均四日ほど早く開花し、これは開花にかかわる遺伝子が変化した結果であることが示唆されています。

このような例はあるものの、気候変動がもたらした進化の例は、多くはありません。上で挙げたミジンコとヤグルマギクに共通する特徴として、世代時間（次の世代を残すまでの時間）が短いことが挙げられます。進化は世代を超えた遺伝子の変化なので、世代時間が短い生物の方が高速に進みます。逆に、樹木のように世代時間が長い生物は進化の速度が遅いため、気候変動に追随した変化が容易ではありません。

［ C ］。気候変動という急流に流されずに存続するのは容易ではないのです。

現在進行している気温上昇などの気候変動の特徴は、過去の地球で生じた気候変動よりも速度が速いことが特徴です。そのため多くの生物にとっては存続を脅《おびや》かす危機になります。現代から二〇五〇年までの間に二度を超える気温上昇が生じた場合、地球全体では三割以上の種が絶滅する危険があるという予測もあります。現在進行中の気候変動はそれほど深刻なのです。

ここまで、気温の上昇に追随した進化が可能か？　という観点から説明してきました。しかし、気候変動が生物に与える影響はより複雑です。生物は、温度や降水量といった気象条件だけでなく、餌の分布と種類、天敵や病原菌の種類など、さまざまな要因に対して適応しています。気候変動に伴って生物の分布や性質が変化すると、その生物と関係して暮らしていた他種の生物も影響を受けます。それは時には絶滅をもたらすほどの効果をもつこともあります。

たとえば氷河期に大繁栄したマンモスは「暑さに耐えられずに」絶滅

村上：そうだね。だけど、それだけかな。本当に宇宙に行ったことのある宇宙飛行士の花井さんと（　Ⅲ　）ことも、「ぽーっとなった」ことに関係していると思うよ。そして、Ⓑのときは、（　Ⅳ　）から「あまりにぽーっとなりすぎた」のだと思うよ。

清水：なるほど。そうかもね。だから、Ⓑでは、「あまりにぽーっとなりすぎた」と描写されているのかもしれないね。

2　次の文章を読んで、あとの問いに答えなさい。

生物は、それぞれの生息・生育環境での暮らしに適した性質をもっています。雪が降る季節には体色を茶色から白に変えて敵から見つかりにくくなるウサギは、わかりやすい例でしょう。これは、生物がおかれた環境のもとで上手《うま》く暮らせる性質をもったものが生き残り、より多くの次世代を残してきた結果と考えられます。生物の［ a ］が環境条件にうまくあっていることを、「生物が環境に適応している」といいます。

温暖化のような気候変化は、それまでの環境に適応していた生物に不利益をもたらすことがあります。一例を挙げましょう。北海道で早春に咲くエゾエンゴサクという植物は、やはり早春に花の蜜を吸うために盛んに活動するマルハナバチの女王に花粉を運んでもらうことで、種子をつくることができます。エゾエンゴサクは雪解けを主な刺激として開花します。近年、気候変動により雪解けの時期が早まっているため、このままの傾向が進むとマルハナバチが冬眠から目覚める前に花を咲き終えてしまうため、エゾエンゴサクは繁殖に失敗しやすくなることが指摘されています。このようなことが続くと、生物は絶滅してしまうかもしれません。

［ b ］、気候変動が常に生物の絶滅をもたらすわけではありません。一般論として、環境の変化に対する生物の反応は主に三つに分けられます。分布域の変化（＝暮らしやすい場所への生物の移動）、順応（＝遺伝子の変化を伴わない性質の変化）、進化（＝遺伝子の変化を伴う性質の変化）です。

分布の変化は、その生物の生育・生息に適した場所が大きく繋《つな》がり広がっている場合や、高い移動・分散をする能力を備えている場合の反応です。海洋の魚類では、気候変動に対応した分布の変化が多数報告されは高校生ですよね？」

　亜紗たちがぎくしゃくと頷くと、花井さんが言った。

「現実的に進路を考えると、好きなことと向いていること、得意なことや苦手なことのギャップで苦しむ時もくるかもしれない。好きだけど、進学先や、職業にするのには向いていない、ということもひょっとするとあるかもしれません。だけど、もし、そちらの方面に才能がない、と思ったとしても、最初に思っていた『好き』や興味、好奇心は手放さず、それらと一緒に大人になっていってください。」

　花井さんのその時の答えは、Ⓑあまりにぽーっとなりすぎたせいで、正直、その場で完全に理解できたとは言えなかった。

（辻村《つじむら》深月《みづき》「この夏の星を見る」より）

1　㋐～㋔について、漢字には読みを書き、カタカナにはそれに当たる漢字を書きなさい。

㋐（　　）　㋑（　　かに）　㋒（　　）　㋓（　　れ）　㋔（　　）

2　[a]に当てはまる最も適切な語を、次のア～エの中から選び、その記号を書きなさい。（　　）

ア　安心感　　イ　高揚感　　ウ　親近感　　エ　解放感

3　①花井さんの表情に明るい光が差したとあるが、次の文は、花井さんが、このような表情になった理由について述べたものです。空欄Ⅰに当てはまる最も適切な語を、本文中から四字で抜き出して書きなさい。

　質疑応答の際に質問してきた綿引先生が、以前からの（　Ⅰ　）だったから。

4　[b]に当てはまる最も適切な表現を、次のア～エの中から選び、その記号を書きなさい。（　　）

ア　そっと目をそらして　　イ　ぎゅっと口を結んで

ウ　目をまん丸にして　　エ　口をつんととがらせて

5　②亜紗はそういう感じの質問がとても嫌いだとあるが、次の文は、亜紗がそうした質問を嫌う理由について述べたものです。空欄Ⅱに当てはまる適切な表現を、四十字以内で書きなさい。

　綿引先生が花井さんにした質問は、「子どもたちに一言」というような質問であり、それは、（　Ⅱ　）と感じられるから。

6　Ⓐ・Ⓑの描写について、国語の時間に生徒が班で話し合いをしました。次の【生徒の会話】はそのときのものです。これを読んで、空欄Ⅲに当てはまる適切な表現を、二十五字以内で書きなさい。また、空欄Ⅳに当てはまる適切な表現を、四十五字以内で書きなさい。

Ⅲ

Ⅳ

【生徒の会話】

清水：「ぽーっと」という描写が二回出てきているけど、何か違いはあるのかな。

川上：Ⓑでは、「あまりにぽーっとなりすぎた」とあるよね。Ⓐのときよりも、「ぽーっと」した感じが強くなっている感じがするね。

藤井：Ⓐのときは、講演会での花井さんの話を聴いたり、凛々しい姿を見たりして「ぽーっとなった」のではないかな。

全然、無関係です。ただ、後で聞いたら、先生はそれまでも、花井さんが㋒登壇したイベントや著作のサイン会にファンとして通っていたみたいで、挨拶したり質問したりするうちに、顔を覚えてもらったようです。学校の先生だということも伝えたので、『先生』と呼ばれているんだ、と話していました。」

「すごい。」

深野が呟《つぶや》いた。

「教え子とかより、ある意味すごくないですか？　要するに、熱心すぎる単なるファンってことですよね。それで顔なじみになるって相当ですよ。」

「うん。だけど、そういうことを飄々《ひょうひょう》とやれる人だから、花井さんも記憶に残ったんだと思う。」

綿引先生は、そうやって人の懐《ふところ》に入っていくのが上手だ。相手を不快にさせることなく、気づくと距離を詰めている。オンライン会議でのふるまいを見ていても感じることだった。

「先生はその時、なんて、質問したんですか？」

広瀬が聞いた。亜紗が答える。

「『今日、僕の高校の天文部の生徒たちと一緒に来ているんですが、彼らに何かメッセージをお願いしてもいいですか。』って。」

なんてことを聞くんだ——と思った。実を言えば、②亜紗はそういう感じの質問がとても嫌いだ。何かの分野の第一線で活躍している人に対してよく聞かれる「子どもたちに一言」は、大人がとりあえずする質問だ、という気がする。実のところ、そういう質問の答えを求めているのは「大人」の都合で、花井さんのことも、当の子どものこともちゃんと考えていない気がする。

だけど、この時ばかりは、亜紗はごくり、とつばを飲み込んで、花井さんの言葉を待った。ステージの上の、明るい水色のパンツスーツを着た花井さんが先生の横に座る亜紗たちを見た。通りのよい透明感のある声が一言、「星が好きですか？」と聞こえた時、全身から汗が噴き出た。自分たちに向けられた言葉だと思ったら、全身が一瞬で熱くなった。

大人の女性の、しかもとても尊敬している人の視線がこちらに向けられているのを感じると、あまりに恐れ多くて、声がうまく出せなかった。亜紗も晴菜先輩も、当時の三年生たちでさえ全員が言葉を発することなく、ただ頷《うなず》いた。

花井さんがふっと微笑《ほほえ》み、「私の㋓憧れも、子ども時代から始まっています。」と答えてくれた。

「当時、『科学』と『学習』という雑誌が出ていて——。各学年ごと、その学年にあった読み物がたくさん載っていて、付録も魅力的で。」

花井さんがそう言うと、会場にいた大人たちから、大きな反応があったのがわかった。亜紗も雑誌の存在は知っていたが、上の年代の人たちにはより馴染《なじ》み深く思えるのだろう。

「私は、クラスの子の多くが『学習』を買ってもらう中、圧倒的に自分の興味が『科学』派だ、とその本を読む中で気づきました。特に、小学五年生の時、毛利衛《まもる》さんがスペースシャトル、エンデバーに㋔搭乗した際には、その詳細な記事が読みたくて、学年の違う姉にも、その時だけ『科学』の方を買ってほしいと頼み込んで大ゲンカになったり。姉は『学習』派だったので。」

花井さんが、ふふっと笑った。

「皆さんも、自分が何を好きなのか、ある日、気づいたらそうだった、ということがあると思います。そして、私は、そういうものに恵まれた自分がとても幸せだったのだということを、今、実感しています。皆さん

国語

時間 五〇分
満点 五〇点

1 次の文章を読んで、あとの問いに答えなさい。

高校二年生の亜紗《あさ》は、綿引先生が顧問を務める天文部に所属し、先輩の晴菜《はるな》たちと活動している。亜紗たちは、昨年度、天文部の活動で宇宙飛行士の花井うみかの講演会に参加した。亜紗がそのときのことを回想しながら、後輩の深野と広瀬たちに話をしている。

花井さんの話はとてもおもしろかった。

会場には、老若男女《ろうにゃくなんにょ》、さまざまな㋐ソウの人たちが集まっていた。亜紗たちのような高校生や、それより小さい小学生、天文ファンらしき親子連れなどの姿も多く、その全員が顔を輝かせて花井さんに注目していた。本物の宇宙飛行士に会える、という［ a ］もあったろうけど、花井さんが、人を惹《ひ》きつける明瞭な話し方をしてくれるおかげで、その場の誰ひとり退屈していなかったと思う。

会場に子どもの姿が多いのを見て取って、自分がどんな小学生だったか、子ども時代、宇宙関係の本や特集記事を多く読み込んだことが現在の自分につながっていることなどを語り、来年からまた宇宙ステーションの活動に従事するにあたっての決意を口にする姿も凛々《りり》しくて、亜紗はⒶぽーっとなった。

今、頭上にある空の向こう——宇宙に、この人は本当に行ったことがあるんだ、と思ったら、そんな人とこの距離で同じ空間にいることが奇跡のように思えた。

すると、講演の最後に質疑応答の時間があり、司会の男性の「何か、会場から質問はありますか？」という問いかけに、亜紗たちの横に座っていた綿引先生がすっと手を挙げたのだ。

亜紗たちは——、たまげた。

「え、こういう時って、子どもに質問するのを譲ったりするもんじゃないの？ 先生が質問するの？ ってめちゃくちゃ驚いて……。他の聴衆はみんな、花井さんの話に圧倒されてて、誰も手を挙げていないし。」

「そりゃそうですよ。え、で、綿引先生、質問したんですか？」

「うん。で、そこからがもっと驚き。」

司会が綿引先生を指し、マイクが回ってくると、綿引先生がいきなり「こんにちは、うみかさん。」と呼びかけたのだ。

それはさすがに馴《な》れ馴《な》れしいんじゃないか——と部員はみんなハラハラした。しかし、次の瞬間、①花井さんの表情に明るい光が差した。マイクを持って立つ綿引先生の姿に目を留めた彼女が、なんと、「あ、先生。」と呼びかけたのだ。

「ええええーーー!!」

深野と広瀬、二人が［ b ］叫ぶ。当時の亜紗や部員たちも、さすがにその場では声にしなかったものの、心の中で激しく絶叫したから、その思いはよくわかる。

「えっ、花井さん、先生のことを知ってたってことですか？」

「まさか、教え子だったとか……？」

深野だけでなく、それまで㋑シズかに話を聞いていた広瀬までもが聞く。問いかけに、今度は晴菜先輩が答えた。

「教え子じゃないですよ。花井さんは確かに茨城出身ですが、先生とは

2024年度／解答

数　学

1 【解き方】(1) 与式 $=9+(-8)=1$

(2) 与式 $=\dfrac{5}{11}\times\left(-\dfrac{3}{2}\right)=-\dfrac{15}{22}$

(3) 与式を順に①，②とする。①＋②×3より，$11y=22$ だから，$y=2$　これを②に代入して，$-x+3\times 2=9$ より，$-x=3$ だから，$x=-3$

(4) 与式 $=(\sqrt{6})^2+\{2+(-3)\}\times\sqrt{6}+2\times(-3)=6-\sqrt{6}-6=-\sqrt{6}$

(5) 式を $y=ax^2$ とおき，$x=6$，$y=12$ を代入すると，$12=a\times 6^2$ より，$a=\dfrac{1}{3}$　よって，$y=\dfrac{1}{3}x^2$

(6) 正 n 角形とすると，$n=360°\div 40°=9$　よって，辺の数は9。

(7) 三平方の定理より，$\mathrm{AC}=\sqrt{7^2-4^2}=\sqrt{33}$ (cm)

(8) はじめに袋の中に入っていた黒玉の数を x 個とすると，黒玉の割合について，$450:x=35:14$ が成り立つ。$35x=450\times 14$ より，$x=180$　よって，およそ180個。

【答】(1) 1　(2) $-\dfrac{15}{22}$　(3) $x=-3$，$y=2$　(4) $-\sqrt{6}$　(5) $y=\dfrac{1}{3}x^2$　(6) 9　(7) $\sqrt{33}$ (cm)　(8) ア

2 【解き方】(1) 側面積は，$\pi\times 3^2\times\dfrac{72}{360}=\dfrac{9}{5}\pi$ (cm^2)　底面の円の半径を r cm とすると，$2\pi r=2\pi\times 3\times\dfrac{72}{360}$ が成り立つので，これを解くと，$r=\dfrac{3}{5}$　よって，底面積は，$\pi\times\left(\dfrac{3}{5}\right)^2=\dfrac{9}{25}\pi$ (cm^2) だから，表面積は，$\dfrac{9}{5}\pi+\dfrac{9}{25}\pi=\dfrac{54}{25}\pi$ (cm^2)

(2) 大小2つのさいころの目の出方は全部で，$6\times 6=36$ (通り)　川口さんが6段目にいるのは，さいころの出た目の数の和が6と10の場合だから，(大のさいころの出た目，小のさいころの出た目)が，(1，5)，(2，4)，(3，3)，(4，2)，(4，6)，(5，1)，(5，5)，(6，4)の8通り。よって，求める確率は，$\dfrac{8}{36}=\dfrac{2}{9}$

(3) ア…この箱ひげ図から平均値を読み取ることはできない。イ…B班の第1四分位数は16mである。B班の人数は23人だから，第1四分位数は記録の小さい方11人の中央値となり，小さい方から6番目の値である。よって，16mの人は少なくとも1人はいる。ウ…A班の最小値は7m，最大値は32mだから，範囲は，$32-7=25$ (m)　B班の最小値は11m，最大値は34mだから，範囲は，$34-11=23$ (m)　よって，A班の方がB班より大きい。エ…A班の第1四分位数は14m，第3四分位数は20mだから，四分位範囲は，$20-14=6$ (m)　B班の第1四分位数は16m，第3四分位数は26mだから，四分位範囲は，$26-16=10$ (m)　したがって，B班の方がA班より大きい。オ…A班の人数は23人だから，第3四分位数は大きい方から6番目の値である。A班の第3四分位数は20mだから，記録が22m以上の人は5人以下となる。B班の人数も23人で，第2四分位数(中央値)は大きい方から12番目の値である。B班の第2四分位数は22mだから，記録が22m以上の人は少なくとも12人いる。よって，B班にはA班の2倍以上いる。

【答】(1) $\dfrac{54}{25}\pi$ (cm^2)　(2) $\dfrac{2}{9}$　(3) イ，エ，オ

3 【解き方】(1) 点Dは，点Aと y 座標，点Bと x 座標が等しいから，D (6，9)　また，$y=\dfrac{18}{x}$ に $x=-6$ を代入すると，$y=\dfrac{18}{-6}=-3$ より，C $(-6,\ -3)$　よって，直線CDは傾きが，$\dfrac{9-(-3)}{6-(-6)}=1$ より，式

を$y = x + b$とおいて，点Dの座標を代入すると，$9 = 6 + b$より，$b = 3$　よって，$y = x + 3$

(2) $y = \frac{18}{x}$に$y = 9$を代入すると，$9 = \frac{18}{x}$より，$x = 2$だから，A$(2,\ 9)$　また，$x = 6$を代入すると，$y = \frac{18}{6} = 3$より，B$(6,\ 3)$　右図で，$AD = 6 - 2 = 4$，$DB = 9 - 3 = 6$だから，$\triangle ABD = \frac{1}{2} \times 4 \times 6 = 12$　また，E$(6,\ 0)$だから，$BE = 3 - 0 = 3$　点Cのx座標を$t\ (t < 0)$とすると，$\triangle BCE = \frac{1}{2} \times 3 \times (6 - t) = \frac{3}{2}(6 - t)$　$\triangle ABD : \triangle BCE = 3 : 4$より，$12 : \frac{3}{2}(6 - t) = 3 : 4$が成り立つから，$\frac{9}{2}(6 - t) = 48$より，$6 - t = \frac{32}{3}$　よって，$t = -\frac{14}{3}$

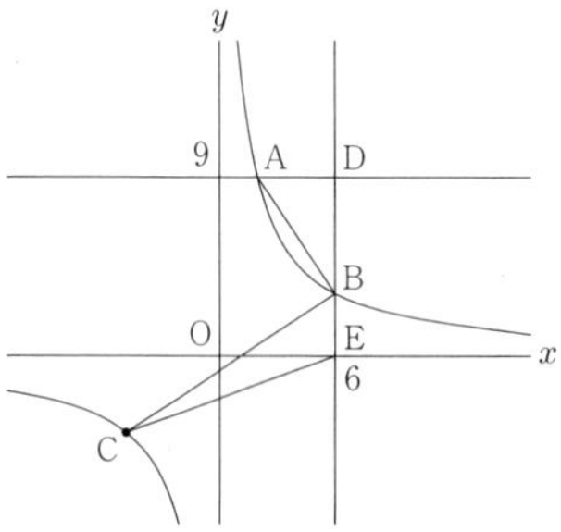

【答】 (1) $y = x + 3$　(2) $-\frac{14}{3}$

4 **【答】** $\triangle AEF$と$\triangle AGF$において，$AC \perp BG$だから，$\angle AFE = \angle AFG = 90°$……①　共通な辺だから，$AF = AF$……②　また，$\overset{\frown}{AB}$に対する円周角は等しいから，$\angle ACD = \angle AGF$……③　$\triangle ADC$は，$\angle ADC = 90°$の直角三角形だから，$\angle EAF = 90° - \angle ACD$……④　$\triangle AFG$は，$\angle AFG = 90°$の直角三角形だから，$\angle GAF = 90° - \angle AGF$……⑤　③，④，⑤より，$\angle EAF = \angle GAF$……⑥　①，②，⑥より，1組の辺とその両端の角がそれぞれ等しいから，$\triangle AEF \equiv \triangle AGF$

5 **【解き方】** (2) $0 < x \leqq 4$のとき$y = 800$，$4 < x \leqq 8$のとき$y = 1600$，$8 < x \leqq 12$のとき$y = 2300$のグラフをかけばよい。また，右図で，B店よりA店のyの値が小さくなるxの範囲は，$4 < x \leqq 6$と$8 < x \leqq 12$

【答】 (1) xの値を決めると，それに対応するyの値がただ1つ決まるから。

(2) (グラフ) (右図)　ア．4　イ．6

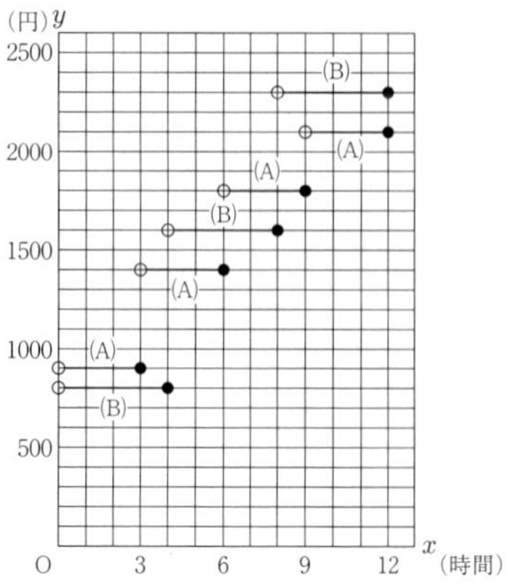

6 **【解き方】** (2) (1)と同様に，連続する3つの整数をn，$n + 1$，$n + 2$として，それぞれの2乗の和から5をひいた数をnを使って表すと，$n^2 + (n + 1)^2 + (n + 2)^2 - 5 = n^2 + n^2 + 2n + 1 + n^2 + 4n + 4 - 5 = 3n^2 + 6n = 3n(n + 2)$　よって，連続した3つの整数のうち，最も小さい数と最も大きい数の積を3倍した数と等しくなる。

(3) 連続する4つの整数をn，$n + 1$，$n + 2$，$n + 3$として，それぞれの2乗の和から5をひいた数をnを使って表すと，$n^2 + (n + 1)^2 + (n + 2)^2 + (n + 3)^2 - 5 = n^2 + n^2 + 2n + 1 + n^2 + 4n + 4 + n^2 + 6n + 9 - 5 = 4n^2 + 12n + 9 = (2n + 3)^2$　ここで，$(2n + 3)^2 = \{n + (n + 3)\}^2$と表されるので，最も小さい数と最も大きい数の和を2乗した数と等しくなることがわかる。また，$(2n + 3)^2 = \{(n + 1) + (n + 2)\}^2$とも表されるので，小さい方から2番目の数と大きい方から2番目の数の和を2乗した数と等しくなることがわかる。

【答】 (1) 連続する3つの整数のそれぞれの2乗の和から2をひいた数は，$n^2 + (n + 1)^2 + (n + 2)^2 - 2 = n^2 + n^2 + 2n + 1 + n^2 + 4n + 4 - 2 = 3n^2 + 6n + 3 = 3(n^2 + 2n + 1) = 3(n + 1)^2$　$n + 1$は連続する3つの整数の中央の数だから，$3(n + 1)^2$は中央の数を2乗して3倍した数である。

(2) ア．⑤　イ．3　(3) ③

英　語

1 【解き方】問題 A. No.1.「和食はどう？」に対して，母親が「では，すし屋に行きましょう」と言っている。No.2.「生徒たちは 8 月と 1 月のいずれも 300 冊より多くの本を読みました」,「生徒たちは 6 月には約 100 冊しか本を読みませんでした」に合うグラフを選ぶ。No.3. クリスマスパーティーには 5 人が参加する予定だったが，ノゾミが病気のため来ないので，参加するのは「4 人」。

問題 B. 見たかった映画とは違う映画を見たというカレンに対する質問。「あなたたちは何の映画を見たのですか？」などの文が入る。

問題 C. ルーシーは，日本語を聞いてそれをもっとよく理解するために何をするべきかという質問をしている。それに対する返答とその理由を考える。解答例は「あなたは日本のアニメを見るべきだと思います。あなたは日本語を聞くことを楽しむことができるし，日本語を話す人たちがよく使う単語をたくさん学ぶことができます」という意味。

【答】問題 A. No.1. ア　No.2. ウ　No.3. イ　問題 B.（例）What movie did you watch?

問題 C.（例）I think you should watch Japanese anime. You can enjoy listening to Japanese and learn many words Japanese speakers often use.

◀全訳▶　問題 A.

No.1.

A：僕たちはレストランで夕食を食べることができる，お母さん？

B：いいわよ，ジャック。今日あなたは昼食に何を食べたの？

A：僕はハンバーガーを食べたよ。

B：ええと，では，私たちは夕食にハンバーガーは食べないわ。ピザかスパゲティはどう？

A：今日は何か他のものが食べたいな。和食はどう？

B：わかったわ。では，すし屋に行きましょう。

A：すばらしい考えだね！

質問 No.1. ジャックと彼の母親は何を夕食に食べるでしょうか？

No.2.

A：こんにちは，ユウタ。このグラフは何を表していますか？

B：こんにちは，グリーン先生。それは私のクラスの生徒たちが毎月何冊の本を読むのかを表しています。

A：生徒たちは 8 月と 1 月のいずれも 300 冊より多くの本を読みました。

B：私たちには休暇があり，本を読む時間がたくさんありました。

A：なるほど。あら，生徒たちは 6 月には約 100 冊しか本を読みませんでした。なぜですか？

B：私たちはテストがあり，また放課後に運動会のための練習をしなければならなかったので，私たちはとても忙しかったのです。

質問 No.2. どのグラフをユウタとグリーン先生は見ていますか？

No.3.

A：トム，あなたは今日，ケンタの家のクリスマスパーティーに行く予定だと聞いたわ。

B：うん。エミリーもそれに参加することを知っているよ。君はそのパーティーに何人が参加する予定なのか知っている？

A：5 人よ。あなた，ケンタ，エミリー，ノゾミ，それに私。

B：ああ，エミリーがノゾミは病気のため来ない予定だと僕に言ってたよ。

A：私はそのことを知らなかったわ。彼女が早くよくなることを望むわ。

質問 No.3. 何人がクリスマスパーティーに参加する予定ですか？

問題 B.

信一　：こんにちは，カレン。君はすてきな週末を過ごした？

カレン：うん，過ごしたよ。私は家族と映画を見たの。

信一　：君が見たかった新しい映画を見たの？

カレン：いいえ。私たちは違う映画を見たわ。

信一　：君たちは何の映画を見たのですか？

問題 C. 私は3か月前に日本に来て以来ずっと日本語を勉強しています。私は今，日本語をより上手に読むことができますが，それを聞くのはまだ得意ではありません。私は日本語を聞いてそれをもっとよく理解したいです。私は何をするべきですか？

2【解き方】1. グラフ1を見る。ごみとして廃棄される服の割合は「68」パーセント。

2. 直後の動詞 happen は「(何かが) 生じる，起こる」の意味。寄付先の人々が本当に必要としているものについて考えていなかったために起こったことは何か。直前の文に，太郎と春花は生徒たちからもらった中古の服から冬服を取り除き，残りを非営利団体に送らなければなかったとある。寄付先はアジアの暑い地域だったため，人々には冬服は必要なかった。

3. 不要となったものを困っている家族にあげようとしたが，受け取らない家族がいたと言うジョンの発言に対する質問。直後でジョンが自分たちがしたことを述べていることから，ウの「あなたたちは何をしたのですか？」が適切。

4.「私たちには1つ問題がありました」という文。多くの種類の中古の服を集めたあとで，その非営利団体が冬服を受け取っていないと知ったことが述べられている文の直前の い に入る。直前にある「それで，全てがうまくいったのですか？」というジョンの質問に対して，太郎が「いいえ」と答えていることに注目。

5. a.「私たちは私たちの経験をあなたと『共有できて』うれしかったです」。「～を共有する」= share ～。b.「私たちは彼らが何を『必要としている』のか理解するべきです」。「～を必要とする」= need ～。c.「私たちは服を受け取る人々についてより多くの情報を『探す』つもりです」。「～を探す」= look for ～。d.「私たちは役立つ服を彼らに『あげる』ことができます」。「～をあげる」= give ～。

【答】1. エ　2. イ　3. ウ　4. い　5. a. ウ　b. エ　c. イ　d. ア

◀全訳▶

春花　：私たちの学校は昨年中古の服を寄付したので，私たちは今日はそれについて話したいと思います。

ジョン：わかりました。私たちの学校は以前に数回食べ物やその他のものを寄付したことがあるので，私は私たちの経験をあなたたちと共有することができます。

太郎　：すばらしいですね！　まず，私たちがなぜ中古の服を寄付することに決めたのかお話しします。社会科の授業で，私たちの先生がこのグラフを見せ，日本で人々がどのようにして中古の服を手放しているのか私たちに話しました。そのグラフは服の68パーセントが廃棄され，服のわずか3パーセントが譲渡もしくは寄付されたことを示しています。先生はまた，人々はまだ再利用したりリサイクルしたりできる服を廃棄するとも言いました。中古の服を寄付すれば，廃棄される服の量を減らすことができると私たちは思いました。

春花　：中古の服を寄付しようと決めてから，私たちはアジアのいくつかの国の人々に中古の服を寄付している非営利団体を見つけました。それから，私たちは学校の生徒たちから中古の服を集めました。

ジョン：なるほど。それで，全てがうまくいったのですか？

太郎　：いいえ。私たちには1つ問題がありました。多くの種類の中古の服を集めたあとで，私たちはその非営利団体が冬服を受け取っていないことを知りました。彼らはアジアの暑い地域に住んでいる人々にしか服を送っていません。だから，私たちは生徒たちからもらった中古の服から冬服を取り除き，残りの中古の服をその非営利団体に送らなければなりませんでした。人々が本当に必要としているものについて私たちが考えていなかったのでこれが起こりました。

春花　：私たちは中古の服を受け取る人々のことをもっと学ぼうとするべきです。彼らをもっとよく理解すれば，私たちは彼らが何を必要としているのかわかるでしょう。今度は，あなたの学校での活動について私たちに教えてくれますか？

ジョン：私たちもあなたたちと似ている経験をしました。私たちの学校が初めて寄付をしたとき，私たちは自分たちの使わないものを集めました。私たちはそれらのものを私たちの町の困っている家族にあげようとしたのですが，いくつかの家族はそれらを受け取りませんでした。

春花　：そのとき，あなたたちは何をしたのですか？

ジョン：私たちは彼らに何が必要なのか尋ねました。彼らは私たちに食べ物が必要だと言いました。私たちは生徒たちから集めたものを売ることにしました。私たちはそれらのものを売ることによってお金を得て，そして私たちの得たお金で，私たちは食べ物を買ってそれらをその家族たちに渡しました。

太郎　：なるほど。ものを集めたあとでそれらを売るのはよい考えだと思います。

ジョン：人々を助ける方法はたくさんあります。結局，もし他の人々を助けたければ，彼らと彼らが何を必要としているかを理解することが大切です。

（5の全訳）

親愛なるジョン

先週は私たちの学校を訪れてくれてありがとう。私たちは私たちの経験をあなたと共有できてうれしかったです。私たちがあなたと話したように，他の人々を助けるために，私たちは彼らが何を必要としているのか理解するべきです。だから，次回中古の服を寄付する前に，私たちは服を受け取る人々についてより多くの情報を探すつもりです。もし私たちが彼らや彼らの生活についてより多くを知ったら，私たちは役立つ服を彼らにあげることができます。

近いうちにまた話しましょう！

太郎

3 **【解き方】** 1. (1) 質問は「健一は中学校で雁のV字型の隊形について学びましたか？」。第1段落の2文目を見る。健一が雁の隊形について学んだのは高校のとき。(2) 質問は「なぜ健一は腹を立てて『私たちは今日は練習ができない』と言ったのですか？」。第4段落の1・2文目を見る。健一が腹を立てたのは，クラスの半分しか練習に来なかったから。

2. 「自分は合唱をよりよいものにする方法を知っていた」という意味。「～する方法」= how to ～。「～をよりよいものにする」= make ～ better。

3. 第6・7段落で健一がしたことを見る。健一はキョウカに交替でリーダーをするように頼み，他のクラスメートたちにも合唱について思っていることをクラスに言うよう頼んだ。

4. 第4段落の後半で，キョウカはクラスメートに「みんな，ほほ笑んで！　そう！　それで完璧です！」，「私たちの合唱はよりよくなってきています！　私たちは1位を勝ち取ることができます！」と前向きな言葉をかけた。「歌の練習をするとき，君はクラスメートたちに『よい』ことが言える」などの文になる。

5. ア．第1段落の4文目に「先頭の雁が疲れると，それは後ろに行き，別の雁が前に来ます」とある。イ．「5月に，健一のクラスは合唱コンクールのために歌の練習を始めた」。第3段落の1文目を見る。内容に合っている。ウ．第5段落のキョウカの発言を見る。キョウカは健一に「あなたはよいリーダーだと思う」と言った。エ．第8段落の2文目を見る。健一のクラスは1位を勝ち取ることができなかった。

6. (1) 直後で健一が「いいえ，でも僕はいつかそれらを見たいと思っています」と答えていることに着目。Have

you ever seen ～?＝「あなたは今までに～を見たことがありますか？」。経験を表す現在完了の疑問文。see の活用は see - saw - seen。(2) 本文の最終段落の最終文にある「他のメンバーと責任を共有する」などの表現を利用する。

【答】 1.（例）(1) No, he didn’t. (2) Because only half of the class came. 2. how to make the chorus
3. イ・ウ 4.（例）good 5. イ
6.（例）(1) seen (2) share the responsibility with the other members

◀全訳▶ あなたは雁がV字型の隊形で飛ぶことを知っていましたか？ 私は高校の授業で初めてこの隊形について聞き，彼らがこの方法でより遠くへ飛ぶことができることを学びました。V字型の隊形で飛んでいる間，雁は交替で隊形を先導します。先頭の雁が疲れると，それは後ろに行き別の雁が前に来ます。この方法で彼らは負担を共有しより遠くへ飛びます。

この話を聞いたとき，私は中学生のときに経験した合唱コンクールを思い出しました。そのコンクールで，私は吹奏楽部のメンバーだったためクラスのリーダーになり，自分は合唱をよりよいものにする方法を知っていると思っていました。

5月に，私たちはコンクールのために歌を歌う練習を始めました。私はクラスメートに「一生懸命練習して1位を勝ち取ろう！」と言いました。私たちは毎日歌う練習をしましたが，私は自分たちの合唱がよりよくなっていないと思いました。私はいつもクラスメートたちに自分たちの合唱の何が悪いのかについて話しました。

ある日，コンクールまであと2週間のとき，私たちは音楽室で歌う練習をする予定で，私はみんなに来るよう頼みました。しかし，クラスの半分しか来ませんでした。私は腹を立てて「私たちは今日は練習ができない」と言いました。そのとき，クラスメートの1人が「何ですって？ 私たちは練習するためにここに来たのに！」と言いました。私は何も言いませんでした。すると，もう1人のクラスメートであるキョウカが「健一はいつも私たちの合唱のことを考えているので疲れているのよ。私たちは彼を助けてあげるべきよ」と言いました。彼女は前に来て「今日は何を練習したいですか？」と言いました。何人かの生徒は曲の最初を練習したいと彼女に言いました。彼女は「わかりました。私たちはその部分を練習します。それでいいですか，健一？」と言いました。私は「はい…」と言いました。キョウカは「みんな，ほほ笑んで！ そう！ それで完璧です！」と言いました。彼ら全員がほほ笑み，より大きな声で歌いました。彼女は「私たちの合唱はよりよくなってきています！ 私たちは1位を勝ち取ることができます！」と言いました。

練習後，私は彼女のところに行き「僕を助けてくれてありがとう」と言いました。彼女はただほほ笑みました。私は「君は彼らのことを理解しているので，僕の代わりに君がリーダーになるべきだ」と言いました。彼女は「私はあなたはよいリーダーだと思う，なぜならあなたは強い情熱を持っているから。コンクールまで私たちにはまだ2週間あるわ。私たちは1位を勝ち取ることができる！」と言いました。キョウカと話したあとで，私はクラスにとって何が最善であるのかあれこれ考え，いくつかの決心をしました。

その翌日，私はキョウカに私といっしょに交替でクラスを先導してくれるよう頼みました。私は彼女に「僕たちが歌の練習をするとき，君はクラスメートたちによいことが言える。もし君と僕の両方がリーダーなら，僕たちの合唱はよりよくなるだろう」と言いました。キョウカはそれについて数分間考えて同意しました。キョウカと私は交替で私たちの合唱についてクラスに話しました。

私はまた，他のクラスメートたちにも私たちの合唱について何を彼らが思ったのかをクラスに言うよう頼みました。多くのクラスメートたちがそのようにして，彼らの何人かはクラスを応援しました。それが私たちの合唱を改善しました。

合唱コンクールで，私たちは最善を尽くし，私たちの合唱は立派でした。私たちは1位を勝ち取れませんでしたが，合唱コンクールはよい思い出になったとクラス全員が言いました。

この経験から，私はたった1人のメンバーがチームのパフォーマンスを向上させるのは困難であることを学びました。各メンバーが他のメンバーたちと責任を共有するとき，チームはよりよい結果を出すことができるのです。

(6 の全訳)

広子：あなたの作文は本当によかったです！
健一：ありがとう。
広子：私はあなたの作文の最初が好きです。私は雁の V 字型の隊形のことを知りませんでした。あなたは今までに V 字型の隊形になっている雁を見たことがありますか？
健一：いいえ，でも僕はいつかそれらを見たいと思っています。
広子：私はチームのパフォーマンスを改善することについてのあなたの考えも気に入りました。私はバレーボール部のキャプテンで，チームにより強くなってほしいです。あなたの作文を読んだあとで，チームの各メンバーが他のメンバーたちと責任を共有するのが大切であることに気づきました。もし私たちがそのようにすれば，私たちのチームはよりよい結果を出すことができますよね？
健一：はい，各メンバーがそうすることが大切だと思います。

4 **【解き方】**「紙の本より電子書籍の方がよい」というテーマに対して賛成か反対かを述べ，その理由を 2 つ説明する。解答例は「私は 2 つの理由からこの考えに同意します。まず，私たちは電子書籍の文字や写真の大きさを変更することができます。もしいくつかの写真が小さければ，私たちはそれらをより大きくすることができます。次に，電子書籍は持ち運びがより簡単です。例えば，10 冊の紙の本はたいてい重いですが，10 冊の電子書籍は重くありません」という意味。

【答】（例）I agree with the idea for two reasons. First, we can change the size of words and pictures on e-books. If some pictures are small, we can make them bigger. Second, e-books are easier to carry around. For example, ten paper books are usually heavy, but ten e-books are not.（50 語）

社　会

1 **【解き方】** 1. ⑴ 日本の標準時子午線である東経 135 度線は，兵庫県の明石市などを通る。⑵ 香川県高松市は瀬戸内の気候に属するため，梅雨の時期と台風の時期を除いて降水量が少ない。イは④の宮崎県宮崎市，ウは①の北海道札幌市，エは②の東京都新宿区。

2. 瀬戸内海は内海のため，太平洋や東シナ海と比べて沿岸部での津波被害が発生しにくい。アは火山災害，イは土砂災害，エは高潮。

3. ア．地形図Ⅱには，「富山口駅」は存在しない。イ．「消防署」ではなく，交番の位置が変わっている。エ．路面電車は，変電所の西側に面した南北に走る道路を通っている。

4. 本州などでは，冬期に菊を栽培する場合，ビニールハウスなどを用いて加温する必要があるので光熱費が多くかかる。一方，沖縄県は冬でも温暖であり，露地でも菊を栽培することができるため，生産費が安くすむ。

【答】 1. ⑴ B　⑵ ア　2. ウ　3. ウ

4. 東京都に出荷するためには他の産地より高い輸送費がかかるが，冬期には他の産地より温暖な気候をいかして生産費を安く抑えられるため。(同意可)

2 **【解き方】** 1. 律令政治の建て直しを図った天皇。

2. 1274 年に文永の役，1281 年に弘安の役が起こり，いずれも九州北部が元軍に攻撃された。

3. 中世の関所を通行するためには通行税を支払う必要があり，自由な商売などの妨げとなっていた。織田信長は，国内の関所を廃止するとともに，楽市令を出すなどして，特に新興商人の自由な経済活動を認めた。

4. 庶民の生活や風景などを描いた絵。版画として大量に刷られることで安価になり，庶民にも広まった。

5. 群馬県の富岡では，1872 年に富岡製糸場が操業を開始しており，周辺地域でも製糸業が栄えていた。また，横浜は，1858 年に結ばれた日米修好通商条約で開港され，日本最大の貿易港となっていた。そのため，主要な輸出品である生糸の産地と，輸出港である横浜を鉄道でつなぎ，輸出を行いやすくするねらいがあった。

6. 江戸時代には，西廻り航路などを通じて年貢米や特産物が大阪に集まり，蔵屋敷で保存・換金された。

【答】 1. ウ　2. エ　3. イ　4. 浮世絵

5. 主要な輸出品だった生糸を，製糸業が盛んだった都市から輸出港のある横浜まで，鉄道で輸送できるようにするため。(同意可)

6. イ

3 **【解き方】** 1. ⑴ 財産による制限がないことが特徴。⑵「衆議院の解散」は内閣が国会に対して，「弾劾裁判」は国会が裁判所に対して行う。⑶ 逮捕令状の発行に際し，被疑者を逮捕する必要があるかどうかを裁判官が判断することで，国民が不当に逮捕されることを防いでいる。

2. ⑴ 税を納める人と負担する人が異なる税は，間接税という。⑵ 消費税の税収は，所得税や法人税と比べて景気に左右されにくいことがグラフから読み取れる。

【答】 1. ⑴ エ　⑵ ア　⑶ ア

2. ⑴ 直接税　⑵ グラフⅠから，消費税は，税収が所得税や法人税より安定していることが分かり，国民の生活を支える社会保障の財源としてふさわしいといえるため。(同意可)

4 **【解き方】** 1. アラブ諸国が原油の輸出制限や価格の大幅な引き上げを行ったため，世界的に経済が混乱した。

2. アメリカは，世界で最も「国内総生産」が大きく，G7 の中で最も「人口」が多い。あ はフランス，う はカナダ，え は日本。

3. 資料Ⅰに示されているように，EU 加盟国の国民は，EU 域内を自由に移動できる。また，グラフⅠから，ハンガリーやポーランドは，ドイツやフランスよりも最低賃金が低いことが読み取れる。よって，こうした国々の労働者にとって，EU 域内の賃金が高い国へ出稼ぎに出やすくなるという利点があることがわかる。

4. 日本の「米」や「卵類」の自給率は，90 % を超えている。

5. A. グラフⅡのように，宅配便の取扱個数は増加している。一方,「働き方改革関連法」に基づき，2024 年 4 月から，年 960 時間の上限規制が適用されるため，労働者一人当たりの労働時間は制限されることとなる。
B. 配達予定日時が通知されたり，荷物の受け取り日時・場所を変更できるようになったりすることで，荷物を受け取り損なうことが少なくなり，再配達を減らすことができる。

【答】 1. 石油危機　2. い　3. より賃金が高い国に移動して働く（同意可）　4. エ
5. A. 増えてきているのに，配達にかけられる労働力が限られる　B. 再配達を減らす（それぞれ同意可）

理　科

1 【解き方】1. (3) シダ植物は根・茎・葉の区別がある。仮根があるのはシダ植物ではなくコケ植物。

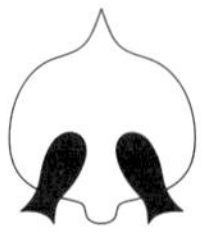

2. (2) 太い根（主根）とそこからのびる細い根（側根）をもつ植物は双子葉類，たくさんの細い根（ひげ根）をもつ植物は単子葉類。(3) 双子葉類は花弁が1枚1枚離れている離弁花類と，花弁が離れていない合弁花類に分けられる。

【答】1. (1) エ　(2)（前図）　(3)（記号）イ　（正しい語）根

2. (1) 栄養生殖　(2) a. 1　b. 単子葉　(3) c. ウ　d. 花弁が互いに離れている（同意可）

2 【解き方】1. (2) 太陽の像がゆっくりとずれていくのは，地球の自転が原因で起こる現象。アは地軸を傾けながら地球が公転すること，エは地球の公転が原因で起こる現象。また，ウは日食で，月の公転が原因で起こる現象。(3) 黒点が少しずつ一方向に移動していることから，太陽は自転していると分かり，中央部で円形に見えた黒点が周辺部へ移動するとだ円形に見えることから，太陽は球形をしていると考えられる。

2. 質量が小さく密度が大きいウとエは地球型惑星，質量が大きく密度が小さいアとイは木星型惑星と考えられる。アは土星，質量が非常に大きいイは木星，質量が小さく大気がほとんどないウは水星，大気の主な成分が二酸化炭素のエは金星。

3. (1) 地球から観察される金星は，地球に近いほど大きく見え，欠け方が大きくなる。(2) 金星の公転周期が0.62年なので，1年後の金星は，$\dfrac{1\,(\text{年})}{0.62\,(\text{年})} \fallingdotseq 1.6$（周）反時計回りに公転し，ちょうど1年後の地球の位置は図5の12月の位置，金星は9月の位置あたりにあると考えられる。よって，夕方の西の空に観察される。

【答】1. (1) 恒星　(2) イ　(3) 球形（同意可）　2. ウ→エ→イ→ア　3. (1) エ　(2) ウ

3 【解き方】1. (2) 実験1より，コイルの上側にN極を近付けると，コイルの上側がN極になるような誘導電流が流れ，検流計の針が左にふれるので，コイルの上側にS極を近付けると，コイルの上側がS極になるような誘導電流が流れるから，検流計の針は右にふれる。S極を下にした棒磁石がコイルを通過した後は，コイルの下側からN極が遠ざかるので，コイルの下側がS極になるような誘導電流が流れ，検流計の針は左にふれる。

2. コイルCに流れる電流の向きが逆になると，電磁石になるコイルCの右側の極も逆になるので，コイルDに流れる誘導電流の向きも逆になり，コイルCとコイルDはしりぞけ合う。

【答】1. (1) 誘導電流　(2) ウ

(3)（記号）ア　（理由）コイルを通過する棒磁石の速さが，Bの位置の方が大きくなるため。（同意可）

2. イ

3. (1) 風力　(2) 運動エネルギーが電気エネルギーに変換されるため。（同意可）

4 【解き方】1. ア・ウ・エはアルカリ性の水溶液の性質。

2. (1) 図3より，メスシリンダーに入っている塩酸の体積は25.5cm^{3}なので，50 (cm^3) − 25.5 (cm^3) = 24.5 (cm^3)　(3) 水溶液Bは青色リトマス紙が赤色に変化していることから，水酸化ナトリウム水溶液は中和により残っておらず，塩酸が残っている。塩酸は加熱しても固体は残らないので，水を蒸発させたときに得られた白い結晶は塩酸と水酸化ナトリウム水溶液が中和してできた塩化ナトリウム。(4) 水素イオンと水酸化物イオンが結びついて水ができるときの反応は，$H^+ + OH^- \rightarrow H_2O$ なので，水素イオン1個と水酸化物イオン1個が結び付く。表より，水溶液Cのうすい塩酸10cm^{3}とうすい水酸化ナトリウム水溶液8.0cm^{3}に含まれる水素イオンと水酸化物イオンの数が同じなので，塩酸8.0cm^{3}中の水素イオンの数は水酸化ナトリウム水溶液8.0cm^{3}中の水酸化物イオンの数の，$\dfrac{8.0\,(\text{cm}^3)}{10\,(\text{cm}^3)} = 0.80$（倍）　(5) ア. 水溶液Aは塩酸で，陽イオンの数と陰イオンの数は同じ。イ. 水溶液Bは塩酸が残っているので，水素イオンが存在する。ウ. 水溶液Cは中和で生じた塩化ナトリウムが電離してイオンとして存在している。オ. 水酸化ナトリウム水溶液を加えていくと，塩酸が中和するまでは，水酸化ナトリウム水溶液との中和により水素イオンの数が減るが，ナトリウムイオンが同じだけ増えるので，水溶液中に存在するイオンの総数は水溶液A・B・Cでほぼ同じ。塩酸と水酸化ナトリウム水溶液が完全に中和した後，さらに水酸化ナトリウム水溶液を加えると，加えただけ水酸化ナトリウム水溶液中のナトリウムイオンと水酸化物イオンが増えていくので，イオンの総数としては水溶液Eが最も多い。

【答】1. イ　2. (1) ウ　(2) 電解質　(3) NaCl　(4) 0.80　(5) イ・オ

国 語

1 【解き方】2.「本物の宇宙飛行士に会える」という，わくわくした気持ちを考える。

3. 花井さんと綿引先生の関係について，「教え子」ではなく，「先生はそれまでも…顔を覚えてもらったようです」「教え子とかより，ある意味すごくないですか？…相当ですよ」と話している。

4. 綿引先生が「うみかさん」と呼びかけ，花井さんも「あ，先生」と呼びかけたことを知った深野と広瀬が，「えええええーーー!!」と叫ぶほどの勢いで驚いている様子を考える。

5. 直後に注目。「子どもたちに一言」という質問について，「大人がとりあえずする質問だ，という気がする」「そういう質問の答えを求めているのは『大人』の都合で…当の子どものこともちゃんと考えていない気がする」と亜紗は考えている。

6. Ⅲ. 花井さんが決意を話す姿は「凛々しく」，「今，頭上にある空の向こう…そんな人とこの距離で同じ空間にいることが奇跡のように思えた」と，宇宙飛行士の話を直接聞けることに感動している。Ⅳ. 花井さんに「星が好きですか？」と質問され，「自分たちに向けられた言葉だと思ったら，全身が一瞬で熱くなった」ことや，「とても尊敬している人の視線がこちらに向けられているのを感じると…声がうまく出せなかった」という体験をしたことから考える。

【答】1. ㋐ 層 ㋑ 静(かに) ㋒ とうだん ㋓ あこが(れ) ㋔ とうじょう 2. イ 3. 顔なじみ 4. ウ

5.「大人」の都合でとりあえずされるもので，回答者や子どものことを考えていない (37字) (同意可)

6. Ⅲ. 近い距離で同じ空間にいることが奇跡のように思えた (24字) Ⅳ. 遠い存在だと感じていた尊敬する人が，視線を向けながら，自分たちに向けた言葉を送ってくれた (44字) (それぞれ同意可)

2 【解き方】1.「生物が環境に適応している」状態について説明しているので，前で，「生物は，それぞれの…暮らしに適した性質をもっています」とし，ウサギの例を挙げて「生物がおかれた環境のもとで…生き残り，より多くの次世代を残してきた」と述べていることをおさえる。

2.「気候変動」を指して，「このようなことが続くと，生物は絶滅してしまうかもしれません」と述べる一方で，「気候変動が常に生物の絶滅をもたらすわけではありません」と相反する事実を続けている。

3.「気候変動がもたらした進化の例」は多くはなく，その特徴として「世代時間…が短い」ことが挙げられている。進化は「世代時間が短い生物の方が高速に」進み，気候変動の速度に十分適応できることになる。逆に「樹木のように世代時間が長い生物」は，気候変動の速度に追いつくことができなくなってしまう点をふまえて考える。

4.「気温の上昇に追随した進化」についての説明から，「気候変動が生物に与える影響はより複雑」という論を展開しているところに着目する。生物は，「温度や降水量といった気象条件だけでなく…さまざまな要因に対して適応」しているため，「気候変動に伴って生物の分布や性質が変化すると，その生物と関係して暮らしていた他種の生物も影響を受け」て，時には「絶滅」をもたらしてしまうということを，マンモスやハチ，カエルを例に挙げ説明している。

5. (1)「分布域の変化」「順応」「進化」は，「環境の変化に対する生物の反応」として本文で順に説明している。(2)「海水温の上昇が魚の小型化に影響している」という意見を述べるのであれば，海水温の上昇が魚の小型化に関係があること，乱獲が魚の小型化に関係がないことの両方を説明できるデータが必要になる。

【答】1. 性質 2. イ 3. ウ

4. 気候変動に伴ってある生物の分布や性質が変化すると，それによりその生物と関係して暮らす他種の生物に，衰退や，時に絶滅を引き起こすほどの影響が及びかねないから。(78字) (同意可)

5. (1) 環境の変化に対する生物の反応 (2) イ

3 【解き方】1. 語頭以外の「は・ひ・ふ・へ・ほ」は「わ・い・う・え・お」にする。

2. 前文に「子路，溺者を拯ふ」とあるので，溺れているところを子路に助けられた人が，子路に「謝礼」をしたことをおさえる。

3. 一字戻って読む場合には「レ点」を用いる。

4.「人々の手本となるべき賜」が，人を救出した際に国からの金を受け取らない場合，金を受け取らないという賜の行動を見習わなければならなくなることから考える。つまり，「後に国がその金を支払うという法」を使わないことが手本になると，自国の人を救出するために払った金は，払いっぱなしのままになる。

【答】 1. (曰)わく　2. エ　3. (右図)

見ルニレ之ヲ

4. 賜の行動を手本とすると，魯の国の人が自国の人を金を払って救っても，国からの金を受け取れず，自国の人を救うためには，自ら金を負担しなければならないことになる（77 字）(同意可)

◀口語訳▶　孔子がおっしゃることには，「賜は間違っている。これより後，魯の国の人は，人を救出しなくなるだろう。その金を受け取れば，善行を損なうことはないが，その金を受け取らなければ，二度と人を救出しない。」と。

子路は，溺れている人を救助した。その人は謝礼するために牛を贈り，子路は牛を受け取った。孔子がおっしゃるには，「魯の国の人は必ず溺れた人を救助するだろう。」と。

孔子は物事を微細に見て，成り行きを遠くまで見通していた。

~MEMO~

~MEMO~

広島県公立高等学校

2023年度

入学試験問題

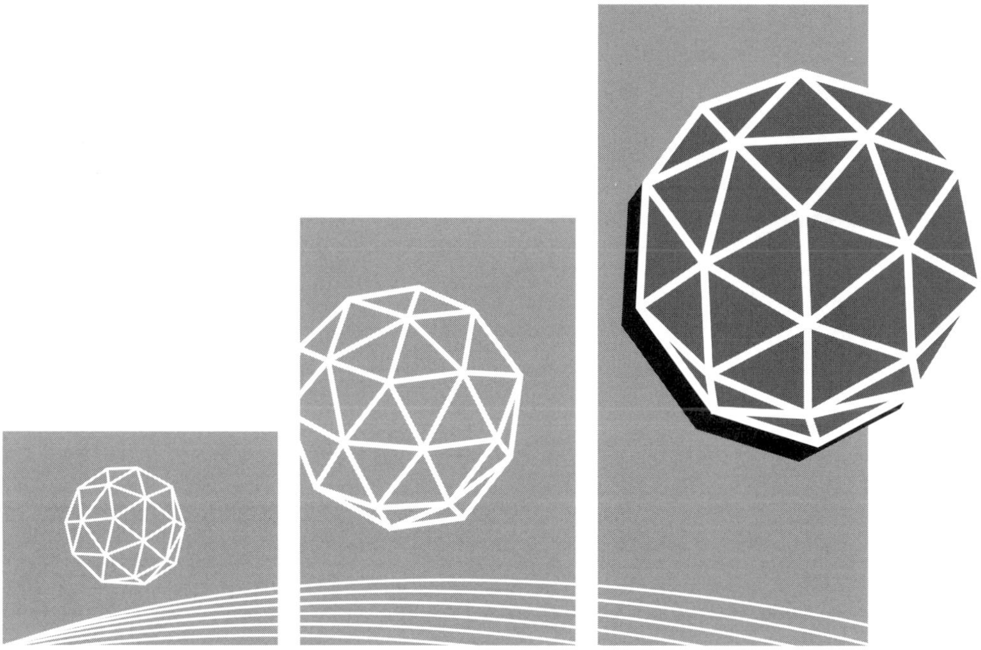

数学

時間　50分　　　　満点　50点

1　次の(1)～(8)に答えなさい。

(1)　$-8-(-2)+3$ を計算しなさい。(　　　)

(2)　$28x^2 \div 7x$ を計算しなさい。(　　　)

(3)　$\sqrt{50}-\dfrac{6}{\sqrt{2}}$ を計算しなさい。(　　　)

(4)　$(x-6y)^2$ を展開しなさい。(　　　)

(5)　方程式 $x^2+3x-5=0$ を解きなさい。(　　　)

(6)　関数 $y=\dfrac{16}{x}$ のグラフ上の点で，x 座標と y 座標がともに整数である点は何個ありますか。

(　　　個)

(7)　右の図のように，底面の対角線の長さが 4 cm で，高さが 6 cm の正四角すいがあります。この正四角すいの体積は何 cm^3 ですか。(　　　cm^3)

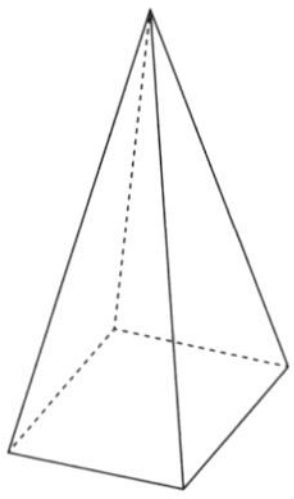

(8)　右の図は，A 市，B 市，C 市，D 市について，ある月の日ごとの最高気温を調べ，その結果を箱ひげ図に表したものです。この月の日ごとの最高気温の四分位範囲が最も大きい市を，下のア～エの中から選び，その記号を書きなさい。(　　　)

ア　A 市　　イ　B 市　　ウ　C 市　　エ　D 市

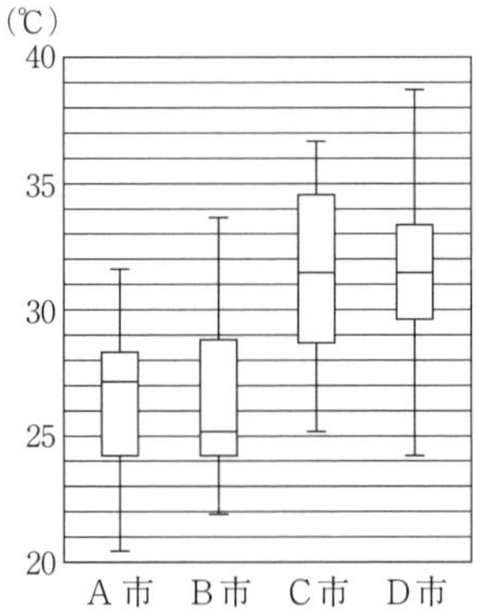

2　次の(1)～(3)に答えなさい。

(1)　右の図のように，点A (3, 5) を通る関数 $y = ax^2$ のグラフがあります。この関数について，x の変域が $-6 \leqq x \leqq 4$ のとき，y の変域を求めなさい。(　　　　)

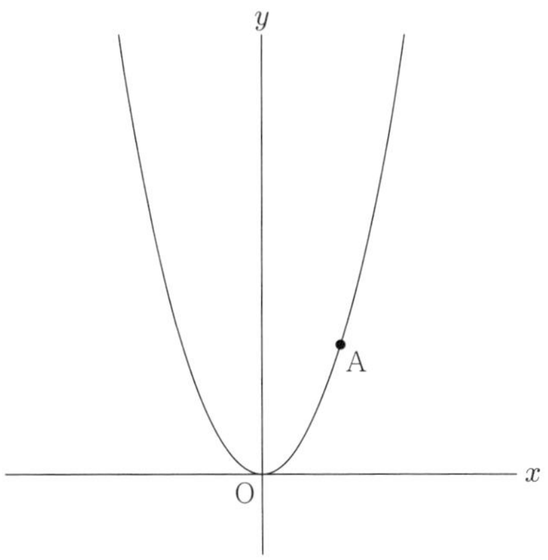

(2)　ある中学校の50人の生徒に，平日における1日当たりのスマートフォンの使用時間についてアンケート調査をしました。下の表は，その結果を累積度数と累積相対度数を含めた度数分布表に整理したものです。しかし，この表の一部が汚れてしまい，いくつかの数値が分からなくなっています。この表において，数値が分からなくなっているところを補ったとき，度数が最も多い階級の階級値は何分ですか。(　　　　分)

階級（分）	度数（人）	相対度数	累積度数（人）	累積相対度数
以上　未満 0 ～ 60	4	0.08	4	0.08
60 ～ 120	11			
120 ～ 180				0.56
180 ～ 240				0.76
240 ～ 300		0.10	43	0.86
300 ～ 360	7	0.14	50	1.00
計	50	1.00		

(3)　2桁の自然数があります。この自然数の十の位の数と一の位の数を入れかえた自然数をつくります。このとき，もとの自然数を4倍した数と，入れかえた自然数を5倍した数の和は，9の倍数になります。このわけを，もとの自然数の十の位の数を a，一の位の数を b として，a と b を使った式を用いて説明しなさい。

(　　　　　　　　　　　　　　　　　　　　)

[3]　右の図のように，平行四辺形ABCDがあり，点Eは辺ADの中点です。辺BCを3等分する点を，点Bに近い方から順にF，Gとし，線分AGと線分EFとの交点をHとします。

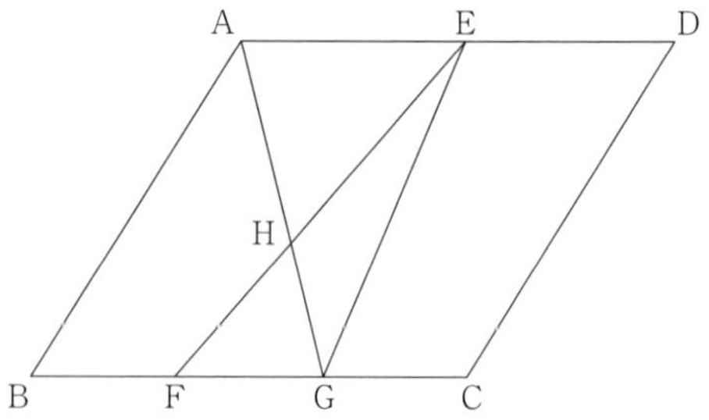

次の(1)・(2)に答えなさい。

(1)　∠AGB = 70°，∠BAG = ∠DAGとなるとき，∠ADCの大きさは何度ですか。(　　　)

(2)　△AHEの面積が9となるとき，△EFGの面積を求めなさい。(　　　)

[4]　右の図のように，y軸上に点A(0, 8)があり，関数$y = \frac{2}{3}x + 2$のグラフ上に，$x > 0$の範囲で動く2点B，Cがあります。点Cのx座標は点Bのx座標の4倍です。また，このグラフとx軸との交点をDとします。

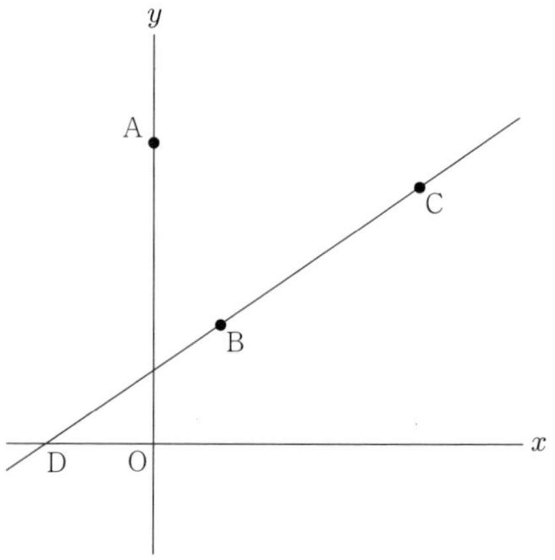

次の(1)・(2)に答えなさい。

(1)　線分ACがx軸に平行となるとき，線分ACの長さを求めなさい。(　　　)

(2)　DB = BCとなるとき，直線ACの傾きを求めなさい。

(　　　)

5　A 高校の生徒会役員の中川さんと田村さんは，生徒会を担当する先生からの依頼を受け，長さ 15 分の学校紹介動画を作成することになりました。下の表 1 は，昨年度の生徒会役員が作成した長さ 18 分の学校紹介動画の構成表です。2 人は，昨年度作成された長さ 18 分の学校紹介動画の内容や配分時間を参考にして，長さ 15 分の学校紹介動画を作成しようと考えています。

表 1　昨年度の生徒会役員が作成した
学校紹介動画（18 分）の構成表

順番	内容	配分時間
1	オープニング	30 秒
2	生徒会長挨拶	1 分 20 秒
3	学校の特色紹介	6 分
4	学校行事紹介	3 分
5	在校生インタビュー	2 分 40 秒
6	部活動紹介	4 分
7	エンディング	30 秒
合計		18 分

2 人は，作成する学校紹介動画が，昨年度の生徒会役員が作成したものよりも時間が短くなることを踏まえ，下のように【学校紹介動画(15 分)の作成方針】を決めました。

【学校紹介動画(15 分)の作成方針】

(I)　オープニング，学校の特色紹介，学校行事紹介，エンディングの配分時間は，昨年度の生徒会役員が作成した学校紹介動画と同じにする。

(II)　生徒会長挨拶は動画の内容に入れない。

(III)　在校生インタビューでは，配分時間を代表生徒 3 人に均等に割り当てる。

(IV)　部活動紹介では，配分時間のうち 30 秒を，A 高校にどのような部活動があるかについての紹介に割り当てる。また，部活動紹介の配分時間の残りを，A 高校にある部活動のうち代表の部活動 3 つに均等に割り当てる。

(V)　部活動紹介における代表の部活動 1 つに割り当てる時間は，在校生インタビューにおける代表生徒 1 人に割り当てる時間の 1.5 倍にする。

2 人は【学校紹介動画(15 分)の作成方針】に従って構成表を作り，学校紹介動画を作成することにしました。

次の(1)・(2)に答えなさい。

(1)　在校生インタビューにおける代表生徒 3 人のうち 1 人は，生徒会長に決まりました。残りの代表生徒 2 人を校内で募集したところ，P さん，Q さん，R さん，S さん，T さんの 5 人が立候補しました。この 5 人の中から，くじ引きで 2 人を選ぶとき，P さんが選ばれる確率を求めなさい。

(　　　)

(2)　次の表 2 は，中川さんと田村さんが【学校紹介動画(15 分)の作成方針】に従って作成した長さ 15 分の学校紹介動画の構成表です。

表２　中川さんと田村さんが作成した学校紹介動画（15分）の構成表

順番	内容	配分時間
1	オープニング	30秒
2	学校の特色紹介	6分
3	学校行事紹介	3分
4	在校生インタビュー ・代表生徒３人	ア
5	部活動紹介 ・A高校にある部活動の紹介 ・代表の部活動３つ	イ
6	エンディング	30秒
合計		15分

表２の ア ・ イ に当てはまる配分時間をそれぞれ求めなさい。なお，答えを求める過程も分かるように書きなさい。

（　　　　　　　　　　　　　　　　　　　　　　　　　　　　　　）

アに当てはまる配分時間は(　　　)　イに当てはまる配分時間は(　　　)

6 中村さんは，ある数学の本に掲載されていた下の【問題】に興味をもち，この【問題】について考えることにしました。

【問題】

右の図のように，1つの平面上に大きさの異なる正方形ABCDと正方形CEFGがあり，点Fと点Gが正方形ABCDの内部にあります。7つの点A，B，C，D，E，F，Gから2点を選び，その2点を結んでできる線分の中で，線分DEと長さが同じであるものを答えなさい。

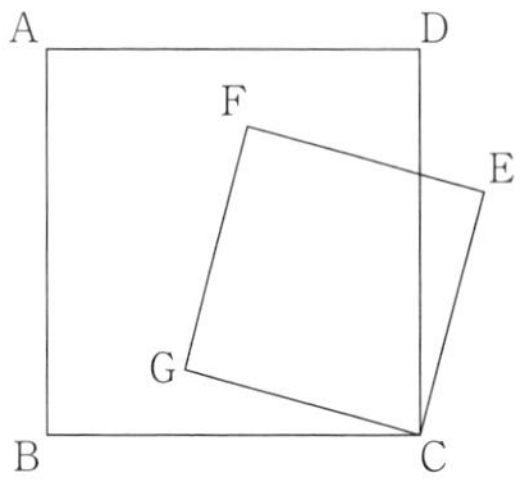

中村さんは，下のことを予想しました。

【予想】

1つの平面上に大きさの異なる正方形ABCDと正方形CEFGがあり，点Fと点Gが正方形ABCDの内部にあるとき，DE = BGである。

次の(1)・(2)に答えなさい。

(1) 中村さんは，下のように△CED ≡ △CGBを示し，それを基にして，この【予想】が成り立つことを証明しました。

【中村さんの証明】

△CEDと△CGBにおいて

合同な図形の対応する辺は等しいから

DE = BG

【中村さんの証明】の □ に証明の続きを書き，証明を完成させなさい。

中村さんは，【問題】中の図で辺 CD と辺 EF との交点を H としたとき，線分 CH と長さが同じである線分がないか考えることにしました。そこで，△CEH に着目し，この三角形と合同な三角形を見つけるために辺 FG を延長し，辺 FG の延長と辺 BC との交点を I とした右のような図をかきました。中村さんは，自分がかいた図について，△CEH ≡ △CGI であることがいえるので，それを基にして，CH = CI であることが分かりました。

中村さんがかいた図

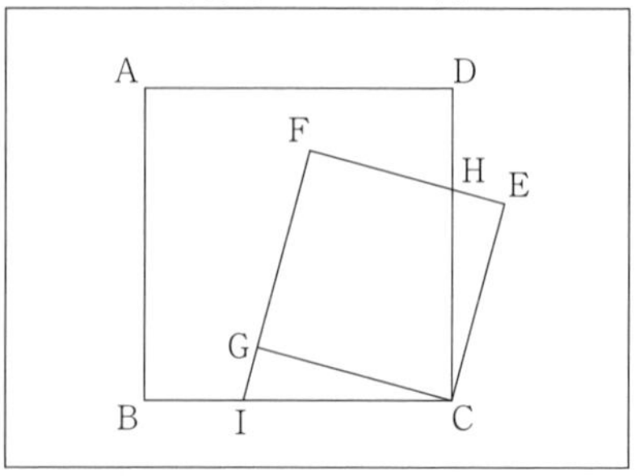

さらに，中村さんは，自分がかいた図について，CH = CI 以外にも成り立つことがらがあるのではないかと考えました。

(2)　下のア～オのことがらの中で，中村さんがかいた図について成り立つことがらを全て選び，その記号を書きなさい。(　　　)

ア　四角形 AICH はひし形である。

イ　四角形 AICH の面積は，三角形 CDI の面積の 2 倍である。

ウ　線分 BD と線分 IH は平行である。

エ　△BIH ≡ △DHG である。

オ　4 点 C，H，F，I は 1 つの円周上にある。

英語

時間　50分　　　満点　50点

（編集部注）　放送問題の放送原稿は英語の末尾に掲載しています。
音声の再生についてはもくじをご覧ください。

（注）　最初に，放送による聞き取りテストを行います。

1　放送を聞いて答えなさい。

問題A　これから，No.1～No.3まで，対話を3つ放送します。それぞれの対話を聞き，そのあとに続く質問の答えとして最も適切なものを，下のア～エの中から選んで，その記号を書きなさい。

No.1（　　　）　No.2（　　　）　No.3（　　　）

No.1	ア  イ  ウ  エ 
No.2	ア　One notebook. イ　Two notebooks. ウ　Three notebooks. エ　Five notebooks.
No.3	ア　She will cook lunch. イ　She will practice the guitar. ウ　She will walk the dog. エ　She will wash her dishes.

問題B　これから放送する対話は，留学生のジョンと高校生の春花が，ある話題に関して話したときのものです。下の【対話】に示されているように，まず①でジョンが話し，次に②で春花が話し，そのあとも交互に話します。⑤ではジョンが話す代わりにチャイムが1回鳴ります。あなたがジョンなら，この話題に関しての対話を続けるために，⑤で春花にどのような質問をしますか。⑤に入る質問を英文で書きなさい。

（　　　　　　　　　　　　　　　　　　　　　　　　　　　　　　　）

【対話】

John	:	①
Haruka	:	②
John	:	③
Haruka	:	④
John	:	⑤　チャイム

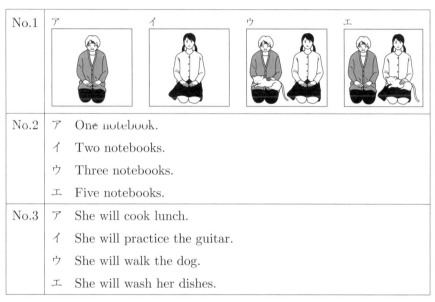

問題C　これから放送する英文は，アメリカからの留学生のジェーンが高校生の健太に対して話したときのものです。ジェーンの質問に対して，あなたならどのように答えますか。あなたの答えを英文で書きなさい。なお，2文以上になっても構いません。

(　　　　　　　　　　　　　　　　　　　　　　　　　　　　　　)

2　次の対話は，高校生の太郎と留学生のエリックが，太郎の自宅でキャッシュレス決済について話したときのものです。また，グラフ1とグラフ2は，そのとき太郎たちが見ていたウェブページの一部です。これらに関して，あとの1～5に答えなさい。

Taro：Erik, my aunt told me that most payments in many countries will be cashless in the future. Can you imagine that?

Erik：Yes. Cashless payments are very [A] in my country, Sweden. A lot of families don't use notes or coins. For example, my parents usually use smartphones for payments and I have a debit card.

Taro：Really? I think many people still use cash in Japan. [B].

Erik：Then, how about looking for some information about cashless payments on the Internet?

Taro：That's a good idea. Oh, look at this graph. It shows that cashless payments are increasing in Japan. Over 30% of payments were cashless in [C].

Erik：I see. Look! I found a graph about payments in my country. Only 13% of people used cash for their most recent payments in 2018.

Taro：Oh! Why do so many people choose cashless payments? [　あ　]

Erik：Because it is easier to pay without cash. You don't have to carry a wallet when you go shopping and don't spend so much time when you pay.

Taro：I think it is easier for people from abroad to buy things without cash. [　い　]

Erik：Cashless payments are also good for store staff. They don't have to prepare change and check notes and coins in the register, so they can save time.

Taro：That's great. Cashless payments have a lot of good points, but I think there are some problems, too. [　う　]

Erik：What are they?

Taro：If you lose your smartphone or debit card, someone who finds them may spend your money.

Erik：Oh, that's right. We should be careful. Anything else?

Taro：You can't see notes and coins when you use cashless payments, so you sometimes don't realize you are spending too much money. [　え　]

Erik：I think so, too. Especially, children may not be able to have a sense of money.

Taro： I see. I will try to find more information about cashless payments to use them in the future.

(注) most たいていの　payment 支払い　cashless 現金のいらない　imagine 想像する
Sweden スウェーデン　note 紙幣　coin 硬貨　smartphohe スマートフォン
debit card デビットカード　cash 現金　increase 増える　recent 最近の
wallet 財布　spend 使う　staff 従業員　prepare 準備する　change つり銭
register レジ　save 節約する　be able to ～ ～することができる　sense 感覚

グラフ1

(経済産業省ウェブページにより作成。)

グラフ2

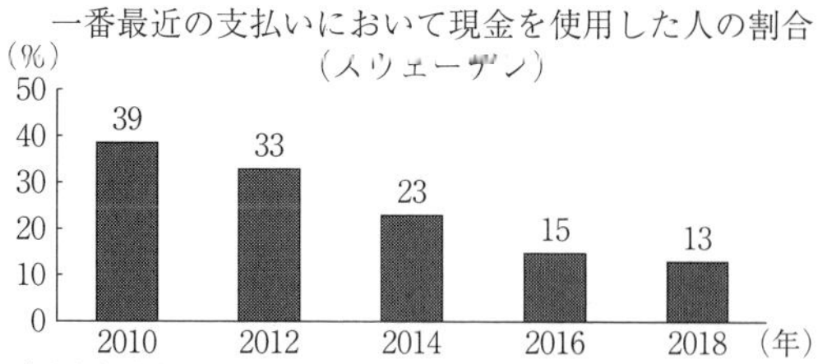

(財務省財務総合政策研究所「デジタル時代のイノベーションに関する研究会」報告書 (2019年) により作成。)

1 本文中の A に当てはまる最も適切な語を，次のア～エの中から選び，その記号を書きなさい。(　　　)

ア exciting　イ expensive　ウ popular　エ weak

2 本文中の B に当てはまる最も適切な英語を，次のア～エの中から選び，その記号を書きなさい。(　　　)

ア I can't imagine life with cash

イ I can't imagine life without cash

ウ I know how to live without cash in Sweden

エ I know how to use cash in Sweden

3 本文中の C に当てはまる最も適切な数字を，次のア～エの中から選び，その記号を書きなさい。(　　　)

ア 2010　イ 2012　ウ 2020　エ 2021

4 次の英文は，本文中から抜き出したものです。この英文を入れる最も適切なところを本文中の [あ]～[え]の中から選び，その記号を書きなさい。(　　　)

They don't have to bring a lot of notes and coins from their countries.

5　太郎は，英語の授業で，「日本はキャッシュレス決済を推進すべきである」というテーマでディベートを行うことになりました。次のメモは，太郎がその準備として，エリックと話した内容をまとめたものの一部です。このメモ中の（ a ）～（ d ）に当てはまる最も適切な英語を，あとのア～エの中からそれぞれ選び，その記号を書きなさい。

a（　　）　b（　　）　c（　　）　d（　　）

Good points of cashless payments

for us

We don’t need a wallet foy shopping.
We （ a ） quickly.

for store staff

・They don’t need change.

・They don’t need to check the money in the register.

↓

They （ b ）.

Bad points of cashless payments

for us

If we lose our smartphone or debit card, someone （ c ） and we may lose our money.

・We can’t see notes and coins when we pay.

↓

We may spend too much money and may not realize it.
It （ d ） to understand how important money is.

ア　can save time　　イ　can pay　　ウ　may be difficult　　エ　may use them

③ 次の英文は，高校生の次郎が，校内英語スピーチコンテストで発表したときの原稿です。これに関して，あとの1～6に答えなさい。

What are you interested in? Music, video games, or sports? When I was five years old, I found the most interesting thing in a forest near my house. It was a mushroom. I remember exactly how the mushroom I first found looked. It was red and looked beautiful. I tried to pick it, but my father stopped me. He said to me, "It is a poisonous mushroom." He taught me that there are dangerous mushrooms. After I got home, I read a book about mushrooms and was surprised. The book had pictures of more than 700 different mushrooms. I thought, "Why are there so many beautiful mushrooms?" and "Why are there some poisonous mushrooms?" This was the beginning of my curiosity about mushrooms.

Since then, I have read many books about mushrooms and learned that there are many mushrooms in the world. I have also learned that there are still a lot of mushrooms that have no names. I often walk in the forest near my house and try to find such mushrooms.

Now, I'll introduce two of my favorite mushrooms. The first one is *yakoutake*. The mushrooms are found on some islands in Japan and emit a beautiful green light. Many people travel to the islands to see them. Why do they emit a beautiful green light? ①<u>We don't have a clear answer</u>, but some people say the mushrooms may do it to attract insects which carry the spores of the mushrooms. Spores are necessary for new mushrooms to grow.

My other favorite mushroom is *benitengutake*. This is the mushroom I first found in the forest near my house. The caps of the mushrooms are a beautiful red, and people in some countries believe that the mushrooms bring happiness. However, they are poisonous and dangerous for many animals. For example, if a dog eats them, it will feel sick. Why are they poisonous? Maybe they don't want animals to eat them.

I feel each mushroom has different messages to insects and animals. For example, the message of *yakoutake* is "Come to me!" and the message of *benitengutake* is "Don't [　　　] me!" Insects and animals cannot hear these messages, but they can feel them.

By the way, how do mushrooms communicate with each other? A scientist says that mushrooms use electrical signals. I don't know the truth, but maybe they are talking with each other to protect themselves. ②<u>It (if　fun　I　be　would) could understand what mushrooms are talking about</u>.

I'd like to study more about mushrooms at university. My dream is to visit many places around the world and find mushrooms that I have never seen. I also want to learn more about their way of communicating. I have not lost the curiosity that I had when I was a child. It led me to my dream for the future. Now, I'll ask you the question again. "What are you interested in?" Your curiosity will help you find your dreams.

(注) forest　森　　mushroom　キノコ　　exactly　正確に　　poisonous　有毒な
curiosity　好奇心　　emit　発する　　clear　明白な　　attract　引き寄せる　　insect　昆虫

spore　胞子　　grow　育つ　　cap　(キノコの) かさ　　happiness　幸福

electrical　電気の　　signal　信号　　truth　真実　　themselves　彼ら自身を　　led　導いた

1　次の(1)・(2)に対する答えを，それぞれ英文で書きなさい。

(1)　Did Jiro find the most interesting thing when he was five years old?

(　　　　　　　　　　　　　　　　　　　　　　　　　　　　)

(2)　Who stopped Jiro when he tried to pick the mushroom he first found?

(　　　　　　　　　　　　　　　　　　　　　　　　　　　　)

2　下線部①について，その内容を表している最も適切な英文を，次のア～エの中から選び，その記号を書きなさい。(　　　)

ア　We do not know exactly where we can see *yakoutake*.

イ　We want to know when the beautiful green light of *yakoutake* can be seen.

ウ　We do not know exactly why a beautiful green light is emitted by *yakoutake*.

エ　We want to know how we can get *yakoutake*.

3　本文中の□に適切な語を１語補って，英文を完成しなさい。(　　　)

4　下線部②が意味の通る英文になるように，(　　) 内の語を並べかえなさい。

It (　　　　　　　　　　　　　　　) could understand what mushrooms are talking about.

5　次のア～エの中で，本文の内容に合っているものを２つ選び，その記号を書きなさい。

(　　　)(　　　)

ア　There are many mushrooms which do not have names.

イ　*Yakoutake* and *benitengutake* are Jiro's favorite mushrooms.

ウ　Some people believe that *yakoutake* and *benitengutake* bring happiness.

エ　Jiro's dream is to protect all of the mushrooms around the world.

6　校内英語スピーチコンテストに聴衆として参加した生徒たちは，英語の授業で，発表者にあててスピーチの感想を感想用紙に書くことになりました。あなたなら，次郎がスピーチで話した内容についてどのような感想を書きますか。次の感想用紙中の□にあなたの感想を25語程度の英文で書きなさい。なお，２文以上になっても構いません。また，(　　) にはあなたの名前が書いてあるものとし，語数には含めません。

(　　　　　　　　　　　　　　　　　　　　　　　　　　　　)

Speaker : Jiro　　　　　　　　　　　　　　　　Your name : (　　)

□

4　あとの問題A・Bに答えなさい。

問題A　高校生の明子と留学生のエマは，SNS上で2人の住む地域の春祭りについてやり取りを行いました。次のやり取りはそのときのものです。上から順にやり取りが自然につながるように，[ア]・[イ]にそれぞれ適切な英語を書いて，やり取りを完成しなさい。ただし，[イ]については，15語程度で書きなさい。

ア(　　　　　　　　　　　　　　　　)

イ(　　　　　　　　　　　　　　　　)

Akiko: Hello, Emma. Can you come with me to the spring festival this Saturday, April 15?

Emma: What kind of festival is it?

Akiko: You can see beautiful flowers and enjoy watching some performances. Here is the timetable.

11:00 ～ 12:00	dance performance	13:00 ～ 14:00	shamisen performance
12:00 ～ 13:00	karaoke performance	14:00 ～ 15:00	dance performance

・All performances will be held rain or shine.

Emma: Cool! I've never watched a shamisen performance. Which one do you want to watch?

Akiko: [ア] because one of my friends will perform. Her group will give a performance in the morning and repeat it in the afternoon.

Emma: Well, look at this weather information. I don't want to get wet in the rain. What should we do?

	Saturday, April 15				
Time	11	12	13	14	15
Weather	☂	☂	☀	☀	☀
Chance of rain (%)	70	50	20	0	0

Akiko: [イ].

Emma: OK

(注)　timetable　予定表　　be held　催される　　rain or shine　晴雨にかかわらず
perform　上演する　　give　行う　　chance　可能性

問題B　高校生の勇太と，来月オーストラリアに帰国予定の留学生のトムは，トムの帰国後，電子メールで連絡を取り合おうと考えています。勇太は英語と日本語のうち，どちらの言語を用いて電子メールのやり取りをするかについて，トムに提案するつもりです。あなたが勇太なら，トムに対してどのような提案をしますか。次の【勇太とトムの使用言語に関する情報】を参考にし，その提案を理由も含めて，20 語程度の英文で書きなさい。なお，2 文以上になっても構いません。

(　　　　　　　　　　　　　　　　　　　　　　　　)

【勇太とトムの使用言語に関する情報】

・勇太とトムは，普段 2 人で会話をするとき，英語を用いている。
・トムは，日常的な話題については日本語で読み書きをすることができ，帰国後も日本語の学習を続けたいと考えている。

〈放送原稿〉

(チャイム)

2023年度広島県公立高等学校入学試験英語聞き取り検査を始めます。

はじめに，問題についての説明を行います。

聞き取り検査には，問題A，問題B，問題Cの3種類の問いがあります。

問題Aは対話と質問，問題Bは対話，問題Cは英文を放送します。これらはすべて2回ずつ放送します。メモをとっても構いません。

では，問題Aを始めます。

(チャイム)

問題A　これから，No.1～No.3まで，対話を3つ放送します。それぞれの対話を聞き，そのあとに続く質問の答えとして最も適切なものを，下のア～エの中から選んで，その記号を書きなさい。

No.1

A： Hi, Miki. What did you do last weekend?

B： Hi, Jack. I visited my grandmother last Saturday. Here is a picture we took that day.

A： Oh, your grandmother looks kind.

B： She is always kind to me. I love her so much.

A： Miki, you are holding a cute cat. Is it yours?

B： No. It's hers.

Question No.1：Which picture are Miki and Jack looking at?

No.2

A： Hi, Lucy. Have you been to the new 100-yen shop near the station?

B： No, I haven't. Have you been there?

A： Yes. I went there yesterday. I bought five pens.

B： I see. I think I will go there tomorrow.

A： Do you have anything you want to buy?

B： Well, I want to buy two notebooks for my sister.

A： That's nice!

B： Oh, I also have to buy a new notebook for science class.

Question No.2：How many notebooks is Lucy going to buy?

No.3

A： Emily, finish your lunch! You have to arrive at the stadium by one o'clock.

B： Yes, Dad.

A： Did you walk the dog this morning?

B： No, I practiced the guitar this morning. I'm going to walk him after I come home.

A： OK, but please wash your dishes before you leave.

B： I will.

Question No.3：What will Emily do before she goes to the stadium?

もう１回くりかえします。

問題A

No.1

A：　Hi, Miki. What did you do last weekend?

B：　Hi, Jack. I visited my grandmother last Saturday. Here is a picture we took that day.

A：　Oh, your grandmother looks kind.

B：　She is always kind to me. I love her so much.

A：　Miki, you are holding a cute cat. Is it yours?

B：　No. It's hers.

Question No.1：Which picture are Miki and Jack looking at?

No.2

A：　Hi, Lucy. Have you been to the new 100-yen shop near the station?

B：　No, I haven't. Have you been there?

A：　Yes. I went there yesterday. I bought five pens.

B：　I see. I think I will go there tomorrow.

A：　Do you have anything you want to buy?

B：　Well, I want to buy two notebooks for my sister.

A：　That's nice!

B：　Oh, I also have to buy a new notebook for science class.

Question No.2：How many notebooks is Lucy going to buy?

No.3

A：　Emily, finish your lunch! You have to arrive at the stadium by one o'clock.

B：　Yes, Dad.

A：　Did you walk the dog this morning?

B：　No, I practiced the guitar this morning. I'm going to walk him after I come home.

A：　OK, but please wash your dishes before you leave.

B：　I will.

Question No.3：What will Emily do before she goes to the stadium?

これで，問題Aを終わります。

次に問題Bに入ります。これから放送する対話は，留学生のジョンと高校生の春花が，ある話題に関して話したときのものです。下の【対話】に示されているように，まず①でジョンが話し，次に②で春花が話し，そのあとも交互に話します。⑤ではジョンが話す代わりにチャイムが１回鳴ります。あなたがジョンなら，この話題に関しての対話を続けるために，⑤で春花にどのような質問をしますか。⑤に入る質問を英文で書きなさい。

問題B

John　：　Good morning, Haruka.

Haruka：　Oh, good morning, John! We're on the same bus!

John　：　I have never seen you on the bus.

Haruka：　Well, I usually go to school by bike.

John　：　(チャイム)

もう１回くりかえします。

問題B

John　：　Good morning, Haruka.

Haruka：　Oh, good morning, John! We're on the same bus!

John　：　I have never seen you on the bus.

Haruka：　Well, I usually go to school by bike.

John　：　(チャイム)

これで，問題Bを終わります。30秒後に問題Cに入ります。

問題Cに入ります。これから放送する英文は，アメリカからの留学生のジェーンが高校生の健太に対して話したときのものです。ジェーンの質問に対して，あなたならどのように答えますか。あなたの答えを英文で書きなさい。なお，２文以上になっても構いません。

問題C　When I first came to Japan, I was surprised because students clean their school. I talked about this with my family in America, and they said, "That's good. Students should clean their school." What do you think about this idea? And why do you think so?

もう１回くりかえします。

問題C　When I first came to Japan, I was surprised because students clean their school. I talked about this with my family in America, and they said, "That's good. Students should clean their school." What do you think about this idea? And why do you think so?

これで，聞き取り検査の問題の放送を全て終わります。

このあとは，2番以降の問題に進んでも構いません。

(チャイム)

社会

時間　50分　　　　満点　50点

1　資源・エネルギーに関して，次の1〜3に答えなさい。

1　発電に関して，次の(1)・(2)に答えなさい。

(1)　次のグラフⅠは，2019年における日本，アメリカ，中国，ノルウェー，ブラジルの総発電量とその内訳を示したものです。グラフⅠ中の あ〜え は，アメリカ，中国，ノルウェー，ブラジルのいずれかの国と一致します。あ〜え のうち，ブラジルに当たるものはどれですか。その記号を書きなさい。(　　　)

グラフⅠ

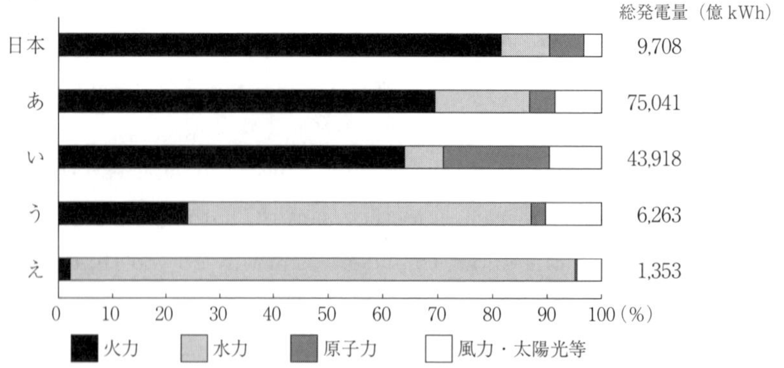

（世界国勢図会　2022／23年版により作成。）

(2)　日本で，石油や石炭，天然ガスを燃料とする主な火力発電所（最大出力150万kW以上）が多く立地しているのはどのような場所ですか。次のア〜エの中から，最も適切なものを選び，その記号を書きなさい。(　　　)

ア　海の沿岸　　イ　川の上流部の沿岸　　ウ　山間部のダム付近　　エ　内陸部の空港付近

2　鉱産資源に関して，次の(1)・(2)に答えなさい。

(1)　右のグラフⅡは，2021年におけるX国の鉄鉱石の総輸出量に占める輸出相手国の割合を示しています。X国の国名は何ですか。その国名を書きなさい。(　　　)

(2)　レアメタルの一つに，プラチナがあります。あとのア〜エの地図は，プラチナ，オレンジ，自動車，綿糸のいずれかの品目の，2021年における輸出額が世界で最も多かった国からの輸出先上位5か国への輸出を示したものです。ア〜エのうち，プラチナの輸出に当たるものはどれですか。その記号を書きなさい。(　　　)

グラフⅡ

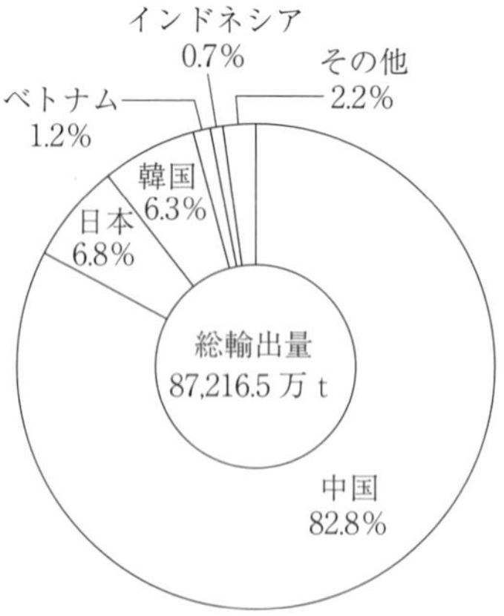

（輸出量世界計：152,772.2万ｔ）
（UN Comtrade ウェブページにより作成。）

ア

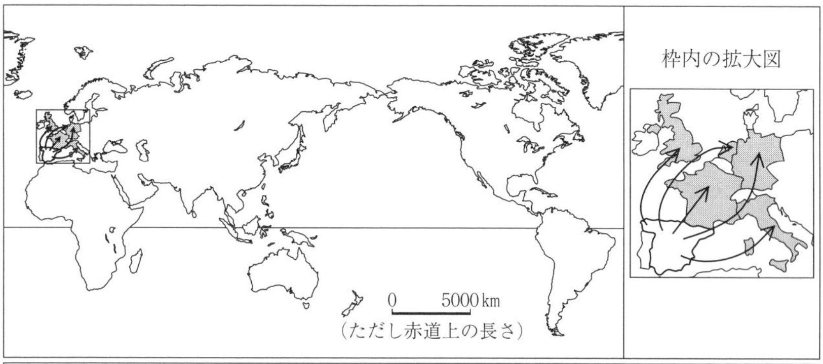

イ

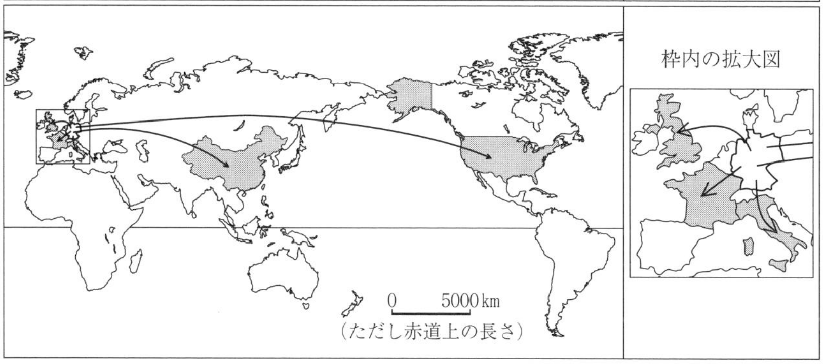

ウ

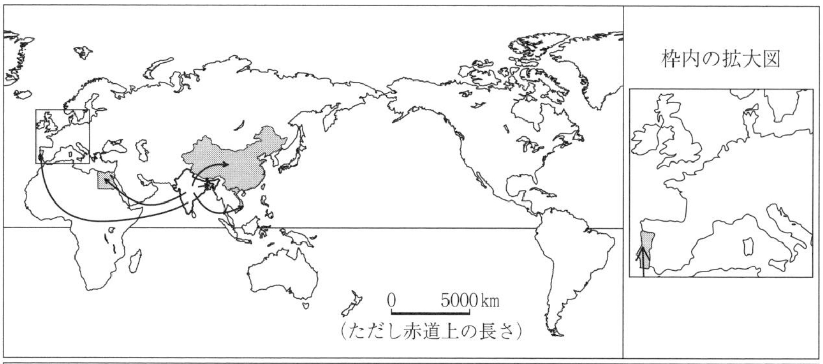

エ

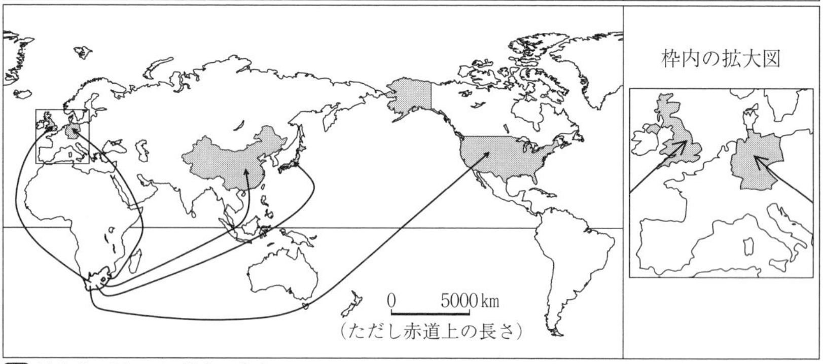

▢ 輸出先の国　→ 輸出の方向

(UN Comtrade ウェブページにより作成。)

3　バイオマス資源に関して，次の資料Ⅰ・Ⅱは，それぞれ地域の特色を生かしたバイオマス資源の活用の取り組みについて述べたものです。また，あとの文章は，これらの取り組みがバイオマス資源の活用における問題点の解決にどのようにつながっているかについて述べたものです。文

章中の □ にはどのような内容が当てはまりますか。資料Ⅰ・Ⅱを基に簡潔に書きなさい。

(　　　　　　　　　　　　　　　　　　　　　　　　　　　　　　　　)

資料Ⅰ

北海道鹿追《しかおい》町にあるバイオガス発電設備では，町内の乳牛の排せつ物を回収し，微生物による発酵で発生させたバイオガスを利用して発電する。この発電設備には，1日に乳牛約1,300頭分の排せつ物を処理する能力がある。

資料Ⅱ

香川県高松市には多くの製麺所やうどん店が集中しており，工場でうどんを製造する工程で麺の切れ端が出たり，うどん店が時間をおいたうどんを提供しなかったりするために，年間推計6,000トン（小麦粉換算）以上のうどんが廃棄されている。高松市にあるバイオガス発電設備では，廃棄されるうどんを回収し，バイオガス化して発電を行う。

一般的に，動植物に由来するバイオマス資源は薄く広く存在しているため，収集や運搬に高い費用がかかったり，資源の供給が不安定であったりすることなどが，バイオマス資源の活用における問題点である。資料Ⅰ・Ⅱの二つの地域では，ともに地域に □ されるため，バイオマス資源が地域内に安定的に供給されている。このことから，これらの取り組みは，バイオマス資源の活用における問題点の解決につながっているといえる。

2　次のA～Eは，それぞれ日本の法に関わることがらについて述べた文です。あとの1～6に答えなさい。

A　大宝律令が定められ，律令に基づいて政治を行う律令国家となった。

B　執権北条泰時により，武士の社会の慣習に基づいて，御成敗式目が定められた。

C　戦国大名によって，領国を支配するために分国法が定められることがあった。

D　武家諸法度が定められ，幕府に無断で大名家どうしが結婚することなどが禁じられた。

E　明治政府によって，国の仕組みの整備が進められるなか，大日本帝国憲法が発布された。

1　Aに関して，次のア～エのうち，大宝律令が制定された8世紀初めの日本のできごとについて述べた文として最も適切なものはどれですか。その記号を書きなさい。(　　　)

ア　葛飾北斎が浮世絵の風景画を描いた。

イ　遣唐使が唐の制度や文化をもち帰った。

ウ　宋で学んだ栄西らが禅宗を伝えた。

エ　紫式部が「源氏物語」を書いた。

2　Bに関して，次の文章は，御成敗式目が制定された背景について述べたものです。あとのア～エのうち，□に当てはまる内容として最も適切なものはどれですか。その記号を書きなさい。
(　　　)

承久の乱の後，鎌倉幕府の支配が西日本に広がり，□の間で土地をめぐる争いが増加した。幕府は，このような争いに対応するため，武士の社会の慣習に基づいて御成敗式目を制定し，裁判の基準とした。

ア　諸国の武士と朝廷を思うように動かすようになった平氏

イ　国内の武士と一国を支配するようになった守護大名

ウ　荘園の領主と地頭に任命された武士

エ　都から派遣された国司と地方の豪族から任命された郡司

3　Cに関して，次の資料Ⅰは，分国法の一つである朝倉孝景条々の一部を示したものであり，あとの文章は，資料Ⅰ中の下線部①の内容による影響について述べたものです。文章中の□に当てはまる適切な語を書きなさい。(　　　)

資料Ⅰ

わが朝倉の館のほかには，領国内に城を構えてはならない。①すべて所領のある者は，一乗谷に移り住み，それぞれの領地には代官だけを置くべきである。

下線部①の内容により，戦国大名の朝倉氏の家臣は，朝倉氏の本拠地である一乗谷に集められた。また，一乗谷には商工業者も集まり，本拠地の一乗谷は朝倉氏の□として繁栄していくことになった。

4　Dに関して，次の文章は，武家諸法度について述べたものであり，あとの資料Ⅱは，武家諸法度の一部とこの部分に関連するできごとについて述べたものです。文章中の□にはどのような内容が当てはまりますか。資料Ⅱを基に簡潔に書きなさい。

(　　　　　　　　　　　　　　　　　　　　)

江戸幕府は，武家諸法度を定めて厳しく大名の統制をした。資料Ⅱのできごとのように，幕府が，武家諸法度や幕府の命令に［　　　　　］ことは，幕府の権力を示すことになり，幕藩体制の確立につながった。

> 資料Ⅱ
>
> 〔武家諸法度の一部〕
>
> 一　諸国の城は，修理する場合であっても，必ず幕府に申し出ること。
>
> 〔関連するできごと〕
>
> 広島藩の大名であった福島正則は，幕府に申し出ずに広島城を修理したため，幕府から城を壊すように命じられていた。しかし，石垣を少し壊しただけにしておいたため，幕府によって広島藩の大名の地位を奪われた。

5　Eに関して，1873年から地租改正が行われ，税を納めさせる方法が，一定量の米によるものから現金によるものに変わりました。税を納めさせる方法が変わったのはなぜですか。その理由を，右のグラフⅠを基に簡潔に書きなさい。

(　　　　　　　　　　　　　　　　　　　　)

グラフⅠ　米価の推移

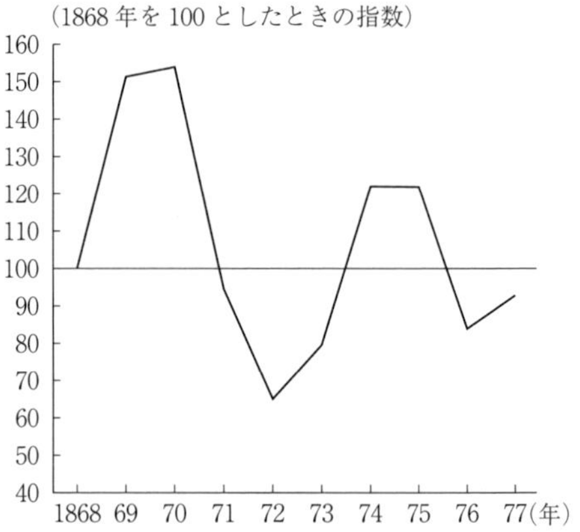

(数字でみる日本の100年　改訂第5版により作成。)

6　次のa～eのうち，主君が家臣に土地の支配を認めることによって，家臣が主君に従う関係で成り立っていた社会はどれですか。あとのア～エの組み合わせの中から最も適切なものを選び，その記号を書きなさい。

(　　)

a　律令国家によって政治が行われていた社会

b　鎌倉幕府によって政治が行われていた社会

c　戦国大名によって政治が行われていた社会

d　江戸幕府によって政治が行われていた社会

e　明治政府によって政治が行われていた社会

ア　a・b・c　　イ　b・c・d　　ウ　b・c・e　　エ　c・d・e

[3] 人権と日本国憲法に関して，次の1～5に答えなさい。

1 次の文章は，日本国憲法施行の翌年に発行された，中学生や高校生が民主主義について学ぶための教科書である「民主主義」の一部です。あとのア～エのうち，この文章の内容について述べたものとして最も適切なものはどれですか。その記号を書きなさい。(　　　)

> 政治のうえでは，万事の調子が，「なんじ臣民」から「われら国民」に変わる。国民は，自由に選ばれた代表者をとおして，国民自らを支配する。国民の代表者は，国民の主人ではなくて，その公僕である。

ア 法の下の平等が掲げられたこと
イ 平和主義が掲げられたこと
ウ 国民主権の考え方が取り入れられたこと
エ 三権分立の考え方が取り入れられたこと

2 次の文章は，人権を保障するための考え方と日本国憲法の内容について述べたものです。この文章中の[a]・[b]に当てはまる語はそれぞれ何ですか。あとのア～エの組み合わせの中から最も適切なものを選び，その記号を書きなさい。(　　　)

国の政治の基本的なあり方を定める憲法によって国家権力を制限して，人権を保障するという考え方を，[a]という。そして，日本国憲法では，[b]であるこの憲法に違反する法律などは無効であることや，天皇または摂政及び国務大臣，国会議員，裁判官その他の公務員はこの憲法を尊重し擁護する義務を負うことが定められている。

ア a 資本主義 b 国際法規
イ a 資本主義 b 最高法規
ウ a 立憲主義 b 国際法規
エ a 立憲主義 b 最高法規

3 製品の欠陥によって消費者が被害を受けた場合，企業は消費者に賠償しなければならないという法律が定められています。この法律を何といいますか。次のア～エの中から選び，その記号を書きなさい。(　　　)

ア 製造物責任法　イ 情報公開法　ウ 独占禁止法　エ 消費者契約法

4 次の資料Ⅰは，ある道路の開通後に，周辺住民と道路の設置者との間で争われた裁判の最高裁判所の判断について述べたものです。あとのア～エの新しい人権のうち，資料Ⅰの内容と最も関係が深いと考えられるものはどれですか。その記号を書きなさい。(　　　)

> 資料Ⅰ
>
> この道路の周辺住民は，道路開通前に比べて，自動車騒音等により睡眠，会話，テレビの聴取等に対する妨害及びこれらの悪循環による精神的苦痛等の被害を受けている。この道路は，産業物資流通のための地域間交通に役立っているが，地域住民の日常生活の維持に不可欠とまではいうことのできない道路である。周辺住民が道路の存在によってある程度の利益を受けているとしても，被害は社会生活上我慢できる限度を超えていると判断できる。

ア 自己決定権　イ 知る権利　ウ 環境権　エ プライバシーの権利

5　次の資料Ⅱは，労働契約について述べたものです。日本国憲法第 28 条で，労働者の団結権が保障されているのはなぜですか。その理由を，資料Ⅱを踏まえて，簡潔に書きなさい。

(　　　)

資料Ⅱ

　みなさんが会社に就職しようとする場合，みなさん（労働者）と会社との間で，「働きます」「雇います」という約束＝労働契約が結ばれます。どういう条件で働くか等の契約内容も労働者と会社の合意で決めるのが基本です。

（厚生労働省ウェブページにより作成。）

4　ある学級の社会科の授業で,「地域の伝統的な生活・文化」について班ごとに分かれて学習をしました。中野さんの班では,伝統的な計算用具である「そろばん」に注目し,調べたことを基に次のカードA～Cを作成しました。あとの1～4に答えなさい。

カードA　日本に伝来する以前のそろばん
紀元前300年頃から,ローマなど地中海地方の①交易で現在に近いかたちの溝そろばんが使われていた。
日本には室町時代に中国から伝わったとされる。

カードB　庶民に広まった頃のそろばん
「読み・書き・そろばん」と言われるように②江戸時代には町人などにも広まった。
明治時代以後も学校・職場などに幅広く普及した。

カードC　高度経済成長期以後のそろばん
③高度経済成長期の金融業でも計算用具としてそろばんが重視されていた。
しかし,コンピュータが普及した後は,あまり職場で使われなくなった。

1　下線部①に関して,中野さんは,そろばんのような計算用具が日本に伝来する前から交易で使われていたことに注目し,交易について調べました。次のア～エのうち,室町時代が始まった14世紀前半までの世界や日本における交易について述べた文として最も適切なものはどれですか。その記号を書きなさい。(　　　)

ア　イギリスはインドのアヘンを清で売り,清から茶を買った。

イ　日本の商人が宋の商人と貿易を行い,宋銭が流入するようになった。

ウ　日本は生糸をアメリカなどに輸出し,世界最大の生糸の輸出国になった。

エ　ポルトガルの商人は日本で火薬や鉄砲を売り,日本から主に銀を持ち帰った。

2　下線部②に関して,西村さんは,なぜそろばんが町人などに広まったのかについて疑問をもって調べ,右の資料Iを見付け,資料Iから読み取れることと当時の子どもたちの学びを関連付けて,その理由を次のようにまとめました。まとめの中の[　　]に当てはまる適切な語を書きなさい。(　　　)

(新潮日本古典集成により作成)

西村さんのまとめ
江戸時代には,東日本で金が,西日本で銀が主に流通しており,金貨は枚数を数えて使用する貨幣,銀貨は重さを量って使用する貨幣であった。金と銀の価値は日々変動したので,資料Iで描かれているような作業を通して[　　]をしたり,金貸しをしたりすることで大名をしのぐほどの経済力をもつ商人が現れた。貨幣の流通が進み,商売に必要な計算用具となったそろばんの技能は,寺子屋で子どものころから学ぶことができ,そろばんは町人などに広まった。

3　下線部③に関して,村田さんは,高度経済成長期以後にそろばんに代わって電卓が使われ始めたことを知り，電卓の普及について調べ，調べたことについて西村さんと話し合いました。次の会話とグラフⅠ～Ⅲは，そのときのものです。会話中の[a]・[b]に当てはまる語はそれぞれ何ですか。あとのア～エの組み合わせの中から最も適切なものを選び，その記号を書きなさい。

(　　)

村田：電卓の出荷台数の推移を示したグラフⅠを見付けたよ。

西村：1980 年代半ばに出荷台数が急激に減少しているね。

村田：電卓の輸出台数の推移を示したグラフⅡも見付けたんだけど，同じ時期に輸出台数も急激に減少しているよ。

西村：出荷台数の急激な減少は，輸出台数の急激な減少が主な要因だと考えられるね。

村田：でも，1980 年代半ばに輸出台数が急激に減少したのはなぜだろう。

西村：輸出と為替レートに関係があることは以前に学習したね。1980 年代の 1 ドル当たりの円相場を調べてみてはどうだろう。

村田：1 ドル当たりの円相場の推移を示したグラフⅢを見付けたよ。これを見ると，1980 年代半ばに，[a]が進んで，電卓の輸出が[b]になったといえるかもしれないね。それも輸出台数が急激に減少した理由の一つだと考えられるね。

グラフⅠ　電卓の出荷台数の推移

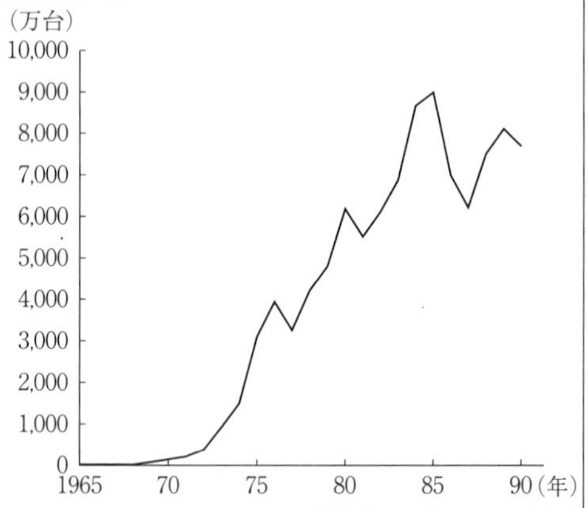

(機械統計年報により作成。)

グラフⅡ　電卓の輸出台数の推移

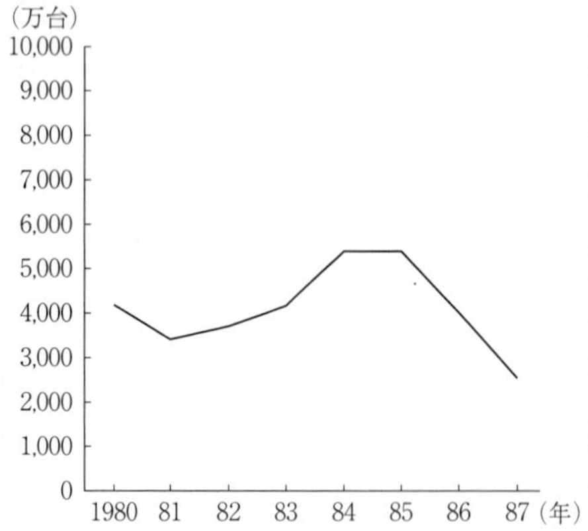

(財務省ウェブページにより作成。)

グラフⅢ　1 ドル当たりの円相場の推移

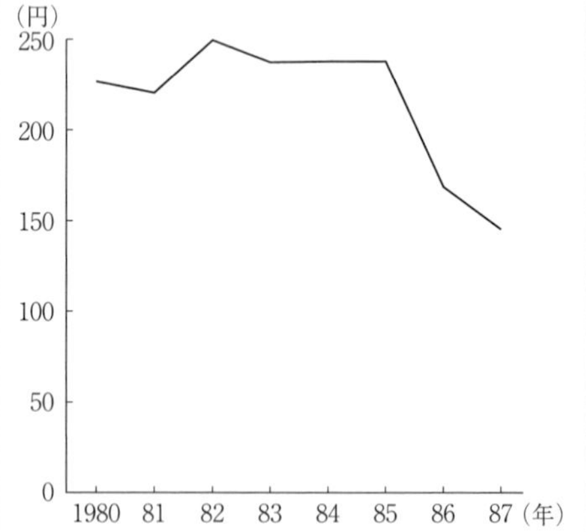

(内閣府ウェブページにより作成。)

ア　a　円高　　b　有利　　イ　a　円高　　b　不利　　ウ　a　円安　　b　有利

エ　a　円安　　b　不利

4　中野さんの班では，伝統的工芸品として指定されている兵庫県小野市の播州《ばんしゅう》そろばんについて調べ，伝統的工芸品としてのそろばんは木を主な材料としていることを知りました。次の(1)・(2)に答えなさい。

(1)　中野さんの班では，なぜ小野市でそろばんの生産がさかんになったのかについて疑問をもち，小野市と，雲州そろばんが伝統的工芸品として指定されている島根県奥出雲町について調べたことを次の表Ⅰにまとめ，これらの地域でそろばんの生産がさかんになった理由を二つの地域の共通点を基に説明しました。中野さんの班の説明はどのようなものだと考えられますか。表Ⅰを基に簡潔に書きなさい。

(　　　　　　　　　　　　　　　　　　　　　　　　　　　　　　　　　　　　　　)

表Ⅰ　二つの地域の江戸時代までの様子

兵庫県 小野市	・なだらかな丘陵があり，林が広がっていた。 ・ハサミなどの家庭用刃物類が家内工業として生産されていた。 ・豊臣秀吉による城攻めから逃れた人々が，近江国（滋賀県）のそろばんの製法を習得してもち帰った。
島根県 奥出雲町	・山間部で，森林に囲まれていた。 ・製鉄業がさかんで，小刀などの刃物が生産されていた。 ・大工が安芸国（広島県）のそろばんを参考に大工道具を使って製作を始めた。

(2)　中野さんの班では，播州そろばんの製造業者にオンラインでインタビューを行い，伝統的工芸品としての播州そろばんの生産を続けていくことが製造業者にとって困難になっていることが分かりました。次のノートは，聞き取ったことをまとめたものです。中野さんの班では，この製造業者に対して，播州そろばんの生産を継続していく上での問題点の解決に向けた取り組みを提案することとしました。あなたならどのような取り組みを提案しますか。下の条件1～3に従って，あとの提案書を作成しなさい。

問題点(　　　)

取り組み(　　　　　　　　　　　　　　　　　　　　　　　　　　　　　　　　　)

ノート

〔播州そろばんの生産を継続していく上での問題点〕

X　昭和30年代後半～40年代前半には，年間約350万丁の播州そろばんを製造していたが，時代の変化とともに減少し，現在は年間約7万丁にとどまっている。

Y　そろばん生産は「玉削り」「玉仕上げ」「ヒゴ竹作り」「総合組立て」と四つの工程で分業されており，一人の職人は一つの工程にしか習熟していない。また，それぞれの工程の職人の数が少なくなっている。

〔播州そろばんを取り巻く現在の状況〕

・海外でも，そろばん学習で集中力や判断力，持続力が向上する効果が注目されている。
・首都圏でそろばん教室の運営に乗り出す大手学習塾が登場した。
・伝統的な技術で作られたそろばんの玉を使用した合格お守りが生産されている。
・そろばんの製造業者の中には，10～20代の若手が職人として入社した業者がある。

条件1　次の伝統的工芸品として認定される条件のうち，少なくとも一つを踏まえること。

・生活に豊かさと潤いを与える工芸品。
・100年以上前から今日まで続いている伝統的な技術で作られたもの。

条件2　提案書中の播州そろばんの生産を継続していく上での問題点の欄には，ノート中のX・Yのうち，提案の対象とする問題点をいずれか一つ選び，その記号を書くこと。

条件3　提案書中の取り組みの欄には，条件2で選んだ問題点を解決するための取り組みを，ノート中の〔播州そろばんを取り巻く現在の状況〕の内容を踏まえて，具体的に書くこと。

播州そろばんの生産を継続していく上での問題点の解決に向けた取り組みの提案書	
播州そろばんの生産を継続していく上での問題点	
取り組み	

理科

時間　50分　　　　満点　50点

1　酸化物が酸素をうばわれる化学変化に関して，あとの1～3に答えなさい。

1　小林さんと上田さんは，酸化銅から銅を取り出す実験を，次に示した手順で行いました。下の(1)～(3)に答えなさい。

Ⅰ　酸化銅3.0gと炭素0.1gを混ぜて混合物をつくる。

Ⅱ　右の図1に示した装置を用いて，混合物を加熱する。

Ⅲ　反応が終わったら，①石灰水の外へガラス管を取り出してから加熱をやめ，ピンチコックでゴム管をとめて試験管Aを冷ます。

Ⅳ　②試験管A内に残った固体の質量を測定する。

Ⅴ　③炭素の質量を0.1gずつ変えて，Ⅰ～Ⅳを同じように行う。

図1

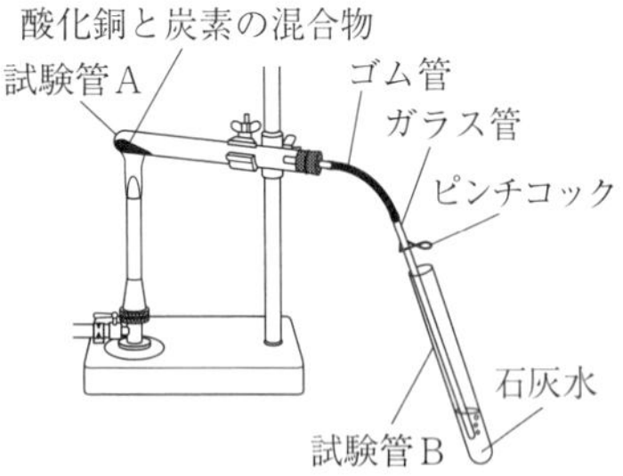

(1)　下線部①について，この操作を加熱をやめる前に行うのは，石灰水がどうなることを防ぐためですか。簡潔に書きなさい。

(　　　　　　　　　　　　　　　　　　　　)

(2)　下線部②について，この固体を観察したところ，赤色の物質が見られました。次の文は，この赤色の物質について述べたものです。文中の[　　　]に当てはまる適切な語を書きなさい。

(　　　)

加熱後の試験管A内に残った赤色の物質を厚紙の上に取り出し，赤色の物質を薬さじの裏で強くこすると[　　　]が見られることから，この赤色の物質が銅であることが分かる。

(3)　下線部③について，次の表1は，炭素の質量，加熱前の試験管A内の混合物の質量，加熱後の試験管A内に残った固体の質量をそれぞれ示したものです。また，あとの文章は，表1を基に，小林さんと上田さんが考察したことをまとめたものです。文章中の[　a　]に当てはまる内容を，「気体」の語を用いて簡潔に書きなさい。また，[　b　]に当てはまる内容として適切なものを，あとのア～エの中から選び，その記号を書きなさい。

a (　　　　　　　　　　　　　　　　　　)　b (　　　)

表1

炭素の質量〔g〕	0.1	0.2	0.3	0.4	0.5
加熱前の試験管A内の混合物の質量〔g〕……ⓘ	3.1	3.2	3.3	3.4	3.5
加熱後の試験管A内に残った固体の質量〔g〕……ⓘⓘ	2.8	2.6	2.5	2.6	2.7

表１中の(ⅰ)の値と(ⅱ)の値の差から，炭素をある質量より増やしても，［　a　］は変わらなくなっているといえるので，取り出せる銅の質量も変わらなくなると考えられる。このことから，酸化銅 3.0g から取り出す銅の質量を最大にするために必要な最小の炭素の質量を X g とすると，X は［　b　］の範囲内の値になると考えられる。

ア　$0.1 < X \leqq 0.2$　　イ　$0.2 < X \leqq 0.3$　　ウ　$0.3 < X \leqq 0.4$　　エ　$0.4 < X \leqq 0.5$

2　次の【ノート】は，小林さんと上田さんが，日本古来の製鉄方法であるたたら製鉄について調べてまとめたものであり，下の【会話】は，小林さんと上田さんと先生が，酸化物が酸素をうばわれる化学変化について話したときのものです。あとの(1)・(2)に答えなさい。

【ノート】

④たたら製鉄という製鉄方法は，右の図２のように，炉の下部からふいごという道具で空気を送り込みながら，砂鉄（酸化鉄）と木炭（炭素）を交互に炉の中に入れ，３日間ほど燃やし続けることで，鉄が炉の底にたまる仕組みになっている。たたら製鉄で作られた良質な鉄は玉鋼《たまはがね》とよばれ，日本刀などの材料になる。

図２

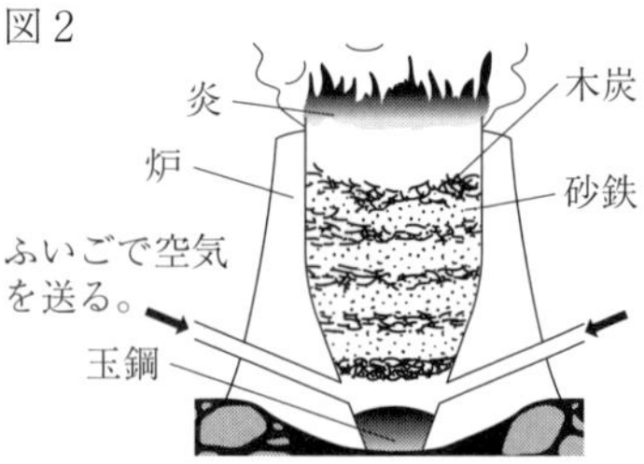

【会話】

小林：たたら製鉄も，酸化銅と炭素の混合物を加熱して銅を取り出す実験のように，酸化鉄と炭素の混合物を加熱することにより，炭素が酸素をうばうことで，鉄が取り出されるんだね。逆に，炭素の酸化物が他の物質によって，酸素をうばわれることはあるのかな。

上田：私も同じ疑問を抱いていたから，その疑問を先生に伝えたんだよ。すると，空気中で火をつけたマグネシウムリボンを，集気びんに入れた二酸化炭素の中で燃焼させる実験を紹介してくれたんだ。先生にお願いして実験をやってみよう。

小林：マグネシウムリボンは，二酸化炭素の中なのに激しく燃えて，燃焼後に白い物質に変わるんだね。あと，この白い物質の表面には黒い物質もついているね。

上田：⑤白い物質は，マグネシウムリボンを空気中で燃焼させたときにできる物質と同じような物質だから酸化マグネシウムで，黒い物質は炭素かな。

先生：そのとおりです。

小林：ということは，さっきの実験では，炭素の酸化物である二酸化炭素がマグネシウムによって酸素をうばわれたことになるね。

上田：そうだね。物質によって，酸素との結びつきやすさが違うんだね。

(1)　下線部④について，たたら製鉄では，砂鉄（酸化鉄）は酸素をうばわれ，鉄に変わります。このように，酸化物が酸素をうばわれる化学変化を何といいますか。その名称を書きなさい。

（　　　）

(2)　下線部⑤について，マグネシウム原子のモデルを(Mg)，酸素原子のモデルを(O)として，マグネシウムを空気中で燃焼させたときの化学変化をモデルで表すと，次のようになります。[　　　]内に当てはまるモデルをかきなさい。

3　次のア～オの中で，図１の酸化銅と炭素の混合物を加熱して銅を取り出す実験，たたら製鉄について調べた【ノート】及び小林さんと上田さんと先生の【会話】を基に，物質の酸素との結びつきやすさについて説明している文として適切なものはどれですか。その記号を全て書きなさい。

(　　　)

ア　炭素は，全ての金属よりも酸素と結びつきやすい。

イ　マグネシウムと鉄を比べると，マグネシウムの方が酸素と結びつきやすい。

ウ　炭素と鉄を比べると，炭素の方が酸素と結びつきやすい。

エ　炭素と銅を比べると，銅の方が酸素と結びつきやすい。

オ　鉄と銅では，どちらの方が酸素と結びつきやすいかは判断できない。

2　遺伝の規則性や自然界のつり合いに関して，あとの1～3に答えなさい。

1　右の図1は，エンドウの丸の種子としわの種子をそれぞれ模式的に示したものです。エンドウの種子の形の丸としわのように，どちらか一方しか現れない形質どうしを対立形質といいます。また，エンドウの種子の形では，丸が顕性形質で，しわが潜性形質です。次の(1)・(2)に答えなさい。

図1

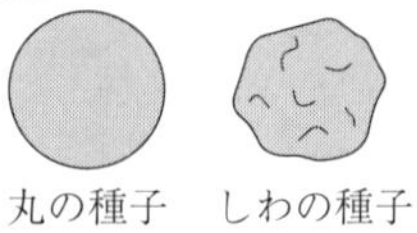

(1)　エンドウの種子の形は，染色体の中に存在する遺伝子によって決まります。次の文は，遺伝子の本体について述べたものです。文中の□に当てはまる適切な語を書きなさい。

(　　　)

染色体の中に存在する遺伝子の本体は，□という物質である。

(2)　次の文章は，丸の種子から育てたエンドウが，純系か，純系でないかを調べるための方法と，その方法で調べたときの結果から分かることについて述べたものです。文章中の[a]・[b]に当てはまる適切な内容を，下のア～ウの中からそれぞれ選び，その記号を書きなさい。

a(　　　)　b(　　　)

ある丸の種子から育てたエンドウXが，純系か，純系でないかを調べるには，エンドウXと，しわの種子から育てたエンドウをかけ合わせるとよい。この方法で調べたときの結果として，[a]ができれば，エンドウXは純系であったことが分かり，[b]ができれば，エンドウXは純系でなかったことが分かる。

ア　全て丸の種子　　イ　全てしわの種子　　ウ　丸の種子としわの種子の両方

2　生物どうしは，食べる・食べられるの関係でつながっています。あとの(1)・(2)に答えなさい。

(1)　右の図2は，生態系における炭素の循環について模式的に示したものです。図2中の矢印は，炭素を含む物質の移動を表しています。図2中の矢印Yで示される炭素を含む物質の移動は，植物の何というはたらきによるものですか。その名称を書きなさい。また，このはたらきにおいてつくり出される気体は何ですか。その名称を書きなさい。はたらき(　　　)　気体(　　　)

図2

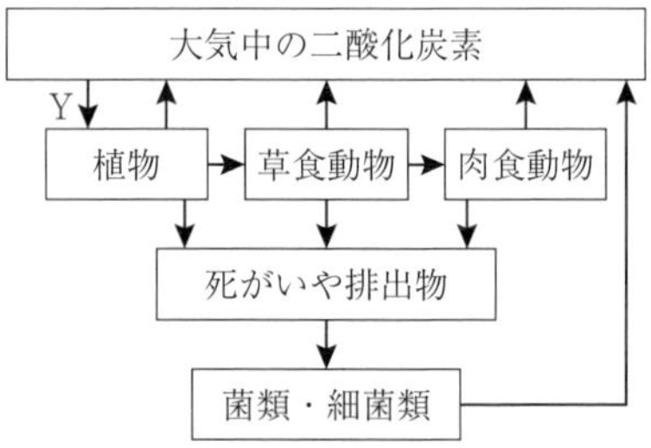

(2)　右の図3は，ある地域で食べる・食べられるの関係でつながっている，植物，草食動物，肉食動物の数量的なつり合いが保たれた状態をピラミッドの形に表したものです。図3の状態から植物の数量が一時的に減った場合，その後，もとのつり合いが保たれた状態に戻るまでに，どのような変化が起こると考えられますか。次のⅰ～ⅳに示された変化が起こる順番として最も適切なものを下のア～エの中から選び，その記号を書きなさい。(　　　)

図3

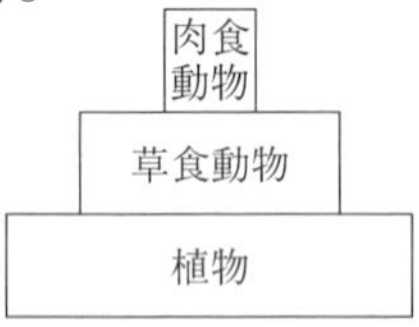

ⅰ　草食動物の数量が増える。

ⅱ　肉食動物の数量が増え，植物の数量が減る。

ⅲ　草食動物の数量が減る。

ⅳ　肉食動物の数量が減り，植物の数量が増える。

ア　ⅰ→ⅱ→ⅲ→ⅳ　　イ　ⅰ→ⅳ→ⅲ→ⅱ　　ウ　ⅲ→ⅱ→ⅰ→ⅳ　　エ　ⅲ→ⅳ→ⅰ→ⅱ

3　金子さんは，学校の畑とグラウンドとでは，畑の方が，植物などの数量が多いことから土の中の微生物の数量も多くなり，土の中の微生物によって一定時間内に分解されるデンプンなどの有機物の量が多くなるだろうと考えました。そこで，それぞれの土において分解されるデンプンの量の違いを調べる実験を行い，レポートにまとめました。次に示したものは，金子さんのレポートの一部です。あとの(1)・(2)に答えなさい。

〔方法〕

Ⅰ　畑の土とグラウンドの土を同量取って，別々のビーカーに入れ，それぞれに水を加えてかき混ぜる。各ビーカーに加える水は同量とする。

Ⅱ　Ⅰの畑の土を入れたビーカーの上澄み液を取って試験管Aと試験管Bに入れ，Ⅰのグラウンドの土を入れたビーカーの上澄み液を取って試験管Cと試験管Dに入れる。試験管A～Dに入れる上澄み液は全て同量とする。

Ⅲ　試験管A～Dに入れた上澄み液と同量の水を，試験管Eと試験管Fに入れる。

Ⅳ　試験管A，C，Eにヨウ素液を数滴加え，反応の様子を調べる。

Ⅴ　試験管B，D，Fに0.1％のデンプン溶液を加え，各試験管にふたをして室温で2日間置いた後，ヨウ素液を数滴加え，反応の様子を調べる。試験管B，D，Fに加える0.1％のデンプン溶液は全て同量とする。

〔結果〕

試験管	A	B	C	D	E	F
各試験管に入れた液体	畑の土を入れたビーカーの上澄み液		グラウンドの土を入れたビーカーの上澄み液		水	
方法Ⅳにおける反応の様子	反応なし		反応なし		反応なし	
方法Ⅴにおける反応の様子		反応なし		反応なし		青紫色に変化

〔考察〕

〔結果〕で，試験管Aと試験管Cでは，方法Ⅳにおける反応がともになかったことから，畑とグラウンドのいずれの土においても，方法Ⅳを行ったときに[c]ことが分かる。

また，①試験管Bと試験管Dでは，方法Ⅴにおける反応がともになかったことから，畑とグラウンドのいずれの土においてもデンプンが分解されていたことが分かる。

(1)　〔考察〕中の[c]に当てはまる内容を簡潔に書きなさい。

(　　　　　　　　　　　　　　　　　　　　)

(2)　下線部①について，金子さんは，レポート中の〔方法〕では，この2つの試験管において得られた結果が同じであったが，調べる方法を変更することで，一定時間内に分解されるデンプンの量の違いを確かめられると考え，レポート中の〔方法〕の一部に変更を加えて，追加の実験を行いました。次の文章は，金子さんが，追加の実験の結果とその結果を基に考察したことをまとめたものです。文章中の［ d ］に当てはまる適切な内容を，下のア～エの中から選び，その記号を書きなさい。(　　　)

> ［ d ］という変更を加えた追加の実験では，方法Ⅴにおける反応の様子は，試験管Bでは反応がなかったが，試験管Dでは青紫色に変化した。この結果から，畑の土の方が，一定時間内に分解されるデンプンの量が多いと考えられる。

ア　方法Ⅰでビーカーに入れる土の量を2倍にする
イ　方法Ⅱで試験管A～Dに入れる上澄み液の量をそれぞれ半分にする
ウ　方法Ⅴで試験管B，D，Fに加える0.1％のデンプン溶液の量をそれぞれ半分にする
エ　方法Ⅴで試験管B，D，Fにふたをして室温で置く日数を3日間にする

[3] 火山活動に関して，あとの1～4に答えなさい。

1 様々な発電方法の1つに，地下のマグマの熱でつくられた高温・高圧の水蒸気を利用した発電があります。この発電方法を何といいますか。その名称を書きなさい。(　　　)

2 次に示したものは，ある火成岩について説明したものです。下の(1)・(2)に答えなさい。

右の図1は，ある火成岩をスケッチしたものである。この火成岩は，肉眼でも見分けられるぐらいの大きさの鉱物が組み合わさっており，全体的な色は白っぽい。また，組み合わさっている鉱物は，クロウンモ，チョウ石及びセキエイである。

図1

(1) この火成岩は，どのようにしてできたと考えられますか。次のア～エの中から適切なものを選び，その記号を書きなさい。(　　　)

ア マグマが地表または地表付近で，急に冷え固まってできた。

イ マグマが地表または地表付近で，ゆっくり冷え固まってできた。

ウ マグマが地下深くで，急に冷え固まってできた。

エ マグマが地下深くで，ゆっくり冷え固まってできた。

(2) この火成岩の種類は何だと考えられますか。次のア～エの中から適切なものを選び，その記号を書きなさい。(　　　)

ア 花こう岩　　イ 流紋岩　　ウ 玄武岩　　エ はんれい岩

3 火山の形，噴火の様子及び火山噴出物の色は，その火山のマグマの性質と関係があります。このことについて述べた次の文章中の[a]に当てはまる適切な内容を，「ねばりけ」の語を用いて簡潔に書きなさい。また，文章中の[b]・[c]に当てはまる内容はそれぞれ何ですか。下のア～エの組み合わせの中から適切なものを選び，その記号を書きなさい。

a (　　　　　　　　　　　　　　　　　　　　　　　　　　) 記号(　　　)

一般に，[a]火山ほど，吹き出した溶岩は流れにくく，盛り上がった形の火山となる。このような火山では，[b]噴火になることが多く，溶岩や火山灰などの火山噴出物の色が[c]ことが多い。

ア b：比較的穏やかな　c：白っぽくなる　　イ b：比較的穏やかな　c：黒っぽくなる

ウ b：激しく爆発的な　c：白っぽくなる　　エ b：激しく爆発的な　c：黒っぽくなる

4 右の図2は，ある地域の地形を等高線で表した地図上に，ボーリング調査が行われた地点A～Dを示したものです。地図上で地点A～Dを結んだ図形は正方形になっており，地点Aは地点Bの真北の方向にあります。次の図3は，ボーリングによって得られた試料を基に作成した各地点の柱状図です。この地域では，断層やしゅう曲，地層の逆転はなく，各地点で見られる凝灰岩の層は，同じ時期の同じ火山による噴火で火山灰が堆積してできた同一のものとします。あとの(1)・(2)に答えなさい。

図2

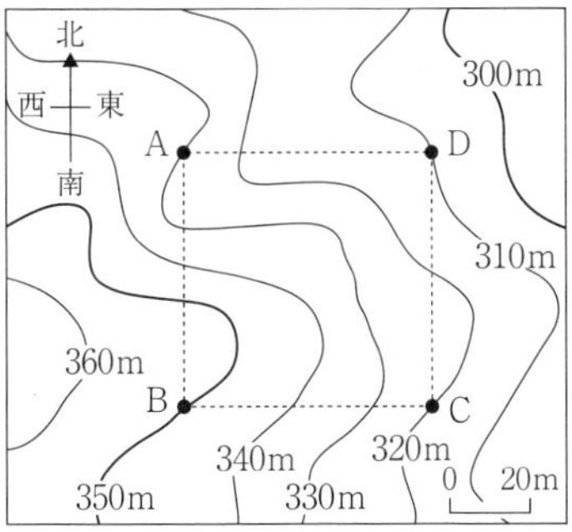

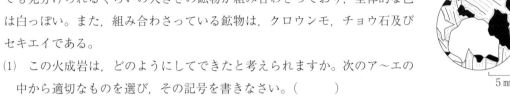

図3

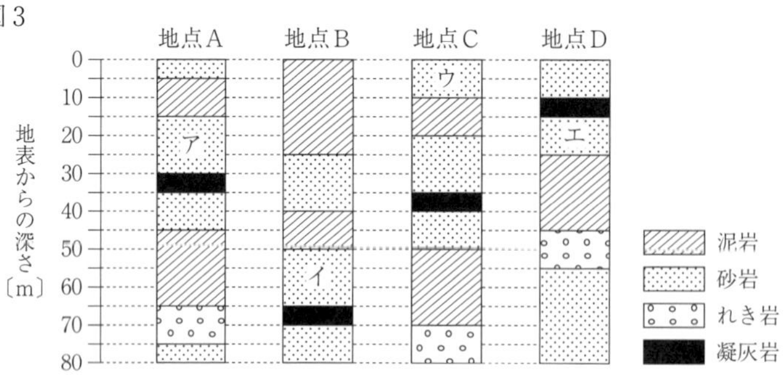

(1)　図3中のア～エの中で，堆積した時代が最も古い砂岩の層はどれだと考えられますか。その記号を書きなさい。(　　　)

(2)　次の文章は，図2で示した地域における凝灰岩の層について述べたものです。文章中の [d]・[e] に当てはまる最も適切な内容を下のア～カの中からそれぞれ選び，その記号を書きなさい。また，[f] に当てはまる最も適切な方位を，東・西・南・北から選び，その語を書きなさい。d(　　　)　e(　　　)　f(　　　)

地点A～Dの「地表の標高」はそれぞれ異なるが，「凝灰岩の層の標高」は2地点ずつで同じである。そのうち，「凝灰岩の層の標高」が高い方の2地点は [d] mで同じであり，「凝灰岩の層の標高」が低い方の2地点は [e] mで同じである。このことから，この凝灰岩の層は，[f] が低くなるように傾いていると考えられる。

ア　275～280　　イ　280～285　　ウ　285～290　　エ　290～295　　オ　295～300
カ　300～305

4 水圧や浮力に関して，あとの1～4に答えなさい。

1 右の図1は，直方体の物体Aを糸でつるし，物体A全体を水中に沈めて静止させているときの様子を模式的に示したものです。次のア～エの中で，この物体Aにはたらく水圧を矢印で表したものとして適切なものはどれですか。その記号を書きなさい。ただし，矢印の長さは，水圧の大きさに比例しているものとします。

( )

図1

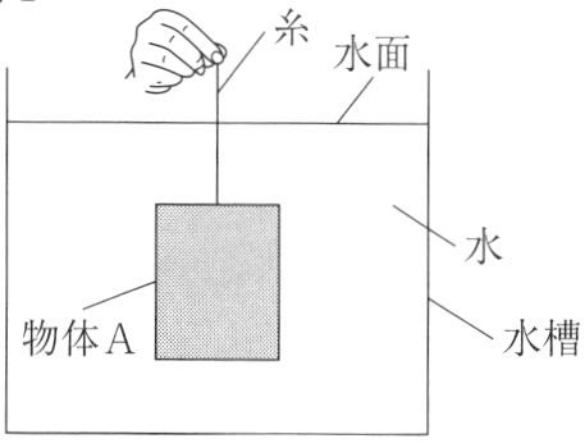

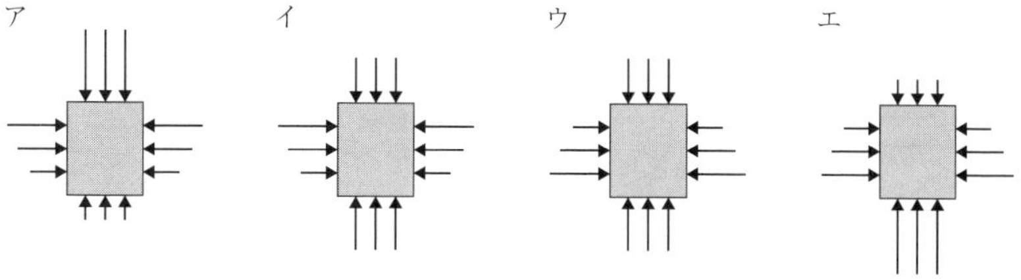

2 次の図2のように，質量30g，底面積1cm²，高さ10cmの直方体の物体Bに糸をつけ，ばねばかりでつるした装置を下方に動かして物体Bをゆっくりと水中に沈め，水面から物体Bの底面までの距離を2cmずつ変えてそれぞれ静止させたときの物体Bにはたらく力を調べる実験をしました。表1は，水面から物体Bの底面までの距離と，そのときのばねばかりの示す値をそれぞれ示したものです。あとの(1)～(3)に答えなさい。ただし，質量100gの物体にはたらく重力の大きさを1Nとします。

図2

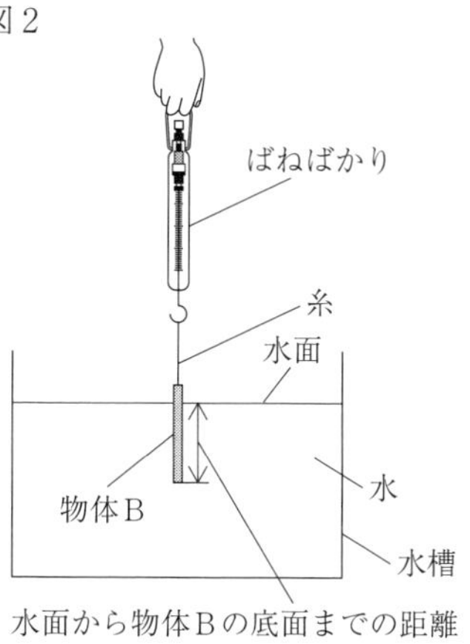

表1

水面から物体Bの底面までの距離〔cm〕	0	2	4	6	8	10
ばねばかりの示す値〔N〕	0.30	0.28	0.26	0.24	0.22	0.20

(1) この実験で用いたばねばかりは，フックの法則を利用してつくられています。次の文は，フックの法則を説明したものです。文中の a ・ b に当てはまる語はそれぞれ何ですか。下のア～エの組み合わせの中から適切なものを選び，その記号を書きなさい。( )

ばねの a は，ばねを引く力の大きさに b する。

ア a：長さ b：比例 イ a：長さ b：反比例 ウ a：のび b：比例

エ a：のび b：反比例

(2) 水面から物体Bの底面までの距離が10cmの位置に物体Bを静止させているとき，物体Bにはたらく浮力の大きさは何Nですか。(N)

(3)　右の図3のように，図2と同じ装置を用いて，水面から物体Bの底面までの距離が10cmの位置から，水槽に当たらないように物体B全体をゆっくりと水中に沈め，水面から物体Bの底面までの距離を変えて静止させたときの物体Bにはたらく力を調べる実験をします。この実験で得られる結果と，表1を基にして，水面から物体Bの底面までの距離と，そのときのばねばかりの示す値との関係をグラフで表すと，どのようなグラフになると考えられますか。次のア～エの中から適切なものを選び，その記号を書きなさい。(　　　)

図3

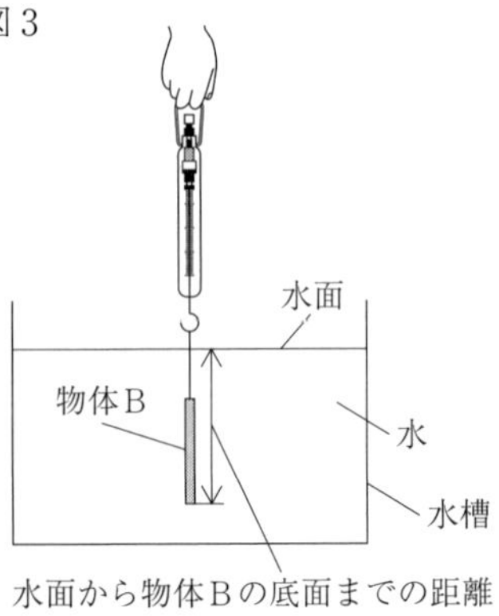

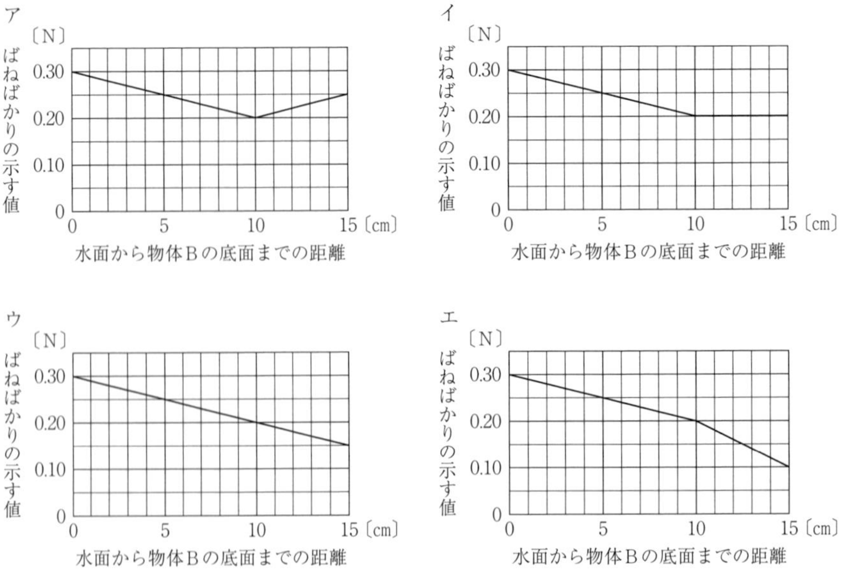

3　質量が同じで，形がともに直方体である物体Xと物体Yがあり，この2つの物体は，いずれか一方は亜鉛で，もう一方は鉄でできています。次の図4のように，この2つの物体を1本の棒の両端に取り付けた同じ長さの糸でそれぞれつるし，棒の中央に付けた糸を持って棒が水平につり合うことを確認した後，図5のように，この2つの物体全体を水中に沈め，棒が水平になるように手で支えました。

図4

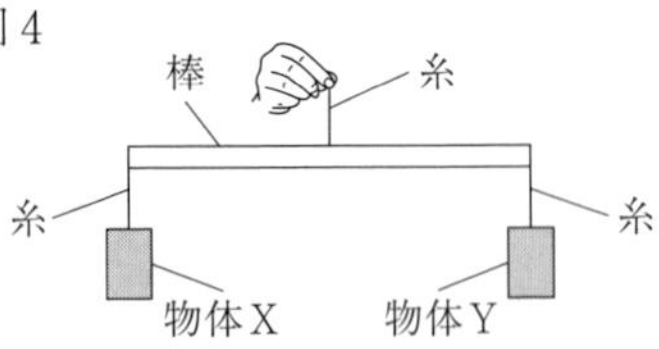

図5

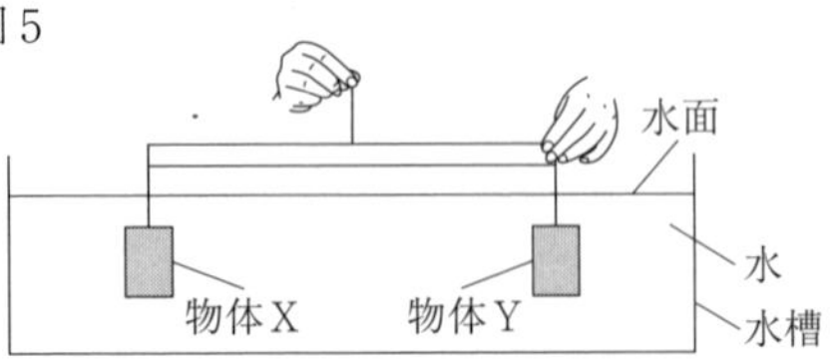

次の文章は，図5で棒を支える手をはなした後の2つの物体の様子と，その様子から分かることについて述べたものです。文章中の［ c ］に当てはまる内容を，「質量」，「体積」，「密度」の語を用いて簡潔に書きなさい。また，［ d ］に当てはまる語は亜鉛・鉄のうちどちらですか。その語を書きなさい。ただし，亜鉛の密度は7.14g/cm^3，鉄の密度は7.87g/cm^{3}とします。

c (　　　　　　　　　　　　　　　　　　　　　　　　　　　　　　) d (　　　)

棒を支えている手をはなすと，物体Xが上に，物体Yが下に動き始めた。これは，水中にある物体の体積が大きいほど，浮力が大きくなるためである。このことから，2つの物体のうち，物体Xの方が[c]ことが分かり，物体Xが[d]であることが分かる。

4 水に浮く直方体の物体Zがあります。次の図6は，物体Zを水中に沈めて静かに手をはなしたときの物体Z全体が水中にある様子を，図7は，物体Zの一部が水面から出た状態で静止している様子を，それぞれ模式的に示したものです。図6における物体Zにはたらく重力と浮力をそれぞれ重力ⅰ，浮力ⅰとし，図7における物体Zにはたらく重力と浮力をそれぞれ重力ⅱ，浮力ⅱとしたとき，下のア～オの中で，物体Zにはたらく力について説明している文として適切なものはどれですか。その記号を全て書きなさい。ただし，物体Zの形や質量は常に変わらないものとします。(　　　)

図6

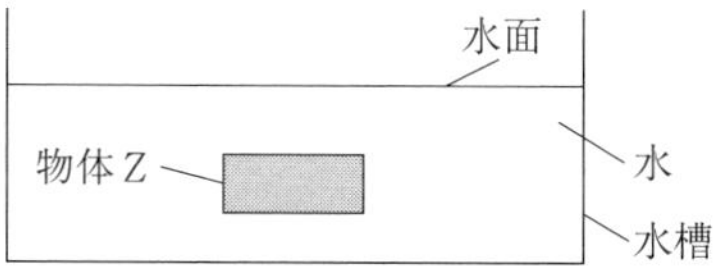

図7

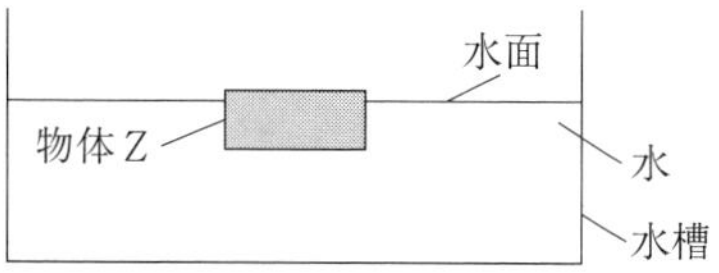

ア　重力ⅰと浮力ⅰの大きさを比べると，浮力ⅰの方が大きい。
イ　重力ⅰと浮力ⅱの大きさを比べると，浮力ⅱの方が大きい。
ウ　重力ⅱと浮力ⅰの大きさを比べると，重力ⅱの方が大きい。
エ　重力ⅱと浮力ⅱの大きさを比べると，大きさが等しい。
オ　浮力ⅰと浮力ⅱの大きさを比べると，大きさが等しい。

き、第二段落には、「主」によって「善悪をわかつ」ことに対するあなたの考えを書くこと。

条件２　現代の言葉を用いて、二百字以内で書くこと。

200

しかし、【文章1】の内容を踏まえて、ダウインのその美しい景観の今後について考えてみると、（　Ⅰ　）ということが起こるおそれがあるのではないか。

3　次の文章を読んで、あとの問いに答えなさい。

およそ［a］を見わけて善悪を定むる事は、殊に大切の事にて候《さうらふ》。ただ人毎《ごと》に（どの人も）推量ばかりにてぞ侍《はべ》ると見えて候。その［b］は、上手と①いはるる人の歌をばいとしもなけれども（大したこともないのに）讃《ほ》めあひ、いたく用ゐられぬたぐひ（あまり世間で認められないような人）の詠作をば、抜群の歌なれども、結句難をさへとりつけて譏《そし》り侍るめり（かえって欠点までも指摘して非難するようです）。ただ②主によりて歌の善悪をわかつ人のみぞ候める（ばかりおりますようです）。まことにあさましき（あきれた）事とおぼえ侍る。これは、ひとへに是非（自分の主体的な評価）にまどへる故なるべし。おそらくは、寛平[注]以往の先達《せんだち》（すぐれた歌人）の歌にも善悪思ひわかたむ人ぞ歌の趣を存ぜるにては侍るべき（価値が分かる人でございましょう）。

（「毎月抄」より）

（注）　寛平＝平安時代に用いられた年号の一つ。

1　［a］・［b］に当てはまる語の組み合わせとして最も適切なものを、次のア～エの中から選び、その記号を書きなさい。（　　）

ア　a　歌　b　故　　イ　a　故　b　歌

ウ　a　主　b　歌　　エ　a　歌　b　主

2　①いはるるを、現代仮名遣いで書きなさい。（　　）

3　②主によりて歌の善悪をわかつとあるが、「主」によって「善悪をわかつ」ということについて、歌以外の例を日常生活の中から一つ挙げて、あなたの考えを書きなさい。ただし、次の条件1・2に従って書くこと。

条件1　二段落構成とし、第一段落には、歌以外の例を一つ挙げて書れでも彼は、「町長になったとき、私はこの仕事に命を預けましたから。」と意に介さない。

「漁師の家に生まれたわけでもないのに、なぜそこまで㋒ジョウネツを傾けるんですか？」と、私はアラナノに尋ねた。

「私は鉱山技術者なんです。」と、アラナノは語り始めた。「Ⓒ政治の世界に入る前は採掘会社で十二年働き、多くの山を爆破しました。たくさん環境破壊をしてきたんです。一度壊された環境は人間の手で元に戻すことができないと、そのとき学びました。お金がいくらあっても食べていけないことに気づくのは、最後の魚を殺した後でしょう。」

アラナノは在職中の九年間に、ダウイン沿岸のMPAを四カ所から十カ所に増やした。そのいくつかに潜ってみると、小規模ながらも、チンアナゴなどの珍しい生き物が見られた。

予想通り、保護区の美しい景観は観光客を呼び込んだ。フィリピンを構成する七六四の島々のなかで、人気のダイビング・スポットは数十カ所もあるが、ダウインもその一つになった。この町のMPAには、タツノオトシゴMPAなど、各海域の呼び物である魚の名前がついている。

観光業がさかんになるにつれて、サービス業に転じる漁師も出てきた。Ⓓセブ島沿岸のオスロブでは、漁業組合の組合員で実際に魚を捕っている者はほとんどいない。観光客がジンベエザメと泳ぐツアーで十分稼げるのだ。ミンドロ島のプエルト・ガレラの近くでは、漁師が観光客をカヌーに乗せて、シュノーケリングでシャコガイを見られるポイントまで運んでいた。

(「ナショナル　ジオグラフィック日本版二〇二二年六月号」より)

1　㋐～㋒のカタカナに当たる漢字を書きなさい。

㋐(　　　)　㋑(　　　らして)　㋒(　　　)

2　□に当てはまる最も適切な語を、次のア～エの中から選び、その記号を書きなさい。(　　)

ア　たとえば　　イ　さらに

ウ　なぜなら　　エ　だが

3　Ⓐ～Ⓓを、事実と意見に分けたときに、事実であるものにはアを、意見であるものにはイを、それぞれ書きなさい。

Ⓐ(　　)　Ⓑ(　　)　Ⓒ(　　)　Ⓓ(　　)

4　①地域社会が保全を通じて持続的に経済的な利益を得られる仕組みとあるが、【文章2】で述べられているアンヘル・アルカラが考えた同様の仕組みを、五十字以内で書きなさい。

5　次の【ノート】は、ある生徒が【文章1】・【文章2】を読んで考えたことをノートに書いたものです。この【ノート】の空欄Ⅰに当てはまる適切な表現を、四十五字以内で書きなさい。

【ノート】

【文章2】では、ロドリゴ・アラナノの海洋保護区の取り組みの成功によって、ダウインの保護区には美しい景観がもたらされ、観光業がさかんになったことが書かれていた。たしかに、この取り組みは、地域に新たな産業をもたらし、地元の人々に、新たな収入源を与えたという面では意義深い。

2　次の【文章1】・【文章2】を読んで、あとの問いに答えなさい。

【文章1】

自然環境の保全は、その担《にな》い手である地域社会にとってまさに「言うは易《やす》く行うは難《かた》し」なテーマの一つだと思います。部外者がその生き物は大事だ、保全しろ、と言ったところで地域社会にとってメリットがなければ、貴重な時間やお金を投じるのは注1躊躇《ちゅうちょ》するのではないでしょうか。逆に言えば、自然環境の保全を充実させるためには、①地域社会が保全を通じて持続的に経済的な利益を得られる仕組みを構築することが求められているのです。

自然環境を活用した観光は自然を直接消費せず、保全成果を直接的な経済収益に繋《つな》げることのできる数少ない産業ですが、実際には無秩序な観光の促進によって自然環境が劣化する事例が散見されています。その原因は多岐にわたりますが、関係者がその地域の自然環境の質と観光の経済効果を十分に注2紐《ひも》づけて理解していないこと、その地域で環境保全を強化・促進することが地域経済にどれだけ影響をもたらすのか具体化できていないこと等が理由として挙がるのではないでしょうか。

（国立環境研究所ウェブページより）

（注1）躊躇＝ためらうこと。

（注2）紐づける＝二つ以上の事柄の間につながりをもたせること。

【文章2】

ネグロス島のダウインでは、サンゴ礁を保護して海洋生物に対する㋐フカを減らしつつ、沿岸の集落の生活を維持する努力が実を結んでいた。

この試みを始めたのは、フィリピン人の生物学者で、地元の自治体が管理する小規模な海洋保護区（MPA）の設置を提唱したアンヘル・アルカラだ。こうした保護区の主な目的は生物多様性を守ることだが、彼の念頭にあったのは漁業に利益をもたらすことだった。「フィリピンの人々は魚が主食です。」ダウインの北にあるシリマン大学の研究所で所長を務めるアルカラは私にそう言った。「それを維持するために、海洋保護区が必要なのです。」

一九七〇年代初頭、アルカラは二つの保護区を試験的に設定した。一つは人間が㋑クらしている島（ダウイン沖のアポ島）の近くで、もう一つは無人島（セブ島近くのスミロン島）の近くだ。どちらもいかなる手段による漁も禁止にした。

その結果は目覚ましいものだった。Ⓐ十年後、二つの保護区では生物量が増え、少なくとも六倍になった魚種もあった。生息密度が高くなったことは、漁師に恩恵を与えた。保護区から外の海域に〝あふれ出した〟魚は、合法的に捕獲できるからだ。

この成功に注目したのが、二〇〇一年にダウインの町長に選ばれたロドリゴ・アラナノだ。アラナノはダウインの海岸線に沿って保護区を増やすことに決めた。

しかし、自給自足で漁をする人々に対し、昔からの漁場の一部を諦めるよう、どうやって説得したのだろう。私の問いかけにアラナノはこう答えた。「Ⓑ魚を捕るだけでなく、育てる場所も必要だと言いました。『保護区をつくれば、そこで魚が増えて、外にあふれてくる。それは皆さんのものです。保護区の海は魚だけでなく、皆さんや未来を育ててくれるんです。』とね。保護区はいずれダイビング・スポットになるから、その収入も見込めると説明しました。」

□、将来的に利益が得られる保証はなく、沿岸住民の多くは保護区に反対だった。アラナノは訴訟をいくつも起こされ、脅迫も受けた。そ適切な表現を、三十五字以内で書きなさい。

「そらのことば」は、てのひらに降ってくる雪を言いかえたものであり、（　Ⅲ　）のではないかと、校長先生は解釈した。

5　③自分のサクラシールを貼った句とあるが、本文中にユミが俳句大会でサクラシールを貼り、この句を選んだ理由が述べられている一文があります。その文のはじめの五字を抜き出して書きなさい。

6　④知らないままでいいとあるが、この描写について、国語の時間に生徒が班で話し合いをしました。次の【生徒の会話】はそのときのものです。これを読んで、あとの(1)・(2)に答えなさい。

【生徒の会話】

清水：ユミが「知らないままでいい」と思っているのは、俳句大会のハセオの句は、（　Ⅳ　）ということと、それをユミが知っているということだよね。「知らないままでいい」ということは、ユミはそのことをソラとハセオには伝えないんだよね。

川上：三人は、仲の良い友人だから、伝えなくてもいいということだと思うよ。

藤井：そうかな。ユミは「私たちは、句友だ」といっているよね。ユミは、三人が、俳句を通してつながっているということを強く意識しているのだと思うよ。句友であることを踏まえて、三人の関係を考えたらいいと思うよ。

清水：句友ということは、俳句の特徴も関係するのかな。

(1)　空欄Ⅳに当てはまる適切な表現を、五十字以内で書きなさい。

(2)　次の【ノート】は、【生徒の会話】のあとに、清水さんたちが、話し合いの内容を踏まえて、ノートに書いたものです。この【ノート】の空欄Ⅴに当てはまる適切な表現を、俳句の特徴を踏まえて、六十字以内で書きなさい。

【ノート】

○ユミが「知らないままでいい」と思った理由

三人は、（　Ⅴ　）という関係にあるから。

りにボックスの中の大量の投句の中から、ハセオの句を探しだしたのだろう。ユミにとっては、記名欄を確認する必要はなかった。まぎれもなく、ハセオのくせの強い字で、

　雪がふる②そらのことばを受け止める

と書いてある。「その句はね、大会では、三点しか入っていなかったんだ。でも、私はいい句だと思う。あなたはどうかな？」ユミは、その短冊の字を、何度も目で追った。追うだけではなくて、思わず一度、口に出してもみた。まちがいない。それは、ユミが、③自分のサクラシールを貼った句だった。ヒマワリ句会に出るようになって、たくさんの言葉とめぐりあった。誰かの言葉にも、そして自分の中に潜んでいた言葉にも。今まで聞いたことのない言葉もあった。なじみのある言葉であっても、それががらりと違って見えたこともあった。言葉は、とても頼りない。形がなくて、すぐに消えてしまう。まさに、雪のように。でも、その言葉を受け止めて、一歩踏み出すことができたのも、ゆるがない事実だ。この学校に、自分と同じように言葉に助けられた人がいたということがうれしくて、最終的にこの句を選んだのだった。やっぱり、ふざけなければ、いい句も書けるじゃないか。もしいまここに、ハセオがいたなら、その背中をばーん！　と叩《たた》いてやるところだ。

「てのひらに降ってくる雪。それを、『そらのことば』と言いかえてみせたのは、あっと驚くマジックじゃないかい？　ふつうは『空の言葉』と書くところ、ひらがなにしているのはきっと、そのことで、雪のつぶのやわらかさを表現したかったんだと、私は思う。」校長先生は、ユミの感想も待たないで、少し興奮した㋒口調で、鑑賞の弁を述べた。たしかに、その通りだ。でも、ハセオの句と知ったいま、ユミは隠された意図をそこに読み取っていた。これは挨拶なんだ。ハセオから、ソラへの。「そら」には、かけがえのない友人の名前を、掛けてあるのだ。もうすぐやってくる、あのふたり。たぶん、たがいにそのことを知らない。ユミが知っていることも、知らないだろう。そして、④知らないままでいい。私たちは、句友だ。たがいへの思いは、だらだらと語らなくても、じゅうぶんにわかっている。

（高柳克弘《たかやなぎかつひろ》「そらのことばが降ってくる」より）

（注1）　装丁＝書物の外側のデザイン。

（注2）　フランス装＝製本方法の一つ。

（注3）　祠＝神をまつった小堂。

1　㋐～㋒の漢字の読みを書きなさい。

㋐（　　って）　㋑（　　り）　㋒（　　）

2　［　　］に当てはまる最も適切な表現を、次のア～エの中から選び、その記号を書きなさい。（　　）

ア　物知り　イ　得意げな　ウ　不満げな　エ　何食わぬ

3　①“いま、ここの詩”とあるが、ハセオが、このように言ったのはなぜですか。その理由について述べた次の文の空欄Ⅰに当てはまる適切な表現を、十五字以内で書きなさい。また、空欄Ⅱに当てはまる最も適切な表現を、本文中から二十字以内で抜き出して書きなさい。

Ⅰ［　　　　　　　　　　　　　　　］

Ⅱ［　　　　　　　　　　　　　　　　　　　　］

俳句を伝統文化と言ってしまうと、俳句が、祠の中の神様のように（　Ⅰ　）存在になってしまうが、ハセオにとって俳句とは、（　Ⅱ　）であるから。

4　②そらのことばとあるが、次の文は、ハセオが作った俳句のこの部分に対する校長先生の解釈をまとめたものです。空欄Ⅲに当てはまる

国語

時間　五〇分
満点　五〇点

1　次の文章を読んで、あとの問いに答えなさい。

> 中学二年生のソラは、同級生のハセオに誘われて、俳句を創作するようになり、俳句の魅力に引き込まれていく。ソラたちは、ヒマワリ句会を作り、同級生のユミも参加することになった。三人は、意欲的に俳句を創作している。
>
> 学校で行われた俳句大会で優勝したユミは、校長先生からの〝豪華景品〟を受け取りに行った。

そういえば、今年は雪が降っただろうか。ひどく寒い日に一日降ったようにも、けっきょく一度も降らなかったようにも思う。ハセオは、ああいう句を作ったということは、どこかで雪を見たのかもしれない。校長先生から聞かされた、ハセオの話を、ユミは思い出していた。春休み前、〝豪華景品〟を受け取りに行ったときのことだ。なんのことはない、校長先生が学生時代に出した詩集を、自費出版で立派な装丁[注1]の本にしたものだった。タイトルは、『青春はがんもどき』。気持ちはうれしいけど、こういうのをもらって、喜ぶ子はいるんだろうか……。でも、「造本に㋐凝って、時間がかかってしまったよ、ほらこのフランス装[注2]がきれいでしょう?」とうれしそうな校長先生を前にして、［　　］顔を見せるわけには、いかなかった。

それよりも、ユミにとって重要だったのは、「ヒマワリ句会のハセオくんなんだけどね。」と前置きをして始まった話のほうだった。「俳句大会の開会宣言のあとですぐ、私に直談判《じかだんぱん》を求めてきたんだ。」校長室に、いきなりやってきたハセオは、言いたいことがあるという。校長先生の発言を取り消してほしい、と。俳句は伝統文化。そう言った先生の言葉が、どうしても許せないのだという。伝統文化と言ったとたんに、祠《ほこら》[注3]の中の神様みたいになるのが、自分はいやだ。俳句は確かに昔からあるけれど、いまの自分の気持ちや、体験を盛るための器として、自分は俳句をやっている。校長先生の発言は、①〝いま、ここの詩〟として、俳句を作っている自分たちを、ないがしろにするものだ。「彼の言葉が、ぐさっと胸に突き刺さってね。」俳句とはなにか、詩とはなにか。生徒から問われた気がしたのだという。「あの生徒も、やはり、わが校の㋑誇りだよ。」校長先生は、私も考えがあって言ったことなので、発言の取り消しはしないが、あなたから与えられた〝宿題〟として、あなたの卒業の日までに、考えておくと返したそうだ。ハセオは、それでいちおう、満足した様子だったという。校長先生に自分が〝宿題〟を出したというのが、うれしかったのかも、などとユミは思う。あいつは、いつも宿題に苦しめられていたから。「この本を出そうと思ったのも、彼の言葉がきっかけだったんだ。――ところで、俳句大会に彼が出した句を、君は知ってる?」ユミは頭《かぶり》を振る。本人に聞いても、適当にはぐらかされたまま、いまに至っていた。

校長先生は少し考えてから、「君は彼と同じ句会の仲間、つまり句友だしね。俳句大会の優勝者でもある。感想を聞いてみたい。彼には、私が伝えたことは、内緒にしておいてくれよ。」と断ってから、「こんな句なんだ。」と、一枚の短冊《たんざく》を渡した。俳句大会の投稿用紙として、使われたものだ。短冊の裏に、クラスと名前を書く欄があるから、それを手掛か

2023年度／解答

数 学

1 【解き方】(1) 与式 $= -8+2+3=-8+5=-3$

(2) 与式 $= \dfrac{28x^2}{7x} = 4x$

(3) 与式 $= 5\sqrt{2} - \dfrac{6\sqrt{2}}{2} = 5\sqrt{2} - 3\sqrt{2} = 2\sqrt{2}$

(4) 与式 $= x^2 - 2 \times x \times 6y + (6y)^2 = x^2 - 12xy + 36y^2$

(5) 解の公式より，$x = \dfrac{-3 \pm \sqrt{3^2 - 4 \times 1 \times (-5)}}{2 \times 1} = \dfrac{-3 \pm \sqrt{29}}{2}$

(6) x の絶対値が 16 の約数のとき，y は整数になる。したがって，$(-16,\ -1)$，$(-8,\ -2)$，$(-4,\ -4)$，$(-2,\ -8)$，$(-1,\ -16)$，$(1,\ 16)$，$(2,\ 8)$，$(4,\ 4)$，$(8,\ 2)$，$(16,\ 1)$ の 10 個。

(7) 底面積は，$\dfrac{1}{2} \times 4 \times 4 = 8$ (cm^2) だから，体積は，$\dfrac{1}{3} \times 8 \times 6 = 16$ (cm^3)

(8) 四分位範囲は，箱ひげ図の箱の縦の長さで表される。この長さが最も大きいのは C 市。

【答】(1) -3 (2) $4x$ (3) $2\sqrt{2}$ (4) $x^2 - 12xy + 36y^2$ (5) $x = \dfrac{-3 \pm \sqrt{29}}{2}$ (6) 10 (個) (7) 16 (cm^3) (8) ウ

2 【解き方】(1) $y = ax^2$ に点 A の座標を代入して，$5 = a \times 3^2$ より，$a = \dfrac{5}{9}$ よって，$x = 0$ のとき $y = 0$ で最小値をとり，$x = -6$ のとき，$y = \dfrac{5}{9} \times (-6)^2 = 20$ で最大値をとるから，$0 \leqq y \leqq 20$

(2) 60 分以上 120 分未満の階級の相対度数は，$\dfrac{11}{50} = 0.22$，累積相対度数は，$0.08 + 0.22 = 0.30$ 120 分以上 180 分未満の階級の相対度数は，$0.56 - 0.30 = 0.26$ 180 分以上 240 分未満の階級の相対度数は，$0.76 - 0.56 = 0.20$ 相対度数が最も大きい階級が，度数が最も多い階級で，120 分以上 180 分未満の階級だから，その階級値は，$\dfrac{120 + 180}{2} = 150$ (分)

【答】(1) $0 \leqq y \leqq 20$ (2) 150 (分)

(3) 十の位の数が a，一の位の数が b の 2 桁の自然数は $10a + b$，十の位の数と一の位の数を入れかえた自然数は $10b + a$ と表すことができる。もとの自然数を 4 倍した数と，入れかえた自然数を 5 倍した数の和は，$4(10a + b) + 5(10b + a) = 45a + 54b = 9(5a + 6b)$ $5a + 6b$ は整数だから，$9(5a + 6b)$ は 9 の倍数である。したがって，もとの自然数を 4 倍した数と，入れかえた自然数を 5 倍した数の和は，9 の倍数になる。

3 【解き方】(1) AD ∥ BC より，∠DAG ＝ ∠AGB ＝ 70° ∠BAG ＝ ∠DAG ＝ 70° だから，△ABG で，∠ABG ＝ 180° － 70° × 2 ＝ 40° 平行四辺形の対角は等しいから，∠ADC ＝ ∠ABG ＝ 40°

(2) AD ＝ BC ＝ a とすると，AE ＝ $\dfrac{1}{2}a$，FG ＝ $\dfrac{1}{3}a$ AE ∥ FG より，△AHE ∽ △GHF で，相似比は，AE：GF ＝ $\dfrac{1}{2}a : \dfrac{1}{3}a = 3 : 2$ だから，面積の比は，$3^2 : 2^2 = 9 : 4$ したがって，△GHF の面積は 4。また，HE：HF ＝ 3：2 より，△GHE ＝ $\dfrac{3}{2}$△GHF ＝ 6 よって，△EFG ＝ △GHF ＋ △GHE ＝ 10

【答】(1) 40° (2) 10

4 【解き方】(1) 点Cの y 座標が点Aの y 座標と等しいので，$y = \dfrac{2}{3}x + 2$ に $y = 8$ を代入して，$8 = \dfrac{2}{3}x + 2$ これを解くと，$x = 9$　よって，C $(9,\ 8)$ となるから，$AC = 9$

(2) $y = \dfrac{2}{3}x + 2$ に $y = 0$ を代入して，$0 = \dfrac{2}{3}x + 2$ より，$x = -3$ だから，D $(-3,\ 0)$　右図のように，点B，Cから x 軸にそれぞれ垂線BH，CIをひく。点Bの x 座標を t とすると，点Cの x 座標は $4t$ で，BH∥CIより，DH：HI＝DB：BC＝1：1　よって，$\{t - (-3)\} : (4t - t) = 1 : 1$ だから，$(t + 3) : 3t = 1 : 1$ より，$t + 3 = 3t$ となる。これを解くと，$t = \dfrac{3}{2}$　点Cの x 座標は，$4 \times \dfrac{3}{2} = 6$ だから，y 座標は，$y = \dfrac{2}{3} \times 6 + 2 = 6$ より，C $(6,\ 6)$　したがって，直線ACの傾きは，$\dfrac{6 - 8}{6 - 0} = \dfrac{-2}{6} = -\dfrac{1}{3}$

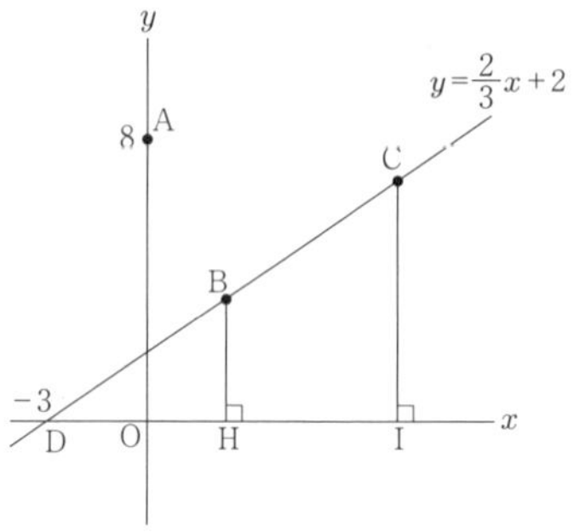

【答】(1) 9　(2) $-\dfrac{1}{3}$

5 【解き方】(1) 5人の中から2人を選ぶ方法は，右図のように，全部で10通り。このうち，Pさんが選ばれるのは，○印をつけた4通りだから，確率は，$\dfrac{4}{10} = \dfrac{2}{5}$

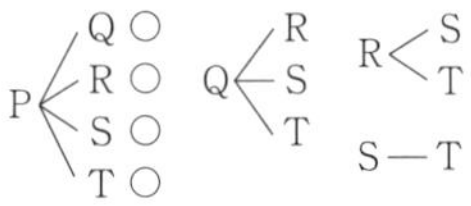

(2) 在校生インタビューの配分時間を x 秒，部活動紹介の配分時間を y 秒とする。この2つの配分時間の合計は，15分－(30秒＋6分＋3分＋30秒)＝5(分)，つまり，300秒になるから，$x + y = 300$……①が成り立つ。作成方針の(Ⅲ)より，代表生徒1人に割り当てる時間は $\dfrac{x}{3}$ 秒。作成方針の(Ⅳ)，(Ⅴ)より，代表の部活動1つに割り当てる時間は $\dfrac{y - 30}{3}$ 秒となり，これが $\dfrac{x}{3}$ 秒の1.5倍だから，$\dfrac{y - 30}{3} = \dfrac{x}{3} \times 1.5$……②が成り立つ。②×6より，$2(y - 30) = 3x$ だから，$3x - 2y = -60$……③　①×2＋③より，$5x = 540$ だから，$x = 108$　これを①に代入して，$108 + y = 300$ より，$y = 192$　よって，アは，108秒＝1分48秒，イは，192秒＝3分12秒

【答】(1) $\dfrac{2}{5}$　(2) (アに当てはまる時間配分は) 1分48秒　(イに当てはまる時間配分は) 3分12秒

6 【解き方】(2) ア．AIは正方形ABCDの1辺より長く，CIは正方形ABCDの1辺より短いので，四角形AICHはひし形ではない。イ．次図1で，CH＝CI，CAは共通，∠ACH＝∠ACI＝45°で，2組の辺とその間の角がそれぞれ等しいので，△CAH≡△CAIである。また，AD∥BCより，△CAI＝△CDIだから，(四角形AICH)＝△CAH＋△CAI＝2△CAI＝2△CDIとなる。ウ．次図2で，CH＝CI，CD＝CB(正方形の1辺)だから，CH：CD＝CI：CB　よって，BD∥IH　エ．次図3で，三平方の定理より，$IH^2 = FH^2 + FI^2$，$HG^2 = FH^2 + FG^2$ で，FI＞FGだから，IH＞HG　よって，△BIH≡△DHGではない。オ．∠HFI＝90°だから，Fは線分IHを直径とする円の周上の点である。同様に，∠ICH＝90°だから，Cも線分IHを直径とする円の周上の点である。したがって，4点C，H，F，Iは1つの円周上にある。

図 1

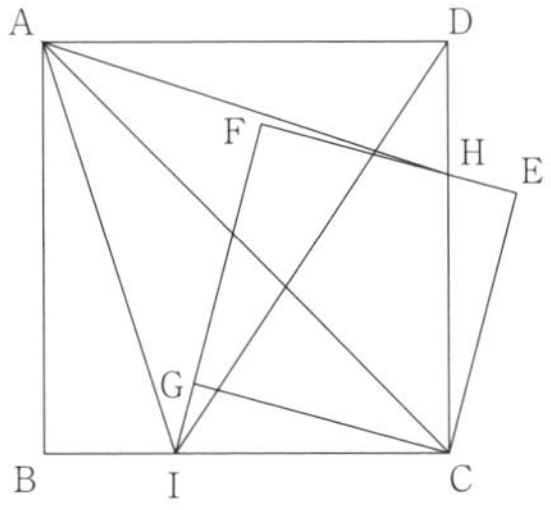

図 2

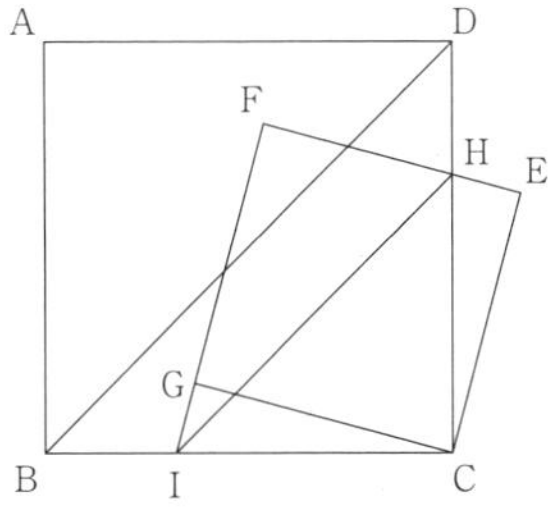

図 3

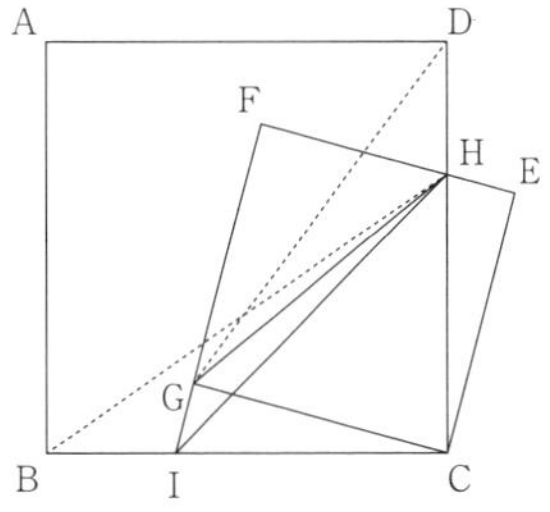

【答】 (1) 四角形 ABCD は正方形だから，$CD = CB$……①　四角形 CEFG も正方形だから，$CE = CG$……②　また，$\angle ECG = \angle DCB = 90^\circ$ だから，$\angle DCE = \angle ECG - \angle DCG = 90^\circ - \angle DCG$……③　$\angle BCG = \angle DCB - \angle DCG = 90^\circ - \angle DCG$……④　③，④より，$\angle DCE = \angle BCG$……⑤　①，②，⑤より，2 組の辺とその間の角がそれぞれ等しいから，$\triangle CED \equiv \triangle CGB$

(2) イ，ウ，オ

英　語

1 【解き方】問題 A. No.1. 二人が見ている写真には，ミキとミキの祖母が写っていて，ミキがネコを抱いていることがわかる。No.2. ルーシーは妹のためにノートを 2 冊，理科の授業用のノートを 1 冊買うつもりなので，合計 3 冊のノートを買うつもりである。No.3. 父親が「家を出る前に自分の皿を洗ってください」と言って，エミリーは「そうします」と返答している。

問題 B. ジョンが学校へ行くバスの中で春花に会ったことがないと言うと，彼女は「普段は自転車で学校へ行く」と説明した。「今日あなたはなぜバスに乗りましたか？」などの質問が考えられる。

問題 C.「生徒は学校を掃除すべきだ」という考えについての意見と理由を説明する。解答例は「私は賛成です。彼らは学校を掃除するとき，どのように他の生徒と作業すべきかを学ぶことができます」という意味。

【答】問題 A. No.1. エ　No.2. ウ　No.3. エ　問題 B.（例）Why did you take a bus today?

問題 C.（例）I agree. They can learn how to work with other students when they clean their school.

◀全訳▶　問題 A.

No.1.

A：やあ，ミキ。この前の週末に，君は何をしたの？

B：こんにちは，ジャック。私はこの前の土曜日に祖母を訪ねたの。ここにその日に私たちが撮った写真があるよ。

A：ああ，君のおばあさんは優しそうだね。

B：彼女はいつも私に優しいわ。私は彼女をすごく好きよ。

A：ミキ，君はかわいいネコを抱いているね。それは君の？

B：いいえ。それは彼女のよ。

Question No.1：ミキとジャックはどの写真を見ていますか？

No.2.

A：やあ，ルーシー。君は駅の近くの新しい 100 円ショップに行ったことがある？

B：いいえ，ないわ。あなたはそこへ行ったことがあるの？

A：うん。僕は昨日そこへ行ったんだ。ペンを 5 本買ったよ。

B：そうなの。私は明日そこへ行くと思うわ。

A：何か買いたいものがあるのかい？

B：ええと，私は妹のためにノートを 2 冊買いたいの。

A：それはいいね！

B：ああ，それに私は理科の授業のために新しいノートを 1 冊買わなければならないわ。

Question No.2：ルーシーは何冊のノートを買うつもりですか？

No.3.

A：エミリー，昼食を終えなさい！　1 時までに競技場へ着かなければならないよ。

B：ええ，お父さん。

A：今朝，犬を散歩させたかい？

B：いいえ，私は今朝ギターの練習をしたの。家に帰ったあと，彼を散歩させるつもりよ。

A：いいよ，でも家を出る前に自分の皿を洗ってよ。

B：そうする。

Question No.3：競技場へ行く前にエミリーは何をするでしょうか？

問題 B.

ジョン：おはよう，春花。

春花　：ああ，おはよう，ジョン！　同じバスね！
ジョン：一度もバスで君に会ったことがないよね。
春花　：ええと，私は普段は自転車で学校へ行くの。
問題C．私が初めて日本へ来たとき，私は生徒が学校を掃除するので驚きました。私がこのことについてアメリカにいる家族と話すと，彼らは「それはいいですね。生徒は学校を掃除するべきです」と言いました。この考えについてあなたはどう思いますか？　そして，あなたはなぜそう思いますか？

2 **【解き方】** 1.「キャッシュレス決済は，私の国のスウェーデンでは，とても一般的だ」という意味になる。「一般的な，大衆的な」= popular。
2. 太郎は「日本では多くの人がまだ現金を使っていると思う」と話している。その言葉に続くのは，イの「私は現金のない生活は想像できない」。
3. グラフ1を見る。日本でキャッシュレス決済の比率が 30 %を超えるのは，「2021 年」。
4.「彼らは彼らの国からたくさんの紙幣や硬貨を持ってくる必要がない」という文。外国から来る人の支払いについて太郎が話している［ い ］に入る。
5. a. キャッシュレス決済の長所について，エリックは4つ目のせりふで「買い物へいくとき財布を持っていく必要はないし，支払うときにあまり時間を使わない」と話している。「私たちはすぐに『支払うことができる』」。b. 店の従業員にとっての長所について，エリックは5つ目のせりふで「彼らはつり銭を準備したり，レジの紙幣や硬貨をチェックしたりする必要がないので，『時間を節約できる』」と話している。c. キャッシュレス決済の短所について，太郎は7つ目のせりふで「もし，あなたがスマートフォンやデビットカードをなくせば，それらを見つける誰かがあなたのお金を使うかもしれない」と話している。「誰かが『それらを使い』，私たちは自分のお金を失うかもしれない」。d. キャッシュレス決済のもう1つの短所について，エリックは8つ目のせりふで，「特に，子どもたちはお金の感覚を持つことができないかもしれない」と話している。「お金がどんなに大切かを理解することが『難しいかもしれない』」。

【答】 1. ウ　2. イ　3. エ　4. い　5. a. イ　b. ア　c. エ　d. ウ

◀全訳▶

太郎　　：エリック，多くの国で将来たいていの支払いがキャッシュレスになるだろうと僕のおばさんが僕に言ったんだ。君はそのことを想像できる？
エリック：うん。キャッシュレス決済は，僕の国のスウェーデンでは，とても一般的なんだ。たくさんの家族が紙幣や硬貨を使わないよ。例えば，僕の両親はたいてい支払いにスマートフォンを使い，僕はデビットカードを持っているよ。
太郎　　：本当に？　日本では多くの人がまだ現金を使っていると思う。僕は現金のない生活は想像できない。
エリック：それでは，インターネットでキャッシュレス決済についての情報を探すのはどうかな？
太郎　　：それはいい考えだね。ああ，このグラフを見て。それはキャッシュレス決済が日本で増えていることを示している。2021 年には 30 %を超える支払いがキャッシュだった。
エリック：そうなんだ。見て！　僕は僕の国の支払いについてのグラフを見つけたよ。2018 年には，たった 13 %の人が一番最近の支払いで現金を使ったよ。
太郎　　：ええ！　どうしてそんなに多く人がキャッシュレス決済を選ぶのかな？
エリック：現金なしで支払うほうが簡単だからだよ。買い物へ行くとき財布を持っていく必要はないし，支払うときにあまり時間を使わない。
太郎　　：外国から来た人々にとって現金なしにものを買うことはより簡単だと僕は思う。彼らは彼らの国からたくさんの紙幣と硬貨を持ってくる必要がない。
エリック：キャッシュレス決済はまた店の従業員のためにもいいよ。彼らはつり銭を準備したり，レジの紙幣や硬貨をチェックしたりする必要がないので，時間を節約できる。

太郎　　：それはいいね。キャッシュレス決済にはたくさんの長所があるけれど，いくつかの問題もあると僕は思うよ。

エリック：それらは何かな？

太郎　　：もし，君がスマートフォンやデビットカードをなくせば，それらを見つける誰かが君のお金を使うかもしれない。

エリック：ああ，その通りだね。僕たちは注意すべきだね。他に何かある？

太郎　　：キャッシュレス決済を使うとき，紙幣や硬貨を見ることができないので，時々多すぎるお金を使っていることを実感しない。

エリック：僕もそう思う。特に，子どもたちはお金の感覚を持つことができないかもしれない。

太郎　　：そうだね。将来，キャッシュレス決済を使うために，僕はそれについてもっと多くの情報を見つけてみるつもりだ。

3【解き方】1. (1) 質問は「次郎は彼が5歳のとき，最も興味深いものを見つけましたか？」。第1段落の前半を見る。「私は5歳のとき，私の家の近くの森で最も興味深いものを見つけた」とある。(2) 質問は「次郎が最初に見つけたキノコをつみとろうとしたとき，誰が彼を止めましたか？」。第1段落の中ごろを見る。「私はそれをつみとろうとしましたが，父が私を止めた」とある。

2. 直前にある「なぜそれらは美しい緑色の光を発するのか？」という質問に対して「明白な答えはない」と述べている。why a beautiful green light is emitted by *yakoutake* =「なぜ美しい緑色の光がヤコウタケによって発せられるのか」。

3. ベニテングタケについて，第4段落の最終文で，「おそらく，それらは動物に自分たちを食べてほしくない」と説明されている。「私を食べないで！」という意味になる eat が適切である。

4.「もし私がキノコが何について話しているのか理解できれば，それは楽しいだろう」という意味の仮定法の文になる。

5. ア.「名前を持たないたくさんのキノコがある」。第2段落の2文目を見る。正しい。イ.「ヤコウタケとベニテングタケは次郎の大好きなキノコである」という意味の文である。第3段落と第4段落で，次郎は大好きなキノコとして，この2つのキノコを紹介している。正しい。ウ. 第4段落の前半を見る。幸福を運んでくると信じられているのはベニテングタケだけである。エ. 最終段落を見る。次郎は「私の夢は世界中の多くの場所を訪ねて，今までに見たことがないキノコを見つけることだ」と話している。

6. 次郎が好奇心を失わず夢を追いかけていることから考える。解答例は「私はあなたのスピーチがとても気に入りました。何かに興味を持つことは大切です。私はあなたのように夢を見つけることができればいいなと思います」という意味。

【答】1. (1)（例）Yes, he did.　(2) His father did.　2. ウ　3.（例）eat　4. would be fun if I　5. ア・イ
6.（例）I liked your speech very much. It's important to be interested in something. I hope I can find my dream like you.（22語）

◀全訳▶　あなたたちは何に興味がありますか？　音楽ですか，テレビゲームですか，それともスポーツですか？私は5歳のとき，私の家の近くの森で最も興味深いものを見つけました。それはキノコでした。私は私が最初に見つけたキノコがどのように見えたのかを正確に覚えています。それは赤くて美しく見えました。私はそれをつみとろうとしましたが，父が私を止めました。彼は私に，「それは毒キノコだ」と言いました。彼は私に危険なキノコがあることを教えてくれました。家に帰ったあと，私はキノコについての本を読んで，驚きました。その本には700以上のいろいろなキノコの写真がありました。私は，「なぜそんなに多くのきれいなキノコがあるのだろう？」，そして「なぜ毒キノコがあるのだろう？」と考えました。これがキノコについての私の好奇心の始まりでした。

それ以来，私はキノコについての多くの本を読み，世界にはたくさんのキノコがあることを学びました。私

はまた，名前のないたくさんのキノコがまだあることも学びました。私はよく私の家の近くの森を歩いて，そのようなキノコを見つけようとしています。

さて，私は私の大好きな2つのキノコを紹介します。最初はヤコウタケです。そのキノコは日本のいくつかの島で見つかり，美しい緑色の光を発します。多くの人々がそれを見るために，その島々へ旅行に行きます。なぜそれらは美しい緑色の光を発するのでしょうか？　明白な答えはありませんが，胞子を運ぶ昆虫を引き寄せるために，そのキノコはそうするのかもしれないと言う人たちもいます。胞子は新しいキノコが成長するのに必要です。

私が大好きな他のキノコはベニテングタケです。これは家の近くの森で私が最初に見つけたキノコです。そのキノコのかさは美しい赤色で，いくつかの国の人々はそのキノコが幸福を運んでくると信じています。しかしながら，それらは有毒で，多くの動物たちにとって危険です。例えば，犬がそれらを食べれば，犬は気分が悪くなるでしょう。なぜそれらは有毒なのでしょうか？　おそらく，それらは動物に自分たちを食べてほしくないのです。

私はそれぞれのキノコが昆虫や動物に対していろいろなメッセージを持っているのだと感じています。例えば，ヤコウタケのメッセージは，「私のところへ来て！」であり，ベニテングタケのメッセージは，「私を食べないで！」です。昆虫や動物はこれらのメッセージを聞くことはできませんが，それらを感じることができます。

ところで，キノコはどのようにしてお互いにコミュニケーションをとるのでしょうか？　ある科学者は，キノコは電気信号を使うと言います。私は真実を知りませんが，おそらく，それらは彼ら自身を守るためにお互いに話しているのでしょう。もし私がキノコが何について話しているのか理解できれば，それは楽しいでしょう。

私は大学でもっとキノコについて勉強したいです。私の夢は世界中の多くの場所を訪ねて，今までに見たことがないキノコを見つけることです。私はまた彼らのコミュニケーションの方法についてもっと学びたいです。私は子どものときに私が持った好奇心を失っていません。それは私を，将来に向けての私の夢に導きました。さて，私はあなたたちに再び質問をします。「あなたたちは何に興味がありますか？」　好奇心はあなたたちが夢を見つけるのを助けるでしょう。

4 **【解き方】** 問題A．ア．明子は見たい公演について，「彼女のグループは午前中に公演を行い，午後にそれをくり返します」と説明している。予定表を見れば，明子が見たいのはダンス公演だとわかる。イ．エマは三味線公演を見たことがないと言い，明子はダンス公演を見たがっている。また，エマは雨に濡れたくないと話していて，天気情報を見れば午後は晴れる。「午後に三味線公演とダンス公演を見ましょう」などの文が考えられる。

問題B．トムは帰国後も日本語の学習を続けたいと考えていることに注目する。日本語で電子メールを送る理由として，「あなたは日本語を練習できる」，「私はあなたを手助けできる」などが考えられる。

【答】（例）問題A．ア．I want to watch the dance performances　イ．Let's watch the shamisen performance and the dance performance in the afternoon（12語）

問題B．We should send e-mails in Japanese because you can practice Japanese and I can help you.（16語）

◀全訳▶

明子：こんにちは，エマ。今度の土曜日の4月15日に，春祭りへ私と来ることができる？

エマ：それはどんな種類のお祭りなの？

明子：美しい花を見て，いくつかの公演を楽しむことができるの。ここに予定表があるよ。

11:00～12:00	ダンス公演	13:00～14:00	三味線公演
12:00～13:00	カラオケ公演	14:00～15:00	ダンス公演

・すべての公演は晴雨にかかわらず開催されます。

エマ：かっこいいね！　私は今までに一度も三味線公演を見たことがないわ。あなたはどれを見たい？

明子：私の友だちの１人が上演するので，ダンス公演を見たいわ。彼女のグループは午前中に公演を行い，午後にそれをくり返すの。

エマ：ええと，天気情報を見て。私は雨の中で濡れたくはない。どうするべきかな？

明子：午後に三味線公演とダンス公演を見ましょう。

エマ：いいわ。

社　会

1 【解き方】1. (1) ブラジルは「え」のノルウェーに次いで水力による発電量の割合が高い。総発電量が最も多い「あ」は中国，その次に多い「い」がアメリカ。(2) 火力発電は燃料の天然ガスや石炭・石油を輸入にたよっていること，沿岸部には大きな工業地帯などがあることから考えるとよい。

2. (1) 世界で鉄鉱石の輸出量が多いのは，オーストラリアとブラジル。オーストラリアが近年アジアの国々（特に中国）と強く結びついていることから判断するとよい。ブラジルはヨーロッパの国々にも輸出している。(2)「プラチナ」の世界全体の産出量の約7割を南アフリカ共和国が占めている。アのスペインはオレンジ，イのドイツは自動車，ウのインドは綿糸の2021年における輸出額が世界で最も多かった国。

3. バイオガスとは，バイオマス（生物由来の資源）をメタン発酵させることで生み出される可燃性のガスのこと。

【答】1. (1) う　(2) ア　2. (1) オーストラリア　(2) エ

3. 発達した産業の活動によってバイオマス資源が排出（同意可）

2 【解き方】1. 遣唐使は7～9世紀に派遣されていた。アは江戸時代後期（19世紀），ウは鎌倉時代初期（13世紀），エは平安時代中期（11世紀）のできごと。

2. 地頭は鎌倉時代に置かれ，荘園や公領で税の取り立てや犯罪の取りしまりにあたった役職。

3. 大名の住む城を中心として発達した町。

4. 武家諸法度に違反した大名や，幕府の命令に従わなかった大名は，幕府から領地替えや藩の取りつぶしといった処分を受けた。

5. 米の収穫には天候不順や害虫の発生などが影響するため，価格を安定させることは難しかった。

6. a. 律令国家では，土地は口分田として分け与えられたもので，支配を認めるものではなかった。e. 明治政府は中央集権体制を敷いており，支配権力は天皇の下に集められていた。

【答】1. イ　2. ウ　3. 城下町　4. 従わない大名を処罰する（同意可）

5. グラフⅠから米価が安定していないことが分かり，米を税として納めさせる方法よりも，現金を納めさせる方法の方が，税収が安定するため。(同意可)

6. イ

3 【解き方】1. 国の政治のあり方を決めるのは，国民であるということについて書かれている。

2. a.「資本主義」は，個人や企業の利益を目的に経済活動を行う社会体制のこと。b.「国際法規」は，国どうしのきまりや合意のこと。

3. 別名をPL法という。

4. 環境権は，住みやすい環境を求める権利。アは自分の生き方や生活の仕方について自らが自由に決定する権利。イは国や地方公共団体がもつ政治に関する情報を，国民が自由に手に入れる権利。エは私生活に関する情報をみだりに公開されない権利。

5.「団結権」とは，労働者が使用者と対等な立場で労働条件を維持，改善していくために，労働組合を結成する権利のこと。

【答】1. ウ　2. エ　3. ア　4. ウ

5. 労働契約は労働者と会社との合意で決めるのが基本だが，労働者一人一人は，会社に対して弱い立場にあり，労働条件が不利になる可能性があるので，労働者が団結することで対等な立場で交渉できるようにするため。(同意可)

4 【解き方】1. アは19世紀，ウは20世紀，エは16世紀半ば～17世紀ごろの交易について述べた文。

2. 金と銀の交換や金貸しなどを行う商人は「両替商」とよばれた。

3. a. グラフⅢより，1985年以降，1ドル当たりの円相場は200円台から100円台になり，ドルに対する円の価値が高まっていることがわかる。b. 円高の場合，日本からの輸出品が外国では割高になるため，輸出は不利になる。

4. ⑴ 二つの地域の共通点として，近くに木材が豊富にあったこと，刃物の産地であったこと，そろばんを生産する技術が伝えられたことが挙げられる。⑵ 条件 1 に挙げられている伝統的工芸品として認定される条件と，条件 3 の〔播州そろばんを取り巻く現在の状況〕とを関連させて，X・Y のどちらかの問題点を解決できるような提案をする。X であれば，「そろばんの持つ教育的な効果や価値についての情報を発信し，外国でのそろばん学習の人気を高めることで，海外の市場を開拓し播州そろばんの販売を増やすことができるようにする。」といった提案をすればよい。

【答】 1. イ　2. 両替　3. イ

4. ⑴ 材料となる木材が豊富で，木材の加工に使う刃物の産地であった地域であり，伝わってきたそろばん生産の技術が生かせる環境であったため。（同意可）　⑵（例）（問題点）Y　（取り組み）複数の工程の作業が同じところでできるように新しい作業場を設け，若手の職人には複数の工程に習熟してもらうことで，確実に次の世代に伝統的な技術を受け継ぐことができるようにする。

理　科

1 【解き方】1. (2) 黒色の酸化銅が赤色の銅になる。みがくと光るのは金属の性質。(3) a. 表1より，炭素の質量が0.3gのとき，発生した気体（二酸化炭素）の質量は，3.3 (g) − 2.5 (g) = 0.8 (g)　これ以上炭素の質量を増やしても発生した二酸化炭素の質量は0.8gで変わらない。b. 炭素の質量が0.1gのとき，発生した二酸化炭素の質量は，3.1 (g) − 2.8 (g) = 0.3 (g)　酸化銅が十分にあるとき，発生する二酸化炭素の質量は炭素の質量に比例するので，炭素の質量が0.3gのとき，発生する二酸化炭素の質量は，$0.3\,(\mathrm{g}) \times \frac{0.3\,(\mathrm{g})}{0.1\,(\mathrm{g})} = 0.9\,(\mathrm{g})$　表1より，炭素の質量が0.3gのときに発生した二酸化炭素の質量は0.8gであることから，炭素0.3gは全て反応していないことが分かる。

2. (2) マグネシウム原子2個と酸素分子1個から酸化マグネシウムが2個できる。

3. 酸化銅は炭素に酸素をうばわれたので，銅より炭素の方が酸素と結びつきやすい。酸化鉄は炭素に酸素をうばわれたので，鉄より炭素の方が酸素と結びつきやすい。二酸化炭素はマグネシウムに酸素をうばわれたので，炭素よりマグネシウムの方が酸素と結びつきやすい。

【答】1. (1) 石灰水が逆流して，試験管A内に入ること。(同意可)　(2)〔金属〕光沢

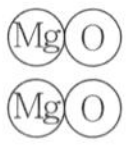

(3) a. 発生した気体の質量（同意可）　b. イ

2. (1) 還元　(2) (右図)　3. イ・ウ・オ

2 【解き方】1. (2) 丸の種子をつくる純系の遺伝子の組み合わせをAA，しわの種子をつくる純系の遺伝子の組み合わせをaaとすると，エンドウXの遺伝子の組み合わせは，AAまたはAaとなる。AAとaaのかけ合わせでは全てAaとなって，丸の種子ができる。Aaとaaのかけ合わせではAa，Aa，aa，aaとなって，丸の種子としわの種子ができる。

2. (1) 植物は，呼吸により二酸化炭素を大気中に放出し，光合成により大気中の二酸化炭素を取り入れてデンプンをつくり，酸素を放出する。(2) 生物は，食べるもの（えさ）が多くなると増え，少なくなると減る。また，食べられるもの（天敵）が多くなると減り，少なくなると増える。

3. (1) デンプンにヨウ素液を加えると青紫色になる。この反応がないので，デンプンは含まれていない。(2) 畑の土の上澄み液は量を半分にしても，一定時間内にデンプンを全て分解するだけの微生物が存在し，グラウンドの土の上澄み液は量を半分にすると，一定時間内にデンプンを全て分解するだけの微生物が存在しなかったと考えられる。

【答】1. (1) DNA（または，デオキシリボ核酸）　(2) a. ア　b. ウ

2. (1)（はたらき）光合成　（気体）酸素　(2) エ　3. (1) デンプンが含まれていなかった（同意可）　(2) イ

3 【解き方】2. (1) 大きな鉱物が組み合わさっているので深成岩。マグマが地下深くでゆっくり冷えると，鉱物の結晶も大きく成長する。(2) 無色鉱物のチョウ石やセキエイを多く含み，白っぽい深成岩は花こう岩。

3. 火山噴出物の色は，マグマのねばりけが強いと白っぽくなり，マグマのねばりけが弱いと黒っぽくなる。

4. (1) 凝灰岩を基準にして，上の層ほど新しく，下の層ほど古い。古い層から，エ，ア・イ，ウの順。(2) 図2より，各地点の標高は，地点Aが330m，地点Bが350m，地点Cが320m，地点Dが310m。図3より，各地点の凝灰岩の層（上側）の地表からの深さは，地点Aが30m，地点Bが65m，地点Cが35m，地点Dが10m。よって，凝灰岩の層（上側）の標高は，地点Aが，330 (m) − 30 (m) = 300 (m)　地点Bが，350 (m) − 65 (m) = 285 (m)　地点Cが，320 (m) − 35 (m) = 285 (m)　地点Dが，310 (m) − 10 (m) = 300 (m)　図2より，凝灰岩の層の標高が高い方の地点Aと地点Dは，標高が低い方の地点Bと地点Cの北側にある。

【答】1. 地熱発電　2. (1) エ　(2) ア　3. a. マグマのねばりけが強い（同意可）　（記号）ウ

4. (1) エ　(2) d. オ　e. イ　f. 南

4 **【解き方】** 1. 水の圧力は水面からの深さに比例する。

2. (2) 浮力は，空気中での重さと水中での重さの差なので，表 1 より，0.30 (N) － 0.20 (N) = 0.10 (N)　(3) 表 1 より，水面から物体 B の底面までの距離が 0 cm から 10cm のとき，物体 B が水中に沈むにつれて浮力が大きくなり，ばねばかりの示す値は小さくなる。水面から物体 B の底面までの距離が 10cm 以上のとき，物体 B は完全に水中にあり，どの深さにあっても浮力の大きさは変わらないので，ばねばかりの示す値は一定になる。

3. 図 5 の結果から，物体 X にはたらく浮力は物体 Y にはたらく浮力よりも大きいことが分かる。

4. 図 6 で，物体 Z は浮き上がって図 7 のように一部が水面から出た状態になるので，物体 Z にはたらく浮力 i は重力 i よりも大きい。図 7 で，物体 Z は静止しているので，物体 Z にはたらく重力と浮力がつり合っている。よって，重力 ii と浮力 ii は大きさが等しい。

【答】 1. エ　2. (1) ウ　(2) 0.10 (N)　(3) イ

3. c. 体積が大きく，また，2 つの物体の質量が同じであることから，密度が小さい（同意可）　d. 亜鉛

4. ア・エ

国　語

1 【解き方】2. 「豪華景品」が「校長先生が学生時代に出した詩集」であり，「もらって，喜ぶ子はいるんだろうか」とユミが思っていることから考える。

3. Ⅰ. ハセオの「いまの自分の気持ちや，体験を盛るための器として，自分は俳句をやっている」という思いに着目する。ハセオが俳句を身近で個人的なものだと考えているのに対して，「祠の中」「神様」という比喩は，人とは分け隔たった神聖なものをイメージさせる表現である。Ⅱ. 「…として，自分は俳句をやっている」という表現に注目し，ハセオが俳句をどのようなものだと考えているのかおさえる。

4. 校長先生の「鑑賞の弁」に着目する。校長先生は「そらのことば」という表現を，「マジックじゃないかい？」と評価し，「ひらがなにしているのはきっと…表現したかったんだと，私は思う」という考察を語っている。

5. 自分がシールを貼った句だと気付いたユミは，ヒマワリ句会を通して様々な言葉に出会い，言葉は「頼りない」ものだが，同時に「一歩踏み出す」勇気をくれるものでもあると思うようになった経験を，ハセオの句を選んだきっかけとして思い返している。これを，ハセオの句を見た時の感想と結び付けて，「…ということがうれしくて，最終的にこの句を選んだ」と理由を述べている。

6. (1) すぐ前に，同じ「知らない」という言葉を用いた「そのことを知らない」という表現が出てくる。「そのこと」は，「これは挨拶なんだ…友人の名前を，掛けてあるのだ」というハセオの句に「隠された意図」を指すことをおさえる。(2) ユミが「私たちは，句友だ。たがいへの思いは，だらだらと語らなくても，じゅうぶんにわかっている」と思っていることをおさえる。二人を友人ではなく「句友」と呼んでいることや，「だらだらと語らな」いということが，五・七・五というたった十七文字で表現する俳句の特徴に通じていることをふまえてまとめる。

【答】1. ㋐ こ(って)　㋑ ほこ(り)　㋒ くちょう　2. ウ

3. Ⅰ. いまの自分とはかけ離れた (12字) (同意可)　Ⅱ. いまの自分の気持ちや，体験を盛るための器 (20字)

4. ひらがなで書くことによって，雪のつぶのやわらかさを表現したかった (32字) (同意可)

5. この学校に

6. (1)「そら」の部分に，かけがえのない友人であるソラの名前が掛けられた，ハセオからソラへの挨拶である (47字)　(2) 限られた文字数の中で表現する俳句を通した仲間であり，全てを言葉にして伝えなくても，たがいへの思いはじゅうぶんにわかる (58字) (それぞれ同意可)

2 【解き方】2. 前で，「保護区をつくれば…魚が増えて」ダイビング客相手の「収入も見込める」と言って説得をしたとアラナノが述べているが，納得してもらえずに「沿岸住民の多くは保護区に反対」したという対立する内容が続いている。

3. Ⓐ すぐ前に「結果は目覚ましいものだった」とあることに注目。Ⓑ 住民を説得するために言った言葉。「将来的に利益が得られる保証はなく…」とあることに着目する。Ⓒ アラナノが実際にしてきた仕事についての説明。Ⓓ「漁師が観光客を…運んでいた」と，「サービス業」に従事していることの説明が続いている。

4. 「保護区」の設置を提唱した人物としてアルカラを紹介し，「保護区の主な目的は生物多様性を守ることだが，彼の念頭にあったのは漁業に利益をもたらすことだ」と説明している。また，実際の取り組みの結果について，「生息密度が高くなった」「漁師に恩恵を与えた」と述べていることをおさえる。

5. 【文章2】に，ダウインの「保護区の美しい景観は観光客を呼び込んだ」とあることから，ダウインで観光地化が進んでいることをおさえる。【文章1】では「無秩序な観光の促進によって自然環境が劣化する事例」が散見されていると述べられているので，これらをふまえて考える。

【答】1. ㋐ 負荷　㋑ 暮(らして)　㋒ 情熱　2. エ　3. Ⓐ ア　Ⓑ イ　Ⓒ ア　Ⓓ ア

4. 海洋保護区を設置し，生物多様性を守ることによって魚を増やし，持続的に漁業で利益を得られる仕組み。(48字) (同意可)

5. 無秩序な観光の促進を行ってしまうと，海洋の環境が劣化し，保護区の美しい景観が損なわれる（43字）（同意可）

3 【解き方】1.「故」は理由,「主」は歌の作者という意味であることをふまえて考える。a は，続く文章に「歌の善悪をわかつ」「歌にも善悪思ひわかたむ」などとあり，歌の評価が話題であることに注目する。b は，歌の善し悪しをどの人も「推量ばかり」で判定していると筆者が考える理由を，b のあとで説明していることから考える。

2. 語頭以外の「は・ひ・ふ・へ・ほ」は「わ・い・う・え・お」にする。

3.「主によりて歌の善悪をわかつ」とは，歌の内容ではなく，作者によって歌の善し悪しを判断すること。前で,「上手といはるる人の歌」は大したことがなくてもほめ合い,「いたく用ゐられぬたぐひの詠作」は抜群に優れていても非難する人ばかりだと説明している。

【答】1. ア　2. いわるる　3.（例）

有名な画家が描いた絵であれば，大したことがなかったとしても優れた絵だと判断し，無名な画家が描いた絵であれば，優れていたとしても大したことのない絵だと判断することが，例として挙げられる。

私は，作者が有名か無名かによって，作品の価値を判断することに反対だ。このような判断は，作品を評価しているとは言えない。大切なことは，自分自身で作品自体をしっかりと見て，価値を判断することだと考える。(200字)

◀口語訳▶　一般に歌を見分けて善し悪しを判定することは，特に重要なことでございます。ただどの人も推量ばかりでございますと思われます。その理由は，名手と言われる人の歌は大したこともないのにほめ合い，あまり世間で認められないような人の詠んだ作品は，抜きんでてよい歌であっても，かえって欠点までも指摘して非難するようです。ただもう作者によって歌の善し悪しを判断する人ばかりおりますようです。本当にあきれたことと思われます。これは，もっぱら自分の主体的な評価に迷うからであるにちがいありません。おそらくは，寛平以降のすぐれた歌人の歌にも善し悪しを考え判断しようとする人こそが歌の価値が分かる人でございましょう。

広島県公立高等学校

2022年度
入学試験問題

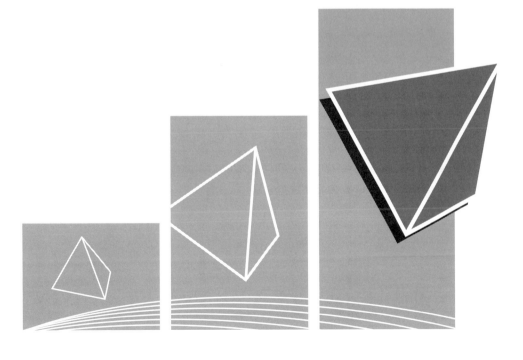

数学

時間　50分　　　満点　50点

1　次の(1)～(8)に答えなさい。

(1)　$3 - 24 \div (-4)$ を計算しなさい。(　　　)

(2)　$3(4x + y) - 5(x - 2y)$ を計算しなさい。(　　　)

(3)　$\sqrt{45} - \sqrt{5} + \sqrt{20}$ を計算しなさい。(　　　)

(4)　$x^2y - 4y$ を因数分解しなさい。(　　　)

(5)　右の図のように，2つの底面が△ABCと△DEFである三角柱があります。この三角柱において，辺ABとねじれの位置にある辺を全て答えなさい。

(　　　)

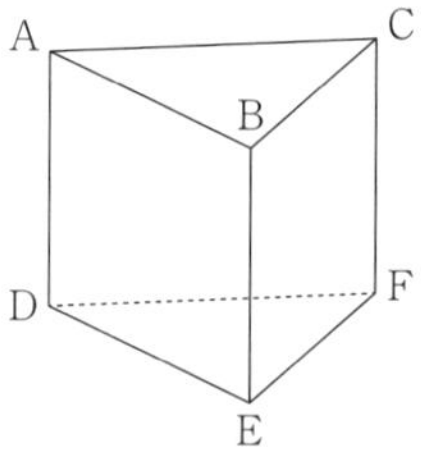

(6)　右の図のように，関数 $y = \dfrac{a}{x}$ のグラフがあります。このグラフが，点A $(-3,\ 2)$ を通るとき，a の値を求めなさい。(　　　)

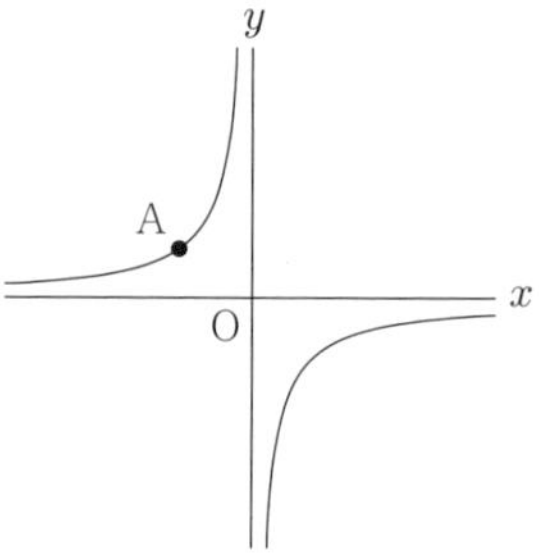

(7)　右の図のように，四角形ABCDがあり，AB = BC，CD = DA です。∠BAD = 110°，∠CBD = 40°のとき，∠ADCの大きさは何度ですか。

(　　　)

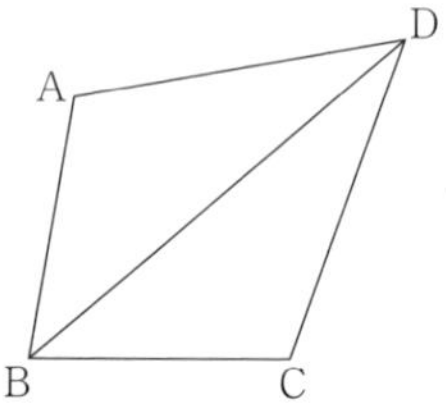

(8)　ある学級で，通学時間についてアンケート調査をしました。右の表は，その結果を度数分布表に整理したものです。40分以上50分未満の階級の相対度数を求めなさい。(　　　)

階級(分)	度数(人)
以上　未満 0 ～ 10	2
10 ～ 20	6
20 ～ 30	4
30 ～ 40	9
40 ～ 50	14
50 ～ 60	5
計	40

2　次の(1)～(3)に答えなさい。

(1)　中川さんは，ミルクティーとコーヒー牛乳を作ろうと考えています。ミルクティーは，紅茶と牛乳を2：1の割合で混ぜ，コーヒー牛乳は，コーヒーと牛乳を1：1の割合で混ぜます。牛乳をちょうど350mL使い，ミルクティーとコーヒー牛乳を同じ量だけ作るとき，紅茶とコーヒーはそれぞれ何mL必要ですか。紅茶(　　　mL)　コーヒー(　　　mL)

(2)　右の図のように，底面が，1辺の長さが4cmの正方形ABCDで，$OA = OB = OC = OD = 4$ cmの正四角すいがあります。辺OC上に，$OP = 3$ cmとなるように点Pをとります。辺OB上に点Qをとり，$AQ + QP$が最小となるようにするとき，$AQ + QP$は何cmですか。(　　　cm)

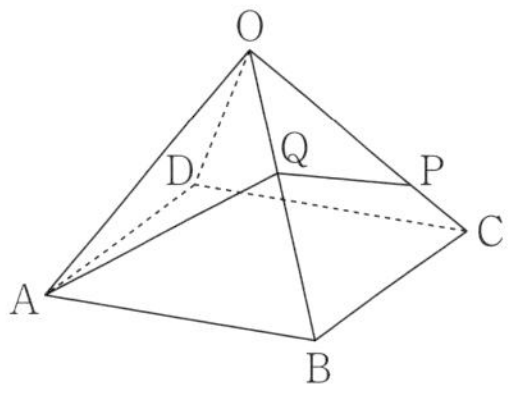

(3)　田村さんの住む町では，毎年多くのホタルを見ることができ，6月に最も多く観測されます。そこで，田村さんは，6月のホタルの観測数を2019年から2021年までの3年間について調べました。下の図は，それぞれの年の6月の30日間について，日ごとのホタルの観測数を箱ひげ図に表したものです。この箱ひげ図から読み取れることとして正しいものを，下の①～④の中から全て選び，その番号を書きなさい。(　　　)

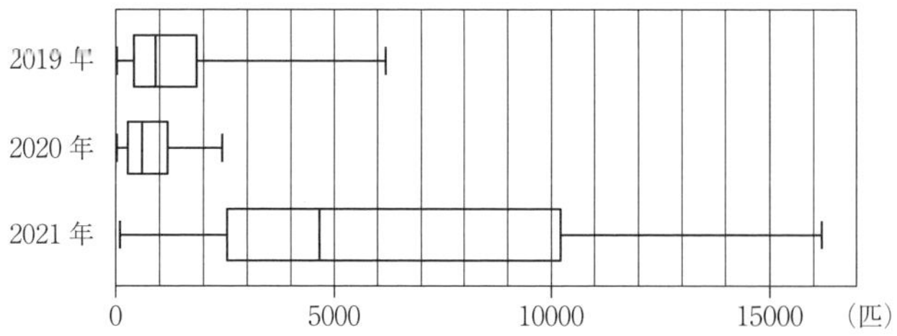

①　2019年の6月では，観測されたホタルの数が1000匹未満であった日数が15日以上ある。
②　6月に7000匹以上のホタルが観測された日が1日もないのは，2020年だけである。
③　2021年の6月では，3000匹以上10000匹以下のホタルが観測された日数が15日以上ある。
④　4000匹以上のホタルが観測された日数は，2021年の6月は2019年の6月の2倍以上ある。

3　右の図のように，関数 $y=\dfrac{1}{4}x^2$ のグラフがあります。また，方程式 $y=-3$ のグラフ上を $x>0$ の範囲で動く点A，$x<0$ の範囲で動く点Bがあります。点Aを通り y 軸に平行な直線と，関数 $y=\dfrac{1}{4}x^2$ のグラフとの交点をC，点Bを通り y 軸に平行な直線と，関数 $y=\dfrac{1}{4}x^2$ のグラフとの交点をDとします。

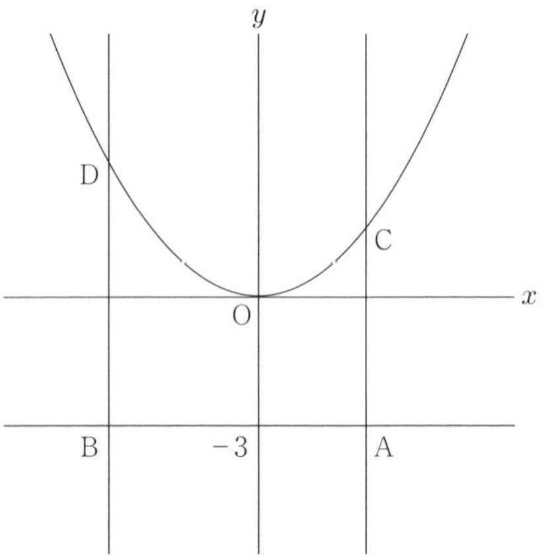

次の(1)・(2)に答えなさい。

(1)　点Aの x 座標が4，△OBAの面積が9となるとき，点Bの x 座標を求めなさい。(　　　)

(2)　四角形DBACが正方形となるような点Aの x 座標を全て求めなさい。(　　　)

4　右の図のように，線分ABを直径とする半円があり，点Oは線分ABの中点です。$\overset{\frown}{AB}$上に，AとBとは異なる点Cをとります。$\overset{\frown}{BC}$上にAC ∥ ODとなるような点Dをとり，線分BCと線分ADとの交点をEとします。このとき，△AEC ∽ △ABDであることを証明しなさい。

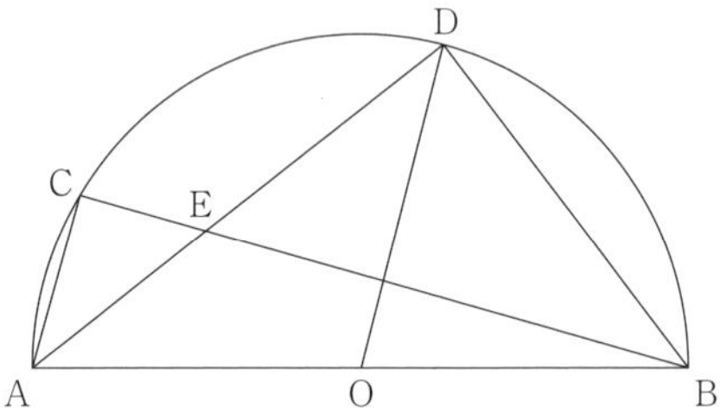

5　A社の中村さんと山下さんは，P市の港から12km離れたQ島の港へのドローン（無人航空機）を使った宅配サービスを始めたいと考えています。そこで，A社の所有するドローンが，宅配サービスに使用できるかについて話をしています。

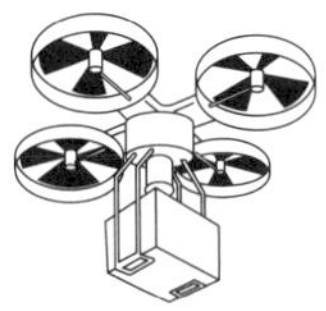

ドローンを使った宅配サービスのイメージ

中村「この宅配サービスでは，最大5kgの荷物を運ぶことにしたいんだ。私たち，A社のドローンは，バッテリーを100％に充電した状態で5kgの荷物を載せてP市を出発し，Q島へ届けたあと，再充電することなくP市に戻ってこられるかな。」

山下「バッテリー残量が30％以下になると，安全に飛行することが難しくなるよ。だから，宅配サービスに使用するためには，往復してもバッテリー残量が30％以下にならないことを確かめないといけないね。」

中村「そうだね。それでは，荷物を載せない場合と，5kgの荷物を載せる場合のそれぞれで，ドローンの飛行時間に伴うバッテリー残量の変化について調べてみようよ。」

2人は，荷物を載せない場合と，5kgの荷物を載せる場合のそれぞれについて，A社のドローンのバッテリーを100％に充電して，常に分速1.2kmで飛行させ，1分ごとにバッテリー残量を調べました。そして，ドローンが飛び始めてからx分後のバッテリー残量をy％として，その結果をそれぞれ次のように表1，表2にまとめ，下の図1，図2に表しました。

表1　荷物を載せない場合

x（分）	0	1	2	3	4
y（％）	100.0	97.9	95.9	93.9	92.0

表2　5kgの荷物を載せる場合

x（分）	0	1	2	3	4
y（％）	100.0	95.4	90.9	86.5	82.0

図1　荷物を載せない場合

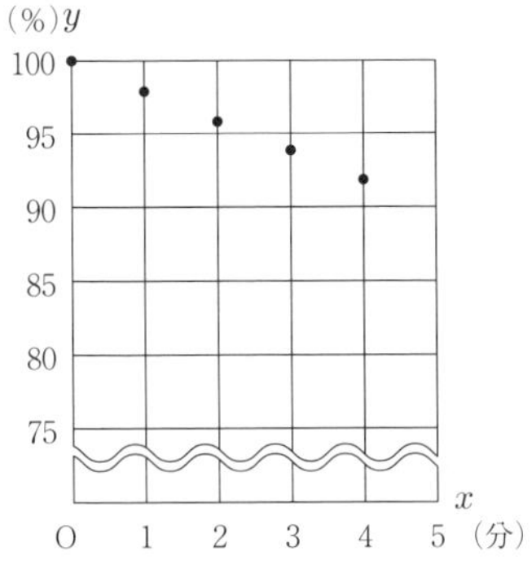

図2　5kgの荷物を載せる場合

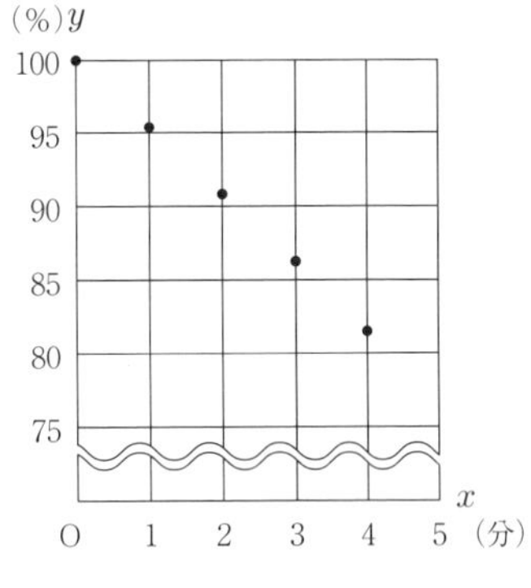

中村さんたちは，表1，表2と図1，図2を基に，A社のドローンが宅配サービスに使用できるかを考えました。

中村「図1，図2を見ると，いずれの場合も5つの点がほぼ一直線上に並んでいるから，どちらもyはxの一次関数とみなして考えてみようよ。」

山下「それでは，荷物を載せない場合は，グラフが①2点(0，100)，(4，92)を通る直線となる一次関数と考え，5kgの荷物を載せる場合は，グラフが2点(0，100)，(4，82)を通る直線となる一次関数としよう。」

中村「この2つの一次関数を基に，②5kgの荷物をQ島に届けてP市に戻ってくるまでのドローンの飛行時間とバッテリー残量の関係を表すグラフをかくと，A社のドローンが宅配サービスに使用できるか分かると思うよ。」

山下「では，グラフをかいて考えてみよう。」

次の(1)・(2)に答えなさい。

(1) 下線部①について，荷物を載せない場合において，y を x の式で表しなさい。(　　　)

(2) 下線部②について，バッテリーを100％に充電したA社のドローンが，5kgの荷物を載せ，P市の港を出発してQ島の港で荷物を降ろし，荷物を載せない状態でP市の港に戻ってくるまでの飛行時間とバッテリー残量の関係を表すグラフをかきなさい。また，グラフを基に，A社のドローンがこの宅配サービスに使用できるか，使用できないかを，その理由とともに説明しなさい。ただし，ドローンの上昇・下降にかかる時間とそれに伴うバッテリー消費，およびQ島の港で荷物を降ろす際にかかる時間は考えないものとします。

説明(　　　　　　　　　　　　　　　　　　　　　)

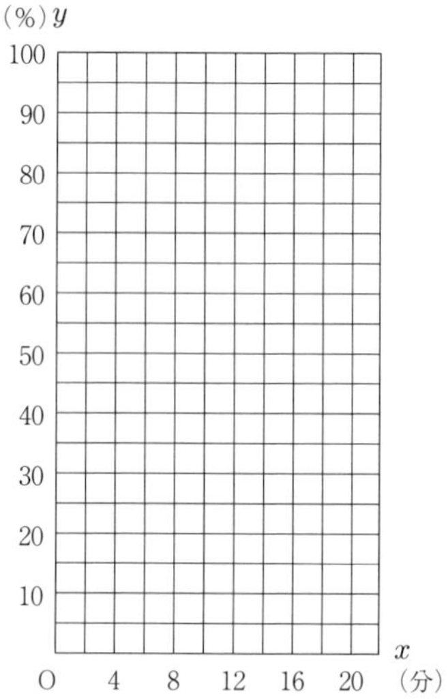

6 太郎さんと次郎さんは，次の【ゲーム】において，先にカードを取り出す人と，後からカードを取り出す人とでは，どちらが勝ちやすいかを調べることにしました。

【ゲーム】

右の図のように，1，2，3，4の数字が1つずつ書かれた4枚のカードが入った袋があります。右の下の図のように，正方形ABCDの頂点Aにコマを置きます。このコマを，太郎さんと次郎さんの2人が，下の〈ルール〉にしたがって，正方形ABCDの頂点から頂点へ移動させ，勝敗を決めます。

〈ルール〉

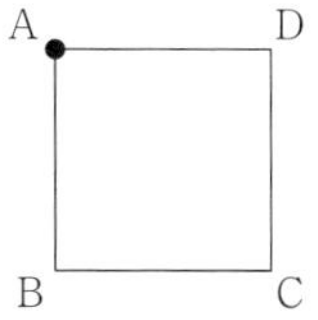

① 先に，太郎さんが袋の中のカードをよく混ぜ，そこから1枚取り出し，カードに書かれた数字の数だけ，正方形の頂点から頂点へ反時計まわりにコマを移動させる。

② 太郎さんは，取り出したカードを袋に戻し，次郎さんに交代する。

③ 次に，次郎さんが袋の中のカードをよく混ぜ，そこから1枚取り出し，①で移動させたコマが置いてある頂点から，カードに書かれた数字の数だけ，正方形の頂点から頂点へ反時計まわりにコマを移動させる。

④ それぞれが移動させた後のコマの位置によって，下の表のⅠ～Ⅳのように勝敗を決めることとする。

	太郎さんが移動させた後のコマの位置	次郎さんが移動させた後のコマの位置	勝敗
Ⅰ	頂点B	頂点B	引き分け
Ⅱ	頂点B	頂点B以外	太郎さんの勝ち
Ⅲ	頂点B以外	頂点B	次郎さんの勝ち
Ⅳ	頂点B以外	頂点B以外	引き分け

例えば，太郎さんが2の数字が書かれたカードを取り出したとき，太郎さんはコマをA→B→Cと移動させます。次に次郎さんが1の数字が書かれたカードを取り出したとき，次郎さんはコマをC→Dと移動させます。この場合は，太郎さんが移動させた後のコマは頂点Cにあり，次郎さんが移動させた後のコマは頂点Dにあるので，Ⅳとなり引き分けとなります。

次の(1)・(2)に答えなさい。

(1) この【ゲーム】において，太郎さんが移動させた後のコマの位置が，頂点Bである確率を求めなさい。(　　　)

2人は，太郎さんが勝つ確率と，次郎さんが勝つ確率をそれぞれ求めました。その結果から，この【ゲーム】では，先にカードを取り出す人と，後からカードを取り出す人とでは，勝ちやすさに違いがないことが分かりました。

(2) さらに，【ゲーム】中の〈ルール〉の②だけを次の②′にかえた新しいゲームでも，カードを取り出す順番によって勝ちやすさに違いがないかを調べることにしました。

②′　太郎さんは，取り出したカードを袋に戻さず，次郎さんに交代する。

この新しいゲームにおいて，先にカードを取り出す人と，後からカードを取り出す人とでは，勝ちやすさに違いはありますか。下のア～ウの中から正しいものを1つ選び，その記号を書きなさい。また，それが正しいことの理由を，確率を用いて説明しなさい。

記号(　　　)　理由(　　　　　　　　　　　　　　　　　　　　　　　　　　　　　　　　　)

ア　先にカードを取り出す人と後からカードを取り出す人とでは，勝ちやすさに違いはない。

イ　先にカードを取り出す人が勝ちやすい。

ウ　後からカードを取り出す人が勝ちやすい。

英語

時間　50分　　　　満点　50点

(編集部注)　放送問題の放送原稿は英語の末尾に掲載しています。
音声の再生についてはもくじをご覧ください。

(注)　最初に，放送による聞き取りテストを行います。

1　放送を聞いて答えなさい。

問題A　これから，No.1～No.3まで，対話を3つ放送します。それぞれの対話を聞き，そのあとに続く質問の答えとして最も適切なものを，ア～エの中から選んで，その記号を書きなさい。

No.1(　　　)　No.2(　　　)　No.3(　　　)

No.1

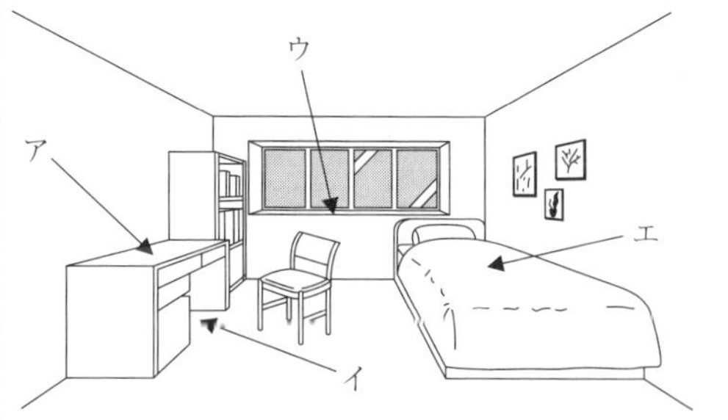

No.2

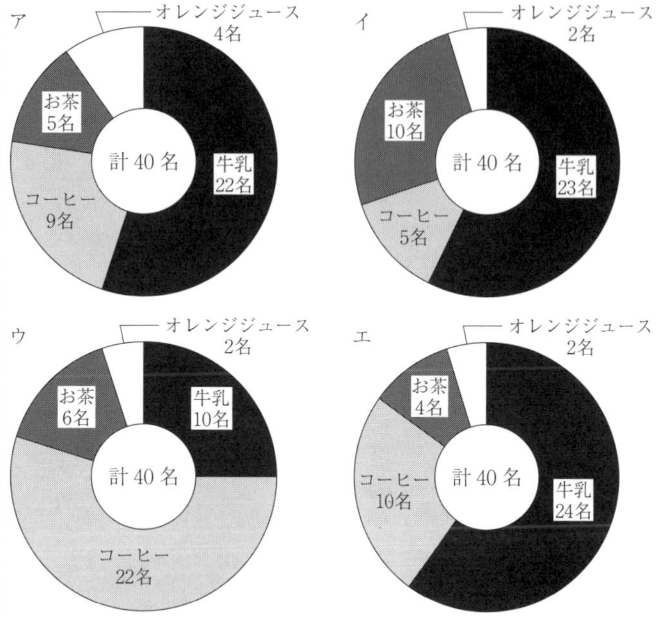

No.3

ア　He will clean his room.
イ　He will cook dinner.
ウ　He will go shopping.
エ　He will practice the piano.

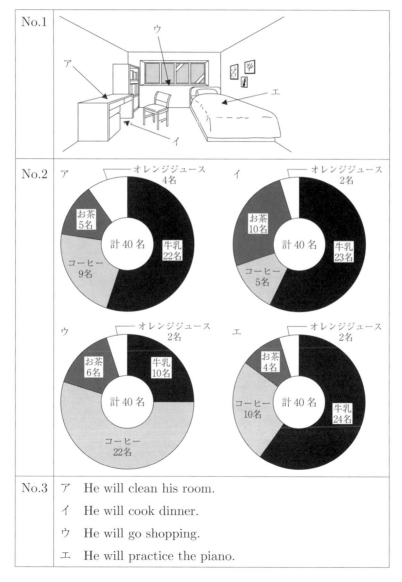

問題B　これから放送する対話は，留学生のマイクと高校生の広子がある話題に関して話したときのものです。下の【対話】に示されているように，まず①でマイクが話し，次に②で広子が話し，そのあとも交互に話します。⑤ではマイクが話す代わりにチャイムが１回鳴ります。あなたがマイクなら，この話題に関しての対話を続けるために，⑤で広子にどのような質問をしますか。⑤に入る質問を英文で書きなさい。

（　　　　　　　　　　　　　　　　　　　　　　　　　　　　　）

【対話】

Mike	:	①
Hiroko	:	②
Mike	:	③
Hiroko	:	④
Mike	:	⑤　チャイム

問題C　これから放送する英文は，留学生のキャシーが高校生の次郎に対して話したときのものです。キャシーの質問に対して，あなたならどのように答えますか。あなたの答えを英文で書きなさい。なお，２文以上になっても構いません。

（　　　　　　　　　　　　　　　　　　　　　　　　　　　　　）

2　次の対話は，もみじ市の高校生の京花と留学生のヘレンが，ヘレンのホームステイ先で話したときのものです。また，資料1はそのとき京花たちが見ていたウェブページの画面であり，資料2はヘレンの予定表の一部です。これらに関して，あとの1～5に答えなさい。

Kyoka：Helen, we are going to see a movie and visit the zoo this summer. Are there any other places you want to visit? [　あ　]

Helen：Yes. I'm interested in Japanese history, so I want to visit some historical places here in Momiji City. Do you have any ideas?

Kyoka：Yes, I can show you a website [A] in English. Look at this! [　い　]

Helen：I don't know which tour I should choose. Will you help me?

Kyoka：Of course, I'll help you.

Helen：Thanks. Here is my schedule.

Kyoka：OK. How about this tour? It is [B] for you, because you are interested in historical places. [　う　]

Helen：It looks nice, but I don't like eating meat.

Kyoka：Then how about this tour? You will visit the most historical place in the city. This is my favorite place. You will also learn about the history of our city. If I were you, I would choose this tour.

Helen：I like this tour the best, but I don't want to get tired on the last day before the second term starts.

Kyoka：OK. Then you can join the one on Sunday. [　え　]

Helen：But we have plans to go out together that day.

Kyoka：We can change our plans. If you don't want to change them, you can choose this tour. You can see beautiful flowers, trees, and stones. You will also wear traditional Japanese clothes. You are free on Tuesdays.

Helen：I like this tour too, but it's a little expensive. Is it OK to change our plans?

Kyoka：Sure. [C]?

資料1

Enjoy Momiji City!

We have some interesting tours for people from abroad. If you are interested in our one day tours, join us!

TOUR 1：Temples and Shrines

Momiji City has a lot of temples and shrines, and you can see some of them. If you are interested in Japanese history, you should choose this exciting tour.

Date：August 15 (Monday) / August 21 (Sunday)　Time：11:00～16:00

Fee　：¥3,000 (Lunch at a sukiyaki restaurant is included.)

TOUR 2：Kimono Photo Shoot

Would you like to wear a beautiful kimono? You can choose your favorite one at a kimono rental shop. Your tour guide will take pictures of you in a very old Japanese garden.

Date：August 16 (Tuesday) / August 23 (Tuesday)　Time：14:00～17:00

Fee　：¥5,000 (The rental fee for a kimono is included.)

TOUR 3：Momiji City Museum and Momiji Castle

This city has a long history, and Momiji City Museum teaches it to you. You will also visit Momiji Castle. If you are interested in the history of the city, this tour is the best choice for you.

Date：August 25 (Thursday) / August 28 (Sunday)　Time：10:00～14:00

Fee　：¥2,500 (Lunch is not included.)

資料 2

8 August	
15　Monday	
16　Tuesday	
17　Wednesday	Practice volleyball (10:00～11:00)
18　Thursday	
19　Friday	Watch the soccer game (13:00～)
20　Saturday	Go to the summer festival with my host family (16:00～)
21　Sunday	See a movie and have lunch with Kyoka (9:00～14:00)
22　Monday	
23　Tuesday	
24　Wednesday	Practice volleyball (10:00～11:00)
25　Thursday	
26　Friday	The beginning of the second term
27　Saturday	Go out for dinner with my host family (18:00～)
28　Sunday	Visit the zoo and have lunch with Kyoka (9:00～14:00)

(注)　historical　歴史的な　　tour　ツアー　　schedule　予定表　　meat　肉　　term　学期
stone　石　　date　日付　　fee　料金　　include　含む　　shoot　撮影
rental　レンタルの　　guide　案内人　　choice　選択　　host family　ホームステイ先の家族

1　本文中の A に当てはまる最も適切な語を，次のア～エの中から選び，その記号を書きな

さい。(　　　)

ア　write　　イ　wrote　　ウ　written　　エ　writing

2　本文中の[B]に適切な語を1語補って，英文を完成しなさい。(　　　)

3　次の英文は，本文中から抜き出したものです。この英文を入れる最も適切なところを本文中の[あ]～[え]の中から選び，その記号を書きなさい。(　　　)

There are three tours.

4　ヘレンが参加することに決めたツアーを次のア～ウの中から選び，その記号を書きなさい。また，ヘレンがそのツアーに参加するのは8月の何日ですか。その日にちを数字で書きなさい。

記号(　　　)　日にち(　　　)

ア　TOUR 1：Temples and Shrines　　イ　TOUR 2：Kimono Photo Shoot

ウ　TOUR 3：Momiji City Museum and Momiji Castle

5　本文中の[C]に当てはまる最も適切な英語を，次のア～エの中から選び，その記号を書きなさい。(　　　)

ア　What do you want to do after seeing a movie

イ　What do you want to do after visiting the zoo

ウ　When do you want to see a movie with me

エ　When do you want to visit the zoo with me

3　次の英文は，日本の職人を海外に紹介するウェブページに，家具職人として活躍する和子が取り上げられたときの記事の一部です。これに関して，あとの1～6に答えなさい。

Kazuko's father was a furniture maker and had a furniture studio. When Kazuko was a child, she was very excited to see how her father made furniture. He made a wooden chair for Kazuko when she entered elementary school. She was very happy and sat in it every day. She liked her father's furniture.

Kazuko started to work at her father's furniture studio after she graduated from high school. She learned about the kinds of wood used for making furniture. For example, she learned how hard or soft they are. Her father always said to her, "①I (furniture　to　people　my　use　want) for many years. So, I always choose the best wood for my furniture." Kazuko liked his idea and tried to work like him. But when she made furniture, she felt something was missing.

One day in 2010, a man visited their studio. His name was Alfred, a furniture maker in Denmark. Kazuko showed him around the studio and said to him, "I always think about the warmth of the wood when I make furniture." Alfred saw her furniture and said, "②Your idea is good, but we also think about the warmth of the design. Your furniture is nice, but it can be better." Then he said, "Would you like to come to my studio?" A week later, Kazuko decided to ______ about making the furniture of Denmark for three months.

In December 2010, Kazuko went to Denmark and started to work with other furniture makers at Alfred's studio. They knew a lot about wood and design. Their furniture had beautiful curved lines, so she felt the design was warm. When she was talking with them, she noticed one thing. Many people spend a lot of time at home, because winter is very cold and long in Denmark. They try to have a comfortable life in cold places. So they want furniture which makes them feel warm.

When Kazuko talked about it to Alfred, he asked Kazuko, "Do you know the word hygge?" "No, I don't." Kazuko answered. Alfred said, "You can use this word when you feel warm and comfortable. For example, I feel hygge when I sit in a chair in front of a fireplace with my family. We think hygge is very important in our lives. So, when we choose furniture, we think about it very much." Kazuko liked the word hygge. She remembered her wooden chair made by her father. Its design was simple, but when she sat in it, she always felt comfortable. She thought that her father's way of thinking was similar to hygge though he did not know this word.

Kazuko came back to Japan in spring. She always thought about the word hygge when she made furniture. One day, Kazuko's father said to her, "Your furniture looks warm. I like it." She said to him, "The experience in Denmark has changed me."

（注）　furniture　家具　　studio　工房　　wooden　木製の　　enter　入学する
graduate from ～　～を卒業する　　wood　木　　hard　かたい　　soft　やわらかい

missing　欠けている　Denmark　デンマーク　warmth　あたたかさ　design　デザイン
curved line　曲線　notice　気付く　comfortable　心地よい　hygge　ヒュッゲ
fireplace　暖炉　simple　簡素な　be similar to ～　～に似ている

1　次の(1)・(2)に対する答えを，英文で書きなさい。

(1)　Did Kazuko's father make a wooden chair for Kazuko when she was a child?

(　　　　　　　　　　　　　　　　　　　　　　　　　　　　　　)

(2)　Where did Kazuko start to work when she went to Denmark?

(　　　　　　　　　　　　　　　　　　　　　　　　　　　　　　)

2　下線部①が意味の通る英文になるように，(　　) 内の語を並べかえなさい。

I (　　　　　　　　　　　　　　　　　　　　　　　　) for many years.

3　下線部②について，その内容を表している最も適切な英文を，次のア～エの中から選び，その記号を書きなさい。(　　　)

ア　Asking her father how to make furniture is important.

イ　Being careful about design is important.

ウ　Thinking about the warmth of the wood is important.

エ　Using wood from Denmark is important.

4　本文中の □ に適切な語を1語補って，英文を完成しなさい。(　　　)

5　次のア～エの中で，本文の内容に合っているものを全て選び，その記号を書きなさい。

(　　　)

ア　Kazuko liked to see how her father made furniture when she was a child.

イ　Alfred thought that Kazuko's furniture could be better when he saw it.

ウ　Kazuko felt hygge when she bought a wooden chair in Denmark.

エ　Kazuko came back to Japan from Denmark in December.

6　次の対話は，和子がデンマークから帰国したあとに開催された家具の展示会で，海外から来た客に話しかけられたときのものです。あなたが和子ならどのように答えますか。和子のデンマークでの経験を踏まえて，次の □ にあなたの考えを10語程度の英語で書きなさい。

(　　　　　　　　　　　　　　　　　　　　　　　　　　　　　　)

Customer：　I like your furniture. This is great! Could you make a chair for me?
Kazuko　：　Sure. Where would you like to put it?
Customer：　Well, I'd like to put it in my room. I read books there every evening.
Kazuko　：　I see. I will make a chair which □.

④ あとの問題Ａ・Ｂに答えなさい。

問題Ａ 次のイラストと英文は，留学生のボブがボランティア部に所属している高校生の洋子に話しかけたときのものです。①～⑥の順に対話が自然につながるように，［ア］・［イ］にそれぞれ適切な英語を書いて，対話を完成しなさい。

ア（ ）

イ（ ）

Yesterday…
① Yoko, your club did volunteer work for elderly people living in a nursing home yesterday. What did you do for them?
② ［ア］. They enjoyed listening to our music online.
③ That's nice. I want to join you. What are you going to do for them next time?
④ We are going to make sweets for them. You should come! However, we haven't decided what sweets we should make.
⑤ How about sweets that were popular when they were young?
⑥ That's a good idea. But I don't know much about those sweets, so ［イ］.

（注） elderly 年配の nursing home 高齢者介護施設 online オンラインで
sweets 甘い菓子

問題Ｂ 高校生の健太はある日曜日の午後に，駅前で２人の外国人観光客から宿泊予定のホテルへの行き方を尋ねられました。あなたが健太なら，次の【地図】中の，㋐と㋑の道順のうち，どちらを案内しますか。下の【2人の外国人観光客から得た情報】も参考にして，どちらか1つを選び，その記号を書きなさい。また，それを選んだ理由を20語程度の英文で書きなさい。なお，2文以上になっても構いません。

記号(　　　)

理由(　　　　　　　　　　　　　　　　　　　　　　　　　　　　　　　　　　　　　　)

【地図】

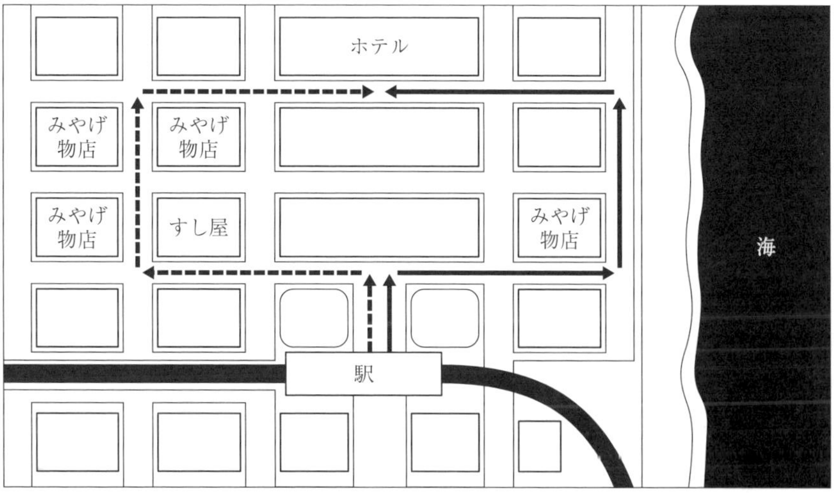

(注)　みやげ物店　souvenir shop

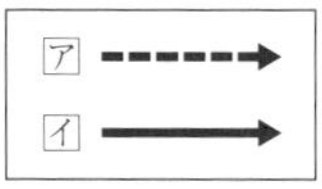

【2人の外国人観光客から得た情報】

・ホテルまでは徒歩で移動する。
・この町を訪れるのは初めてである。
・ホテルへの到着時刻は決めておらず，途中で観光などをしたい。

〈放送原稿〉

(チャイム)

2022年度広島県公立高等学校入学試験英語聞き取り検査を始めます。

はじめに，問題についての説明を行います。

聞き取り検査には，問題A，問題B，問題Cの3種類の問いがあります。

問題Aは対話と質問，問題Bは対話，問題Cは英文を放送します。これらはすべて2回ずつ放送します。メモをとっても構いません。

では，問題Aを始めます。

(チャイム)

問題A　これから，No.1～No.3まで，対話を3つ放送します。それぞれの対話を聞き，そのあとに続く質問の答えとして最も適切なものを，ア～エの中から選んで，その記号を書きなさい。

No.1

A：　Tom, what are you looking for?

B：　I'm looking for my key. I usually put it on the desk, but it's not there.

A：　Well, I have seen it on the bed or by the window before.

B：　I have already checked those places.

A：　Look. There is something under the desk. What's that?

B：　Oh, it's my key! Why is it there?

Question No.1：Where is Tom's key?

No.2

A：　Mr. Jones, look at this graph. I asked my classmates what they drink with breakfast.

B：　Milk is the most popular, right?

A：　Yes. I didn't think milk would be so popular.

B：　Kana, what do you drink?

A：　I drink tea, but coffee is more popular than tea. What do you drink?

B：　I drink orange juice.

A：　In my class, only two students drink orange juice.

B：　I see.

Question No.2：Which graph are Mr. Jones and Kana looking at?

No.3

A：　James, have you finished your homework?

B：　No, I haven't, but I will finish it soon.

A：　Do you have any plans after that?

B：　Yes, I'm going to clean my room. Then I'm going to practice the piano. What's the matter, Mom?

A：　I'm cooking dinner and need more eggs. Can you go shopping?

B：　Sure. I'll go soon after I finish my homework. Is there anything else you need?

A： Yes. I also need some apples.

B： OK. I'll buy them, too.

Question No.3：What will James do first after he finishes his homework?

もう1回くりかえします。

問題A

No.1

A： Tom, what are you looking for?

B： I'm looking for my key. I usually put it on the desk, but it's not there.

A： Well, I have seen it on the bed or by the window before.

B： I have already checked those places.

A： Look. There is something under the desk. What's that?

B： Oh, it's my key! Why is it there?

Question No.1：Where is Tom's key?

No.2

A： Mr. Jones, look at this graph. I asked my classmates what they drink with breakfast.

B： Milk is the most popular, right?

A： Yes. I didn't think milk would be so popular.

B： Kana, what do you drink?

A： I drink tea, but coffee is more popular than tea. What do you drink?

B： I drink orange juice.

A： In my class, only two students drink orange juice.

B： I see.

Question No.2：Which graph are Mr. Jones and Kana looking at?

No.3

A： James, have you finished your homework?

B： No, I haven't, but I will finish it soon.

A： Do you have any plans after that?

B： Yes, I'm going to clean my room. Then I'm going to practice the piano. What's the matter, Mom?

A： I'm cooking dinner and need more eggs. Can you go shopping?

B： Sure. I'll go soon after I finish my homework. Is there anything else you need?

A： Yes. I also need some apples.

B： OK. I'll buy them, too.

Question No.3：What will James do first after he finishes his homework?

これで，問題Aを終わります。

次に問題Bに入ります。これから放送する対話は，留学生のマイクと高校生の広子がある話題に関して話したときのものです。下の【対話】に示されているように，まず①でマイクが話し，次に②で広子が話し，そのあとも交互に話します。⑤ではマイクが話す代わりにチャイムが1回鳴ります。あなたがマイクなら，この話題に関しての対話を続けるために，⑤で広子にどのような質問をしますか。⑤に入る質問を英文で書きなさい。

問題B

Mike　：　I saw you at the station yesterday. Where did you go?

Hiroko：　I went to the library, because I like reading books.

Mike　：　How often do you go there?

Hiroko：　I go there every week. I borrowed a lot of books yesterday.

Mike　：　（チャイム）

もう1回くりかえします。

問題B

Mike　：　I saw you at the station yesterday. Where did you go?

Hiroko：　I went to the library, because I like reading books.

Mike　：　How often do you go there?

Hiroko：　I go there every week. I borrowed a lot of books yesterday.

Mike　：　（チャイム）

これで，問題Bを終わります。30秒後に問題Cに入ります。

問題Cに入ります。これから放送する英文は，留学生のキャシーが高校生の次郎に対して話したときのものです。キャシーの質問に対して，あなたならどのように答えますか。あなたの答えを英文で書きなさい。なお，2文以上になっても構いません。

問題C　It's my father's birthday soon. I'd like to give him something, but I don't know what he wants. So I asked one of my friends what I should give him. She said, "You should ask him what he wants for his birthday." What do you think about this idea? And why do you think so?

もう1回くりかえします。

問題C　It's my father's birthday soon. I'd like to give him something, but I don't know what he wants. So I asked one of my friends what I should give him. She said, "You should ask him what he wants for his birthday." What do you think about this idea? And why do you think so?

これで，聞き取り検査の問題の放送を全て終わります。

このあとは，2番以降の問題に進んでも構いません。

（チャイム）

社会

時間　50分　　　満点　50点

1　ある学級の社会科の授業で，「私たちの生活と交通の発達」というテーマを設定し，班ごとに分かれて学習しました。次の会話はそのときのものです。あとの1～5に答えなさい。

中山：先週，親戚の家に行ったのだけど，新しく①高速道路ができていて，以前は渋滞していた道路を通らずに行くことができたから，とても早く着いたよ。

池田：高速道路が整備されると便利になるよね。

西村：便利と言えば，この前，父が，②新幹線もずいぶん整備されて，日帰りできる都市が増えたって言ってたよ。

池田：早く移動できるというだけではなく，自動車や鉄道，③航空機，船舶といったそれぞれの④移動手段の特徴を生かした使い分けによって，さらに便利に移動できるよね。

中山：そうだね。資料を集めて整理し，⑤「私たちの生活と交通の発達」について，現在どのような取り組みが行われているか，考えていこうよ。

1　下線部①に関して，中山さんの班では，高速道路について調べ，次の地形図Ⅰを見付けました。中山さんの班では，この地形図Ⅰを見て，高速道路が扇状地で弧を描くように通っていることに興味をもち，調べてあとのようにまとめました。中山さんの班のまとめの中の□に当てはまる適切な語は何ですか。地形図Ⅰを基に書きなさい。(　　　)

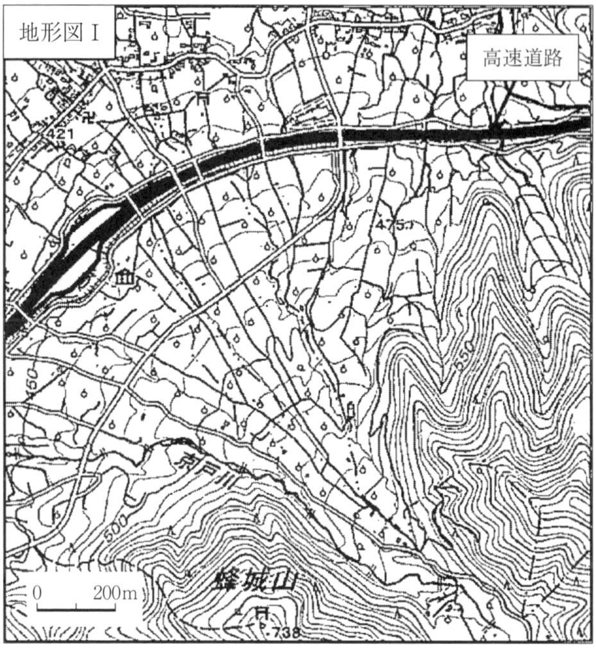

(国土地理院　地理院地図により作成。)

中山さんの班のまとめ

地形図Ⅰ中の高速道路が扇状地で弧を描くように通っているのは，道路の高低差を小さくするために，扇状地の地形に合わせて，[　　]に沿ってつくられているからである。

2　下線部②に関して，新幹線をはじめとする鉄道網の整備にともない，都市間の移動時間は大幅に短縮しました。右の地図Ⅰは，2010年までに開業している新幹線の路線を示しています。次の資料Ⅰは，2010年と2014年について，東京を起点に全国の各都市に到着するまでの鉄道による移動時間を，地図上の距離に置き換えて日本列島を変形させて示したものです。中山さんの班では，地図Ⅰと資料Ⅰを基に，2010年と2014年にかけて生じた，東京から山形，仙台，大阪，鹿児島までの鉄道の発達による移動時間の変化について，下のようにまとめました。中山さんの班のまとめの中の[a]に当てはまる都市名は何ですか。その都市名を書きなさい。また，[b]にはどのような内容が当てはまりますか。その内容を簡潔に書きなさい。

a（　　　）　b（　　　　　　　　　　　　　　　　　　　　　　）

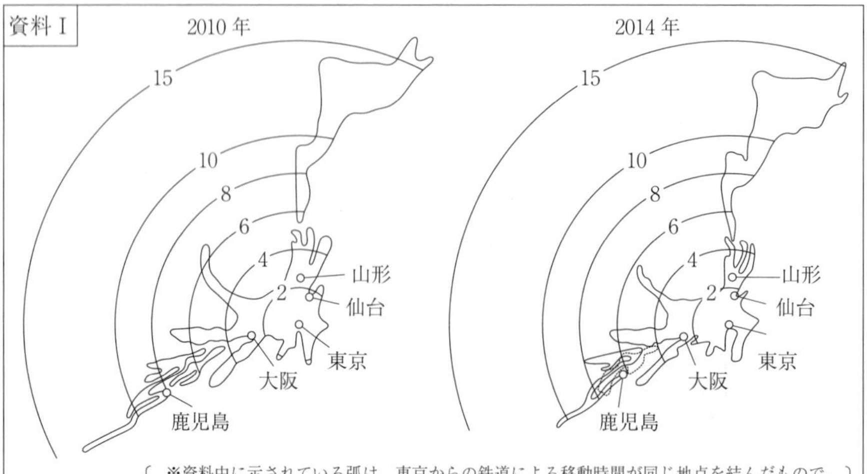

※資料中に示されている弧は，東京からの鉄道による移動時間が同じ地点を結んだもので，弧の上の数字は，その移動時間を示している。(単位は時間)
※2014年については四国の海岸線を点線で示している。

中山さんの班のまとめ

2010年から2014年にかけて生じた，東京から山形，仙台，大阪，鹿児島までの移動時間の変化を比較すると，[a]以外の三つの都市までの移動時間はあまり短縮していないのに，[a]までの移動時間は大きく短縮していることが読み取れる。この違いは，[b]ために生じたものであると考えられる。

3　下線部③に関して，中山さんの班では，ある航空会社の国際線の主な航空路線について調べ，次の資料Ⅱを見付けました。中山さんの班は，資料Ⅱを見て，この航空路線の往路と復路とでは，同じ経路で同じ距離を飛行しているのに，平均飛行時間に違いがあることに疑問をもち，さらに調べ，その理由を，地図Ⅱを基に，自然条件に触れて下のようにまとめました。中山さんの班のまとめの中の□に当てはまる適切な語を書きなさい。(　　　)

資料Ⅱ

都市間の平均飛行時間
〔往路〕
東京発→サンフランシスコ着
約9時間20分
〔復路〕
サンフランシスコ発→東京着
約11時間20分
※往復の飛行経路と飛行距離は同じものとする。

地図Ⅱ

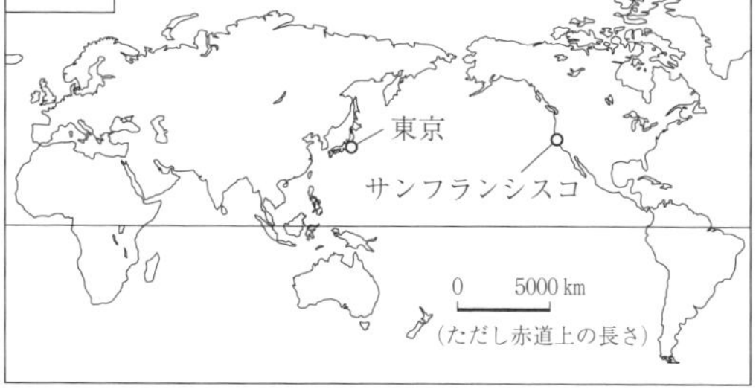

中山さんの班のまとめ
東京・サンフランシスコ間の航空路線の往路と復路の平均飛行時間に約2時間の違いがあるのは，自然条件として□の影響があるためと考えられる。

4　下線部④に関して，中山さんの班では，2009年のアメリカ，ドイツ，日本のそれぞれの国において，人が国内を移動する際に利用する主な交通機関の割合を調べ，次のグラフⅠを作成しました。グラフⅠ中の A と B のうち，日本が当てはまるのはどちらですか。その記号を書きなさい。また，その記号を選んだ理由を，あとの地図Ⅲ・Ⅳを基に簡潔に書きなさい。
記号(　　　)　理由(　　　)

グラフⅠ

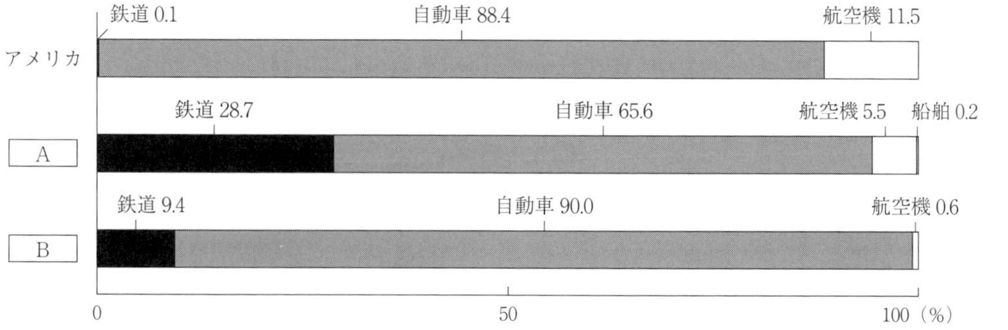

(データブック　オブ・ザ・ワールド　2021年版により作成。)

(地図Ⅲ・Ⅳは面積が正しくあらわされています。)

5　下線部⑤に関して，中山さんの班では，X市が，バスの運行に新しいしくみを取り入れることによって経済の活性化を目指していることについて調べ，次の表Ⅰと図Ⅰ・Ⅱを作成しました。バスの運行に新しいしくみを取り入れることによるバスの利用者と運行会社の，それぞれの立場からの利点は何ですか。表Ⅰと図Ⅰ・Ⅱを基に，利用者の立場からの利点は「便利」の語を用いて，運行会社の立場からの利点は「効率的」の語を用いて，それぞれ具体的に書きなさい。

利用者の立場からの利点(　　　　　　　　　　　　　　　　　　　　　　　　　　　)

運行会社の立場からの利点(　　　　　　　　　　　　　　　　　　　　　　　　　)

表Ⅰ　バスの運行の従来のしくみと新しいしくみの比較

	バスの運行の従来のしくみ	バスの運行の新しいしくみ
運行経路	決まった経路で運行。	利用者の予約状況に応じて，AI(人工知能)が算出した経路で運行。
運行間隔	1日3便，決まった時刻に運行。	利用者の有無や利用区間に合わせて運行。
乗車方法	利用者は，22か所のバス停のうち，最寄りのバス停で乗車。	利用者は，スマートフォンや電話で予約し，希望時刻に，従来のバス停にバーチャルバス停を加えた185か所のバス停のうち，最寄りのバス停で乗車。

バーチャルバス停：実際のバス停はなく，予約すると乗り降りできる場所

利用者の自宅と通勤先の間の移動モデルの比較

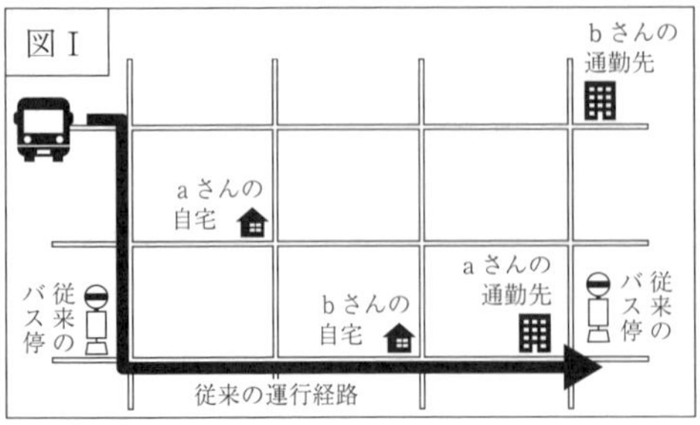

バスの運行の従来のしくみ

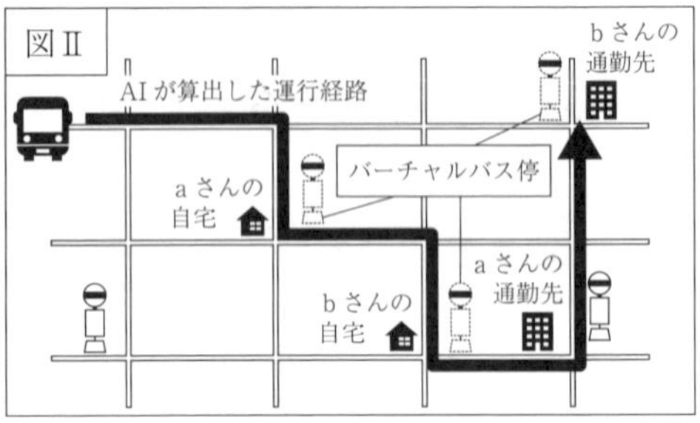

バスの運行の新しいしくみ

2　ある学級の社会科の授業で，「私たちの生活と経済との関わり」というテーマを設定し，班ごとに分かれて学習をしました。木下さんの班では，身の回りの財の価格やサービスの料金について話し合いました。次の会話はそのときのものです。あとの1～4に答えなさい。

木下：去年の12月にケーキを作ろうとしてイチゴを買ったのだけど，5月にイチゴを買ったときよりもずいぶん高くてちょっと驚いたよ。同じものなのに，どうしてこんなに価格が違うのだろう。

井上：イチゴはもともと春のものだから，季節が関係あるのかな。

中西：①イチゴの価格がどのように変化しているか調べて，その変化の理由を考えてみようよ。

木下：そうだね。でも，イチゴと違って季節と関係ないものもあるかもしれないよ。②様々な価格や料金の決まり方も調べてみようよ。

井上：それはいい考えだね。

中西：現実の社会では，価格を巡って様々な問題が生じていると聞くよ。③価格の決定にどんな問題があるのかについて考えると面白いと思うよ。

1　下線部①に関して，木下さんの班では，次のグラフⅠを見付け，それを基にイチゴの価格の変化について下のようにまとめました。木下さんの班のまとめの中の［　a　］と［　b　］に当てはまる語はそれぞれ何ですか。あとのア～エの組み合わせのうちから最も適切なものを選び，その記号を書きなさい。(　　　)

グラフⅠ　イチゴの卸売量と卸売価格（2020年）

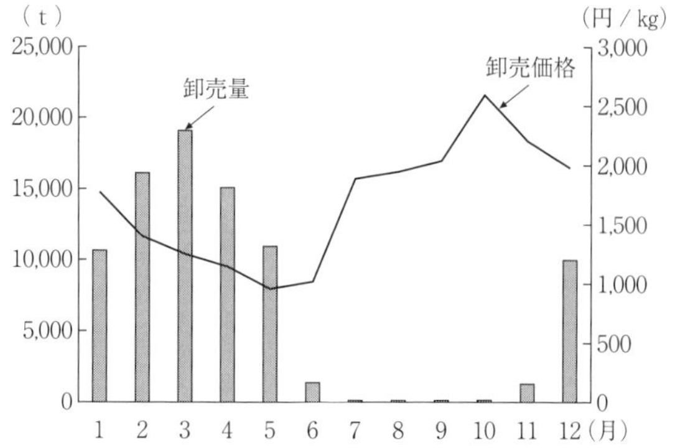

（農林水産省「青果物卸売市場調査結果」により作成。）

> 木下さんの班のまとめ
>
> イチゴの卸売量は，5月と12月で同じぐらいなのに，12月の卸売価格が高いのは，12月は5月よりもイチゴの［　a　］が［　b　］ためと考えられる。

ア　a　需要量　　b　多い

イ　a　需要量　　b　少ない

ウ　a　供給量　　b　多い

エ　a　供給量　　b　少ない

2　下線部②に関して，電気やガス，水道などの公共料金は，国や地方公共団体が認可や決定をしています。それはなぜですか。その理由を，簡潔に書きなさい。

(　　　　　　　　　　　　　　　　　　　　　　　　　　　　　　　　　　　　　　)

3　下線部③に関して，木下さんの班では，企業による価格の決定にどのような問題点があるのかについて調べ，次の資料Ⅰを見付け，それを基に下のようにまとめました。木下さんの班のまとめの中の，［A］と［B］に当てはまる適切な語をそれぞれ書きなさい。

A(　　　　)　B(　　　　)

資料Ⅰ

〔事例〕 アイスクリーム製造大手のX社は，小売店を巡回し，他の小売店よりも多く売ろうとして希望小売価格より安く売っている小売店に対し，X社の定める希望小売価格で売るように要請し，それに応じない小売店には，商品の出荷を停止していました。

木下さんの班のまとめ

市場経済では，小売店は様々な工夫をして消費者により評価される商品を販売しようと努力する。この事例では，小売店は，多くの消費者を獲得するために，商品の価格を下げて販売する努力をしていたが，X社がそれを拘束することによって，小売店間の［A］が阻まれ，結果として消費者は価格によって小売店を選べなくなる。

この事例について，独占禁止法に基づいて監視や指導を行う機関である［B］は，調査を行い，不公正であると判断した。

4　木下さんの班では，よりよい消費生活を送るためのお金の使い方について学び，次のようなまとめを作成しました。このまとめについて学級で説明するために，資料として漫画を使うこととしました。あとのア～エのうち，どの漫画を使うのが最も適切ですか。その記号を書きなさい。

(　　　)

木下さんの班のまとめ

私たちのお金は有限な資源であるのに対して，私たちの欲求は無限であるから，私たちにとって，希少性のある財やサービスを選択することがよりよい消費生活につながると考えられる。

ア

イ

ウ

エ

(金融広報中央委員会ウェブページにより作成。)

[3]　ある学級の社会科の授業で，日本の各時代の食生活に注目して時代の特色を考える学習を行いました。村田さんの班では，和食がユネスコ無形文化遺産に登録されたことを知り，日本の各時代の食生活について調べ，次の表を作成しました。あとの1～6に答えなさい。

時代区分	日本の各時代の食生活に関する主なことがら
縄文時代	ドングリなどの木の実を土器で煮て食べるようになった。
弥生時代	①西日本から東日本へ稲作が広まった。
奈良時代	②貴族の食事に，全国の様々な特産物が使われた。
平安時代	貴族社会では，年中行事やもてなしのための料理が定着した。
鎌倉時代	③禅宗の影響により，魚や肉を用いない精進料理が発展した。
安土・桃山時代	南蛮貿易が始まり，パンやカステラなどが伝来した。
江戸時代	酒や④しょう油などの特産物が各地で生産され，流通した。
明治時代	都市を中心に⑤牛肉を食べることが広がった。
昭和時代	即席ラーメンなどのインスタント食品が開発・発売された。
平成時代	「⑥和食」がユネスコ無形文化遺産に登録された。

1　下線部①に関して，稲作が広まり，人々の生活や社会の様子も大きく変わりました。次のア～エのうち，弥生時代の日本の様子について述べた文として最も適切なものはどれですか。その記号を書きなさい。(　　　)

ア　渡来人によって鉄製の農具や須恵器をつくる技術が伝えられた。

イ　豊かな自然のめぐみを祈るために，土偶がつくられ始めた。

ウ　王や豪族の墓として，前方後円墳がつくられた。

エ　奴国の王が漢に使いを送り，金印を与えられた。

2　下線部②に関して，村田さんの班では，なぜ奈良時代の貴族が食事に全国の様々な特産物を使うことができたのかについて調べ，次の資料Ⅰを作成し，資料Ⅰと当時の統治のしくみを関連付けて，その理由を下のようにまとめました。あとの(1)・(2)に答えなさい。

資料Ⅰ

都の跡から見付かった木簡には，現在の千葉県からアワビ，石川県からサバ，山口県から塩などの特産物が都に集められ貴族に送られたことが記されている。

村田さんの班のまとめ

奈良時代は，[　a　]。そのため，全国の特産物が[　b　]として都に集められたので，貴族が食事に使うことができたと考えられる。

(1)　村田さんの班のまとめの中の[　a　]には，奈良時代の統治のしくみについて述べた内容が当てはまります。次のア～エのうち，[　a　]に当てはまる内容として最も適切なものはどれですか。その記号を書きなさい。(　　　)

ア　天皇と，天皇から高い位を与えられた中央の有力な豪族が全国を支配し，地方には国司が置かれていた

イ　天皇との血縁関係を深めた貴族が摂政・関白として権力を握り，地方政治は国司に任されていた

ウ　幕府と藩によって全国の土地と民衆を統治する政治が行われていた

エ　幕府が朝廷に迫って，国ごとに守護を，荘園や公領に地頭を置くことを認めさせていた

(2)　村田さんの班のまとめの中の[b]には，税に関する語が当てはまります。[b]に当てはまる語として最も適切なものを，次のア～エのうちから選び，その記号を書きなさい。

(　　　)

ア　租　　イ　調　　ウ　庸　　エ　雑徭

3　下線部③に関して，村田さんの班では，この時代の禅宗の寺院でつくられていた料理について調べ，小麦を使う料理がつくられていたことを知り，このことに関わり，この時代の農業の特色について次のようにまとめました。村田さんの班のまとめの中の[　　　]に当てはまる適切な語を書きなさい。(　　　)

村田さんの班のまとめ

　この時代は，農業の発達により，例えば，夏は米，冬は小麦というように，1年に二つの作物を異なった時期に同一の農地でつくる[　　　]が広まった。

4　下線部④に関して，村田さんの班では，江戸時代のしょう油の流通について調べ，右の資料Ⅱを見付け，しょう油が右の資料Ⅱに示すようなびんに詰められてオランダを通じてヨーロッパに運ばれたことを知りました。次の地図Ⅰ中のア～エのうち，当時の日本からオランダにしょう油が運ばれた主な経路として最も適切なものはどれだと考えられますか。その記号を書きなさい。(　　　)

輸送の際，釜で沸かし，陶器のびんに詰めて密封することで，暑さによる腐敗や発酵を防ぎ，品質が落ちないようにした。
※びんに書かれているJAPANSCHZOYAは「日本のしょう油」の意味。

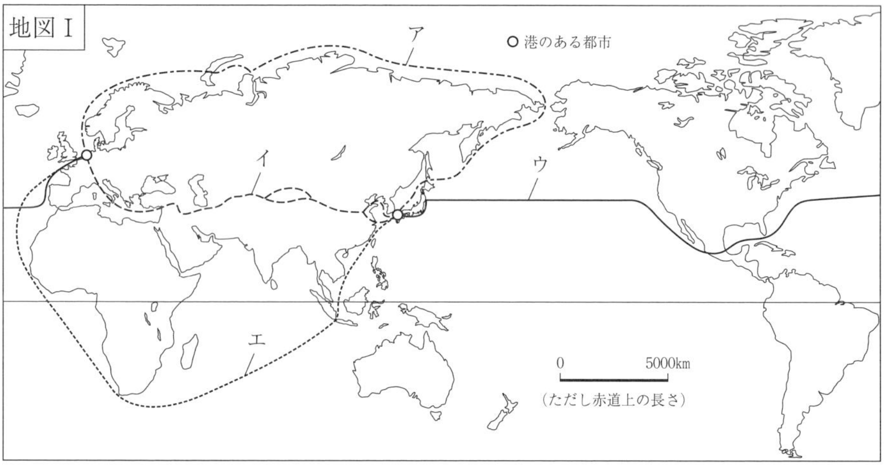

5　下線部⑤に関して，村田さんの班では，明治時代に生活様式が変化したことについて調べ，牛鍋を食べている様子を示した右の資料Ⅲを見付けました。このころ，生活様式が変化したことは，牛鍋のほかに，資料Ⅲのどのような点から読み取ることができますか。具体的に一つ書きなさい。(　　　)

資料Ⅲ

牛鍋

6　下線部⑥に関して，村田さんの班では，日本の食文化である和食の価値が世界に認められたことを知り，和食について調べ，次の資料Ⅳ・Ⅴを見付け，和食を継承するための取り組みを提案することとしました。あなたならどのような取り組みを提案しますか。あとの和食を継承するための取り組みの提案書を，条件1・2に従って完成しなさい。

和食の特徴(　　　)

取り組み(　　　)

資料Ⅳ

〔食文化としての和食の特徴〕

A　豊かな自然と食材に恵まれ，季節感を感じ，自然を尊重する精神を育んできた。

B　家族の食卓，地域の祭りや年中行事で，食を共にすることで，人のつながりが深まる。

C　体によいものを求め，健康的な食文化をつくりあげた。

D　風土の違いから，食材や調理法が変化し，食文化の多様性が生み出された。

(農林水産省ウェブページにより作成。)

資料Ⅴ

〔和食の危機の現状〕

・ファストフード店やファミリーレストランが各地に開店し，外食が日常化した。

・電子レンジの普及や冷凍食品，インスタント食品により，食生活は便利になったが，家庭内で調理をする機会が減った。

(農林水産省ウェブページにより作成。)

条件1　提案書中の和食の特徴の欄には，資料ⅣのA～Dのうち，提案する際に重点を置くものをいずれか一つ選び，その記号を書くこと。

条件2　提案書中の取り組みの欄には，条件1で選んだ和食の特徴に重点を置き，資料Ⅴの内容を踏まえて，取り組みを具体的に書くこと。

和食を継承するための取り組みの提案書	
和食の特徴	
取り組み	

4　ある学級の社会科の授業で，「持続可能な社会を目指して，自分たちにできることを考える」というテーマで班ごとに分かれて学習をしました。次の資料Ⅰは，この授業のはじめに先生が提示した持続可能な開発目標（SDGs）の17の目標であり，下の会話は，その資料を基に，山本さんの班が話し合ったときのものです。あとの1～3に答えなさい。

資料Ⅰ

（農林水産省ウェブページによる。）

山本：持続可能な社会を目指す上で，世界にはどんな課題があるかな。

西川：次の図Ⅰのようなウェブページを見付けたよ。これを見ると，①世界には水道の設備がない暮らしをしている人や②衛生的なトイレが整っていない暮らしをしている人が多くいるのだね。

図Ⅰ

（日本ユニセフウェブページによる。）

山本：じゃあ，私たちの班はSDGsの「6　安全な水とトイレを世界中に」を取り上げ，どんな課題があるかを調べてみようよ。

中野：課題が分かれば，自分たちにできることも考えられるかもしれないね。

1　下線部①に関して，山本さんの班では，世界の上水道の整備の様子を調べ，次のグラフⅠを見付けました。山本さんの班では，グラフⅠを見て，資料Ⅰ中の「6　安全な水とトイレを世界中に」の目標を達成するためには，資料Ⅰ中の「1　貧困をなくそう」の目標を達成することが必要ではないかと考え，その理由を説明しました。山本さんの班の説明はどのようなものだと考えられますか。グラフⅠを基に簡潔に書きなさい。

（　　　　　　　　　　　　　　　　　　　　　　　　　　　　　　　　　　）

グラフⅠ　2017年のアジアの主な発展途上国の上水道の普及率と一人当たり国内総生産（GDP）

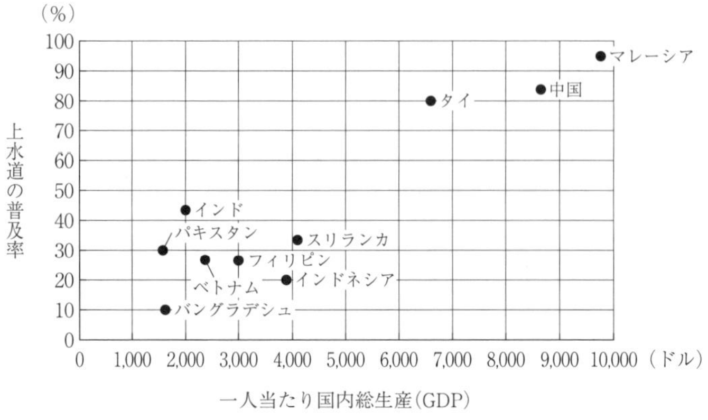

（JICA ウェブページにより作成。）

2　下線部②に関して，山本さんの班では，日本の排水やトイレについて調べ，明治時代の初めの東京の様子について述べた次の資料Ⅱを見付けました。山本さんの班では，この資料Ⅱを見て，このころの日本が衛生的であったことを知り，その理由について考えるために，江戸時代の衛生の状況について調べ，江戸の市内の通りの様子を示した次の資料Ⅲを見付けました。そして，資料Ⅲを基に，江戸の市内の衛生について下のようにまとめました。山本さんの班のまとめの中の A と B に当てはまる適切な内容をそれぞれ書きなさい。

A（　　　　　　　　　　）　B（　　　　　　　　　　）

資料Ⅱ

東京の死亡率がボストンのそれよりもすくないということを知って驚いた私は，日本の保健状態について，多少の研究をした。それによると，日本には赤痢などは全く無く，（中略）我が国で悪い排水や不完全な便所その他に起因するとされている病気の種類は日本には無いか，あっても非常にまれであるらしい。

赤痢：病気の名称

（モース「日本その日その日」により作成。）

資料Ⅲ

（「江戸名所図会・上」により作成。）

山本さんの班のまとめ

江戸の市内の人々のし尿を A として利用するために， B ことから，江戸の市内は極めて清潔であった。このことにより，伝染病は少なかった。

3　山本さんの班では，世界の水資源について調べ，次のグラフⅡを見て，アフリカはヨーロッパに比べ，一人当たりの利用可能な水の量が大幅に少なくなっていることに気付き，さらに調べて，今後，アフリカの水不足が深刻になると懸念されていることについて，次のグラフⅢと表Ⅰを基に，あとのようにまとめました。山本さんの班のまとめの中の a と b に当てはまる語はそれぞれ何ですか。あとのア～エの組み合わせのうちから最も適切なものを選び，その記号を書きなさい。また，山本さんの班のまとめの中の［　c　］にはどのような内容が当てはまると考えられますか。適切な内容を書きなさい。

記号(　　　)　c(　　　　　　　　　　　　　　　　　　　　　　　　　　　　)

グラフⅡ　アフリカとヨーロッパの一人当たりの利用可能な水の量の変化

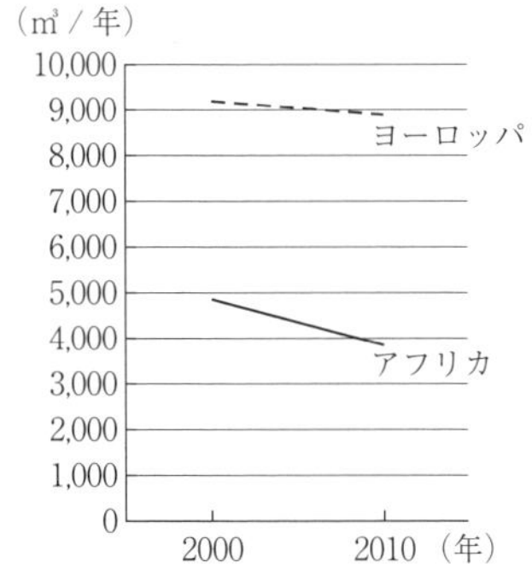

(国土交通省ウェブページにより作成。)

グラフⅢ　アフリカとヨーロッパの人口の変化

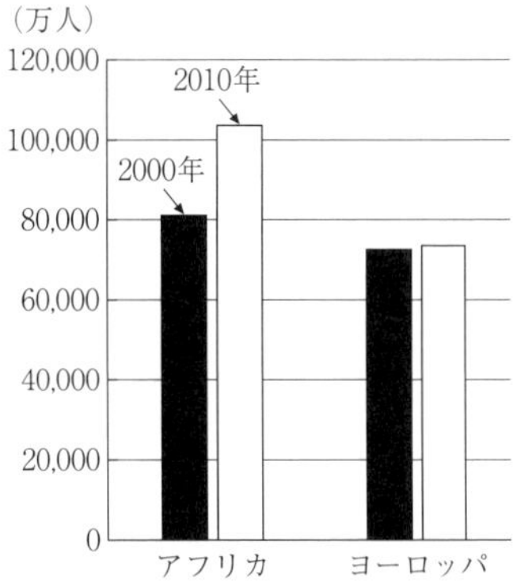

(FAO ウェブページにより作成。)

表Ⅰ　アフリカとヨーロッパの国内総生産（GDP）の変化とその増加率

	2000年(億ドル)	2010年(億ドル)	2000～2010年の増加率(%)
アフリカ	6,552	19,698	200.6
ヨーロッパ	97,012	198,896	105.0

(FAO ウェブページにより作成。)

山本さんの班のまとめ

アフリカは，ヨーロッパに比べ，人口が大幅に［　a　］していることから，一人当たりの利用可能な水の量が少なくなっていることに加え，国内総生産が大幅に［　b　］しているので，［　　c　　］と予想されることから，今後，水不足が深刻になることが懸念される。

ア　a　増加　　b　増加　　イ　a　増加　　b　減少
ウ　a　減少　　b　増加　　エ　a　減少　　b　減少

理科

時間　50分　　　　満点　50点

1　科学部の平野さんたちは，呼吸や心臓の拍動について話し合っています。次に示したものは，このときの会話です。あとの1～3に答えなさい。

平野：運動をしたときに呼吸数や心拍数が変化することについて，考えてみようよ。
小島：それなら，まずは，①呼吸の仕組みと②血液循環の仕組みについてまとめてみよう。
平野：そうだね。図を示してまとめると分かりやすいんじゃないかな。
小島：それはいいね。それから，③実際に運動をしたときに呼吸数や心拍数がどのように変化するかを調べると，何か分かるんじゃないかな。
平野：おもしろそうだね。やってみよう。

1　下線部①について，右の表1は，ヒトの呼吸における吸う息とはく息に含まれる気体の体積の割合についてまとめたものです。また，下の図1は，ヒトの肺の一部を，図2は，肺胞の断面を，それぞれ模式的に示したものです。あとの(1)・(2)に答えなさい。

表1

	吸う息	はく息
気体A	20.79 %	15.25 %
気体B	0.04 %	4.30 %
水蒸気	0.75 %	6.18 %
窒素	78.42 %	74.27 %

図1

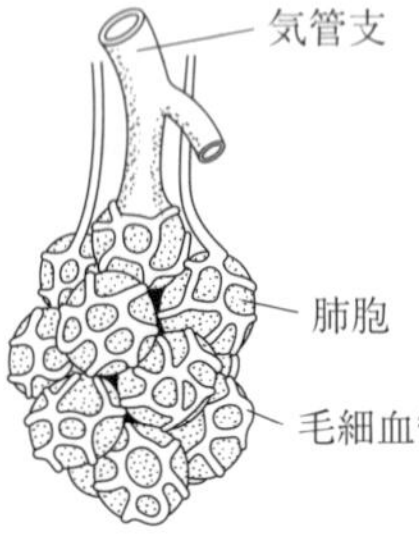

図2

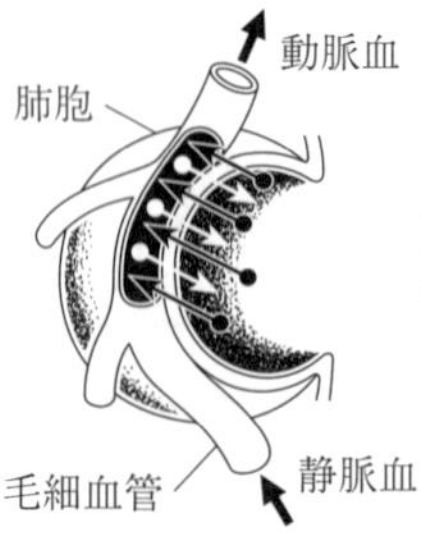

図2中の●は気体Xを，
○は気体Yを示している。

(1)　表1中の気体Aと気体B，図2中の気体Xと気体Yにおいて，二酸化炭素を示しているのはそれぞれどちらですか。次のア～エの組み合わせの中から適切なものを選び，その記号を書きなさい。(　　　)

ア　気体Aと気体X　　イ　気体Aと気体Y　　ウ　気体Bと気体X　　エ　気体Bと気体Y

(2)　図1のように，ヒトの肺は，肺胞という小さな袋が多数集まってできています。このような肺のつくりになっていることにより，効率よく気体の交換を行うことができるのはなぜですか。その理由を簡潔に書きなさい。

(　　　　　　　　　　　　　　　　　　　　　　　　　　　　　　　　　　)

2　下線部②について，次に示したものは，平野さんたちが，血液循環の仕組みについて調べたことをノートにまとめたものです。あとの(1)・(2)に答えなさい。

次の図3は，正面から見たヒトの心臓の断面を模式的に示したものである。図3に示すように，ヒトの心臓は，ア～エの4つの部屋に分かれており，アとイは心房，ウとエは心室とよばれる。図4は，血液がこれらの部屋をどのように循環しているかを模式的に示したものである。

図3

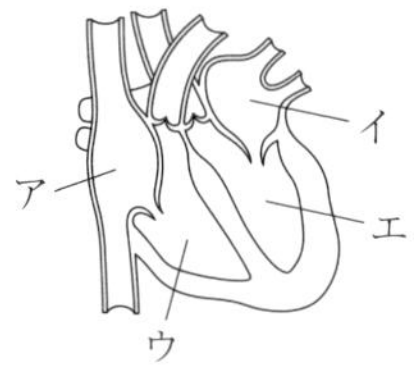

図4

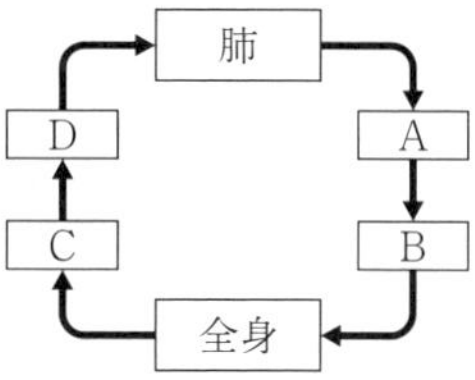

図4中の矢印は，血液の流れを示している。

心房と心室の間や心室と血管の間には弁がある。また， E のところどころにも弁はあり，これらの弁があることによって，血液が F ようになっている。

(1)　図4中の A ～ D には，図3中のア～エのいずれかの部屋が当てはまります。 A ～ D には，それぞれどの部屋が当てはまりますか。図3中のア～エの中から適切なものをそれぞれ選び，その記号を書きなさい。

A（　　　）　B（　　　）　C（　　　）　D（　　　）

(2)　文章中の E に当てはまる適切な語を，次のア・イから選び，その記号を書きなさい。また， F に当てはまる内容を簡潔に書きなさい。E（　　　）　F（　　　　　）

ア　動脈　　イ　静脈

3　下線部③について，平野さんたちは，運動したときの呼吸数や心拍数の変化について，右の図5のように，医療用の装置を使って調べました。この装置では，心拍数とともに，酸素飽和度が計測されます。酸素飽和度は，動脈血中のヘモグロビンのうち酸素と結び付いているものの割合が計測され，およそ96～99％の範囲であれば，酸素が十分足りているとされています。次の【ノート】は，平野さんが調べたことをノートにまとめたものであり，あとの【会話】は，調べたことについて平野さんたちが先生と話し合ったときのものです。【会話】中の G に当てはまる語を書きなさい。また， H ・ I に当てはまる内容をそれぞれ簡潔に書きなさい。

図5

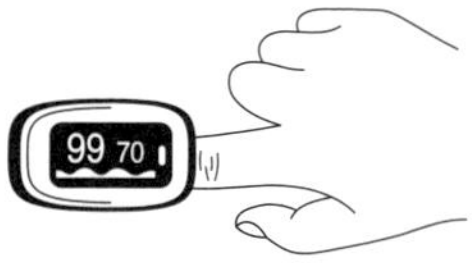

G（　　　）

H（　　　　　　　　　　　　　　　　　　　　　　　　　）

I（　　　　　　　　　　　　　　　　　　　　　　　　　）

【ノート】

〔方法〕

安静時と運動時の①酸素飽和度，②心拍数（1分間当たりの拍動の数），③呼吸数（1分間当たりの呼吸の数）の測定を行う。まず，安静時の測定は座って行い，次に，運動時の測定は5分間のランニング直後に立ち止まって行う。これらの測定を3回行う。

〔結果〕

	1回目			2回目			3回目		
	酸素飽和度〔%〕	心拍数〔回〕	呼吸数〔回〕	酸素飽和度〔%〕	心拍数〔回〕	呼吸数〔回〕	酸素飽和度〔%〕	心拍数〔回〕	呼吸数〔回〕
安静時	99	70	16	98	68	15	98	72	17
運動時	98	192	34	97	190	32	98	194	33

【会話】

平野：先生。運動すると，酸素飽和度の値はもっと下がると予想していましたが，ほぼ一定に保たれることが分かりました。

先生：なぜ，酸素飽和度の値はもっと下がると予想していたのですか。

平野：運動時，筋肉の細胞では，栄養分からより多くの［　G　］を取り出す必要があるので，より多くの酸素が必要だと思ったからです。でも，酸素飽和度が一定に保たれているということは，必要な酸素が供給されているということですね。

小島：そうだね。必要な酸素量が増えても［　H　］ことで，細胞に酸素を多く供給することができ，そのことによって，［　G　］を多く取り出すことができるのですね。

先生：そうですね。ヒトの場合，今回のような激しい運動時は，1分間に心室から送り出される血液の量は安静時の約5倍にもなるようです。また，安静時に1回の拍動で心室から送り出される血液の量は，ヒトの場合，平均約70mLです。1分間に心室から送り出される血液の量は，1回の拍動で心室から送り出される血液の量と心拍数の積だとして，今回の運動について考えてみましょう。

小島：今回の安静時では，心拍数を平均の70回とすると，1分間で約4.9Lの血液が心室から送り出されることになります。これを5倍にすると，1分間に心室から送り出される血液の量は約24.5Lになるはずです。

平野：今回の運動時では，心拍数の平均値は192回だよね。あれ？　1回の拍動で心室から送り出される血液の量を70mLとして運動時の場合を計算すると，24.5Lには全然足りません。

先生：そうですね。今回のような激しい運動時に，1分間に心室から送り出される血液の量が安静時の約5倍にもなることは，心拍数の変化だけでは説明ができないですね。

小島：運動時には安静時と比べて，心拍数の他にも何か変化が生じているのかな。

先生：そのとおりです。それでは，ここまでの考察から，何がどのように変化していると考えられますか。

平野：そうか。［　I　］と考えられます。

先生：そうですね。そのようにして生命活動を維持しているのですね。

2 ある学級の理科の授業で，田中さんたちは，金属と電解質の水溶液を用いてつくったダニエル電池で，電流を取り出せるかどうかを調べる実験をして，レポートにまとめました。次に示したものは，田中さんのレポートの一部です。あとの1～4に答えなさい。

〔方法〕

次のⅠ～Ⅳの手順で，右の図1のような，ダニエル電池にプロペラ付きモーターをつないだ回路をつくり，電流を取り出せるかどうかを調べる。

Ⅰ ビーカーに①硫酸亜鉛水溶液と亜鉛板を入れる。

Ⅱ セロハンを袋状にし，その中に硫酸銅水溶液と銅板を入れる。

Ⅲ 硫酸銅水溶液と銅板を入れた袋状のセロハンを，ビーカーの中の硫酸亜鉛水溶液に入れる。

Ⅳ 亜鉛板と銅板をプロペラ付きモーターにつなぐ。

図1

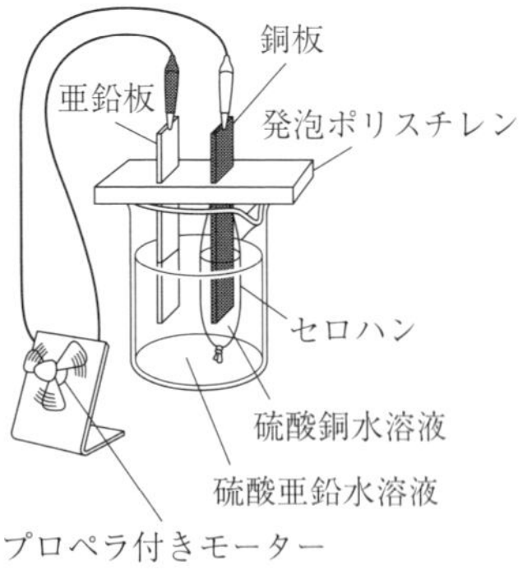

〔結果〕

モーターが回った。実験後，亜鉛板と銅板を取り出し，表面の様子を確認したところ，次の表1のようになっていた。

表1

亜鉛板	硫酸亜鉛水溶液に入っていた部分の表面がざらついていた。
銅板	硫酸銅水溶液に入っていた部分の表面に赤い固体が付着していた。

〔考察〕

モーターが回ったことから，②電池として電流を取り出せたことが分かる。

〔疑問〕

亜鉛板と銅板の表面が変化したのはなぜだろうか。

1 下線部①について，硫酸亜鉛のような電解質は水に溶けて電離します。次の文は，電離について述べたものです。文中の［A］・［B］に当てはまる語をそれぞれ書きなさい。

A（　　　） B（　　　）

電解質が水に溶けて，［A］と［B］に分かれることを電離という。

2 下線部②について，次の文は，ダニエル電池によるエネルギーの変換について述べたものです。文中の［C］・［D］に当てはまる語として適切なものを，下のア～オの中からそれぞれ選び，その記号を書きなさい。

C（　　　） D（　　　）

ダニエル電池では，［C］が［D］に変換される。

ア 熱エネルギー　イ 力学的エネルギー　ウ 化学エネルギー　エ 核エネルギー

オ 電気エネルギー

3　〔疑問〕について，次に示したものは，田中さんたちが，ダニエル電池において，亜鉛板と銅板の表面が変化したことを，電流が流れる仕組みと関連付けてまとめたものです。〔考察〕中の［ E ］に当てはまる内容を，「電子」，「イオン」，「原子」の語を用いて簡潔に書きなさい。また，ⅰ，ⅱの［　　］内の化学反応式を，イオンの化学式や電子1個を表す記号 e^- を用いて，それぞれ完成しなさい。

E (　　　　　　　　　　　　　　　　　　　　　　　　　　　　　　)

ⅰ(　　　　　　)　ⅱ(　　　　　　)

〔考察〕

右の図2において，モーターが回っているとき，亜鉛板の表面では，亜鉛原子が電子を失って亜鉛イオンになって溶け出す。このとき亜鉛板に残された電子は，導線を通って銅板に向かって移動する。そして，銅板の表面では，［ E ］。

また，亜鉛板の表面と銅板の表面で起こる化学変化を化学反応式で表すと，それぞれ次のようになる。

・亜鉛板の表面で起こる化学変化を表す化学反応式

［Zn →　　　　］……ⅰ

・銅板の表面で起こる化学変化を表す化学反応式

［　　　　→ Cu］……ⅱ

図2

電流が流れる仕組みのモデル

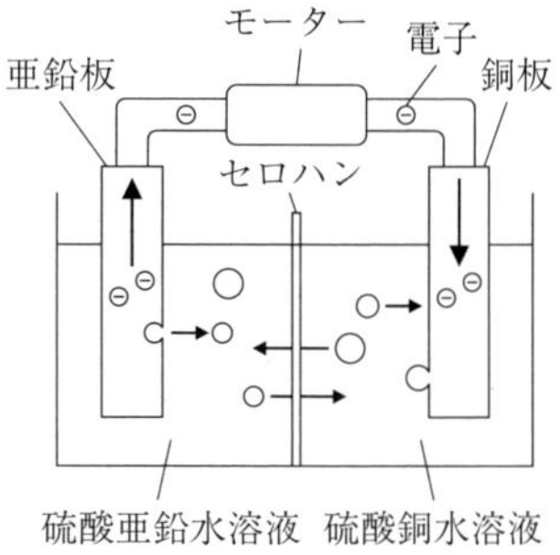

4　さらに，田中さんたちは，ダニエル電池の電圧を測定し，ダニエル電池の亜鉛板と硫酸亜鉛水溶液を，それぞれマグネシウム板と硫酸マグネシウム水溶液に変えた電池Ⅰの電圧について調べました。次の図3は，ダニエル電池の電圧を測定したときの様子を，図4は，電池Ⅰの電圧を測定したときの様子を，表2は，測定結果をそれぞれ示したものです。また，下に示したものは，そのときの田中さんたちの会話です。あとの(1)・(2)に答えなさい。

図3

〔ダニエル電池〕

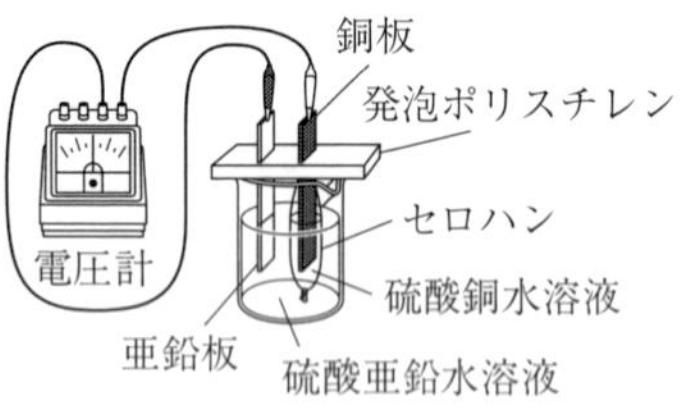

図4

〔電池Ⅰ〕

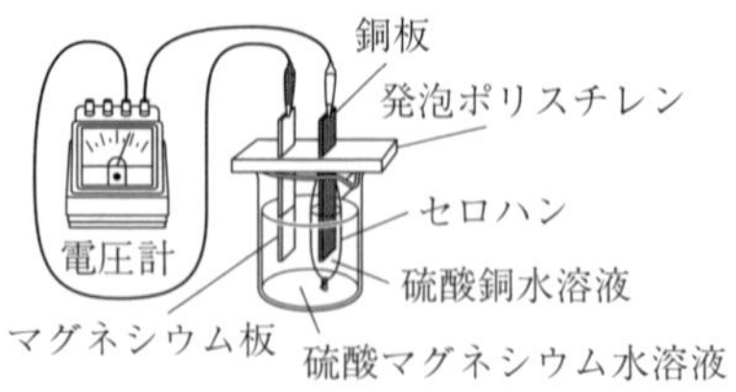

表2

	電圧〔V〕
ダニエル電池	1.08
電池Ⅰ	1.68

田中：先生。ダニエル電池では，亜鉛が電子を失って亜鉛イオンになって溶け出したとき，その電子が移動することによって電流が取り出せました。だから，電池の電圧の大きさは，電池に用いる金属の［ F ］が関係していると思います。

先生：よい気付きです。電池の電圧の大きさは，＋極と－極に，金属の [F] の違いが大きい金属どうしを組み合わせて用いた方が大きくなります。

川口：だから，表2のように電池Ⅰの方がダニエル電池よりも電圧が大きかったのですね。

田中：ということは，亜鉛，銅，マグネシウムの [F] の順番から考えると，右の図5のような，ダニエル電池の銅板をマグネシウム板に，硫酸銅水溶液を硫酸マグネシウム水溶液に変えた電池Ⅱの電圧は，電池Ⅰの電圧より [G] なると思うよ。

図5

〔電池Ⅱ〕

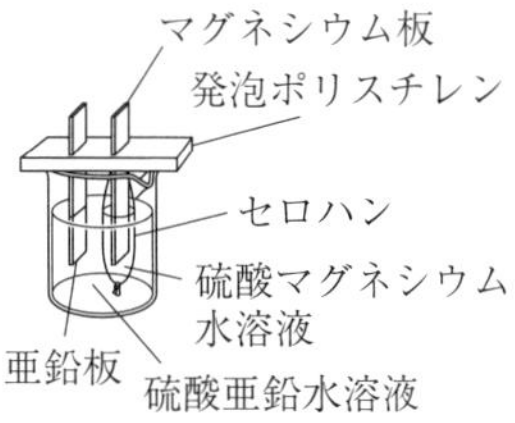

川口：そうだね。また，電池Ⅱは亜鉛板が [H] だね。

先生：そうですね。2人とも正しく理解できていますね。

(1)　会話文中の [F] に当てはまる内容を簡潔に書きなさい。

(　　　　　　　　　　　　　　　　)

(2)　会話文中の [G]・[H] に当てはまる語はそれぞれ何ですか。次のア～エの組み合わせの中から適切なものを選び，その記号を書きなさい。(　　　)

ア　[G]：大きく　[H]：－極　　イ　[G]：大きく　[H]：＋極

ウ　[G]：小さく　[H]：－極　　エ　[G]：小さく　[H]：＋極

3　木下さんは，次の写真1のように，太陽が地平線の近くを動いて，1日中沈まない現象が見られる地域が海外にあることに興味をもち，この現象が見られる都市Pについて調べました。次に示したものは，木下さんが調べたことをノートにまとめたものです。あとの1～4に答えなさい。

写真1

〔調べたこと〕

都市Pでは，夏のある期間，太陽が1日中沈まずに地平線の近くを動く日が続く。

〔日本との共通点や相違点〕

・都市Pでも，太陽が昇ったり沈んだりする期間では，日本と同じように，①太陽が東の空から昇り，南の空を通って西の空に沈む。また，②季節によって太陽の通り道が変化したり，気温が変化したりするのも共通している。

・都市Pと日本では，緯度の違いがあるため，同じ日の太陽の通り道や太陽の南中高度は異なる。

1　下線部①について，次の文章は，太陽の1日の見かけの動きについて述べたものです。文章中の□に当てはまる語を書きなさい。(　　　)

地球が1日1回，西から東へ自転することによって，太陽が東から西へ動いていくように見える。このような太陽の1日の見かけの動きを，太陽の□という。

2　下線部②について，右の図1は，日本のある地点における秋分の日の太陽の通り道を，透明半球上に実線――で示したものです。次のア～エの中で，同じ地点における冬至の日の太陽の通り道を，この透明半球上に破線-----で示したものとして最も適切なものはどれですか。その記号を書きなさい。(　　　)

図1

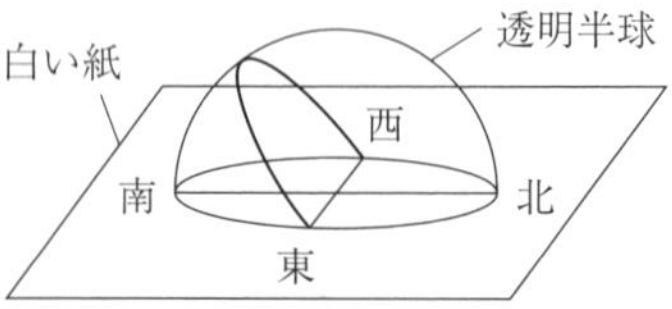

ア

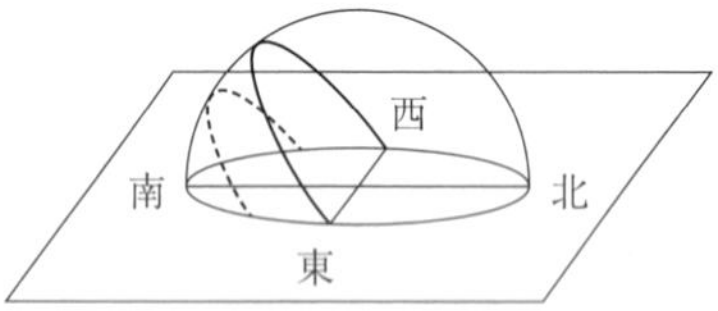

イ

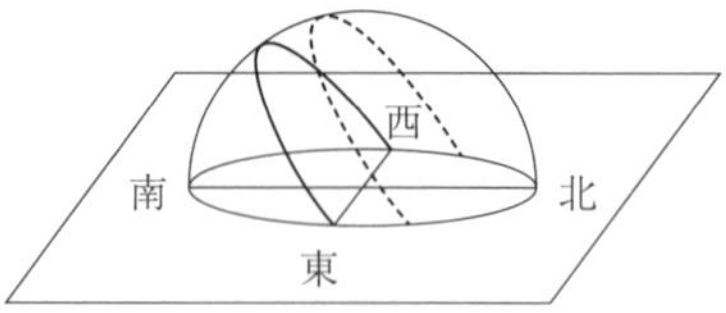

ウ

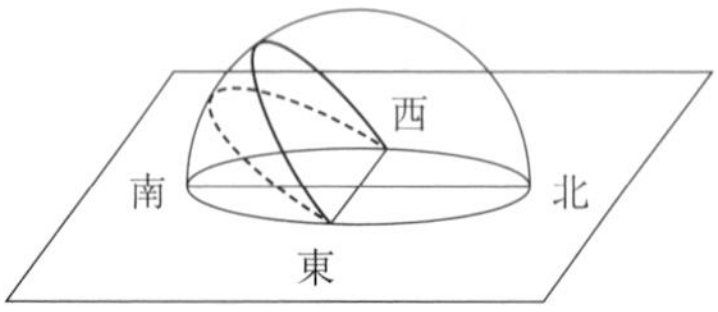

エ

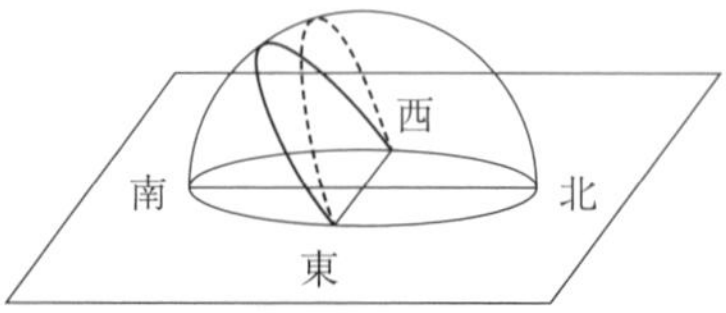

3　右の図2は，地球が公転軌道上の夏至の日の位置にあるときの太陽の光の当たり方を模式的に示したものです。次の(1)・(2)に答えなさい。ただし，地軸は地球の公転面に垂直な方向に対して23.4度傾いているものとします。

図2

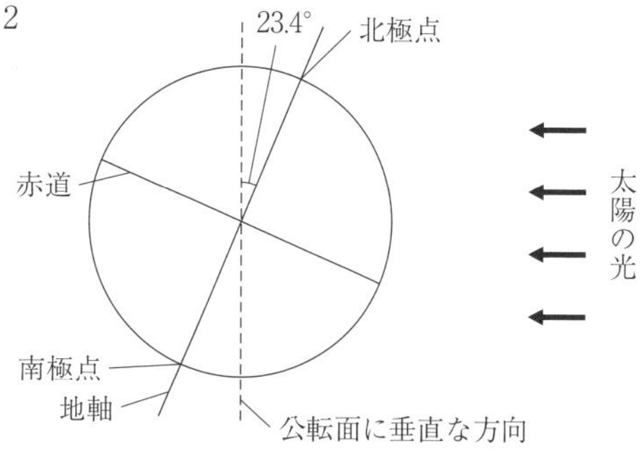

(1)　次の文章は，木下さんが，図2を基に，地球上のどの地域であれば，太陽が1日中沈まない現象を見ることができるかについてまとめたものです。文章中の［A］に当てはまる値を書きなさい。また，［B］に当てはまる内容を簡潔に書きなさい。

A（　　　）　B（　　　　　　　　　　　　　　　　　　　　　　　　　）

> 夏至の日に，太陽が1日中沈まない現象を見ることができる地域と見ることができない地域の境目は，北緯［A］度であり，この北緯［A］度以北の地域でこの現象を見ることができる。一方で，同じ日の南極点では太陽が［B］と考えられる。

(2)　右の図3は，木下さんが住んでいる日本の北緯34.2度の位置にある地点Aの，夏至の日における太陽の南中高度を調べるために，木下さんが，地点Aと地点Aにおける地平面を図2にかき加えたものです。夏至の日における，地点Aの太陽の南中高度は何度ですか。

（　　　度）

図3

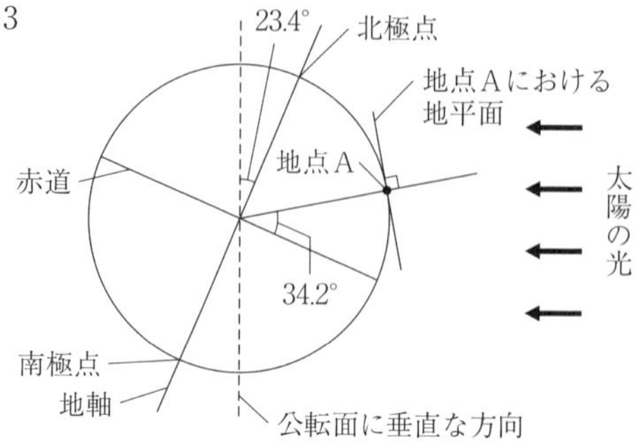

4　木下さんは，都市Pで太陽が1日中沈まない現象が見られたある晴れた日の，都市Pと日本のある都市Qの気温を調べて，図4を作成しました。次に示したものは，木下さんが図4を見て，都市Pでは，太陽が1日中沈まないのに，気温があまり上がらないことに疑問をもち，実験をしてまとめたレポートの一部です。あとの(1)・(2)に答えなさい。

図4

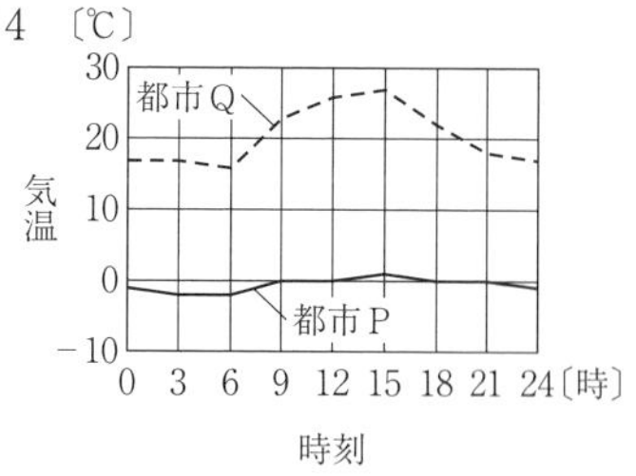

〔方法〕

性能が同じ光電池とプロペラ付きモーターをつないだものを3つ用意し，右の図5のように，光電池を板に取り付け，取り付けた板の面に円柱の棒を垂直に固定した装置を3つ作る。晴れた日の午後，次の図6の①のように，1つは光電池を，太陽の光が垂直に当た

図5

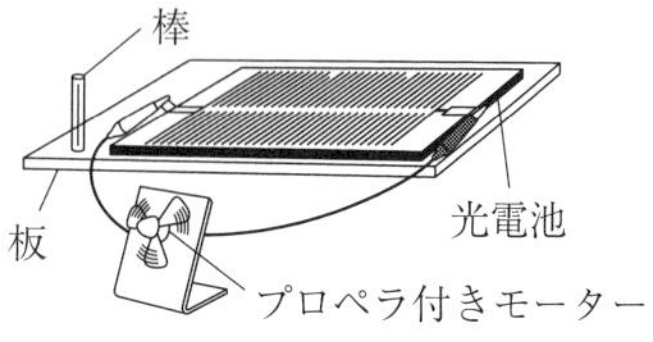

るように設置し，残り２つは②，③のように光電池の傾きを変えて設置し，モーターの回る様子を３つ同時に観察する。

なお，光電池に太陽の光が垂直に当たっていることは，光電池を取り付けた板の面に垂直に固定した棒の［ C ］ことによって確認できる。

図６

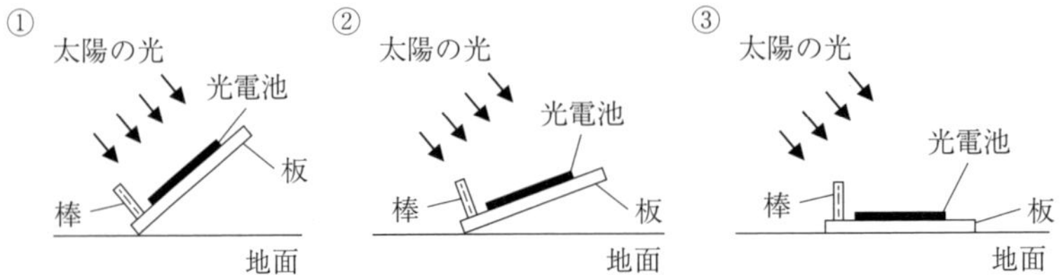

〔結果〕

モーターは，①が最も速く回り，次に②が速く回り，③はあまり回らなかった。

〔考察〕

〔結果〕から，太陽の光の当たる角度が垂直に近いほど，光電池が発電する電力が大きかったといえる。これは，太陽の光が当たる光電池の面積は同じであっても，太陽の光の当たる角度が垂直に近いほど，光電池が太陽から得るエネルギーは大きくなるためである。このことを基に考えると，都市Ｐで太陽が１日中沈まないのに，都市Ｑと比べて１日の気温があまり上がらないのは，都市Ｐは都市Ｑよりも，［ D ］ために，地面があたたまりにくいからだと考えられる。

(1)　〔方法〕中の［ C ］に当てはまる内容を簡潔に書きなさい。

（　　　　　　　　　　　　　　　　　　　　　　　　　　　　　　）

(2)　〔考察〕中の［ D ］に当てはまる内容を，「南中高度」，「面積」の語を用いて簡潔に書きなさい。

（　　　　　　　　　　　　　　　　　　　　　　　　　　　　　　）

④　科学部の山田さんは，音の伝わり方や光の進み方について興味をもち，実験をして調べました。あとの1～3に答えなさい。

1　次に示したものは，山田さんが音の伝わる速さを測定する実験を行い，ノートにまとめたものです。下の(1)・(2)に答えなさい。

〔方法〕

Ⅰ　同じ種類の2台の電子メトロノームAとBを，ともに0.25秒ごとに音が出るように設定し，同時に音を出し始め，AとBから出た音が同時に聞こえることを確認する。

Ⅱ　下の図1のように，点Oで固定した台の上にAを置き，Bを持った観測者が点Oから遠ざかる。

Ⅲ　観測者が点Oから遠ざかるにつれて，AとBから出た音は，ずれて聞こえるようになるが，再び同時に聞こえる地点まで遠ざかり，そこで止まる。そのときのBの真下の位置を点Pとする。

Ⅳ　点Oから点Pまでの直線距離を測定する。

図1

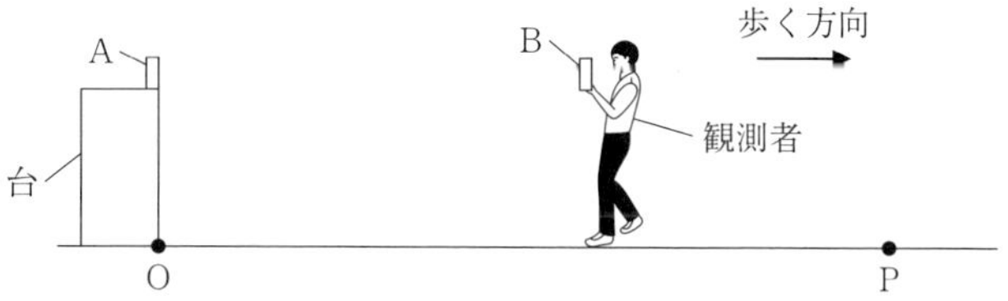

〔結果〕

点Oから点Pまでの直線距離は，86mであった。

〔考察〕

音が空気を伝わるとき，空気の［ a ］が次々と伝わっている。

この実験では，観測者が点Oから遠ざかるにつれて，Bから観測者までの距離は変わらないのに対して，Aから観測者までの距離は長くなる。AとBから出た音は空気中を［ b ］で進むので，観測者が点Oから遠ざかるにつれて，Aから出た音が観測者に届くまでの時間が，Bから出た音が観測者に届くまでの時間より長くなる。そのため，AとBから出た音がずれて聞こえるようになる。

また，点Pは，AとBから出た音が再び同時に聞こえた最初の位置である。このことから，音の伝わる速さは［ c ］m/sである。

(1)　〔考察〕中の［ a ］に当てはまる語を書きなさい。また，［ b ］に当てはまる語句を書きなさい。a（　　　）　b（　　　）

(2)　〔考察〕中の［ c ］に当てはまる値を書きなさい。（　　　）

2　次の写真1は，1匹の金魚がいる水を入れた水槽を正面から見たときの様子を撮影したもので，写真2は，写真1と同時に，この水槽を別の位置から見たときの様子を撮影したものです。写真

2において，水槽の水面と側面からそれぞれ1匹ずつ見えている金魚は，金魚が実際にいる位置とは違う位置にそれぞれ見えています。

写真1

写真2

山田さんは，写真2の水槽の水面から見えている金魚について，金魚が実際にいる位置を点C，見る人の目の位置を点D，水面から金魚が見える位置を点Eとして，これらの点の位置関係を図2のように方眼紙上に模式的に示しました。点Cからの光が，水面を通って点Dまで進む道すじを，実線――でかきなさい。

図2

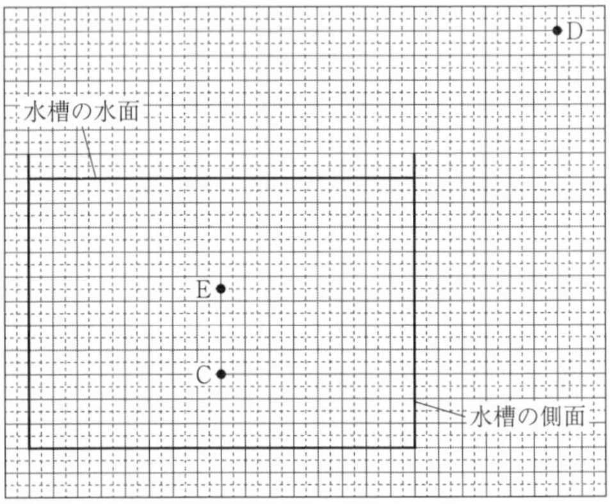

3　次の図3は，歯の裏側を見るために使われるデンタルミラーを模式的に示しており，デンタルミラーには，円形部分に鏡が付いています。山田さんは，図4のように，デンタルミラーと洗面台の鏡を使って，歯の裏側を観察しており，図5は，そのときの歯の裏側を口の内側から見た様子と，デンタルミラーで映した範囲を示したものです。下の(1)・(2)に答えなさい。

図3

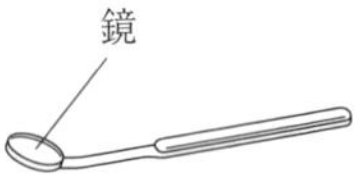

図4

図5

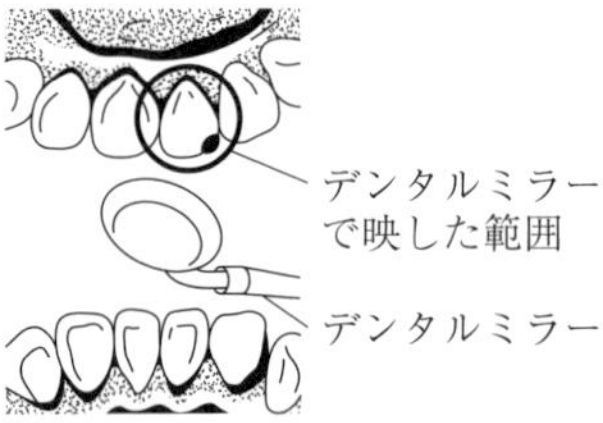

(1)　山田さんは，図4でデンタルミラーに映っている歯の裏側の実際の位置を点F，山田さんの目の位置を点Gとして，図6のように，点F，点G，デンタルミラーの鏡，洗面台の鏡の位置関係を，方眼紙上に模式的に示しました。このとき，点Fからの光がデンタルミラーの鏡と洗面台の鏡で反射して点Gに届くまでの光の道すじを，実線――でかきなさい。また，デンタルミラーの鏡に映って見える歯の裏側の見かけの位置は，デンタルミラーの鏡の奥にあります。この見かけの位置に•印をかきなさい。

図6

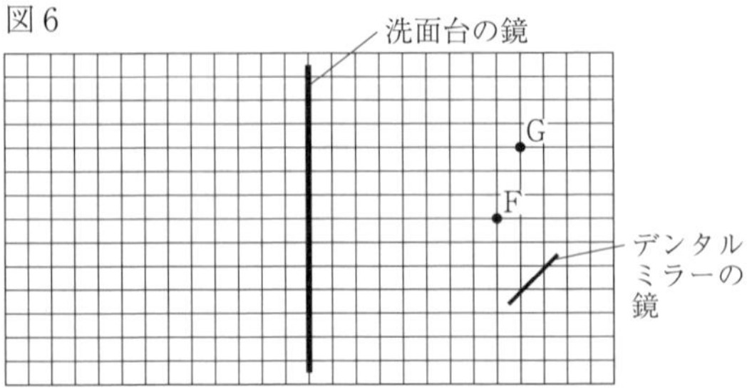

(2)　図５でデンタルミラーに映っている歯の裏側の様子は，図４で山田さんが見ている洗面台の鏡にはどのように映っていますか。次のア～エの中から最も適切なものを選び，その記号を書きなさい。(　　　)

ア

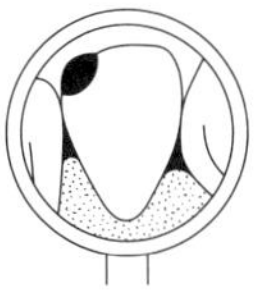

イ

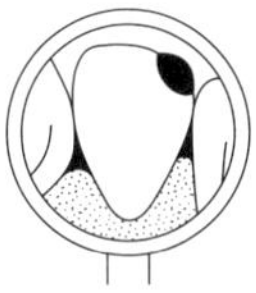

ウ

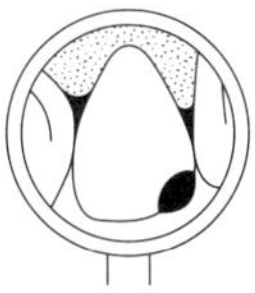

エ

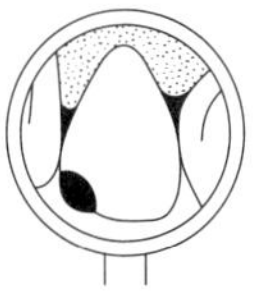

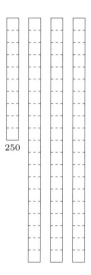

絵本の読み聞かせをすることになっているね。図書館で本を選ぶ前に、【ノート】や、みんなで調べた【資料1】・【資料2】を参考にして、どんな種類の絵本を読み聞かせたらよいかを決めていこう。

野村：　いい考えだね。私たちの担当する年中（四歳児）の子供たちは、「現実には起こりそうに無い、あっと驚くような出来事が起こる物語の絵本」や「いろいろな生き物が出てくる図鑑のような絵本」に興味があるということだったよね。読み聞かせをしてあげられる時間が二十分間しかないから、この二種類のうちのどちらの種類の絵本がよいかを決めて、その後、実際に図書館に行って、具体的な絵本をみんなで選んだらいいと思わない？

青木：　そうしよう。では、まず、どちらの種類の絵本がいいか、みんなの意見を言ってみてよ。

和田：　私は、絵本の読み聞かせの時に、絵本の内容について質問しながら聞いている子供が多いみたいだし、四歳児は知的好奇心が増すと技術・家庭科の時間に習ったから、生き物や植物を題材とした図鑑のような絵本を、クイズ形式にして読み聞かせをしたらいいと思うな。

野村：　なるほど……。今後、子供たちは芸術鑑賞で劇を鑑賞したり、遠足で水族館に行ったりする予定だよね。だから、私はわくわくするような冒険の物語や、海の生き物が主人公の物語などを、役に合わせて声色を変えて読んだらきっと盛り上がっていいと思うなあ。

本田：　私も野村さんと同じよ。子供たちは芸術鑑賞も近々あるみたいだし。想像力が豊かになったり、初めて知る物語の世界に好奇心が高まったりする時期だから、何回も読みたくなる、わくわくするような物語の絵本がいいな。青木さんはどう？

青木：　（　　Ⅰ　　）

〔問い〕　青木さんは話し合いの中で、読み聞かせに使う絵本は、物語の絵本がよいか、図鑑のような絵本がよいか、どちらがよいか意見を求められました。青木さんは、【生徒の会話】を踏まえて、「図鑑のような絵本がよい」という意見を述べようとしています。あなたが青木さんなら、班員の間で合意を形成するために、どのような発言をしますか。次の条件1・2に従って、空欄Ⅰに当てはまる発言を書きなさい。

条件1　【ノート】・【資料1】・【資料2】の内容を参考にして、合意を形成できるように書くこと。

条件2　二百五十字以内で書くこと。なお、解答は、実際に話すときに使う言葉で書いてもよい。

4　青木さんの班では、技術・家庭科の時間に実施される保育実習に向けて「絵本の読み聞かせ」の準備を行っています。次の【ノート】は、保育実習に関する説明を聞いて、青木さんがまとめたもので、【資料1】・【資料2】は、青木さんたちが、読み聞かせに使う絵本を選ぶために、調べて準備したものです。また、【生徒の会話】は、青木さんの班が、読み聞かせに使う絵本を選ぶ過程で行ったものです。これらを読んで、あとの〔問い〕に答えなさい。

【ノート】

保育実習での絵本の読み聞かせについて

1 目的「幼児との触れ合い方の工夫を学ぶ」

2 読み聞かせを行う対象　年中（4歳児）クラス

3 読み聞かせを行う時間　20分間

4 絵本を決定するために

(1) 年中（4歳児）の特徴について

・話し言葉がほぼ完成し，想像力が豊かになる。

・知的好奇心が増す。

・想像する力や思考する力の土台が育まれる。

・コミュニケーション能力を育む上で，重要な時期である。

(2) 事前の打ち合わせで，保育士さんから聞いたこと

・絵本で知ったことや見たことを，実際に見たり，体験したりすることが大好きである。（「ホットケーキ作り」，「シャボン玉遊び」等）

・「現実には起こりそうに無い，あっと驚くような出来事が起こる物語の絵本」や「いろいろな生き物が出てくる図鑑のような絵本」に興味がある。

【資料1】

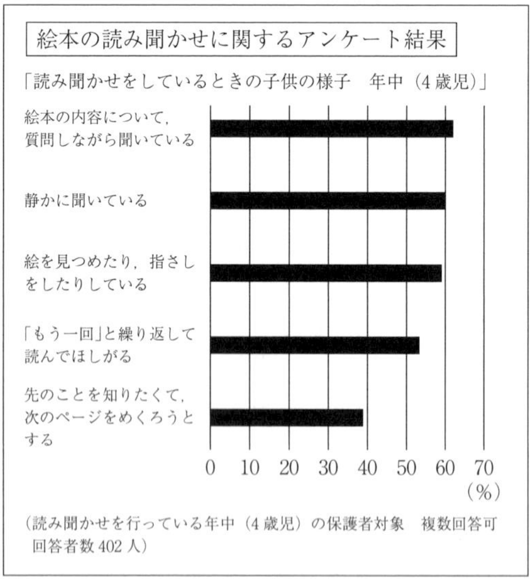

（ベネッセ教育総合研究所 「幼児期の家庭教育調査」（2018）により作成。）

【資料2】

年中クラスの今後の主な行事予定

九月下旬	芸術鑑賞（劇「ピノキオ物語」）
十月中旬	遠足（水族館）
十二月上旬	園で育てたサツマイモの芋掘り・焼き芋の会
二月下旬	発表会（音楽劇「かぐや姫」）

【生徒の会話】

青木：　九月上旬に行われる保育実習の中で、私たちは子供たちに

題に取り組むことになりました。次の【記事】は、新聞の「お悩み相談」に掲載された記事で、【生徒の会話】は、この課題に取り組む過程で、田中さんの班が行ったものです。これらを読んで、あとの(1)・(2)に答えなさい。

【記事】

中学生　十四歳

私は中学校に入学して、陸上競技部に入りました。特に力を入れて取り組んだ種目は走り幅跳びです。毎日休まず練習したけれど、三年生になってからは、走り幅跳びの自己ベスト記録を一度も更新することができませんでした。先週の中学校での最後の大会でも、私は自己ベスト記録を更新することができませんでした。大会が終わると、引退の寂しさとともに、悔しさで涙があふれました。そして、このまま高校で陸上競技部を続けても、結果は出せないのではないかと思うようになりました。でも、先日の放課後、グラウンドの近くを通りかかり、陸上競技部の後輩たちが一生懸命に練習している姿を見ると、やっぱり私は陸上競技が好きだと思いました。だから、今は、高校でも陸上競技部を続けるのか、他のスポーツにチャレンジしてみるのかを悩んでいます。高校に入学するまで、しっかり考えてみようと思うのですが、よいアドバイスがあればお願いします。

【生徒の会話】

田中：新聞の「お悩み相談」に掲載された記事の投稿者へのアドバイスは、どんな風に書いたらいいのかなあ。【漢文】の内容を踏まえて、書くんだよね。

木村：【漢文】の筆者が伝えたいことは、（　Ⅱ　）ということだよね。だから、高校でも陸上競技部を続けるかどうかについては、（　Ⅲ　）という内容を伝える返事を書きたいな。

(1)　空欄Ⅱに当てはまる適切な表現を、現代の言葉を用いて三十字以内で書きなさい。

(2)　空欄Ⅲについて、あなたはどのような内容を伝えますか。空欄Ⅲに当てはまるように、【漢文】の内容と【記事】の内容を踏まえ、現代の言葉を用いて七十字以内で書きなさい。

価値ある使い方ができたと言える。このように切り取った花を価値ある使い方をすることで、心苦しさは晴れやかさに変わると、筆者の田中修さんは述べているのではないかと考える。

【図書館で借りた本の文章】

いけばなは、生きている草や木を切って材料とします。たいていの草木は切られても水に養えば、すぐに枯れてしまうことはありません。しかし、大地から切り離されて、多少ともその生命《いのち》が縮められたことは確かです。いけばなの材料となる花材が、単なる素材と違うのは、まさにこの生命をもっているというところです。草木の花や葉が美しいのは生命のはたらきに裏づけられているからであり、花や葉を観賞することは、同時にその生命の有様を見つめることでもあります。花をいけるという行為が、まず、何よりも花を生かすことといわれるのも、そこに根拠があるのです。いけばなには、数百年にわたって多くの人々に培《つちか》われてきたさまざまな技法、手法の集積がありますが、そのすべてのものが、花の生命をいつくしむ心から生まれているのです。

（「いけばな入門　基本と実技」より）

3　次の文章を読んで、あとの問いに答えなさい。

【漢文】

伏《スコト》久《シキ》者《ハ》、①飛《ブコト》必《ズ》高《ク》、開《クコト》先《ナル》者《ハ》、謝《スルコト》独《リ》早《シ》。知《ラバ》レ此《これヲ》、可《ベク》三以《もつテ》免《まぬかル》二蹭《そう》注1蹬《とう》之《の》憂《ヒヲ》一、可《シ》三以《テ》消《ス》二躁《さう》注2急《きふ》之念《ヲ》一。

（書き下し文）

伏すこと久しき者は（長く地上に伏せて力を養っていた鳥は）、飛ぶこと必ず高く、開くこと先なる者は（他よりも先に咲いた花は）、謝す（散って）ること（しまうこと）独り早し。□、以て蹭蹬の憂ひを免るべく（避けることができ）、以て躁急の念を消すべし（消すことができる）。

（「菜根譚《さいこんたん》」より）

（注1）蹭蹬＝足場を失ってよろめくこと。
（注2）躁急＝あせって、気持ちがいらだつこと。

1　□に当てはまる書き下し文を書きなさい。（　　　　）

2　①飛《ブコト》必《ズ》高《ク》とあるが、次の文は、これが何を例えているかを述べたものである。空欄Ⅰに当てはまる適切な表現を、現代の言葉を用いて十字以内で書きなさい。□□□□□□□□□□

人が（　Ⅰ　）を、「鳥が高く飛ぶ」という表現で例えている。

3　田中さんの学級では、国語の時間に、【漢文】の内容を踏まえて、新聞の「お悩み相談」に掲載された記事の投稿者に返事を書くという課その葉っぱのつけ根には、花が切り取られるまでは、側芽とよばれていた芽があります。上にあった花と茎が切り取られると、今度は、側芽の中で一番上にあったものが、一番先端の芽となります。[　　]、頂芽となるのです。

すると、頂芽優勢によって、その芽が伸び出します。花が咲く季節なら、その芽にツボミができて、花が咲きます。あるいは、側芽のときにすでにツボミはできており、頂芽が㋑ソンザイするために、成長できなかっただけかもしれません。いずれにしても、この植物は、再び花を咲かせます。

先端の花が摘みとられても、切り花として切り取られても、残された植物では、一番上になった側芽が頂芽として伸び出し、花が咲くのです。これが、「植物たちは、花を摘みとられることや切り取られることを、それほど気にしていない」と思われる理由です。

このことを知ると、花を摘みとったり切り花にしたりするときに、私たちが感じる心苦しさは、軽くなります。頂芽の花を切り取ることは、それまで成長を抑えられていた側芽に、成長のチャンスを与えることになるからです。これらは、頂芽に咲いた花が切り取られなければ、りっぱに花咲くことなく生涯を終える運命にあったものです。

①切り取った花を無駄にすることなく、花として価値ある使い方をすることで、心苦しさは心の晴れやかさに変わるでしょう。切り取られた花や枝は㋒ヨロコぶはずです。そして、控えていた芽は、ⓐ表舞台に出る機会を与えられたことになるのです。

（田中　修《おさむ》「植物のいのち」より）

1　㋐～㋒のカタカナに当たる漢字を書きなさい。

㋐（　　　）　㋑（　　　）　㋒（　　　ぶ）

2　[　　]に当てはまる最も適切な語を、次のア～エの中から選び、その記号を書きなさい。（　　）

ア　または　イ　例えば　ウ　すなわち　エ　なぜなら

3　ⓐ表舞台に出る機会とあるが、これは具体的にどのような機会ですか。三十字以内で書きなさい。

4　①切り取った花を無駄にすることなく、花として価値ある使い方をすることで、心苦しさは心の晴れやかさに変わるでしょうとあるが、次の【ノート】は、なぜ筆者の田中修さんが、心苦しさが心の晴れやかさに変わると述べているのかということについて、ある生徒がまとめたものです。また、【図書館で借りた本の文章】は、その生徒が【ノート】を書くために、準備したものです。この【ノート】の空欄Ⅰ・Ⅱに当てはまる適切な表現を、空欄Ⅰは本文の内容を踏まえて十五字以内、空欄Ⅱは【図書館で借りた本の文章】の内容を踏まえて七十五字以内で書きなさい。

Ⅰ

Ⅱ

【ノート】

花を切り取ったあとに感じる心苦しさは、植物たちが花を摘みとられたり、切り花にされたりしても（　Ⅰ　）ということを知ることで軽くなる。さらに、切り取った花をいけばなで使用した場合、（　Ⅱ　）ことになるため、切り取った花を無駄にせず、

その記号を書きなさい。（　　）

ア　重苦しい足取り　　イ　軽やかにはずむ足取り

ウ　力のない足取り　　エ　しっかりとした足取り

2　次の文章を読んで、あとの問いに答えなさい。

私たちは、花の美しさに魅せられ、花を摘みとったり切り花にしたりすることがよくあります。そんなとき、植物たちがせっかく咲かせた花を切り取るのは、植物のいのちの輝きを奪い取るという、すごくひどいことをしているようで、心苦しく感じることがあります。

しかし、私たちが胸を痛めるほど、植物たちは花を切り取られることを気にしていないはずです。植物たちには、花を切り取られても、もう一度、からだをつくりなおし、いのちを復活させるという力が隠されているからです。

その力は、「頂芽優勢」といわれる性質に支えられています。成長する植物の茎の先端部分には、芽があります。この芽は、もっとも先端を意味する「いただき（頂）」という文字を「芽」につけて、「頂芽」とよばれます。植物では、この頂芽の成長がよく目立ちます。

しかし、茎を注意深く観察すると、芽は、茎の先端だけでなく、先端より下にある葉っぱのつけ根にも必ずあります。これらの芽は、頂芽に対して、「側芽」、あるいは、「腋芽《えきが》」とよばれます。側芽は、ふつうには、頂芽のように勢いよく伸び出しません。

頂芽の成長は、勢いがすぐれており、側芽の成長に比べて優勢です。この性質が、頂芽優勢とよばれるものです。発芽した芽生えでは、この性質によって、頂芽がどんどんと成長をして、次々と葉っぱを展開します。

摘みとられる花や切り花にされる花は、多くの場合、頂芽の位置にあります。一本の茎の先端に花を咲かせているキクやヒマワリは、その㋐テンケイ的な例です。頂芽が花になっているとき、花をつけている茎を切り取って切り花にすると、残された茎の下方には、葉っぱが何枚か残ってついています。

記号を書きなさい。（　　）

ア　攻防　イ　不振　ウ　洗車　エ　到達

3　①師匠の自室を出て、一階まで降りると、篤は廊下の一番奥にある物置へ向かったとあるが、このときの篤の気持ちを、四十五字以内で書きなさい。

4　※1から※2までの部分について、国語の時間に、この部分を演じるための台本を、文章中の描写を基に、登場人物の心情について解釈しながら作成することになりました。次の【台本】は、このとき、ある班が話し合って作成したものです。これを読んで、あとの(1)・(2)に答えなさい。

【台本】

せりふと動作	せりふや動作に込める気持ち
坂口「まあ、そうだよな。」〈頭を掻く。〉	〔坂口〕自分のこれまでを振り返りながら、納得したような気持ちで言う。
坂口「もしも、お前が昨日の一回きりで練習やめてたら、俺も今日普通にゲームしてたかもしれない。」	〔坂口〕真剣に、これまでの自分と向き合うような気持ちで言う。
篤「え？」	〔篤〕不意を突かれ、驚くような感じで言う。
坂口〈遠くをちらりと見て、重々しく口を開く。〉「俺、一緒にトレーニングしたいって武藤に言おうと思う。」〈電気のついた一室を真剣な目で見る。〉	〔坂口〕（　Ⅰ　）。
篤〈相づちを打つ。〉「そうなんすか。」	〔篤〕坂口の真剣さに見合う反応をしたいのに、思い浮かばないという感じで相づちを打つ。
坂口「あ、俺のこと見直しただろ？差し入れも買ってきてやったし、ちゃんと俺を敬えよ。」〈わざとらしく口を尖らせて、篤の肩をつつく。〉	〔坂口〕心の葛藤を隠して、何とか明るく、冗談を言って強がるような気持ちで言う。
篤「頑張ってください。」〈坂口さんを送り出して、扉を閉める。〉〈もらったミルクティーのボトルを開け、ミルクティーを口に含み、ボトルの三分の一ほどを飲む。〉	〔篤〕ミルクティーを口に含んで、（　Ⅱ　）という気持ちで、ボトルの三分の一ほどを飲み、練習を再開する。
篤「ひがあああしいいいーー、」〈何度も繰り返す。〉	

(1)　空欄Ⅰに当てはまる最も適切な表現を、次のア～エの中から選び、その記号を書きなさい。（　　）

ア　思い付きではなく、固く決意したように言う

イ　仕方なく状況を受け入れたように言う

ウ　思いを伝えることができて安心したように言う

エ　高ぶる感情をなんとか抑えるように言う

(2)　空欄Ⅱに当てはまる適切な表現を、六十字以内で書きなさい。

5　□に当てはまる最も適切な表現を、次のア～エの中から選び、

も声を落として、坂口さんが尋ねる。「……なんか失敗したからこそ、やらなきゃいけない気がして。」光太郎と呼ばれた兄弟子の嫌味[注5]な口調を思い出すと、胃がきゅっと㋒絞られるように痛む。それでも、進さんが助けてくれた。師匠も、わざわざ篤に話をしてくれた。明日こそは失敗してはいけない。そう自分に言い聞かせ、篤は物置に籠もった。

※1 「まあ、そうだよな。」坂口さんは頭を掻《か》くと、もしも、と言葉を続けた。「お前が昨日の一回きりで練習やめてたら、俺も今日普通にゲームしてたかもしれない。」え？　と聞き返すと坂口さんは遠くをちらりと見て、重々しく口を開いた。「俺、一緒にトレーニングしたいって武藤に言おうと思う。」坂口さんの視線の先には、電気のついた一室があった。武藤さんが毎晩籠もっているトレーニングルームだ。あの部屋で、武藤さんは今もダンベルを持ち上げているのだろう。「そうなんすか。」坂口さんは真剣な目をしていたのに、ありきたりな相づちしか打てなかった。兄弟子としてのプライドをいったん捨て、弟弟子と一緒にトレーニングをしようと決意するまでに、当然葛藤があったはずだ。その葛藤は、きっと坂口さんにしかわからない。「あ、俺のこと見直しただろ？　差し入れも買ってきてやったし、ちゃんと俺を敬えよ。」わざとらしく口を尖《とが》らせ、坂口さんが篤の肩をつつく。坂口さんの葛藤はわからなくても、冗談を言って強がろうとしていることはわかった。

　頑張ってくださいと坂口さんを送り出してから、篤はふたたび扉を閉めた。さすがに蒸し暑かったので、もらったミルクティーのボトルを開けた。口に含むと、ほのかな甘さが沁《し》みわたった。三分の一ほどを飲むと、また、ひがあああしいいいーー、と何度も繰り返した。※2

　秋場所の三日目は前相撲から始まった。前相撲では、新弟子検査に合格したばかりの力士と、怪我《けが》などで長期間休場し、番付外に転落した力士が土俵に上がる。最初の一番こそ通常の呼出が呼び上げを行うが、その後は東方と西方に分かれて二人の呼出が呼び上げを担当する。しかも白扇を持たず、ただ土俵下に立って声を張り上げるだけなので、他の取組とはずいぶん勝手が違う。前相撲の呼び上げは通常、何年かキャリアのある呼出が担当するので、篤は土俵のそばで控えているだけだった。先場所も見たはずの光景だが、直之さんや他の呼出が自分よりも先に声を発するのを、ⓐ新鮮な気分で眺めた。今場所は番付外に落ちた力士がおらず、新弟子も四名と少なかった。あっという間に前相撲が終了し、序ノ口[注6]の一番が始まった。

　いつもと同じように、拍子木がカンカンと場内に響く。ただ、昨日までとは違い、篤は［　　］で土俵に上がっていった。ふいに篤の呼び上げを下手だと笑った客の声、光太郎と呼ばれた兄弟子の冷ややかに笑う顔が脳裏に浮かびそうになる。それらを振り払うように、見てろよと心の中で呟《つぶや》いた。真っ白な扇を広げて東側を向き、腹から声を出すべく、篤は大きく息を吸った。

（鈴村ふみ「櫓太鼓《やぐらだいこ》がきこえる」より）

（注1）呼出＝相撲で、力士の名を呼び上げる役の人。
（注2）兄弟子＝同じ師匠のもとに先に入門した人。
（注3）四股名＝力士としての呼び名。
（注4）デジャヴ＝以前に見たことがあるように感じられる光景。
（注5）嫌味な口調＝篤が、四股名を間違えて呼び上げてしまったことに対する嘲るような口調。
（注6）序ノ口＝相撲の番付で最下級の地位。

1　㋐～㋒の漢字の読みを書きなさい。

㋐（　　って）　㋑（　　ねて）　㋒（　　られる）

2　ⓐ新鮮と熟語の構成が同じものを、次のア～エの中から選び、その

国語

時間　五〇分
満点　五〇点

1　次の文章を読んで、あとの問いに答えなさい。

何もやる気になれず、鬱々とした日々を過ごしていた篤《あつし》は、叔父に勧められるままに呼出《よびだし》[注1]の見習いとして相撲部屋に入門し、坂口や武藤といった力士たちと一緒に生活することになった。呼出の兄弟子[注2]に当たる直之《なおゆき》や、ベテランの進《すすむ》に憧れ、彼らのようになりたいと意識し始めた篤だが、客が自分の呼び上げを下手だと笑うのを聞いてしまう。進から、直之が毎晩練習していると聞いた篤は、自主的に練習を始めたが、翌日、四股名《しこな》[注3]を間違えて呼び上げてしまい、篤は師匠の自室に呼び出された。

「お前、今日みたいに四股名間違えるんじゃねえぞ。気を抜くからああいうことになるんだ。」と叱られた。

はい。すみません。今朝審判部に注意されたときのように、師匠に向かって頭を下げる。「顔上げろ。」言われた通り顔を上げると、「心技体」と書かれた書が見えた。同じものが稽古場の上がり座敷にも㋐飾ってあるが、師匠の知り合いの書道家の作品らしい。「心技体」の文字を篤が目にしたことがわかっているのか、師匠は「力士は、心技体揃《そろ》ってようやく一人前と言われるが、技でも体でもなく、心が一番大事なんだ。心を強くもっていなければ、技も身につかないし、丈夫な体も出来上がらない。」と話を続けた。突然話題が変わったことに戸惑いつつ、はいと頷《うなず》く。「呼出のお前には心技体の体はまあ、そんなに関係ないけれど、それでも心が大事ってのは力士と変わんねえぞ。自分の仕事をしっかりやろうと思わなければ、いつまでたっても半人前のままだ。お前だって、できないことを叱られ続けるのは嫌だろう。」

はいと弱々しく返事をすると、師匠は語気を強めて篤に言い聞かせた。「だったら、自分がどうすべきかちゃんと考えろ。」黒々とした大銀杏《おおいちょう》が結わえられていた現役時代に比べ、今の師匠は髪の毛がずいぶん薄い。加齢で顔の皮膚もたるんでいる。しかし、いつぞやインターネットで見た若かりし頃の写真と同様に、師匠の目には人を黙らせるほどの強い光があった。何度目かのはい、という返事を口にすると、師匠の話が終わった。

①師匠の自室を出て、一階まで降りると、篤は廊下の一番奥にある物置へ向かった。念のため、まわりに誰もいないのを確認する。扉を閉めると、何も持っていない右手を胸の前でかざした。ひがああしいいーーはああたあああのおおおーーー……にいいいしいいいーーー……息を継ぐ合間に、扉を叩《たた》く音が聞こえた。

「篤、そこにいるんだろ。」声がするのとほぼ同時に、扉が開いた。扉の外にいたのは坂口さんだった。手には、ミルクティーのペットボトル。二十四時間ほど前にも見た、デジャヴ[注4]のような光景だ。「ほれ、差し入れ。お前、昨日もの欲しそうな顔してたから買ってきてやったんだぞ。感謝しろよ。」坂口さんがぶっきらぼうに言ってペットボトルを差し出す。ありがとうございますと軽く頭を下げ、それを受け取った。結局今日はミルクティーを飲み㋑損ねていたので、この差し入れはありがたい。顔を上げると坂口さんと目が合った。

「お前、今日も練習するんだな。」「ああ、はい。」「嫌になんねえの。せっかくやる気出した途端、失敗してめちゃくちゃ怒られて。」さきほどより

2022年度／解答

数　学

1 【解き方】(1) 与式 $= 3-(-6) = 3+6 = 9$

(2) 与式 $= 12x + 3y - 5x + 10y = 7x + 13y$

(3) 与式 $= 3\sqrt{5} - \sqrt{5} + 2\sqrt{5} = 4\sqrt{5}$

(4) 与式 $= y(x^2 - 4) = y(x+2)(x-2)$

(6) $y = \dfrac{a}{x}$ に $x = -3$, $y = 2$ を代入して，$2 = \dfrac{a}{-3}$ より，$a = -6$

(7) AB = CB，AD = CD，BD は共通で，3 組の辺がそれぞれ等しいから，△ABD ≡ △CBD　したがって，∠BCD = ∠BAD = 110°，∠ABD = ∠CBD = 40° だから，四角形 ABCD の内角の和より，∠ADC = 360° − (110° + 40°) × 2 = 60°

(8) 40 分以上 50 分未満の階級の度数は 14 人だから，相対度数は，$\dfrac{14}{40} = 0.35$

【答】(1) 9　(2) $7x + 13y$　(3) $4\sqrt{5}$　(4) $y(x+2)(x-2)$　(5) 辺 CF，辺 DF，辺 EF　(6) −6　(7) 60°
(8) 0.35

2 【解き方】(1) 紅茶が x mL，コーヒーが y mL 必要とする。ミルクティーで使う牛乳は $\dfrac{1}{2}x$ mL，コーヒー牛乳で使う牛乳は y mL だから，牛乳の量について，$\dfrac{1}{2}x + y = 350$……①が成り立つ。また，できるミルクティーは，$x + \dfrac{1}{2}x = \dfrac{3}{2}x$ (mL)，コーヒー牛乳は，$y + y = 2y$ (mL) だから，$\dfrac{3}{2}x = 2y$……②が成り立つ。①× 2 より，$x + 2y = 700$……③　②を③に代入して，$x + \dfrac{3}{2}x = 700$ より，$x = 280$　これを①に代入して，$\dfrac{1}{2} \times 280 + y = 350$ より，$y = 210$

(2) 面 OAB，面 OBC を展開図にすると，右図のようになり，AQ + QP が最小になるのは，線分 AP と辺 OB との交点を Q とする場合である。CO の延長線に点 A から垂線 AH をひくと，△OAB，△OBC は正三角形だから，∠AOH = 180° − 60° × 2 = 60°　△OAH は 30°，60° の直角三角形となるから，OH $= \dfrac{1}{2}$OA $= 2$ (cm)，AH $= \dfrac{\sqrt{3}}{2}$OA $= 2\sqrt{3}$ (cm)　PH = PO + OH = 3 + 2 = 5 (cm) だから，△PAH で三平方の定理より，AP $= \sqrt{5^2 + (2\sqrt{3})^2} = \sqrt{37}$ (cm) より，AQ + QP は $\sqrt{37}$ cm。

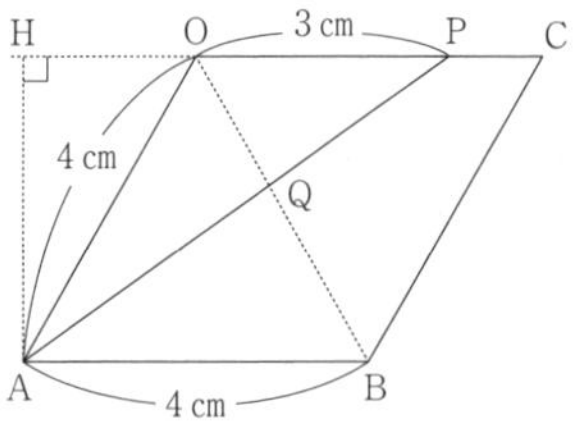

(3) ① データの総数は 30 だから，第 2 四分位数（中央値）は小さい方から 15 番目と 16 番目の値の平均となる。2019 年の第 2 四分位数は 1000 匹より小さいから，1000 匹未満の日数は 15 日以上あることがわかる。② 2019 年，2020 年ともに最大値が 7000 匹より小さいので，どちらの年も 7000 匹以上のホタルが観測された日は 1 日もない。③ 第 1 四分位数，第 3 四分位数はそれぞれ小さい方から 8 番目，23 番目の値となる。2021 年の第 1 四分位数は 3000 匹より小さく，第 3 四分位数は 10000 匹より大きいから，3000 匹以上 10000 匹以下のホタルが観測された日数は，最大でも 9 番目から 22 番目までの 14 日となり，15 日より少ない。④ 2019 年の第 3 四分位数は 2000 匹より小さく，最大値は 6000 匹より大きいので，4000 匹以上のホタルが観測された日数は 7 日以下である。2021 年の第 2 四分位数は 4000 匹より大きいので，4000 匹以上観測され

た日数は15日以上である。よって，2021年は2019年の2倍以上ある。

【答】 ⑴（紅茶）280（mL）（コーヒー）210（mL）⑵ $\sqrt{37}$（cm）⑶ ①，④

3 **【解き方】** ⑴ 点Bの x 座標を t とすると，AB $= 4 - t$ だから，△OBA $= \frac{1}{2} \times (4 - t) \times \{0 - (-3)\} = \frac{3}{2}(4 - t)$　△OBAの面積について，$\frac{3}{2}(4 - t) = 9$ が成り立つから，$4 - t = 6$　よって，$t = -2$

⑵ 四角形DBACが正方形のとき，DC∥BAだから，点Cと点Dは y 軸について対称な点となり，点Aと点Bも y 軸について対称となる。点Aの x 座標を s とすると，A $(s,\ -3)$，B $(-s,\ -3)$，C $\left(s,\ \frac{1}{4}s^2\right)$ となるから，AB $= s - (-s) = 2s$，CA $= \frac{1}{4}s^2 - (-3) = \frac{1}{4}s^2 + 3$　CA = ABより，$\frac{1}{4}s^2 + 3 = 2s$ が成り立つ。両辺を4倍して式を整理すると，$s^2 - 8s + 12 = 0$ だから，$(s - 2)(s - 6) = 0$　よって，$s = 2,\ 6$

【答】 ⑴ -2　⑵ 2，6

4 **【答】** △AECと△ABDにおいて，半円の弧に対する円周角だから，∠ACE＝∠ADB＝90°……①　AC∥ODで，平行線の錯角だから，∠CAE＝∠ADO……②　△OADはOA＝ODの二等辺三角形だから，∠ADO＝∠DAB……③　②，③より，∠CAE＝∠DAB……④　①，④より，2組の角がそれぞれ等しいから，△AEC∽△ABD

5 **【解き方】** ⑴ グラフの傾きは，$\frac{92 - 100}{4 \quad 0} = \frac{-8}{4} = -2$ で，切片が100だから，$y = -2x + 100$

⑵ 5kgの荷物を載せる場合のグラフの傾きは，$\frac{82 - 100}{4 - 0} = \frac{-18}{4} = -\frac{9}{2}$ で，切片が100だから，$y = -\frac{9}{2}x + 100$……㋐　P市の港からQ島の港まで行くのにかかる時間は，$12 \div 1.2 = 10$（分間）だから，㋐に $x = 10$ を代入すると，$y = -\frac{9}{2} \times 10 + 100 = 55$ となり，行きでバッテリー残量は55%となる。帰りは荷物を載せずに10分間飛行し，⑴より，バッテリーを1分間に2%の割合で消費するから，10分間では，$2 \times 10 = 20$（%）消費する。したがって，出発してから20分後のバッテリー残量は，$55 - 20 = 35$（%）となる。よって，グラフは，(0，100)，(10，55)，(20，35)を順に結んだ折れ線になる。

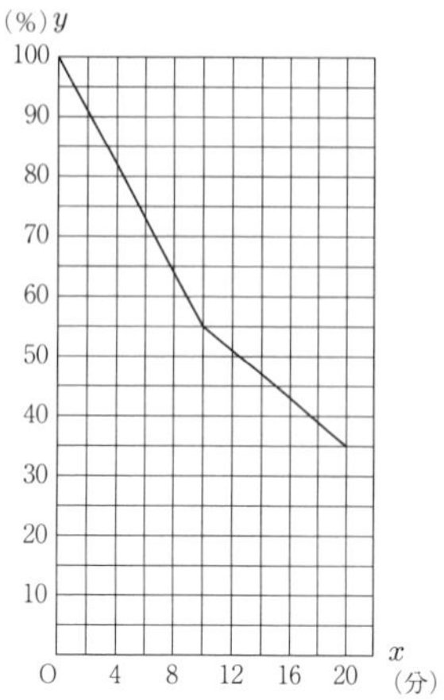

【答】 ⑴ $y = -2x + 100$

⑵（右図）（説明）往復で20分かかるが，20分後のバッテリー残量は35%である。バッテリー残量が30%以下にならないため，A社のドローンは宅配サービスに使用できる。

6 **【解き方】** ⑴ カードの取り出し方は4通りで，このうち，コマが頂点Bの位置に移動するのは，1のカードを取り出した場合の1通り。よって，確率は $\frac{1}{4}$。

⑵ 2人のカードの取り出し方は，次図のように全部で12通り。このうち，太郎さんが勝つのは2通りあるから，確率は，$\frac{2}{12} = \frac{1}{6}$　一方，次郎さんが勝つのは3通りあるから，確率は，$\frac{3}{12} = \frac{1}{4}$

太郎さん	次郎さん	勝敗
1 (B)	2 (D)	太郎さんの勝ち
	3 (A)	太郎さんの勝ち
	4 (B)	引き分け
2 (C)	1 (D)	引き分け
	3 (B)	次郎さんの勝ち
	4 (C)	引き分け

太郎さん	次郎さん	勝敗
3 (D)	1 (A)	引き分け
	2 (B)	次郎さんの勝ち
	4 (D)	引き分け
4 (A)	1 (B)	次郎さんの勝ち
	2 (C)	引き分け
	3 (D)	引き分け

【答】 (1) $\frac{1}{4}$

(2) (記号) ウ　(理由) 先にカードを取り出す太郎さんが勝つ確率は $\frac{1}{6}$ であり，後からカードを取り出す次郎さんが勝つ確率は $\frac{1}{4}$ である。先にカードを取り出す人が勝つ確率より，後からカードを取り出す人が勝つ確率の方が大きいから，後からカードを取り出す人が勝ちやすい。

英　語

1 【解き方】問題A. No.1.「机の下に何かがあるわ」というせりふに対して，トムが「ああ，僕の鍵だ」と言っている。No.2.「牛乳が一番人気がある」，「お茶よりコーヒーの方が人気がある」，「オレンジジュースを飲むのは2人だけ」という条件から選ぶ。No.3. 母親の「買い物に行ってくれない？」という依頼に対して，ジェームズが「宿題が終わったらすぐに行くよ」と言っている。

問題B. 広子の「昨日はたくさんの本を借りた」という言葉に対するせりふ。「どんな（種類の）本を借りたの？」などの文が考えられる。「どんな（種類の）～」= what kind of ～。

問題C.「誕生日に何が欲しいかお父さんに尋ねるべきだ」という意見に対する自分の考えとその理由を述べる。解答例は「私もそう思います。もし何が欲しいのかを尋ねれば，彼は自分の欲しいものがもらえて喜ぶでしょう」という意味。

【答】問題A. No.1. イ　No.2. エ　No.3. ウ　問題B.（例）What kind of books did you borrow?

問題C.（例）I agree. If you ask him what he wants, he can get the things he wants and will be happy.

◀全訳▶　問題A.

No.1.

A：トム，何を探しているの？

B：鍵を探しているんだ。たいてい机の上に置くのだけれど，そこにはないんだよ。

A：なるほど，以前にベッドの上や窓のそばで見たことがあるわよ。

B：それらの場所はもう調べたんだ。

A：見て。机の下に何かがあるわ。あれは何かしら？

B：ああ，僕の鍵だ。どうしてそんなところにあるのだろう？

Question No.1：トムの鍵はどこにありますか？

No.2.

A：ジョーンズ先生，このグラフを見てください。私はクラスメートたちに朝食と一緒に何を飲むのか尋ねました。

B：牛乳が一番人気がありますね？

A：はい。私は牛乳にそれほど人気があるとは思いませんでした。

B：カナ，あなたは何を飲むのですか？

A：私はお茶を飲みますが，お茶よりコーヒーの方が人気があります。先生は何を飲まれますか？

B：私はオレンジジュースを飲みます。

A：私のクラスでは，オレンジジュースを飲むのは2人の生徒だけです。

B：なるほど。

Question No.2：ジョーンズ先生とカナはどのグラフを見ていますか？

No.3.

A：ジェームズ，宿題は終わったの？

B：いや，まだだよ，でももうすぐ終わるよ。

A：そのあとは何か予定があるの？

B：うん，部屋の掃除をするつもりだよ。それからピアノの練習をするんだ。どうしたの，お母さん？

A：夕食を作っているのだけれど，もっと卵が必要なの。買い物に行ってくれない？

B：いいよ。宿題が終わったらすぐに行くよ。何か他に必要なものはある？

A：ええ。リンゴもいくつか必要なの。

B：わかった。それらも買ってくるよ。

Question No.3：宿題を終えたあと，ジェームズはまず何をするつもりですか？

問題 B.

マイク：昨日，駅で君を見たよ。どこに行ってたの？

広子　：図書館に行ってたのよ，本を読むのが好きだから。

マイク：どれくらいそこに行くの？

広子　：毎週行くのよ。昨日はたくさんの本を借りたわ。

問題 C.　もうすぐ父の誕生日です。何かをあげたいと思っているのですが，彼が何を欲しいのかわかりません。そこで私は友人の1人に，私が彼に何をあげればよいか尋ねました。彼女は「あなたは誕生日に何が欲しいかお父さんに尋ねるべきよ」と言いました。あなたはこの考えについてどう思いますか？　そしてなぜそう思いますか？

2 【解き方】1.「英語で書かれたウェブサイト」となる。「～された」は過去分詞を用いて表す。

2. ヘレンが「歴史的な場所を訪れたい」と言っていることから考える。それはあなたに「適している」となる。「適している」= good。

3.「3つのツアーがある」という文。京花がヘレンにツアーに関するウェブサイトを見せている場面である［ い ］に入る。

4. 京花の4番目のせりふからあとの会話内容やヘレンのスケジュールから，ヘレンが「ツアー3」を選んだことと，動物園に行く予定を他の日に変更し，8月28日のツアーに参加することにしたことがわかる。

5. 動物園へ行く8月28日の予定を変更したことから，「いつ私と一緒に動物園を訪れたい？」という文が入る。

【答】1. ウ　2.（例）good　3. い　4.（記号）ウ　（日にち）28　5. エ

◀全訳▶

京花　：ヘレン，今年の夏に私たちは映画を見て，動物園を訪れる予定よ。他にどこかあなたの訪れたい場所はある？

ヘレン：あるわよ。私は日本の歴史に興味があるから，ここもみじ市の歴史的な場所を訪れたいの。何か考えはある？

京花　：ええ，英語で書かれたウェブサイトをあなたに見せてあげることができるわ。これを見て！　3つのツアーがあるわ。

ヘレン：どのツアーを選べばいいのかわからないわ。手助けしてくれる？

京花　：もちろん，お手伝いするわ。

ヘレン：ありがとう。これが私のスケジュールよ。

京花　：わかったわ。このツアーはどう？　それはあなたに適しているわ，なぜならあなたは歴史的な場所に興味を持っているから。

ヘレン：よさそうね，でも私は肉を食べることは好きではないの。

京花　：それならこのツアーはどう？　あなたは市内で最も歴史的な場所を訪れるのよ。ここは私の大好きな場所なの。あなたは私たちの市の歴史についても学べるわ。もし私があなたなら，このツアーを選ぶわよ。

ヘレン：このツアーが一番好きだけれど，2学期が始まる直前の日に疲れたくないわ。

京花　：わかったわ。では日曜日のツアーに参加すればいいのよ。

ヘレン：でもその日私たちは一緒に出かける予定があるわ。

京花　：予定なら変更できるわ。もし予定を変更したくなければ，このツアーを選ぶことができる。あなたはきれいな花や木や石を見ることができるの。伝統的な日本の衣装を着ることもできるのよ。あなたは火曜日は暇でしょう。

ヘレン：このツアーも好きだけれど，少し高いわね。私たちの予定を変更してもいい？

京花　：もちろん。いつ私と一緒に動物園を訪れたい？

資料 1

もみじ市を楽しんでください！

海外から来た人々のための興味深いツアーがいくつかあります。私たちの 1 日ツアーに興味があれば，参加してください！

ツアー1：お寺と神社

もみじ市にはたくさんのお寺や神社があり，あなたはそれらのうちのいくつかを見ることができます。もし日本の歴史に興味があるならば，このわくわくするツアーを選ぶべきです。

日付：8 月 15 日(月曜日)／8 月 21 日(日曜日)　時間：11:00～16:00

料金：3,000 円（すき焼きレストランでの昼食が含まれます）

ツアー2：着物写真撮影

きれいな着物を着てみませんか？　着物レンタルショップであなたは好きな着物を選ぶことができます。ツアーの案内人がとても古い日本庭園であなたの写真を撮ってくれます。

日付：8 月 16 日(火曜日)／8 月 23 日(火曜日)　時間：14:00～17:00

料金：5,000 円（着物のレンタル料金が含まれます）

ツアー3：もみじ市博物館ともみじ城

この市には長い歴史があり，もみじ市博物館がそれをあなたに教えてくれます。もみじ城も訪れます。もし市の歴史に興味があるならば，このツアーがあなたにとって最高の選択です。

日付：8 月 25 日(木曜日)／8 月 28 日(日曜日)　時間：10:00～14:00

料金：2,500 円（昼食は含まれません）

資料 2

8 月	
15 日　月曜日	
16 日　火曜日	
17 日　水曜日	バレーボールの練習（10:00～11:00）
18 日　木曜日	
19 日　金曜日	サッカーの試合観戦（13:00～）
20 日　土曜日	ホームステイ先の家族と夏祭りに行く（16:00～）
21 日　日曜日	京花と映画を見て昼食を食べる（9:00～14:00）
22 日　月曜日	
23 日　火曜日	
24 日　水曜日	バレーボールの練習（10:00～11:00）
25 日　木曜日	
26 日　金曜日	2 学期開始
27 日　土曜日	ホームステイ先の家族と夕食に出かける（18:00～）
28 日　日曜日	京花と動物園を訪れて昼食を食べる（9:00～14:00）

3 **【解き方】** 1. (1) 質問は「和子の父親は彼女が子どもだったときに和子のために木製のいすを作りましたか？」。第 1 段落の 3 文目に，和子が小学校に入学したときに，父親が木製のいすを作ってくれたことが書かれている。(2) 質問は「デンマークに行ったとき，和子はどこで働き始めましたか？」。第 4 段落の 1 文目を見る。和子はアルフレッドの工房で働き始めた。

2. 「私は人々に何年も私の家具を使ってもらいたい」という意味になる。「A に～してもらいたい」＝ want A

to ～。

3. 下線部は直前に和子が言った「家具を作るとき，私はいつも木のあたたかさについて考えます」ということを指している。

4. 第4・5段落から，和子がデンマークで家具について多くのことを学んだことがわかる。和子はデンマークの家具製作について学ぼうと決心した。「～を学ぶ」= learn ～。

5. ア.「子どもだった頃，和子は父親がどのように家具を作るのかを見るのが好きだった」。第1段落の2文目を見る。正しい。イ.「和子の家具を見たとき，アルフレッドはそれがもっとよくなるかもしれないと思った」。第3段落のアルフレッドの言葉を見る。正しい。ウ. 和子がデンマークで家具を買ったという記述はない。エ. 最終段落の1文目を見る。和子が日本に帰ったのは12月ではなく，春だった。

6. 和子がデンマークで家具のあたたかさや心地よさを学んだことから考える。解答例は「あなたが本を読むときにあなたをあたたかく心地よく感じさせるようないすを作ります」という意味。

【答】1.（例）(1) Yes, he did.　(2) She started to work at Alfred's studio.

2. want people to use my furniture　3. ウ　4.（例）learn　5. ア・イ

6.（例）makes you feel warm and comfortable when you read books（10語）

◀全訳▶　和子の父親は家具職人で，家具工房を持っていました。和子が子どもだった頃，彼女は父親がどのように家具を作るのかを見てとてもわくわくしました。彼女が小学校に入学したとき，彼は和子のために木製のいすを作ってくれました。彼女はとてもうれしくて，毎日それに座りました。彼女は父親の家具が好きでした。

高校を卒業したあと，和子は父親の家具工房で働き始めました。彼女は家具を作るのに用いられる木の種類について学びました。たとえば，彼女はそれらがどれくらいかたいのか，もしくはやわらかいのかを学びました。彼女の父親はいつも「私は人々に何年も私の家具を使ってもらいたい。だからいつも家具のための最高の木を選んでいる」と彼女に言いました。和子は彼の考えが好きで，彼のように働こうとしました。しかし自分が家具を作ったとき，何かが欠けていると彼女は感じました。

2010年のある日，1人の男性が彼らの工房を訪れました。彼の名前はアルフレッドといい，デンマークの家具職人でした。和子は彼に工房内を案内し，「家具を作るとき，私はいつも木のあたたかさについて考えます」と彼に言いました。アルフレッドは彼女の家具を見て，「あなたの考えはよいのですが，私たちはデザインのあたたかさも考えます。あなたの家具は素敵ですが，もっとよくなるかもしれません」と言いました。それから彼は「私の工房に来ませんか？」と言いました。1週間後，和子は3か月間デンマークの家具製作について学ぼうと決心しました。

2010年の12月に，和子はデンマークに行き，アルフレッドの工房で他の家具職人たちと一緒に働き始めました。彼らは木やデザインについて多くのことを知っていました。彼らの家具には美しい曲線があったので，彼女はそのデザインがあたたかいと感じました。彼らと話していたとき，彼女はあることに気付きました。多くの人が家で長い時間を過ごします，なぜならデンマークでは冬はとても寒くて長いからです。彼らは寒い場所で心地よい生活を送ろうとします。だから彼らはあたたかく感じさせてくれる家具を求めるのです。

和子がアルフレッドにそのことを話すと，彼は和子に「あなたはヒュッゲという言葉を知っていますか？」と尋ねました。「いいえ，知りません」と和子は答えました。アルフレッドは「あたたかくて心地よく感じるとき，あなたはこの言葉を使うことができます。たとえば，家族と一緒に暖炉の前のいすに座るとき，私はヒュッゲを感じます。私たちの生活の中でヒュッゲはとても大切であると私たちは考えています。だから私たちが家具を選ぶとき，私たちはそれについてとてもよく考えるのです」と言いました。和子はヒュッゲという言葉が気に入りました。彼女は父親に作ってもらった木製のいすを思い出しました。そのデザインは簡素でしたが，それに座ると彼女はいつも心地よく感じました。彼はこの言葉を知らなかったのですが，彼女の父親の考え方はヒュッゲに似ていると彼女は思いました。

和子は春に日本に帰りました。家具を作るとき，彼女はいつもヒュッゲという言葉について考えました。ある日，和子の父親が「お前の家具はあたたかそうに見える。私はそれが好きだよ」と彼女に言いました。彼女は「デンマークでの経験が私を変えてくれたの」と彼に言いました。

4 **【解き方】**問題A．ア．ボブの「君たちは彼らのために何をしたの？」という質問に対する返答。昨日の様子を表す絵から，洋子たちがギターを演奏したことがわかる。イ．「私はそのようなお菓子をあまり知らないので」に続くせりふ。「インターネットで情報を得ましょう」，「私の祖母に尋ねてみましょう」などの表現が考えられる。

問題B．ア の場合は「すし屋や数軒のみやげ物店があるので，食事や買い物をして楽しむことができる」，イ の場合は「きれいな海を見ることができるし，みやげ物店で買い物をして楽しむことができる」などを理由として挙げればよい。

【答】（例）問題A．ア．We played the guitar　イ．let's get some information on the Internet

問題B．（記号）イ　（理由）They will see the beautiful sea. They can also get something nice at a souvenir shop.（16 語）

◀全訳▶　問題A

ボブ：洋子，昨日，君のクラブは高齢者介護施設で暮らしている年配の人たちのためにボランティア活動をしたんだね。君たちは彼らのために何をしたの？

洋子：私たちはギターを演奏したの。彼らはオンラインで私たちの音楽を聞いて楽しんでくれたわ。

ボブ：それはいいね。僕も君たちに加わりたいよ。次回は彼らのために何をする予定なの？

洋子：私たちは彼らのためにお菓子を作る予定よ。あなたも来るべきだよ！　でもどんなお菓子をつくればいいのかまだ決めていないの。

ボブ：彼らが若かったときに人気があったお菓子を作ってはどう？

洋子：それはいい考えね。でも私はそのようなお菓子をあまり知らないから，インターネットで情報を得ましょう。

社　会

1 【解き方】1. 扇状地は，河川が谷から平地へ流れ出る場所に土砂が扇型に堆積した地形であり，等高線は円弧を描く。

2. 2011 年に九州新幹線が全線開通したため，鹿児島への移動時間は，2010 年の約 8 時間から 2014 年には約 6 時間へと短縮された。

3. 偏西風とは，中緯度地域の上空で，一年を通して西から東へ吹く風のこと。資料Ⅱの往路の飛行機には追い風，復路の飛行機には向かい風となる。

4. ドイツの国土面積は約 35.7 万 km^2 であり，日本の約 37.8 万 km^2 とさほど変わらない。しかし，日本の方が国土が東西南北に細長く広がっており，島の数も多いため，移動にかかる時間が短い航空機の割合が比較的高く，離島へも移動できる船舶の占める割合が他国よりも高い。

5. (利用者の立場からの利点) 希望時刻を予約できるため，従来は運行していなかった時刻に利用でき，待ち時間を短くすることができる。また，決まったルート以外も運行するため，より広い範囲でバスに乗車できるようになり，利便性が高まる。(運行会社の立場からの利点) 利用者の予約に基づき運行するため，需要に合わせてバスの経路や本数を変更できる。利用者がいない経路は省くこともできるため，運行経費の削減にもつながる。

【答】1. 等高線

2. a. 鹿児島　b. 三つの都市では，2010 年までに新幹線が整備されていたのに対して，鹿児島では，2010 年から 2014 年の間に福岡・八代間で新幹線が整備された (同意可)

3. 偏西風

4. (記号) A　(理由) 日本の方が東西や南北に国土が広がり，島も多いので，航空機と船舶の利用の割合が高いため。(同意可)

5. (利用者の立場からの利点) 希望時刻に，希望場所に近いバス停で乗車できるので，便利になる点。(運行会社の立場からの利点) 利用者の予約状況に応じて AI が算出した経路で運行できるので，効率的に運行でき，運行にかかる経費を削減できる点。(それぞれ同意可)

2 【解き方】1. 12 月には，クリスマスケーキなどに使用するイチゴの需要が高まっており，供給量が多いにもかかわらず，卸売価格が高くなっている。

2. 供給を私企業に任せた場合，一部の財やサービスが供給されなくなったり，価格が非常に高くなったりすることがある。そのため，国民の生活に必要な財やサービスは，適正な価格で供給されるよう国や地方公共団体が公共料金の決定に関与し，調整している。

3. 独占禁止法は，独占や寡占を防ぎ，公正な競争を維持することを目的とした法律。X 社のように，特定の価格での販売を強要することは，小売店間の競争を妨げ，商品の価格が下がらなくなることにつながり，消費者の利益が損なわれてしまう。

4. まとめの「欲求は無限」，「選択することがよりよい消費生活につながる」に注目。おこづかいの使い道を「選択」しようとしているイが適している。

【答】1. ア　2. 安定的に供給することによって国民の生活を守るため。(同意可)

3. A. 競争　B. 公正取引委員会　4. イ

3 【解き方】1. アの須恵器をつくる技術は，古墳時代に伝わった。イは縄文時代，ウは古墳時代の様子。

2. (1) 国司のもとには郡司が置かれた。イは平安時代，ウは江戸幕府，エは鎌倉幕府の説明。(2) アは収穫の約 3 %の稲を納める税。ウは労働をするか布を納めるという税。エは年間 60 日以内の労働で，国司のもとでさまざまな仕事を課せられた。

4. ヴァスコ・ダ・ガマによって開拓された，アフリカ南端の喜望峰を経由するルートが一部利用された。

5. 明治時代には，照明器具として石油ランプやガス灯が用いられるようになった。そのほかにも，「洋服」や「ざんぎり頭」などの解答も可。

6. 資料Ⅳに挙げられている和食の特徴が，資料Ⅴのような変化によって失われつつあるため，これを解決できるような提案をする。A であれば，「季節の食材を使った料理を学校で扱い，調理を実際に体験するとともに，食材の旬についても学ぶ」，C であれば，「ファストフードやインスタント食品などは栄養が偏っていたり，必要な栄養分が不足していたりすること，和食は栄養バランスに優れていることを授業で学ぶ」，D であれば，「自分の住んでいる地域以外の料理を給食で体験し，和食の多様性を知ってもらう」といった提案をすればよい。

【答】 1. エ　2. ⑴ ア　⑵ イ　3. 二毛作　4. エ　5.（例）ランプ

6.（例）（和食の特徴）B　（取り組み）外食の日常化やインスタント食品の普及によって家庭内で調理する機会が減っているので，正月に地域の子供と大人が集まり，共に調理して食べる。

4 **【解き方】** 1. 1人当たり国内総生産が大きい国ほど，上水道の普及率も高い傾向が読み取れる。そのため，目標の「1」につながる経済成長をうながせば，上水道の普及率も高まり，目標の「6」も達成できると考えられる。

2. 資料Ⅲから，人々のし尿が馬を使って運ばれていることがわかる。江戸時代には，人々のし尿を発酵《はっこう》させた下肥《しもごえ》が，肥料として用いられていた。

3. 医療の発達などにより，アフリカでは「人口爆発」と呼ばれる人口の増加が続いている。また，表Ⅰから，国内総生産も急増していることが読み取れる。国内総生産の増加は産業の発展によるものであり，各産業はさまざまな用途で水を使用するため，人口の増加と経済成長によって水の需要量が増加し，水不足が深刻になると考えられる。

【答】 1. グラフⅠから，上水道の普及率の低い国は一人当たり国内総生産が低い傾向にあることが分かる。このことから，上水道の普及率を上げて「6」の目標を達成するためには，一人当たり国内総生産を増加させて，「1」の目標を達成していくことが必要であると考えられるため。（同意可）

2. A. 畑や水田の肥料　B. 農村へ運び出された（それぞれ同意可）

3.（記号）ア　c. 産業が発展することによって，水の使用量が大幅に増加する（同意可）

理　　科

1 【解き方】1. ⑴ 表1の気体Aは酸素，気体Bは二酸化炭素。また，図2で，肺胞内から毛細血管内の血液に移動している気体Xは酸素，血液から肺胞に移動している気体Yは二酸化炭素。

2. ⑴ 図3のアは右心房，イは左心房，ウは右心室，エは左心室。また，図4で，全身を通った血液は，右心房（C）から右心室（D）に移動して肺に送られた後，左心房（A）から左心室（B）に移動し，全身に送られる。

【答】1. ⑴ エ　⑵ 表面積が大きくなるため。(同意可)

2. ⑴ A. イ　B. エ　C. ア　D. ウ　⑵ E. イ　F. 逆流しない（同意可）

3. G. エネルギー　H. 呼吸数や心拍数を増やす（同意可）　I. 1回の拍動で心室から送り出される血液の量が増えている（同意可）

2 【解き方】4. ⑵ 銅板と亜鉛板を使ったダニエル電池の電圧は1.08V，銅板とマグネシウム板を使った電池Ⅰの電圧は1.68Vなので，イオンへのなりやすさが大きい順に，マグネシウム＞亜鉛＞銅となることがわかる。よって，マグネシウム板と亜鉛板を使った電池Ⅱの電圧は，銅板とマグネシウム板を使った電池Ⅰの電圧よりも小さくなる。また，電池Ⅱでは，マグネシウムが電子を失ってマグネシウムイオンになって溶け出し，このときに出された電子が亜鉛板に移動するので，マグネシウム板が－極になり，亜鉛板が＋極になる。

【答】1. A. 陽イオン　B. 陰イオン（順不同）　2. C. ウ　D. オ

3. E. 硫酸銅水溶液中の銅イオンが電子を受け取って銅原子になって付着する（同意可）　(i) $Zn^{2+} + 2e^-$　(ii) $Cu^{2+} + 2e^-$

4. ⑴ イオンへのなりやすさ（同意可）　⑵ エ

3 【解き方】2. 日本のある地点での冬至の日の太陽の通り道は，日の出，日の入りの位置が，1年で最も南寄りになる。

3. ⑴ 夏至の日に，太陽が1日中沈まない現象を見ることができる地域は，次図アの範囲P内。この地域と太陽が沈む地域の境目の北緯は，90° － 23.4° = 66.6°　また，夏至の日に，太陽が1日中昇らない現象を見ることができる地域は，南極点を含む次図アの範囲Q内。⑵ 太陽の光と平行な2本の直線を引いて次図イのように考える。地球は23.4°傾いているので，角 x の大きさは23.4°。角 y の大きさは，34.2° － 23.4° = 10.8°　よって，太陽の南中高度（角 z）の大きさは，90° － 10.8° = 79.2°

図ア
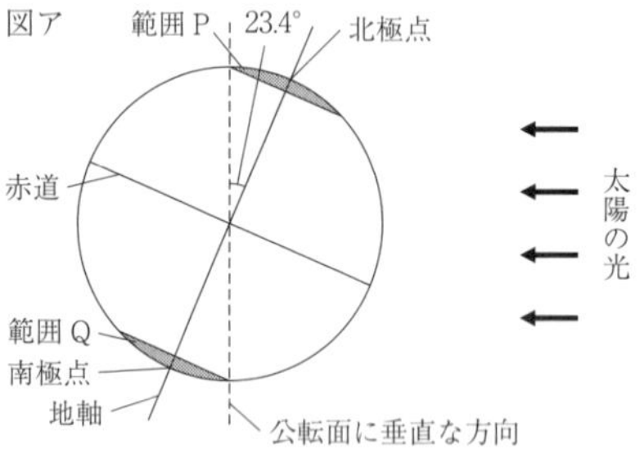

図イ
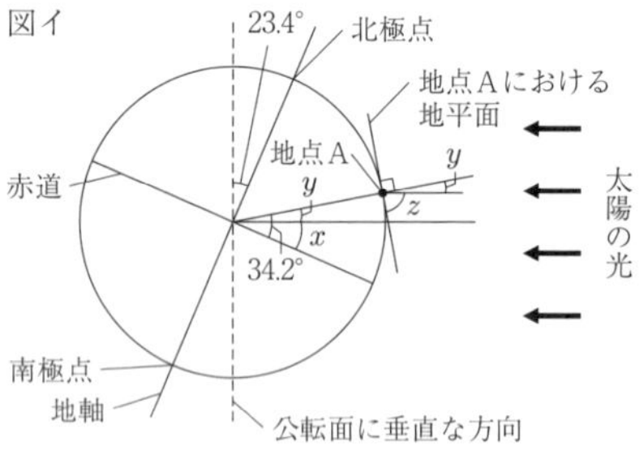

4. ⑴ 太陽の光が板の面に対して垂直に当たると，太陽の光が棒の真上から当たることになり，棒に影ができない。

【答】1. 日周運動　2. ア　3. ⑴ A. 66.6　B. 1日中昇らない（同意可）　⑵ 79.2 (度)

4. ⑴ 影が見えなくなる

⑵ 太陽の南中高度が低く，同じ面積の地面が太陽から得るエネルギーは小さい（それぞれ同意可）

4 【解き方】1. ⑵ Aから出た音が0.25秒後に観測者に届くとき，AとBから出た音が同時に聞こえる。よって，音は0.25秒で86m伝わるので，音の伝わる速さは，$\dfrac{86\ (\mathrm{m})}{0.25\ (\mathrm{s})} = 344\ (\mathrm{m/s})$

2. 点Cからの光が，水面で屈折して点Dまで進む道すじを考えるとき，点Dと点Eを結んだ直線と水面との交点と，点Cを直線で結べばよい。

3. (1) 右図のように，点Fについて，デンタルミラーの鏡に対して線対称の位置にある点F′と，点Gについて，洗面台の鏡に対して線対称の位置にある点G′を作図する。点F′と点G′を直線で結び，この直線とデンタルミラーの交点と点Fを直線で結び，この直線と洗面台の鏡の交点と点Gを直線で結ぶ。(2) 鏡に映った像は左右が反対になって見える。デンタルミラーの鏡と洗面台の鏡に映っているので，鏡に映る像は，左右が反対になった後，さらに左右が反対になるので，もとと同じ向きに見える。

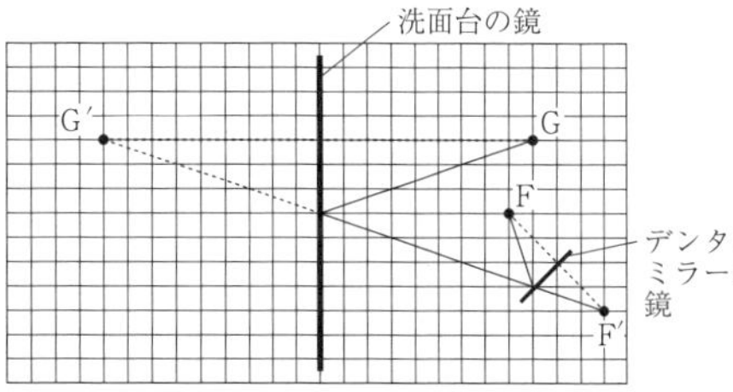

【答】1. (1) a. 振動（または，ふるえ） b. 同じ速さ（同意可） (2) 344 2.（次図ア） 3. (1)（次図イ） (2) ウ

図ア

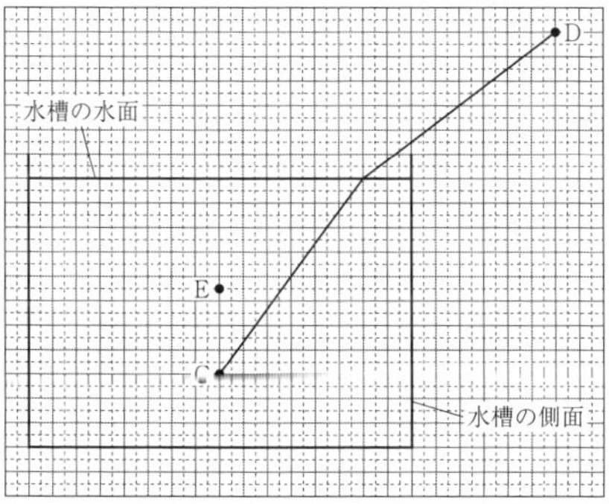

図イ

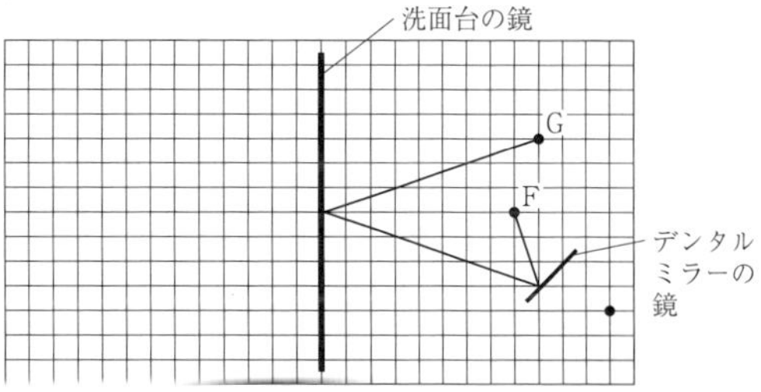

国　語

1 【解き方】2. 同意の漢字の組み合わせ。アは，反意の漢字の組み合わせ。イは，上の漢字が，下の漢字の意味を打ち消している。ウは，上の漢字が動作を表し，下の漢字がその対象を表している。

3.「扉を閉めると…にいいいしいいいーーー」とあるので，篤が物置に向かったのは呼び上げの練習をするため。篤が練習を開始したのは，「進さんが助けてくれた。師匠も，わざわざ篤に話をしてくれた」ので，「明日こそは失敗してはいけない」と思ったからだと，あとの坂口さんとの会話の場面でも示されている。

4. (1) 坂口さんが，「武藤さんが毎晩籠もっているトレーニングルーム」を見て，「真剣な目」で「重々しく」発言していることに着目する。(2) ミルクティーを飲む前に，篤が「兄弟子としてのプライドをいったん捨て，弟弟子と一緒にトレーニングをしようと決意」した坂口さんの「葛藤」を思いやっていることに着目する。ミルクティーは「昨日の一回きり」でやめずに練習に励んでいる篤に気付いた坂口さんが持ってきてくれたものであり，「この差し入れはありがたい」と篤は思っていた。また，ミルクティーを飲み，「何度も繰り返し」練習を続ける篤の姿から，坂口さんの優しさと決意に刺激されていることもおさえる。

5. 前日の篤が，師匠から「自分の仕事をしっかりやろうと思わなければ，いつまでたっても半人前のままだ」と言われたことから，これまでの篤には仕事に向き合う強い心が足りなかった点をおさえる。しかし，今日は「昨日までとは違」うとあることに注目。

【答】1. ㋐ かざ(って)　㋑ そこ(ねて)　㋒ しぼ(られる)　2. エ

3. 師匠や進さんの気持ちに応えるためにも，明日こそは失敗してはいけないという気持ち。(40字)(同意可)

4. (1) ア　(2) 坂口さんの優しい心遣いに感謝し，葛藤を乗り越えて決意に至るまでの坂口さんの思いに共感し，自分も同じように変わっていこう (59字)(同意可)

5. エ

2 【解き方】2. 側芽の中でも「一番先端の芽」となることを，「頂芽となる」と言い換えている。

3.「表舞台」とは，活躍の様子を見せる場所のこと。「控えていた芽」が活躍する様子について，「先端の花が摘みとられても…残された植物では，一番上になった側芽が頂芽として伸び出し，花が咲く」と前で述べていることに着目する。

4. Ⅰ. 本文の冒頭で，花を摘みとったり切り花にしたりするときに「心苦しく感じる」ことがあるが，花は「切り取られても…からだをつくりなおし，いのちを復活させるという力が隠されている」ので，当の植物たちはさほど気にしていないだろうと述べていることに着目する。Ⅱ.【図書館で借りた本の文章】で，「いけばな」でいけられた「花や葉を観賞することは…生命の有り様を見つめること」であり，それは「花をいけるという行為が…何よりも花を生かすこと」の「根拠」となっていると述べていることに注目。こうしたことが可能なのは，「花の生命をいつくしむ心から生まれ」たいけばなの技法や手法を用いるからであることもおさえる。

【答】1. ㋐ 典型　㋑ 存在　㋒ 喜(ぶ)　2. ウ

3. 側芽が頂芽となって成長し，花を咲かせることができる機会。(28字)(同意可)

4. Ⅰ. いのちを復活させる力がある (13字)　Ⅱ. 花の生命をいつくしむという心で花材をいけて観賞することは，その生命の有り様を見つめることであり，このことが何よりも花を生かすことにつながっている (72字)(それぞれ同意可)

3 【解き方】1.「レ点」は，一字戻って読む。

2. 直前に「長く地上に伏せて力を養っていた」とあることに注目。人間の場合，長く力を蓄えた後に行動して得られる結果を考える。

3. (1)【漢文】では，鳥や花のたとえを用いながら，「他よりも先に」することにこだわるのではなく，「長く」「力を養って」から行動することの重要性を説いていることに着目する。(2)【記事】の投稿者は，中学に入学してから「毎日休まず練習」している。【漢文】では，長く力を養えば「飛ぶこと必ず高く」と述べているので，この主張に従うと，投稿者がこれからも練習を続けていけば，成果が必ず形になるだろうという内容になる。

【答】 1. 此れを知らば(または，これをしらば) 2. 成功すること（同意可）

3. ⑴ 成果を収めるためには，あせらず，準備をすることが大切である（29字）（同意可） ⑵（例）中学校で三年間続けた地道な努力は，今後の成功にきっとつながるはずだから，高校でもあきらめず，陸上競技部に入って活動を継続した方がよい（66字）

◀口語訳▶ 長く地上に伏せて力を養っていた鳥は，必ず高く飛ぶことができ，他よりも先に咲いた花は，散ってしまうこともひとりだけ早い。このことを知っていれば，足場を失ってよろめくことの心配を避けることができ，あせって気持ちがいらだつ気持ちを消すことができる。

4 **【答】**（例）みんなの意見は，近々行われる行事に関連する絵本で，子供たちの知的好奇心が増すものがいいという点で共通しているね。私は和田さんと同じ意見で，図鑑のような絵本がいいな。海の生き物に関する図鑑のような絵本を読んであげたら，子供たちは，遠足の行き先である水族館での体験を一層楽しめるんじゃないかな。図鑑のような絵本でも，子供たちに問いかけながら読めば，物語の絵本を読み聞かせた場合と同じように，想像力を働かせたり，感情を表現したりできると思うよ。だから，私は図鑑のような絵本で読み聞かせをしたいな。(245字)

~MEMO~

広島県公立高等学校

2021年度
入学試験問題

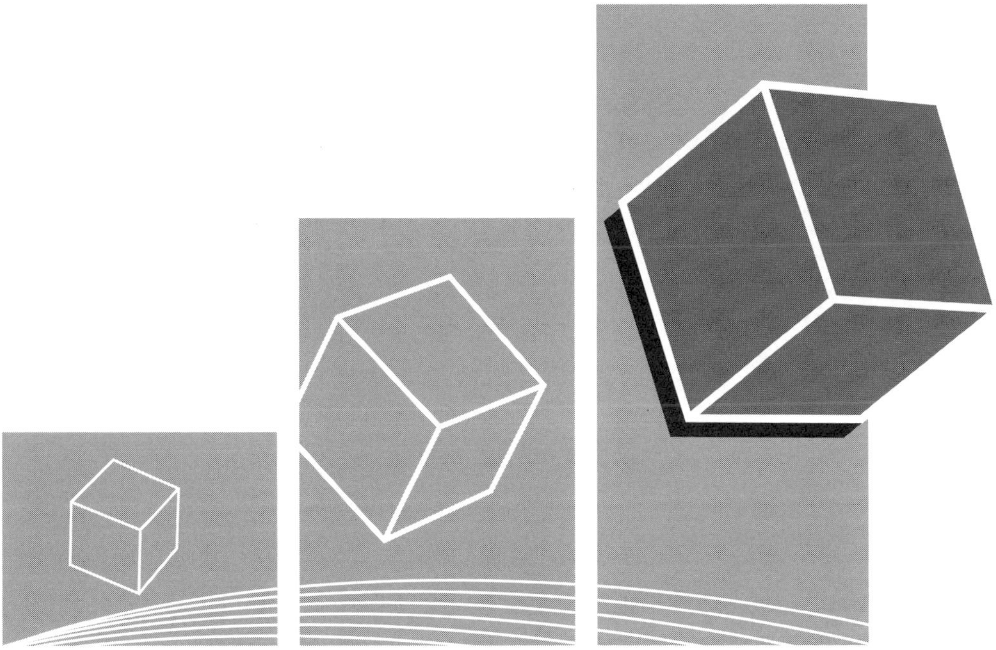

数学

時間　50分　　　　満点　50点

$\boxed{1}$　次の(1)～(8)に答えなさい。

(1)　$6 - 5 - (-2)$ を計算しなさい。(　　　　)

(2)　$a = 4$ のとき，$6a^2 \div 3a$ の値を求めなさい。(　　　　)

(3)　$\sqrt{2} \times \sqrt{6} + \dfrac{9}{\sqrt{3}}$ を計算しなさい。(　　　　)

(4)　方程式 $x^2 + 5x - 6 = 0$ を解きなさい。(　　　　)

(5)　右の図のように，$\mathrm{BC} = 3\,\mathrm{cm}$，$\mathrm{AC} = 5\,\mathrm{cm}$，$\angle\mathrm{BCA} = 90^\circ$ の直角三角形ABCがあります。直角三角形ABCを，辺ACを軸として1回転させてできる立体の体積は何cm^3ですか。ただし，円周率はπとします。(　　　　cm^3)

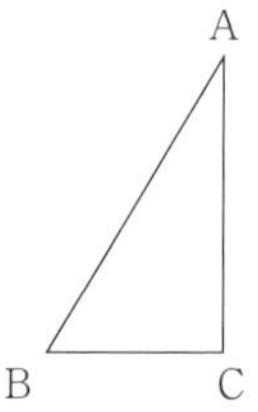

(6)　2点A (1，7)，B (3，2)の間の距離を求めなさい。(　　　　)

(7)　右の図の①～③の放物線は，下のア～ウの関数のグラフです。①～③は，それぞれどの関数のグラフですか。ア～ウの中から選び，その記号をそれぞれ書きなさい。①(　　　)　②(　　　)　③(　　　)

ア　$y = 2x^2$　　イ　$y = \dfrac{1}{3}x^2$　　ウ　$y = -x^2$

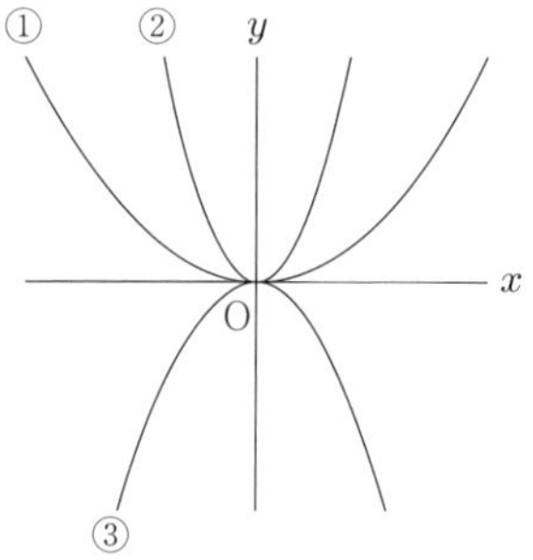

(8)　数字を書いた4枚のカード，$\boxed{1}$，$\boxed{2}$，$\boxed{3}$，$\boxed{4}$が袋Aの中に，数字を書いた3枚のカード，$\boxed{1}$，$\boxed{2}$，$\boxed{3}$が袋Bの中に入っています。それぞれの袋からカードを1枚ずつ取り出すとき，その2枚のカードに書いてある数の和が6以上になる確率を求めなさい。(　　　　)

2　次の(1)～(3)に答えなさい。

(1)　$4 < \sqrt{a} < \dfrac{13}{3}$ に当てはまる整数 a の値を全て求めなさい。(　　　)

(2)　右の図のように，線分 AB 上に点 C があり，AC ＝ CB ＝ 3 cm です。線分 AC 上に点 P をとります。このとき，AP を 1 辺とする正方形の面積と PB を 1 辺とする正方形の面積の和は，PC を 1 辺とする正方形の面積と CB を 1 辺とする正方形の面積の和の 2 倍に等しくなります。このことを，線分 AP の長さを x cm として，x を使った式を用いて説明しなさい。ただし，点 P は点 A，C と重ならないものとします。

(　　　　　　　　　　　　　　　　　　　　　　)

(3)　A さんは駅を出発し，初めの 10 分間は平らな道を，そのあとの 9 分間は坂道を歩いて図書館に行きました。右の図は，A さんが駅を出発してから x 分後の駅からの距離を y m とし，x と y の関係をグラフに表したもので，$10 \leqq x \leqq 19$ のときの y を x の式で表すと $y = 40x + 280$ です。B さんは，A さんが駅を出発した 8 分後に自転車で駅を出発し，A さんと同じ道を通って，平らな道，坂道ともに分速 160m で図書館に行きました。B さんはその途中で A さんに追いつきました。B さんが A さんに追いついたのは，駅から何 m のところですか。(　　　m)

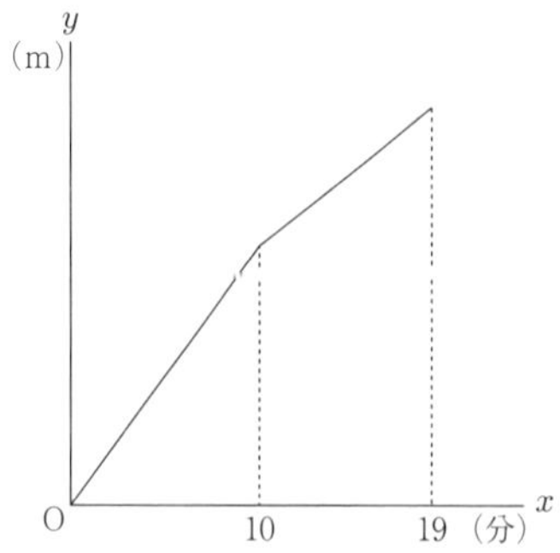

3　右の図のように，AD ∥ BC の台形 ABCD があります。辺 BC 上に点 E，辺 CD 上に点 F を，BD ∥ EF となるようにとります。また，線分 BF と線分 ED との交点を G とします。BG : GF ＝ 5 : 2 となるとき，△ABE の面積 S と△GEF の面積 T の比を，最も簡単な整数の比で表しなさい。(　　　)

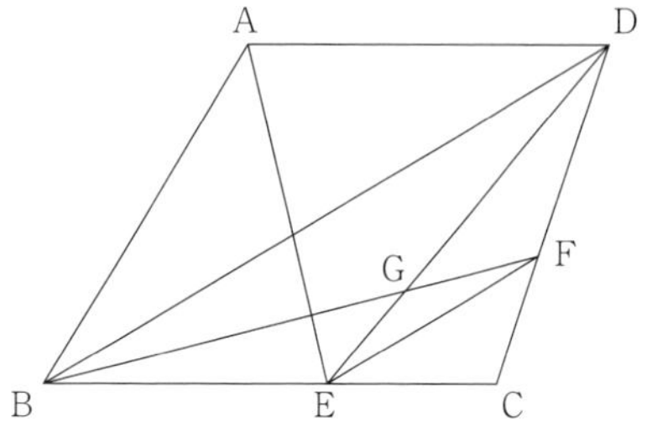

4　右の図のように，y 軸上に点 A (0，5) があり，関数 $y = \dfrac{a}{x}$ のグラフ上に，y 座標が 5 より大きい範囲で動く点 B と y 座標が 2 である点 C があります。直線 AB と x 軸との交点を D とします。また，点 C から x 軸に垂線を引き，x 軸との交点を E とします。ただし，$a > 0$ とします。

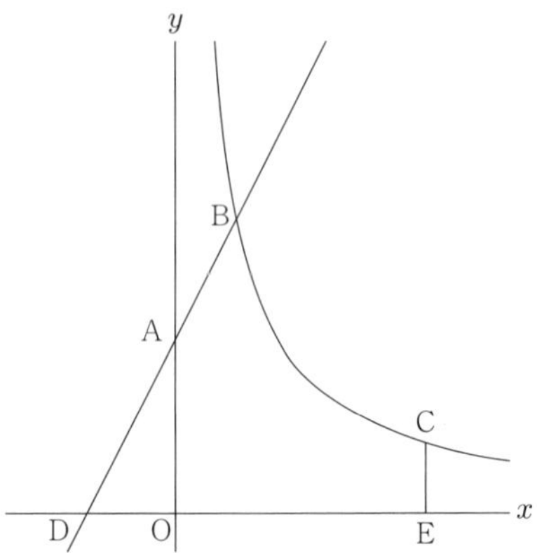

次の(1)・(2)に答えなさい。

(1)　$a = 8$ のとき，点 C の x 座標を求めなさい。(　　　)

(2)　DA = AB，DE = 9 となるとき，a の値を求めなさい。

(　　　)

5　A 市役所で働いている山本さんと藤井さんは，動画を活用した広報活動を担当しています。山本さんたちは，A 市の動画の再生回数を増やすことで，A 市の魅力をより多くの人に知ってもらいたいと考えています。そこで，インターネット上に投稿した動画が人気となっている A 市出身の X さんと Y さんと Z さんのうちの 1 人に，A 市の新しい動画の作成を依頼しようとしています。

山本　「A 市が先月投稿した動画の再生回数は，今はどれくらいになっているかな？」

藤井　「先ほど確認したところ，今は 1200 回くらいになっていました。新しい動画では再生回数をもっと増やしたいですね。」

山本　「そうだよね。X さん，Y さん，Z さんの誰に動画の作成を依頼したらいいかな。」

藤井　「まずは，3 人が投稿した動画の再生回数がどれくらいなのかを調べましょう。」

A 市が先月投稿した動画の画面

次の(1)・(2)に答えなさい。

(1)　藤井さんは，X さん，Y さん，Z さんが投稿した動画のうち，それぞれの直近 50 本の動画について再生回数を調べ，次の【資料Ⅰ】にまとめ，山本さんと話をしています。

【資料Ⅰ】　再生回数の平均値，最大値，最小値

	平均値(万回)	最大値(万回)	最小値(万回)
X さん	16.0	22.6	10.2
Y さん	19.2	27.8	10.7
Z さん	19.4	29.3	10.3

藤井 「【資料Ⅰ】から，X さんの再生回数の平均値は，Y さん，Z さんよりも 3 万回以上少ないことが分かりますね。」

山本 「そうだね。それと，① X さんについては，再生回数の範囲も，Y さん，Z さんよりも小さいね。」

下線部①について，X さんの再生回数の範囲として適切なものを，次のア～エの中から選び，その記号を書きなさい。(　　　)

ア　5.8 万回　　イ　6.6 万回　　ウ　12.4 万回　　エ　32.8 万回

(2) 山本さんたちは，(1)の【資料Ⅰ】の分析から，A 市の新しい動画の作成を Y さんか Z さんに依頼することにしました。さらに分析をするために，Y さん，Z さんが投稿した動画のうち，直近 50 本の動画の再生回数のヒストグラムを作成し，次の【資料Ⅱ】にまとめました。【資料Ⅱ】のヒストグラムでは，例えば，直近 50 本の動画の再生回数が 10 万回以上 12 万回未満であった本数が，Y さん，Z さんとも 5 本ずつあったことを表しています。

【資料Ⅱ】 再生回数のヒストグラム

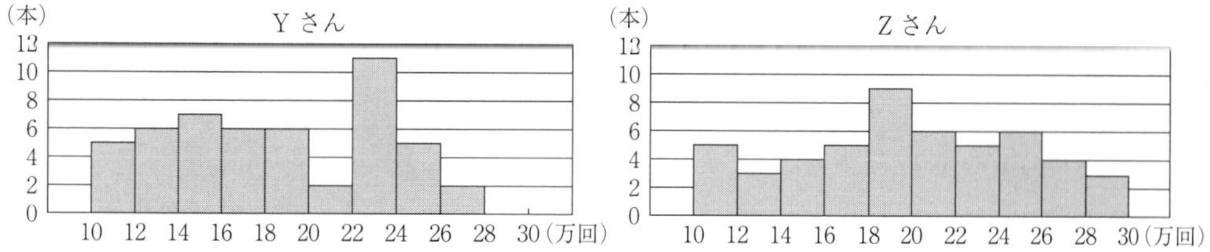

A 市の動画の再生回数を増やすために，A 市の新しい動画の作成を，あなたなら，Y さんと Z さんのどちらに依頼しますか。また，その人に依頼する理由を，【資料Ⅱ】の Y さんと Z さんのヒストグラムを比較して，そこから分かる特徴を基に，数値を用いて説明しなさい。

私は，(　　) さんに依頼する。

(理由) (　　　　　　　　　　　　　　　　　　　　　　　　　　　　　　　　)

6　中学生の航平さんは，「三角形の３つの辺に接する円の作図」について，高校生のお兄さんの啓太さんと話をしています。

航平「数学の授業で，先生から，これまで学習したことを用いると，三角形の３つの辺に接する円を作図できると聞いたんだけど，どうやったら作図できるんだろう。」
啓太「①角の二等分線の作図と②垂線の作図の方法を知っていれば，その円を作図できるよ。」
航平「その２つの方法は習ったし，角の二等分線の作図の方法が正しいことも証明したよ。」
啓太「そうなんだね。実は，三角形の２つの角の二等分線の交点が，その円の中心になるんだよ。三角形の３つの辺に接する円の作図には，いろいろな図形の性質が用いられているから，作図をする際には振り返るといいよ。」

次の(1)～(3)に答えなさい。

(1)　下線部①について，航平さんは，次の【角の二等分線の作図の方法】を振り返りました。

【角の二等分線の作図の方法】

〔１〕　点Oを中心とする円をかき，半直線OX，OYとの交点を，それぞれP，Qとする。
〔２〕　２点P，Qを，それぞれ中心として，同じ半径の円をかき，その交点の１つをRとする。
〔３〕　半直線ORを引く。

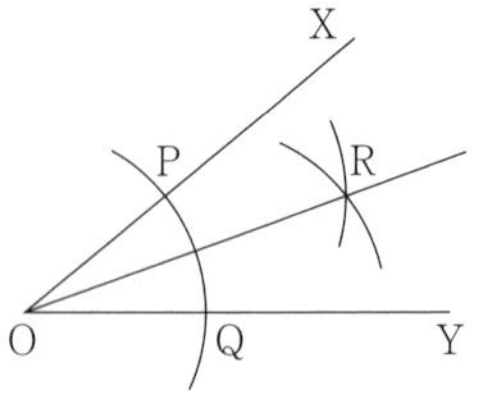

【角の二等分線の作図の方法】において，作図した半直線ORが∠XOYの二等分線であることを，三角形の合同条件を利用して証明しなさい。

(2)　下線部②について，航平さんは，右の図の△ABCにおいて，∠ABC，∠ACBの二等分線をそれぞれ引き，その交点をIとしました。そして，次の【手順】によって点Iから辺BCに垂線を引きました。

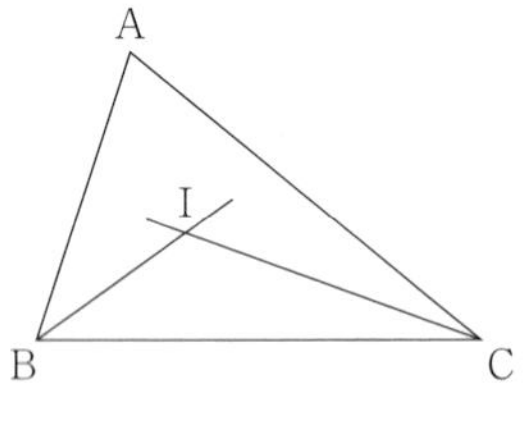

【手順】

〔１〕　［ア］を中心として，［イ］を半径とする円をかく。
〔２〕　［ウ］を中心として，［エ］を半径とする円をかく。
〔３〕〔１〕,〔２〕でかいた円の交点のうち，Iではない方をJとする。
〔４〕　２点I，Jを通る直線を引く。

【手順】の［ア］・［ウ］に当てはまる点をそれぞれ答えなさい。また，［イ］・［エ］に当てはまる線分をそれぞれ答えなさい。ア(　　　)　イ(　　　)　ウ(　　　)　エ(　　　)

航平さんは，点Iから辺BCに引いた垂線と辺BCとの交点をDとしました。同じようにして，点Iから辺CA，ABにも垂線を引き，辺CA，ABとの交点をそれぞれE，Fとしました。そして，角の二等分線の性質からID = IE = IFであり，点Iを中心とし，IDを半径とする円が，円の接線の性質から△ABCの3つの辺に接する円であることが分かりました。

(3)　さらに，航平さんは，コンピュータを使って△ABCの3つの辺に接する円をかき，次の図のように，辺BCをそのままにして点Aを動かし，△ABCをいろいろな形の三角形に変え，いつでも成り立ちそうなことがらについて調べました。

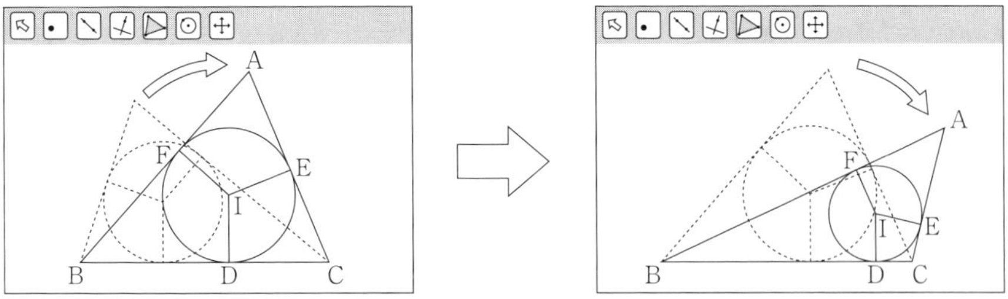

航平さんは，次の図のように，∠BACの大きさを，鋭角，直角，鈍角と変化させたときの△DEFに着目しました。

∠BACが鋭角のとき　　∠BACが直角のとき　　∠BACが鈍角のとき

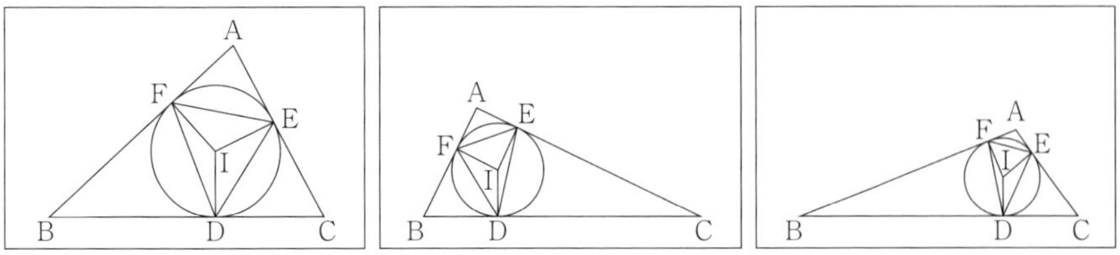

航平さんは，△ABCがどのような三角形でも，△DEFが鋭角三角形になるのではないだろうかと考え，それがいつでも成り立つことを，次のように説明しました。

【航平さんの説明】

> ∠BAC = ∠xとするとき，∠FDEを，∠xを用いて表すと，∠FDE = ［オ］と表せる。これより，∠FDEは，［カ］°より大きく［キ］°より小さいことがいえるから，鋭角である。同じようにして，∠DEF，∠EFDも鋭角である。よって，△ABCがどのような三角形でも，△DEFは鋭角三角形になる。

【航平さんの説明】の［オ］に当てはまる式を，∠xを用いて表しなさい。また，［カ］・［キ］に当てはまる数をそれぞれ求めなさい。オ(　　　)　カ(　　　)　キ(　　　)

英語

時間 50分　　満点 50点

（編集部注） 放送問題の放送原稿は英語の末尾に掲載しています。
音声の再生についてはもくじをご覧ください。

（注） 最初に，放送による聞き取りテストを行います。

1 放送を聞いて答えなさい。

問題A これから，No.1～No.4まで，対話を4つ放送します。それぞれの対話を聞き，そのあとに続く質問の答えとして最も適切なものを，ア～エの中から選んで，その記号を書きなさい。

No.1（　　） No.2（　　） No.3（　　） No.4（　　）

No.1	ア  イ  ウ 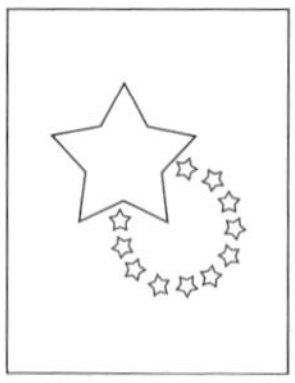 エ 
No.2	ア Three apples. イ Eight apples. ウ Eleven apples. エ Fourteen apples.
No.3	ア After school on Wednesday. イ Before the English class on Wednesday. ウ After school on Thursday. エ Before the English class on Thursday.
No.4	ア Because he often cooks dinner. イ Because he watched TV before dinner. ウ Because he helped his mother with dinner. エ Because he usually does his homework after dinner.

問題B これから放送する英文は，英語の授業で，先生がクラスの生徒に対して話したときのものです。先生の質問に対して，あなたならどのように答えますか。あなたの答えを英文で書きなさい。なお，2文以上になっても構いません。

（　　　　　　　　　　　　　　　　　　　　）

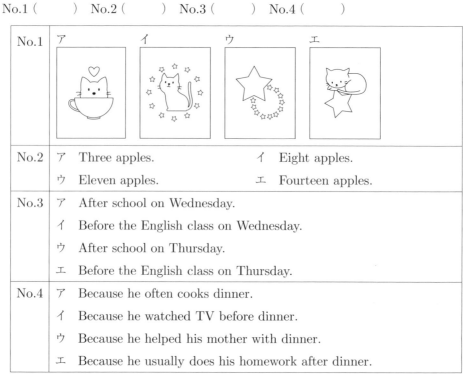

2 次の会話は，日本の高校生の雄太と彩花が，オーストラリアの高校生のスチュワードとジェシーと，テレビ会議システムを使って海洋ごみ問題について話し合ったときのものです。また，グラフ1は，そのとき雄太たちが用いた資料の一部です。これらに関して，あとの1～5に答えなさい。

Yuta : Now, let's talk about the problems of marine debris in Australia and Japan. Our town had a beautiful beach, but now we see a lot of debris there. How about your town?

Steward : Our beach has a lot of debris, too. In Australia, about 75% of debris along the coast is plastic products.

Ayaka : Well, Graph 1 shows that [A] % of debris along the coast is plastic products in Japan.

Jessie : Some people say that there will be more plastic debris than fish in the sea by 2050.

Yuta : Really? There are so many plastic products in our lives. For example, we use plastic bottles, containers for food, and bags. They are used only once and thrown away. Then, some plastic products go into the sea.

Steward : That's right. Those plastic products stay in the sea for a long time and break into pieces. Some people try to collect them, but some of them are [B] small to collect.

Jessie : I also heard they can go into and stay in the bodies of fish and other marine animals. If we eat these fish, we may have health problems.

Ayaka : Then, what should we do to reduce plastic debris?

Yuta : 48.1% of plastic debris along the coast is plastic bottles, so let's think about them. We should find some ways to reduce the number of plastic bottles which go into the sea.

Jessie : [C]. If people recycle plastic bottles, they will not go into the sea. Then, we will not see any debris on our beaches.

Steward : But some people don't recycle. They just throw away plastic bottles after they drink water or juice. They don't understand the problems of marine debris, so recycling is not enough to reduce the number of plastic bottles.

Ayaka : I have found an interesting idea on the Internet. Some companies have started choosing eco-friendly products instead of plastic bottles. For example, in England, a company sells water in small containers which are made from seaweed.

Steward : That's a nice idea. In our country, a town became famous because every store stopped selling water in plastic bottles. I think it's a good idea. What do you think?

Ayaka : ① I think we should do the same thing in our town.

Jessie : I think there will be some problems if you do this at every store. We can find another way.

Yuta　:　Well, there are many ways to reduce the number of plastic bottles. Let's learn more and find our own way.

（注）marine　海洋の　debris　ごみ　beach　浜辺　coast　海岸　plastic　プラスチックの　product　製品　plastic bottle　ペットボトル　container　容器　be thrown away　捨てられる　break into pieces　粉々に砕ける　body　体　reduce　減らす　throw away ～　～を捨てる　eco-friendly　環境に優しい　instead of ～　～の代わりに　seaweed　海草

グラフ1

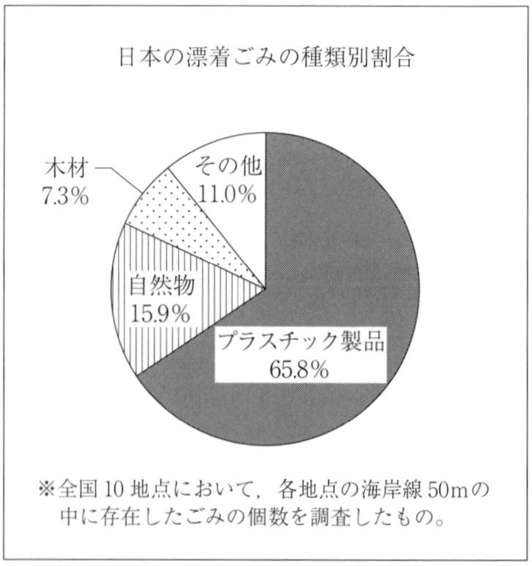

（環境省「海洋ごみをめぐる最近の動向　平成30年9月」により作成。）

1　本文中の［　A　］に当てはまる数値を，数字を用いて書きなさい。(　　　)

2　本文中の［　B　］に適切な語を1語補って，英文を完成しなさい。(　　　)

3　本文中の［　C　］に当てはまる最も適切な英語を，次のア～エの中から選び，その記号を書きなさい。(　　　)

ア　Many people don't usually recycle　　イ　I think recycling is the best way

ウ　I don't know how to recycle　　エ　Recycling needs a lot of money

4　次のメモは，雄太が話し合いの内容をまとめたものの一部です。このメモ中の［　(1)　］・［　(2)　］に適切な語をそれぞれ1語補って，英文を完成しなさい。また，（　a　）・（　b　）に当てはまる最も適切な英語を，あとのア～エの中からそれぞれ選び，その記号を書きなさい。

(1)(　　　)　a(　　　)　b(　　　)　(2)(　　　)

The problems of marine debris in Australia and Japan

1. Situation

· Our beaches are not ［　(1)　］ because of debris.

· A lot of plastic products were found as marine debris.

· We (　a　) so many plastic products in our lives.

2. Problems of plastic debris

- Many plastic products (　b　) only once and thrown away.
- Plastic products break into pieces in the sea and it is difficult to collect them.
- Fish and other marine animals eat plastic debris.
- It may not be [(2)] for our health to eat these fish.

↓

[What should we do?]

ア are　　イ use　　ウ are used　　エ don't use

5　下線部①について，あなたは彩花の考えに賛成ですか，反対ですか。理由を含めて，あなたの考えを25語程度の英文で書きなさい。なお，2文以上になっても構いません。

3　次の英文は，日本文化を世界に発信するウェブページに，日本で琵琶《びわ》奏者《そうしゃ》として活躍するイギリス人のダニエルと，彼の師匠である明子が紹介された記事です。これに関して，あとの1～6に答えなさい。

【Daniel】

I came to Japan 32 years ago because I wanted to study Japanese at university. One day, my friend invited me to a Japanese music concert. I was moved by the sound of the *biwa*, a traditional Japanese musical instrument, and decided to take lessons. The *biwa* looks like a guitar. I often played the guitar, so I thought it would be easy to play the *biwa*.

However, I had to learn many things. While we are playing the *biwa*, we often sing. So I had to learn how to sing in Japanese, too. The lyrics are old Japanese stories. It was very difficult for me to understand the situations and characters' feelings in each story. My master taught me the *biwa* again and again. It was fun to learn the *biwa* and I practiced hard every day.

Three years later, I asked my master, "Can I have a concert with you this year?" She answered, "No, you can't." I asked, "Why?" She answered, ① "Now, you have a good technique as a musician, but what do you want to tell people through music?" I didn't understand her words.

After that, I visited many places in Japan and talked with many people. Thanks to these experiences, I learned about Japanese history, culture and how people think. Then, I could understand the situations and characters' feelings in each story. After 24 years of learning the *biwa*, I finally understood the words my master said. One day, she said, “You have become a better musician. Now it’s time to create your own music.” Through my music, I want people to feel that life is wonderful.

【Akiko】

When Daniel first took my lesson, he spoke Japanese only a little, and I spoke English only a little. It was very difficult for me to teach him the *biwa*.

However, he practiced very hard. I showed him the lyrics in simple Japanese and told him the meanings of the lyrics with my Japanese students who could speak English. I also taught him how Japanese people feel and behave because I wanted him to learn about Japanese culture. He soon started playing and singing well. However, I didn’t think that he really understood the meanings of the lyrics. So when he asked me to have a [　　　] together, I answered, “No, you can’t.” I thought he needed more time to become a better musician. It was necessary for him to express the messages of the music. The *biwa* is always connected with people’s lives and culture. When he understood that, he became a better musician. While I taught him, I began to understand that Japanese culture is not only for Japanese people. ② <u>Anyone (about　learn　who　to　culture　wants) can learn about it</u>.

Now, many Japanese people and people from abroad come to his concerts. I am very happy about it. I think Daniel tells people about Japanese culture and also creates his own music through the *biwa*.

(注)　university　大学　　be moved by ～　～に感動する　　musical instrument　楽器
take lessons　レッスンを受ける　　lyric　歌詞　　character　登場人物　　feeling　感情
master　師匠　　again and again　何度も　　technique　技巧
thanks to ～　～のおかげで　　meaning　意味　　behave　ふるまう　　express　表現する
be connected with ～　～とつながりがある　　anyone　だれでも

1　次の(1)・(2)に対する答えを，英文で書きなさい。

(1)　What musical instrument did Daniel often play before taking the *biwa* lessons?
(　　　　　　　　　　　　　　　　　　　　　　　　　　　　　　　　)

(2)　Was it easy for Akiko to teach Daniel the *biwa*?
(　　　　　　　　　　　　　　　　　　　　　　　　　　　　　　　　)

2　下線部①について，明子の発言の理由を表している最も適切な英文を，次のア～エの中から選び，その記号を書きなさい。(　　　)

ア　Because Akiko thought that Daniel needed to express the messages of the music.

イ　Because Akiko thought that Daniel really understood the meanings of the lyrics when he played the *biwa* and sang.

ウ　Because Akiko thought that Daniel wanted to play the *biwa* and sing in his own concert.

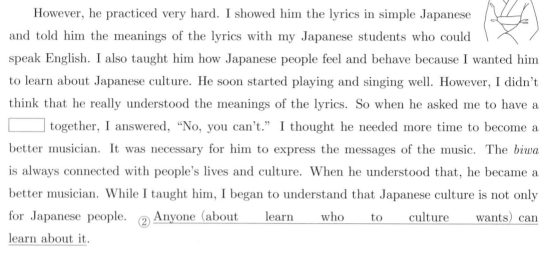

エ Because Akiko thought that Daniel knew much about Japanese culture.

3 本文中の［　　］に適切な語を1語補って，英文を完成しなさい。(　　　)

4 下線部②が意味の通る英文になるように，(　　) 内の語を並べかえなさい。

(　　　　　　　　　　　　　　　　　　　　　　　　　　　　)

5 次のア～エの中で，本文の内容に合っているものを全て選び，その記号を書きなさい。(　　　)

ア Daniel came to Japan because he wanted to take the *biwa* lessons.

イ Daniel wants to have a concert in many countries.

ウ Akiko helped Daniel in several ways when she taught him the *biwa*.

エ Akiko feels happy because many people come to Daniel's concerts.

6 ある中学校でダニエルを迎え，琵琶の演奏会が行われることになりました。事前学習として，生徒たちは，英語の授業でダニエルと明子が紹介された記事を読み，それについての感想と，記事の内容に基づいた彼への質問をメモに書くことにしました。あなたならどのように書きますか。次のメモ中の［(1)］には記事の感想を，また，［(2)］にはダニエルへの質問をそれぞれ英語で書きなさい。ただし，［(1)］については，15語程度で書きなさい。

(1)(　　　　　　　　　　　　　　　　　　　　　　　　　　　).

(2)(　　　　　　　　　　　　　　　　　　　　　　　　　　　)?

The *Biwa* Concert

Thank you very much for coming to our school.

［　(1)　］.

Now, I have a question.

［　(2)　］?

4　次のイラストと英文は，高校生の海斗と留学生のスーザンが，部活動について話したときのものです。①～⑥の順に対話が自然につながるように，[A]～[C]にそれぞれ適切な英語を書いて，対話を完成しなさい。ただし，[B]については，10語程度で書きなさい。

A (　　　　　　　　　　　　　　　　　　　　　　　　　　　　　　　)

B (　　　　　　　　　　　　　　　　　　　　　　　　　　　　　　　)

C (　　　　　　　　　　　　　　　　　　　　　　　　　　　　　　　)

Yesterday...
① Kaito, you look so happy today. What happened?
② [A] yesterday, so I'm happy.
③ That's great! I'm interested in club activities in Japan. What is a good point of them?
④ I think they have many good points. For example, we can [B].
⑤ Oh, I see. I want to learn more.
⑥ We have many clubs in our school, so [C].

〈放送原稿〉

(チャイム)

2021年度広島県公立高等学校入学試験英語聞き取り検査を始めます。

はじめに，問題についての説明を行いますから，よく聞きなさい。

聞き取り検査には，問題Aと問題Bの2種類の問いがあります。まず問題Aについては，英語による対話を放送し，その内容について英語で質問をしますから，質問に対する答えとして最も適切なものを，問題用紙のア～エの中から選んで，その記号を書きなさい。次に問題Bについては，問題Aが終了したあとに，英文を放送しますから，それに基づいてあなたの答えを英文で書きなさい。

対話，英文及び質問は全て2回ずつ放送します。メモをとっても構いません。

では，問題Aを始めます。

(チャイム)

問題A　これから，No.1～No.4まで，対話を4つ放送します。それぞれの対話を聞き，そのあとに続く質問の答えとして最も適切なものを，ア～エの中から選んで，その記号を書きなさい。

No.1

A：　Bob, look at this picture! My younger sister drew it for me yesterday.

B：　Oh! The cat is very cute.

A：　I think so too. I also like the many stars around the cat.

B：　She can draw pictures very well.

Question No.1：Which picture are they talking about?

No.2

A：　Dad, you have a big box. What's in it?

B：　There are eleven apples. I got them from my friend, Mr. Tanaka.

A：　Really? Mom and I have just bought three apples at the store.

B：　Now we have so many apples! Jane, why don't you make an apple pie?

A：　That's a good idea.

Question No.2：How many apples does Jane's family have?

No.3

A：　Shota, you're going to talk about your dream in the English class on Friday. It's already Wednesday. Are you ready?

B：　No, Ms. Brown. Can I ask you some questions about it?

A：　Yes, but it's 5 o'clock now. I'm sorry. I have to leave school. Can you come and see me after school tomorrow?

B：　Yes. Thank you, Ms. Brown.

A：　You're welcome.

Question No.3：When should Shota visit Ms. Brown?

No.4

A：　Masato, did you watch TV last night? Your favorite singer sang a new song! It was so exciting.

B： Oh, I didn't watch it. I usually do my homework before dinner and then enjoy watching TV, but I was busy last night.

A： What happened?

B： Well, when I got home yesterday, my mother looked busy. So I cooked dinner with her and did my homework after dinner.

A： I see. Do you often cook dinner?

B： No, I don't. But I enjoyed it very much.

Question No.4：Why did Masato do his homework after dinner last night?

もう１回くりかえします。

問題A

No.1

A： Bob, look at this picture! My younger sister drew it for me yesterday.

B： Oh! The cat is very cute.

A： I think so too. I also like the many stars around the cat.

B： She can draw pictures very well.

Question No.1：Which picture are they talking about?

No.2

A： Dad, you have a big box. What's in it?

B： There are eleven apples. I got them from my friend, Mr. Tanaka.

A： Really? Mom and I have just bought three apples at the store.

B： Now we have so many apples! Jane, why don't you make an apple pie?

A： That's a good idea.

Question No.2：How many apples does Jane's family have?

No.3

A： Shota, you're going to talk about your dream in the English class on Friday. It's already Wednesday. Are you ready?

B： No, Ms. Brown. Can I ask you some questions about it?

A： Yes, but it's 5 o'clock now. I'm sorry. I have to leave school. Can you come and see me after school tomorrow?

B： Yes. Thank you, Ms. Brown.

A： You're welcome.

Question No.3：When should Shota visit Ms. Brown?

No.4

A： Masato, did you watch TV last night? Your favorite singer sang a new song! It was so exciting.

B： Oh, I didn't watch it. I usually do my homework before dinner and then enjoy watching TV, but I was busy last night.

A： What happened?

B： Well, when I got home yesterday, my mother looked busy. So I cooked dinner with her and did my homework after dinner.

A： I see. Do you often cook dinner?

B： No, I don't. But I enjoyed it very much.

Question No.4：Why did Masato do his homework after dinner last night?

これで，問題Aを終わります。

次に問題Bに入ります。これから放送する英文は，英語の授業で，先生がクラスの生徒に対して話したときのものです。先生の質問に対して，あなたならどのように答えますか。あなたの答えを英文で書きなさい。なお，2文以上になっても構いません。

問題B　I like to watch sports. I often go to stadiums to watch my favorite teams' games. However, some of my friends say that it is better to watch sports on TV. What do you think about this idea? And why do you think so?

もう1回くりかえします。

問題B　I like to watch sports. I often go to stadiums to watch my favorite teams' games. However, some of my friends say that it is better to watch sports on TV. What do you think about this idea? And why do you think so?

これで，聞き取り検査の問題の放送を全て終わります。

この後は，2番以降の問題に進んでも構いません。

（チャイム）

社会

時間　50分　　　　満点　50点

[1]　ある学級の社会科の授業で，「観光に注目して自然環境と人々の生活との関わりについて考える」というテーマを設定し，班ごとに分かれて学習することにしました。あとの1～3に答えなさい。

1　太郎さんの班では，アフリカの主な観光地について調べ，次の資料Ⅰ・Ⅱと地図Ⅰを見付けました。あとの(1)・(2)に答えなさい。

資料Ⅰ

資料Ⅱ

地図Ⅰ

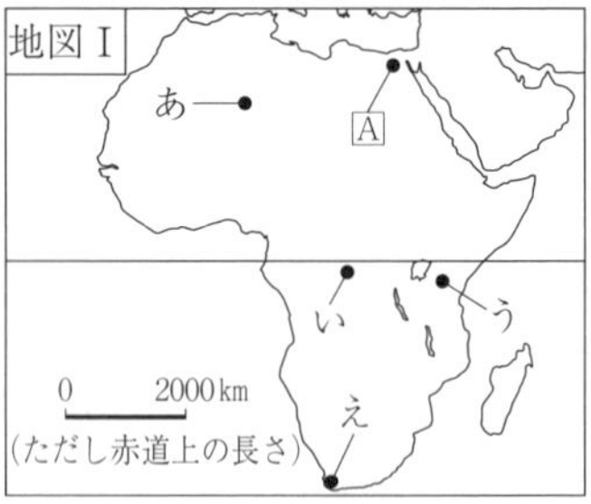

(1)　資料Ⅰは，草原地帯に生息する野生動物とその姿を観察する観光客の様子を撮影したものです。地図Ⅰ中の地点 あ～え のうち，この写真が撮影された場所として最も適切なものはどれですか。その記号を書きなさい。(　　　)

(2)　資料Ⅱに関して，太郎さんは，この写真が地図Ⅰ中の地点[A]で撮影されたことを知り，さらにこのピラミッド付近の様子を調べて右の資料Ⅲを見付け，この付近で人々が生活していることに気付きました。太郎さんは，このことについて資料Ⅱ・Ⅲと地図Ⅰを基に，次のようにまとめました。太郎さんのまとめの中の[a]と[b]に当てはまる語はそれぞれ何ですか。あとのア～エの組み合わせのうちから最も適切なものを選び，その記号を書きなさい。(　　　)

資料Ⅲ

> 太郎さんのまとめ
>
> 　ピラミッドの付近は，[a]気候にも関わらず，資料Ⅲのように植物が見られ，人々が生活できるのは，[b]の水を利用することができるためと考えられる。

ア　a　地中海性　　b　コンゴ川　　イ　a　地中海性　　b　ナイル川

ウ　a　砂漠　　b　コンゴ川　　エ　a　砂漠　　b　ナイル川

2　咲子さんの班では，日本の主な観光地である岐阜県白川村について調べました。次の(1)・(2)に答えなさい。

(1)　右の資料Ⅳは，白川村の伝統的な住居を撮影したもので，豪雪地帯であるこの地域の自然環境に対応して，屋根の傾斜を急にするなどの工夫が行われています。このほかに日本の国内において，厳しい冬の気候に対応した住居の工夫にはどのようなものがありますか。次のア～エのうちから最も適切なものを選び，その記号を書きなさい。(　　　)

資料Ⅳ

ア　玄関や窓が二重になっている。

イ　移動式のテントが，動物の毛皮でつくられている。

ウ　日干しれんがをつくり，それを積み上げて壁をつくっている。

エ　屋根の瓦をしっくいで止めている。

(2)　右の地図Ⅱは，白川村で世界遺産に登録されている地域を示しています。白川村では，地図Ⅱ中の道路のⒷの区間において，2009年からある取り組みが行われています。次の資料Ⅴ・Ⅵは，その取り組みが行われる前とそれ以降のⒷの区間内の通りの様子を撮影したものです。これらの写真の様子から，Ⓑの区間ではどのような取り組みが行われていると考えられますか。簡潔に書きなさい。

(　　　　　　　　　　　　　　　　　　　　)

地図Ⅱ

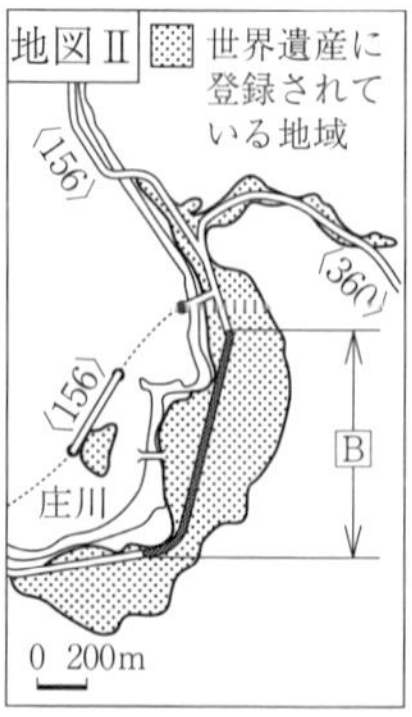

資料Ⅴ

ある取り組みが行われる前の様子

資料Ⅵ

ある取り組みが行われ始めてからの様子

3　次郎さんの班では，世界各地の人々の暮らしの特色を知るために，インターネット上で世界を巡る観光ツアーの企画を提案することにし，次のⓐ～ⓕの資料を集めました。これらの資料は，それぞれあとの地図Ⅲ中に同じ記号で示された場所で撮影されたものです。あなたならどのような提案をしますか。あとのツアーの提案書を，条件1～3に従って完成しなさい。

X(　　　)

訪れる場所〈1〉(　　　)

暮らしの特色〔1〕(　　　　　　　　　　　　　　　　　　　　)

訪れる場所〈2〉(　　　)

暮らしの特色〔2〕(　　　　　　　　　　　　　　　　　　　　)

ア

イ

ウ

エ

オ

カ

地図Ⅲ
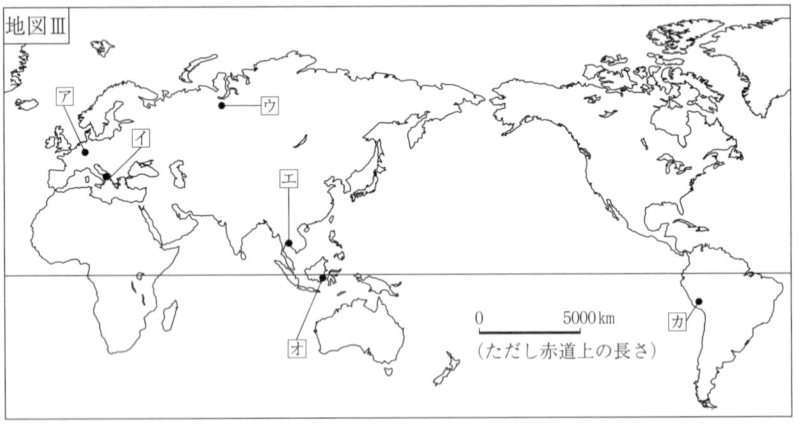

条件１　テーマ中の X には，衣服，住居，宗教のうち，いずれかを書くこと。

条件２　訪れる場所〈１〉・〈２〉には，ア～カの場所のうち，このツアーのテーマに当てはまるものをそれぞれ選び，その記号を書くこと。

条件３　暮らしの特色〔１〕・〔２〕には，条件２で選んだ場所で撮影された資料について，このツアーのテーマに沿って，人々の暮らしの特色をそれぞれ書くこと。

ツアーの提案書	
テーマ	私は,「 X に注目した人々の暮らしの特色」をテーマとしたツアーを提案します。
訪れる場所〈1〉	
暮らしの特色〔1〕	
訪れる場所〈2〉	
暮らしの特色〔2〕	

2　次の略年表は，「日本の経済の主なできごと」についてまとめたものです。あとの1～4に答えなさい。

	日本の経済の主なできごと
8世紀～10世紀	①708年に和同開珎が発行されるなど貨幣が発行され，使われた。
11世紀～12世紀半ば	貨幣の流通が途絶え，米や絹・布が貨幣として使われた。
12世紀半ば～16世紀	②中国の貨幣が流入し，使われた。
17世紀～19世紀前半	金貨・銀貨・銅貨が発行され，③貨幣を用いた経済活動が全国に広がった。
19世紀後半以降	「円」を単位とする貨幣制度が整えられ，紙幣も発行され，使われるようになった。④1882年，日本の中央銀行である日本銀行が設立された。

1　下線部①に関して，次の(1)・(2)に答えなさい。

(1)　日本で発行された和同開珎は，次のア～エのうち，どの国の貨幣にならってつくられましたか。その記号を書きなさい。(　　　)

ア　秦　　イ　隋　　ウ　唐　　エ　元

(2)　次のア～エのうち，和同開珎が発行されたころの日本の様子について述べた文として，最も適切なものはどれですか。その記号を書きなさい。(　　　)

ア　稲作とともに鉄器や青銅器の製造法が伝わった。

イ　国ごとに国分寺と国分尼寺の建設が命じられ，都には東大寺が建てられた。

ウ　国ごとに守護が置かれ，荘園や公領ごとに地頭が置かれた。

エ　信仰によって結び付いた武士や農民が，守護大名を倒して自治を行った。

2　下線部②に関して，次の文章は当時の日本と中国で行われた貿易について述べたものです。文章中の［　　］に当てはまる語は何ですか。その語を書きなさい。なお，文章中の2か所の［　　］には同じ語が当てはまります。(　　　)

室町幕府の足利義満は，幕府の財源を豊かにするため，明から銅銭とともに生糸，絹織物などを輸入し，日本から銅や硫黄などを輸出する貿易を行った。その際，国と国との貿易であることを確認するため［　　］とよばれる証明書を用いたことから，この貿易は，［　　］貿易とよばれた。

3　下線部③に関して，江戸時代になると，農村でも貨幣を用いた経済活動が行われるようになりました。次の図は，このころの新田開発と貨幣経済の広がりとの関連についてまとめたものです。あとのア～エのうち，図中の農業技術の発達の具体例として適切なものはどれですか。二つ選び，その記号を書きなさい。(　　　)

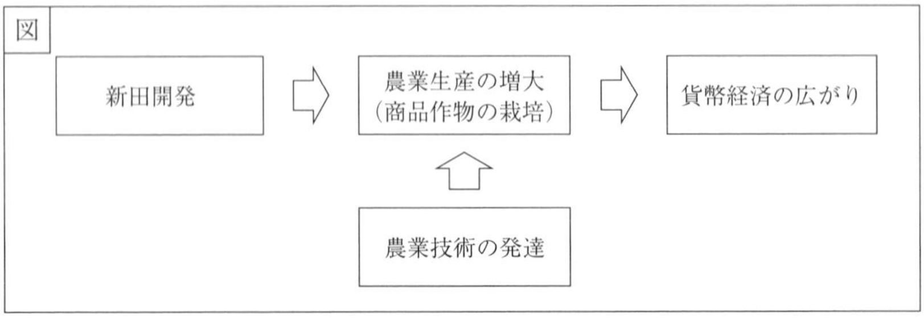

ア　同じ田畑で米と麦を作る二毛作が行われるようになった。

イ　脱穀のために使われる千歯こきが発明された。

ウ　肥料として草木の灰や牛馬のふんや堆肥が使われるようになった。

エ　干したイワシが肥料として取り引きされ，使われるようになった。

4　下線部④に関して，次のレポートは，日本銀行が設立された理由について，下のグラフⅠ・Ⅱと資料を基にまとめたものです。レポート中の［ a ］と［ b ］に当てはまる語はそれぞれ何ですか。あとのア～エの組み合わせのうちから適切なものを選び，その記号を書きなさい。また，レポート中の［ c ］には，どのような内容が当てはまりますか。グラフⅠ・Ⅱを踏まえて，簡潔に書きなさい。

記号(　　　)　c(　　　　　　　　　　　　　　　　　　　　　　　　　　)

レポート

政府は，西南戦争の戦費を，政府の発行する紙幣と民間の銀行の発行する紙幣を増やすことでまかなった。このことによって，市場に出回る紙幣の量が増え，紙幣の価値が［ a ］ため，激しい［ b ］が起きた。そこで，日本銀行を設立することによって［ c ］を図ろうとしたと考えられる。

グラフⅠ

紙幣の発行高の推移

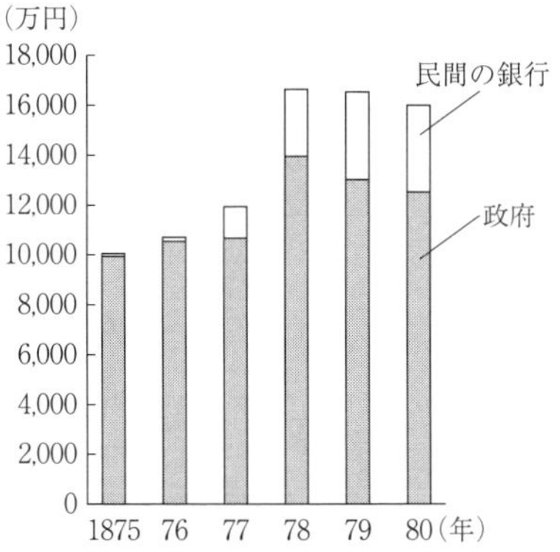

(日本長期統計総覧により作成。)

グラフⅡ

米価の推移

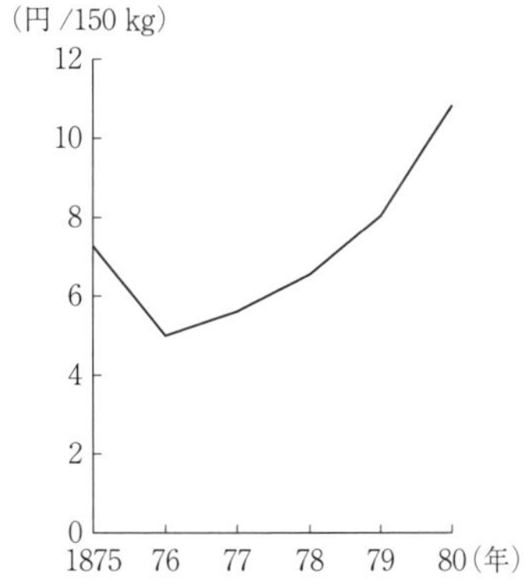

(改訂日本農業基礎統計により作成。)

資料

1877年　政府は西南戦争を鎮圧した。

1878年　政府は西南戦争の戦費をまかなうための紙幣を発行した。

ア	a　上がった	b	インフレーション	イ	a　上がった	b	デフレーション
ウ	a　下がった	b	インフレーション	エ	a　下がった	b	デフレーション

[3]　ある学級の社会科の授業で，「日本の地方自治の現状と課題」というテーマを設定し，班ごとに分かれて学習することにしました。あとの1～5に答えなさい。

1　太郎さんの班では，東京都に人口が集中していることに興味をもち，その理由を説明するために，右の表を作成しました。太郎さんの班は，この表を基に，東京都に人口が集中しているのは，東京都の転入超過数が他の道府県と比べて多いからだと考えました。さらに東京都の転入超過数が他の道府県と比べて多い理由を説明するために，資料を集めることにしました。どのような資料が必要だと考えられますか。次のア～エのうちから，最も適切なものを選び，その記号を書きなさい。(　　　)

ア　主な都道府県の出生率と死亡率

イ　主な都道府県の企業数と大学数

ウ　主な都道府県の耕地面積

エ　主な都道府県の年平均気温と年平均降水量

主な都道府県の転入超過数(人)
(2015年，2016年)

	2015年	2016年
北海道	− 8,862	− 6,874
宮城県	− 76	− 483
東京都	81,696	74,177
愛知県	8,322	6,265
大阪府	2,296	1,794
広島県	− 2,856	− 2,136
福岡県	3,603	5,732

転入超過数：他の都道府県から住所を移して入ってくる者の数から，出ていく者の数を差し引いた数

(総務省統計局ウェブページにより作成。)

2　咲子さんの班では，地方公共団体の財源に興味をもち，その歳入について調べ，東京都とA県における2017年度の歳入の内訳を示した次のグラフを作成しました。グラフ中の[X]に当てはまる，国から配分される財源の名称を書きなさい。また，A県は，歳入に占める[X]の割合が，東京都に比べて高いのはなぜだと考えられますか。その理由を，[X]が国から配分される目的に触れて，簡潔に書きなさい。

[X](　　　)　理由(　　　　　　　　　　　　　　　　　　　　　　　　　　　　)

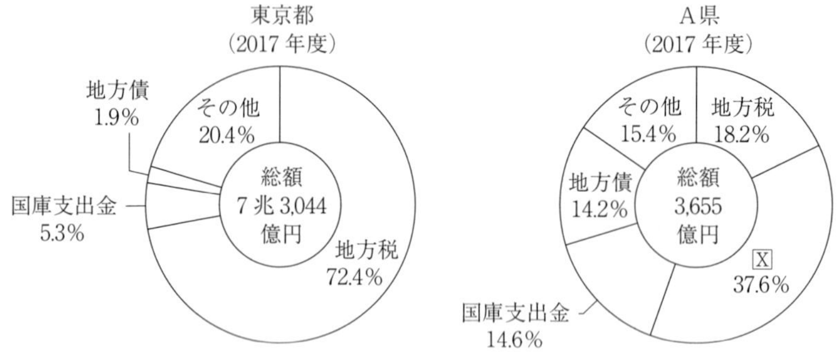

※東京都への[X]の配分はない。

(データでみる県勢2020年版により作成。)

3　次郎さんの班では，1999年に制定された地方分権一括法に興味をもち，なぜこの法律が制定されたのかを調べ，次の資料を見付けました。この資料は地方分権一括法に基づき，地方自治法に加えられた条文の一部を示したものです。次郎さんの班は，この資料を基に，地方分権一括法が制定された理由をあとのようにまとめました。次郎さんの班のまとめの中の□に当てはまる適切な内容を書きなさい。

(　　　　　　　　　　　　　　　　　　　　　　　　　　　　　　　　　　　　　)

資料

国は，(略) 地方公共団体との間で適切に役割を分担するとともに，地方公共団体に関する制度の策定及び施策の実施に当たって地方公共団体の自主性及び自立性が十分に発揮されるようにしなければならない。

次郎さんの班のまとめ

地方分権一括法は，国が地方の行うべき仕事に関わったり，地方が国の行うべき仕事を代わりに行ったりするような状況を改め，地方公共団体が地域の仕事を自主的に行うことができるようにするために，□ことを目指して制定された。

4　京子さんの班では，地方公共団体はどのように仕事を行っているのかについて調べ，日本の地方自治のしくみの一部を示した次の図を作成しました。あとの(1)・(2)に答えなさい。

図

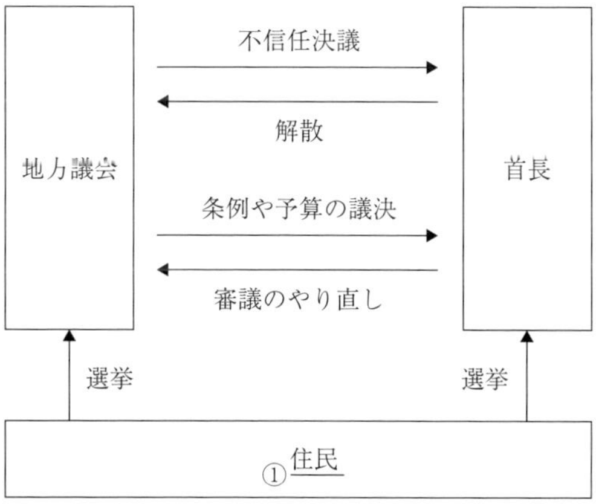

(1)　京子さんの班では，図を基に，地方議会と首長との関係について，次のようにまとめました。京子さんの班のまとめの中の□に当てはまる適切な内容を書きなさい。

(　　　　　　　　　　)

京子さんの班のまとめ

地方議会は，条例を制定したり，予算を決定したりしているが，首長は，これに対し審議のやり直しを求めることができる。また，地方議会は，首長が信頼できないとき，首長の不信任決議を行うことができるのに対し，首長は，議会を解散することができる。このようなしくみになっているのは，地方議会と首長の関係が，□ためである。

(2)　下線部①に関して，住民には，選挙権以外にも，条例の制定・改廃，監査，議会の解散，首長や議員の解職を求める権利が保障されています。選挙権以外のこれらの権利をまとめて何といいますか。その名称を書きなさい。(　　　)

5　三郎さんの班では，地方公共団体の地域の活性化の取り組みについて調べ，次の資料を見付けました。この資料に示された取り組みにより，B県では，地域の活性化について，どのような成果が期待できると考えられますか。資料を基に簡潔に書きなさい。

(　　　　　　　　　　　　　　　　　　　　　　　　　　　　　　　　　　　　　　)

> 資料
>
> B県の取り組み
>
> ・伝統的な製鉄の技術を受け継ぐ世界的な企業と，加工技術で強みを有するB県の中小企業グループが，県内の大学，高等専門学校と連携した。
>
> ・B県の大学に研究センターを設置し，そこに世界トップクラスの研究者を迎え，航空エンジンや世界最高峰の高効率モーターに用いる先端金属素材の高度化に向けた共同研究を行い，人材を育成した。

(内閣官房ウェブページにより作成。)

4　ある学級の社会科の授業で，「技術革新によって自然災害における被害を小さくすることができるか」という課題を設定し，次のような話し合いを行いました。あとの1～3に答えなさい。

太郎：日本ではこれまで様々な自然災害が発生しているけど，①自然災害が発生しやすい危険な場所を事前に把握できれば，被害を小さくすることができるんじゃないかな。どのような取り組みがあったのかな。

咲子：②例えば，洪水などに対しては，昔からの工夫が今でも生かされているところがあるみたいだよ。昔の人々の知恵は，今を生きる私たちの生活を守るためにも重要だよね。

太郎：危険な場所の状況を把握できたら，次はその情報を的確に伝える技術も必要だよね。

咲子：③技術革新によって危険な場所の状況を的確に把握したり，伝えたりすることができれば，自然災害における被害を小さくすることができるんじゃないかな。

1　下線部①に関して，太郎さんは，土石流の被害が発生しやすい地形について調べ，右の地図を見付けました。地図の範囲に大雨が降った場合，土石流の被害を受ける危険性が最も高い場所は，地図中の地点ア～エのうち，どこだと考えられますか。最も適切なものを選び，その記号を書きなさい。(　　)

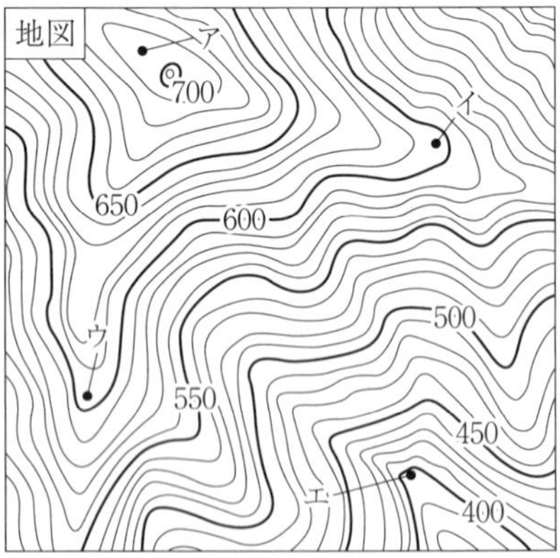

(国土地理院ウェブページにより作成。)

2　下線部②に関して，咲子さんは，昔の人々がどのような工夫をして洪水による被害を小さくしたかを調べ，次の地形図を見付け，これを基にあとのレポートをまとめました。レポート中のX～Zの図は，「通常時」，「氾濫時」，「氾濫後」のいずれかの河川の様子について模式的に示したものです。X～Zの図を，「通常時」，「氾濫時」，「氾濫後」の順に並べるとどうなりますか。その記号を書きなさい。(「通常時」　→「氾濫時」　→「氾濫後」　)

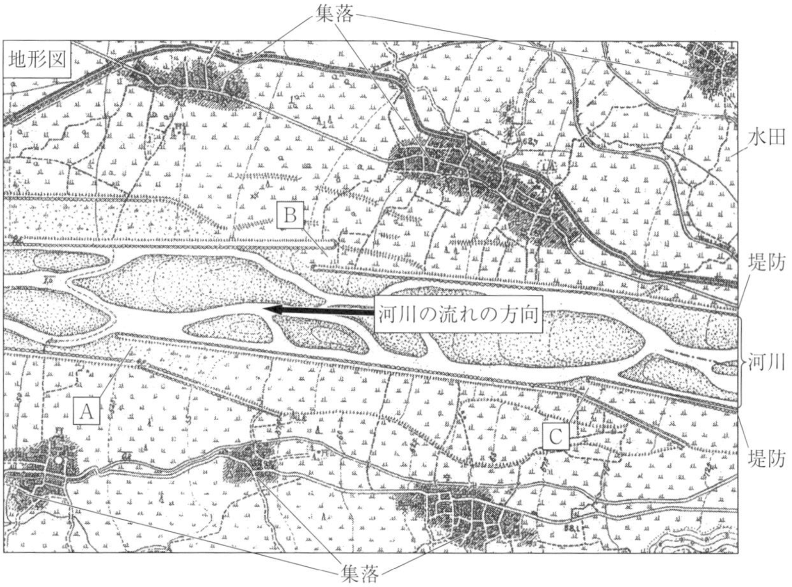

(2万分の1地形図「辰口」明治43年発行により作成。)

咲子さんのレポート

地形図中の河川をよく見ると，地点A～Cのように，堤防が切れてつながっていない部分が複数あることが分かる。このような堤防は，中世に開発された治水の技術を利用したものである。このような工夫によって，右の図のように，「通常時」は，水は河川の外に出ず，「氾濫時」にも，複数の決まった堤防の切れ目から水を分散させてあふれさせ，下流に流れる水の流量を減少させることができる。そして，「氾濫後」には，それらの切れ目から水が河川に戻るしくみになっている。

今と違って，堤防をつくる技術が十分でなかった時代にも，現在の防災につながる工夫があったことが分かる。

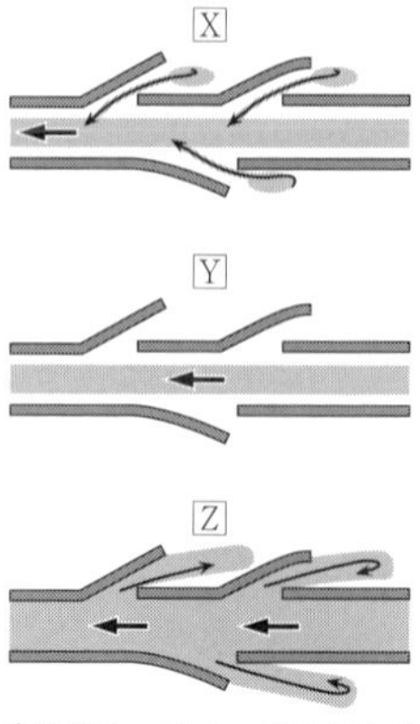

(国土交通省ウェブページによる。)

3　下線部③に関して，太郎さんと咲子さんは，防災に活用できる技術としてスマートフォンに着目し，さらに話し合いを行いました。次の会話はそのときのものです。あとの(1)・(2)に答えなさい。

太郎：スマートフォンには通話や電子メール以外にも，④写真などの情報を投稿して発信したり，自分が今いる場所や，そこから目的地までの経路を地図上に示したりすることもできるよね。スマートフォンの機能が防災にも役立つんじゃないかな。

咲子：⑤スマートフォンの機能をどのように防災に活用できるのかを考えてみようよ。技術革新によって自然災害から人々の生命を守ることができるような未来の社会がみえてきそうだね。

(1)　下線部④に関して，ある県では，自然災害が発生したとき，可能な範囲で被害状況を情報発信することを県民に協力依頼しています。次の資料は，その情報を発信する際，配慮してほしいことをその県が示したものです。この配慮によって保護される権利は，日本国憲法には直接定められていませんが，社会の変化に伴って新たに主張されてきている権利です。この権利を何といいますか。その名称を書きなさい。(　　　　)

資料

住宅の倒壊などを投稿する場合には，場所の表記について，個人宅名や詳細な番地は掲載せず，「〇〇町〇〇丁目」や「〇〇市役所付近」などの住所が特定されないような表現としてください。

(埼玉県ウェブページにより作成。)

(2)　下線部⑤に関して，咲子さんは，「大雨による自然災害が発生したとき，スマートフォンをどのように活用して安全な避難行動をとることができるか。」について考え，状況によって変化していく情報を，スマートフォンの画面に表示したハザードマップ上に示すことができれば，安全な避難行動に有効ではないかと考えました。次に示したスマートフォンの機能を参考に，自分が今いる場所から安全な場所まで避難するには，どのような情報をハザードマップ上に示せばよいと考えられますか。考えられる情報の例を二つ，簡潔に書きなさい。

例１(　　　　　　　　　　　　)　例２(　　　　　　　　　　　　)

〔スマートフォンの機能〕

1　情報の収集や発信をする機能

2　位置を表示する機能

3　経路を示し，誘導する機能

理科

時間　50分　　　満点　50点

1　科学部の美咲さんたちは，ごみの分別が物質の性質の違いによって行われていることに興味をもち，話し合っています。次に示したものは，このときの会話です。あとの1～4に答えなさい。

美咲：ごみは，①金属やプラスチックなどの物質ごとに回収することで，再生利用しやすくなっているのよね。

海斗：うん。例えば，街に設置されている図1のようなごみ箱では，缶とペットボトルを分けて収集しているね。

美咲：そうね。そういえば，缶はスチール缶とアルミニウム缶があるけど，図2のように形がよく似ていて見分けがつきにくいよね。

海斗：そうだね。でも，スチール缶の方が重いよね。スチール缶は②鉄，アルミニウム缶はアルミニウムが主な素材だから，その密度の違いが関係するんだよ。

美咲：そうね。鉄の密度はアルミニウムの密度と比べてどのくらい大きいんだろう？

海斗：③身の回りのもので鉄とアルミニウムの密度を調べてみようよ。

美咲：おもしろそうね。鉄は鉄くぎで，アルミニウムは1円硬貨で実験してみましょう。

図1

図2

1　下線部①について，金属には，展性という共通の性質があります。展性について述べているものを，次のア～エの中から選び，その記号を書きなさい。(　　　)

ア　引っ張ると細くのびる性質

イ　磨くと特有の光沢が出る性質

ウ　たたくと薄く広がる性質

エ　熱をよく伝える性質

2　下線部②について，鉄と塩酸が反応したときに発生する気体の化学式を書きなさい。(　　　)

3　下線部③について，美咲さんたちは，鉄くぎと1円硬貨を用意し，それぞれの密度を調べてレポートにまとめました。次に示したものは，海斗さんのレポートの一部です。あとの(1)・(2)に答えなさい。

〔方法〕

Ⅰ　鉄くぎ30本の質量を電子てんびんで測定する。

Ⅱ　図3のように，メスシリンダーに水を入れ，目盛りを読む。

Ⅲ　図4のように，メスシリンダーの中の水に鉄くぎ30本を入れ，目盛りを読む。

Ⅳ　ⅢとⅡの目盛りの差を，鉄くぎ30本の体積の測定値とする。

Ⅴ　1円硬貨30枚についても，Ⅰ～Ⅳを同じように行う。

図3　図4

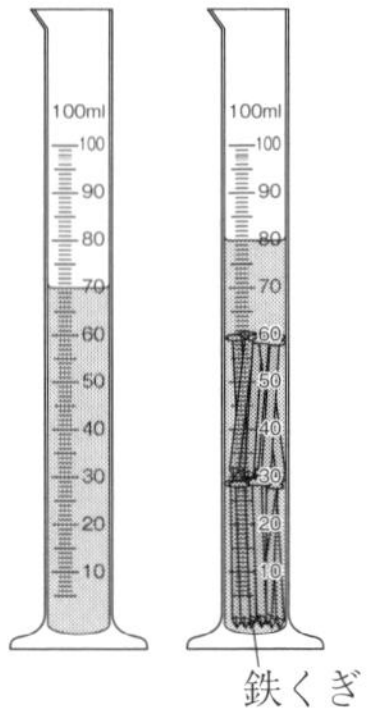

〔結果〕

	質量〔g〕	体積〔cm^3〕	密度〔g/cm^3〕
鉄くぎ30本	72.76	10.0	7.28
1円硬貨30枚	30.00	11.7	2.56

〔考察〕

〔結果〕から，鉄の密度はアルミニウムの密度のおよそ3倍である。

また，教科書には，鉄の密度は7.87g/cm^3，アルミニウムの密度は2.70g/cm^3と示されており，実験で調べた鉄とアルミニウムの密度はどちらも教科書に示された密度よりも小さかった。これは，メスシリンダーの中の水に入れた鉄くぎや1円硬貨に空気の泡がたくさん付いていたことで，□が主な原因と考えられる。

(1)　右の図は，100mLまで測定できるメスシリンダーに水を入れ，その水面を真横から水平に見たときのメスシリンダーの一部を示したものです。このとき，メスシリンダーの目盛りから読み取れる水の体積は何cm^3ですか。

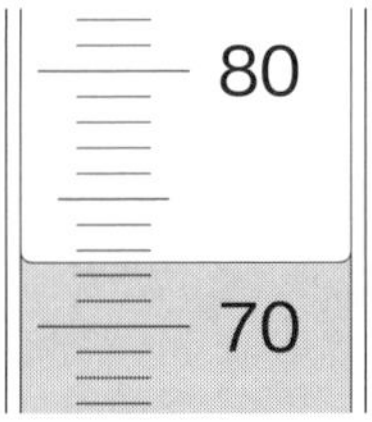

(　　　cm^3)

(2)　〔考察〕中の□に当てはまる内容を簡潔に書きなさい。

(　　　　　　　　　　　　　　　　　　　　)

4　美咲さんたちは，街に設置されているごみ箱では，ペットボトルの本体とふたは分けて収集されていることに興味をもち，本体とふたの素材について調べたところ，本体とふたは素材が異なり，ふたも2種類あることが分かりました。そこで，美咲さんたちは，密度を利用して本体と2種類のふたを分別する実験を考え，レポートにまとめました。次に示したものは，美咲さんのレポートの一部です。あとの(1)・(2)に答えなさい。

〔調べたこと〕

ペットボトルの部分	本体	ふた1	ふた2
素材	ポリエチレンテレフタラート	ポリプロピレン	ポリエチレン
密度〔g/cm^3〕	1.38～1.40	0.90～0.91	0.92～0.97

〔方法〕

Ⅰ 図5のように，ペットボトルの本体，ふた1，ふた2とそれぞれ同じ素材からできている小片A～Cを用意する。

図5

Ⅱ まず，容器に水を入れ，その中に小片A～Cを，空気の泡が付かないように入れる。

図6

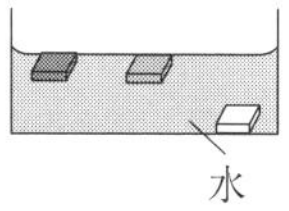

Ⅲ 次に，水の密度よりも小さくなるように，ある量の④エタノールを水に混ぜた混合液Xを容器に入れ，その中に小片A～Cを，空気の泡が付かないように入れる。

図7

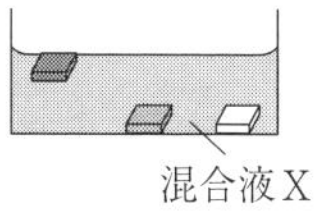

〔結果〕

Ⅱでは，図6のように，小片Aと小片Bは浮き，小片Cは沈んだ。

Ⅲでは，図7のように，小片Aは浮き，小片Bと小片Cは沈んだ。

(1) 下線部④について，水150gに，エタノール100gを溶かした混合液の質量パーセント濃度は何%ですか。(　　　%)

(2) 小片A～Cの素材はそれぞれ何ですか。次のア～ウの中から適切なものをそれぞれ選び，その記号を書きなさい。また，下の文は，この実験において，小片Bが水には浮いて混合液Xには沈んだ理由について述べたものです。文中の[a]・[b]に当てはまる内容を，それぞれ「密度」の語を用いて簡潔に書きなさい。

小片A(　　　)　小片B(　　　)　小片C(　　　)

a(　　　　　　　　　　　　　　　　　　　　　　)

b(　　　　　　　　　　　　　　　　　　　　　　)

この実験において，水の中に入れた小片Bが浮いたのは，[a]ためであり，混合液Xの中に入れた小片Bが沈んだのは，[b]ためである。

ア ポリエチレンテレフタラート　　イ ポリプロピレン　　ウ ポリエチレン

2　生物部の彩香さんは，エンドウの若芽である豆苗《とうみょう》の茎を切り取って，残った部分の根を水に浸すと新しい茎や葉が出てくることに興味をもち，豆苗について調べてノートにまとめました。次に示したものは，彩香さんのノートの一部です。あとの1～3に答えなさい。

豆苗は食用として販売されており，購入時は写真1のように束になっている。写真2は茎を切り取った直後の残った部分を，写真3は茎を切り取って5日後の新しい茎や葉が出てきた様子を，それぞれ撮影したものである。また，右の図は，写真1の豆苗1本をスケッチしたものである。

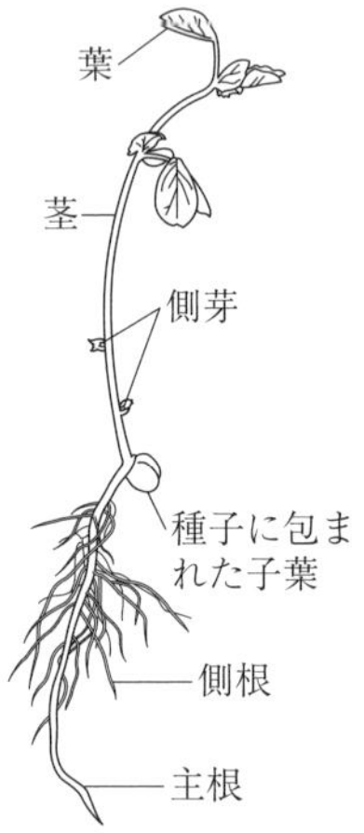

写真1

写真2

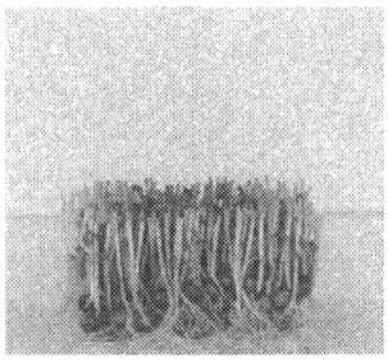

写真3

〔調べたこと〕

豆苗の①根は，主根と側根からなる。根の近くには，種皮に包まれた子葉がある。図のように，子葉の近くには側芽という芽が2つあり，②この2つの側芽を残すように茎を切り取ると，茎の先端に近い方の側芽が伸びて，新しい茎や葉となる。

1　下線部①について，あとの(1)～(3)に答えなさい。

(1)　次のア～エの中で，豆苗のように，根が主根と側根からなる植物はどれですか。その記号を全て書きなさい。(　　　)

ア　タンポポ　　イ　ユリ　　ウ　トウモロコシ　　エ　アブラナ

(2)　豆苗の根の先端に近い部分の細胞を顕微鏡で観察するとき，接眼レンズの倍率は変えずに対物レンズの倍率を高くすると，視野の明るさと視野の中に見える細胞の数はどのようになりますか。次のア～エの中から適切なものを選び，その記号を書きなさい。(　　　)

ア　視野は明るくなり，視野の中に見える細胞の数は少なくなる。

イ　視野は明るくなり，視野の中に見える細胞の数は多くなる。

ウ　視野は暗くなり，視野の中に見える細胞の数は少なくなる。

エ　視野は暗くなり，視野の中に見える細胞の数は多くなる。

(3)　次のア～カは，豆苗の根の先端に近い部分で見られた細胞分裂の各時期の細胞を，それぞれ模式的に示したものです。ア～カを細胞分裂の順に並べるとどうなりますか。アをはじめとして，その記号を書きなさい。(ア →　　→　　→　　→　　→　　)

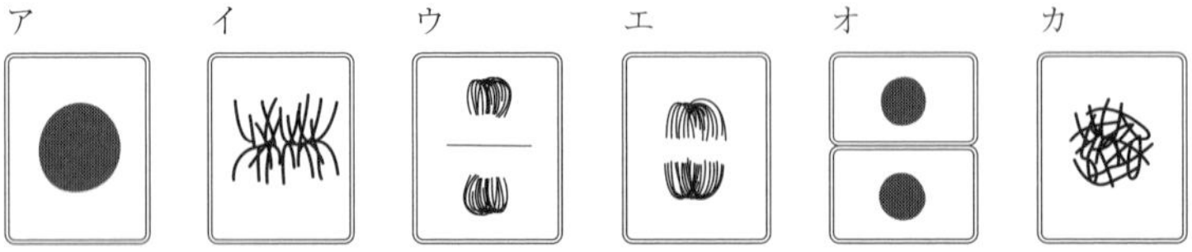

2　下線部②について，彩香さんは，新しく出てくる茎を成長させる細胞分裂が，新しく出た茎の先端から付け根までの間のどのあたりで盛んに行われているのか疑問に思い，調べてレポートにまとめました。次に示したものは，彩香さんのレポートの一部です。〔考察〕中の［ A ］に当てはまる内容を簡潔に書きなさい。また，［ B ］に当てはまる語として適切なものは，下のア・イのうちどちらだと考えられますか。その記号を書きなさい。

A(　　　　　　　　　　　　　　　　　　　　　　　　　　　　　　　　　　　)

B(　　　　)

〔方法〕

新しく出た茎に，油性ペンで等間隔に8つの•印を付け，その3日後の様子を調べる。

〔結果〕

新しく出た茎の成長の様子	
印を付けたとき	3日後
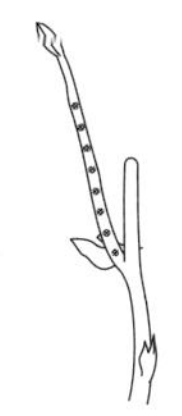	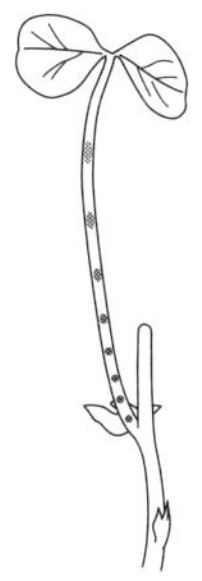

〔考察〕

茎を成長させる仕組みが根と同じようなものだとすると，新しく出た茎に等間隔に付けていた印の間隔が［　　A　　］という結果から，新しく出た茎を成長させる細胞分裂が盛んに行われているところは，新しく出た茎の［ B ］のあたりであると考えられる。

ア　先端　　イ　付け根

3　先生と彩香さんは，豆苗の新しい茎や葉が出て成長することや子葉について話し合っています。次に示したものは，このときの会話の一部です。あとの(1)・(2)に答えなさい。

彩香：先生。豆苗の新しい茎や葉は，何回切り取っても必ず出てくるのでしょうか。

先生：いいえ。新しい茎や葉が出てくるのには限界があります。新しい茎や葉が出て成長するのには子葉が大きく関係します。③子葉には植物の成長に必要なデンプンなどの養分が蓄えられていて，新しい茎や葉が出て成長するときには子葉の養分が使われるのです。ですから，子葉に蓄えられていた養分は，新しい茎や葉が出て成長することに大きな影響を与えます。

彩香：そうだったんですね。分かりました。

先生：それでは，新しい茎や葉が出て成長することに，子葉に蓄えられている養分が使われるかどうかを確かめるための実験方法と，その結果を考えてみましょう。

彩香：えーっと。2本の豆苗を用意して，それぞれ豆苗Xと豆苗Yとします。まず，右の図のように，豆苗Xと豆苗Yの両方とも側芽を2つ残した状態で茎を切り取ります。次に，豆苗Xの方は[C]こととし，豆苗Yの方は[D]こととします。そして，この2つの豆苗を，他の条件を同じにして育てれば，豆苗Xは新しい茎や葉が出て成長しますが，豆苗Yは新しい茎や葉が出て成長するのは難しいと考えられます。

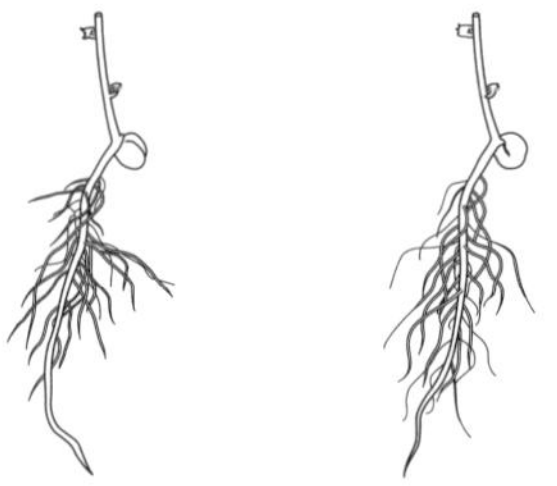
側芽を2つ残して切り取った豆苗X　　側芽を2つ残して切り取った豆苗Y

先生：そうですね。それでは実際にやってみましょう。

(1) 下線部③について，次の文は，子葉にデンプンが蓄えられていることを確認するための方法とその結果について述べたものです。文中の[a]に当てはまる語を書きなさい。また，[b]に当てはまる内容を書きなさい。a（　　　）b（　　　　　）

子葉の切り口に[a]をつけると，子葉の切り口が[b]ことによって確かめられる。

(2) 会話文中の[C]・[D]に当てはまる内容をそれぞれ簡潔に書きなさい。

C（　　　　　）　D（　　　　　）

3　ある学級の理科の授業で，直樹さんたちは，電流による発熱量が何によって決まるかを調べるために，電熱線に電流を流して水の上昇温度を測定する実験をして，レポートにまとめました。次に示したものは，直樹さんのレポートの一部です。あとの1～5に答えなさい。

〔装置〕

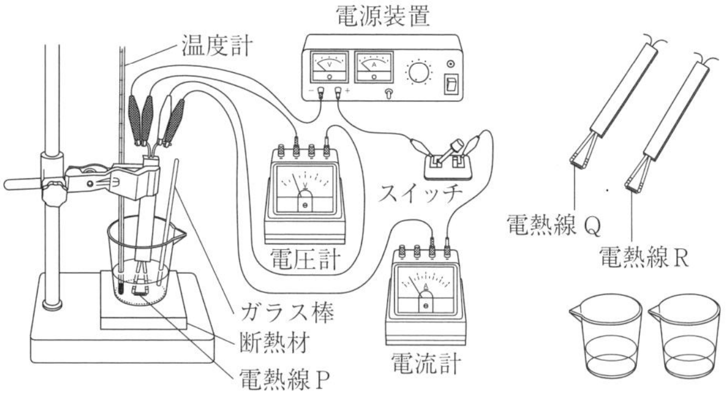

〔方法〕

Ⅰ　プラスチック製の容器に水100gを入れ，室温と同じくらいの温度になるまで放置しておき，そのときの水温を測定する。

Ⅱ　抵抗値が2Ωの電熱線Pを使って，上の図のような装置を作る。

Ⅲ　電熱線Pに6.0Vの電圧を加えて電流を流し，その大きさを測定する。

Ⅳ　①水をときどきかき混ぜながら，1分ごとに水温を測定する。

Ⅴ　抵抗値が4Ωの電熱線Qと，抵抗値が6Ωの電熱線Rについても，Ⅰ～Ⅳを同じように行う。

〔結果〕

○電流の大きさ

	電熱線P	電熱線Q	電熱線R
電流〔A〕	3.02	1.54	1.03

○電流を流す時間と水の上昇温度

	時間〔分〕	0	1	2	3	4	5
電熱線P	水温〔℃〕	25.6	27.7	29.7	31.9	34.1	36.1
	上昇温度〔℃〕	0	2.1	4.1	6.3	8.5	10.5
電熱線Q	水温〔℃〕	25.6	26.7	27.8	28.8	29.8	30.9
	上昇温度〔℃〕	0	1.1	2.2	3.2	4.2	5.3
電熱線R	水温〔℃〕	25.6	26.3	27.1	27.8	28.5	29.1
	上昇温度〔℃〕	0	0.7	1.5	2.2	2.9	3.5

1　下線部①について，水をときどきかき混ぜないと水温を正確に測定できません。それはなぜですか。その理由を簡潔に書きなさい。

(　　　　　　　　　　　　　　　　　　　　　　　　　　　　　　)

2　〔結果〕から，電熱線Pについて，電流を流す時間と水の上昇温度との関係を表すグラフをかきなさい。

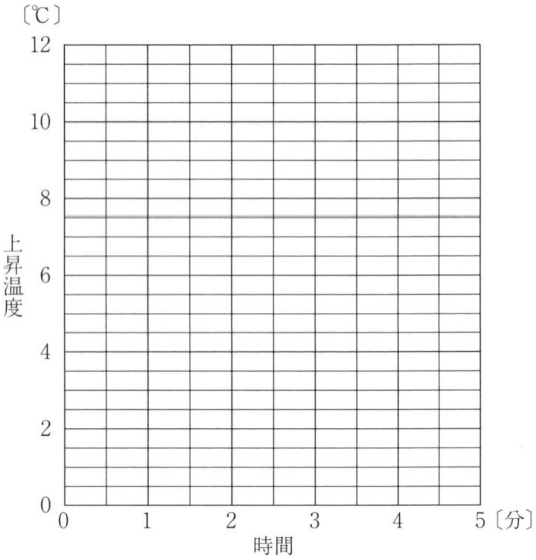

3　電熱線P，電熱線Q，電熱線Rについて，それぞれ6.0Vの電圧を加えて，同じ時間だけ電流を流したとき，電熱線が消費する電力と電流による発熱量との間にはどのような関係がありますか。〔結果〕を基に，簡潔に書きなさい。

(　　　　　　　　　　　　　　　　　　　　)

4　直樹さんたちは，実験を振り返りながら話し合っています。次に示したものは，このときの会話です。あとの(1)・(2)に答えなさい。

直樹：電熱線の抵抗値が大きいほど発熱量が大きくなると思っていたけど逆だったんだね。

春奈：どうしてそう思っていたの？

直樹：②家にある電気ストーブだよ。右の図1のように，2本の電熱線があるんだけど，電熱線は抵抗器だから，1本よりも2本で使用したときの方が抵抗値は大きくなり，発熱量も大きくなってあたたかくなると思ったんだよ。

図1

春奈：なるほどね。それはきっと，2本の電熱線のつなぎ方が関係していると思うわ。つなぎ方が直列と並列とでは，同じ電圧を加えても回路全体に流れる電流の大きさや回路全体の抵抗の大きさが違うのよ。

直樹：どういうこと？

春奈：例えば，右の図2，図3のように，2Ωの抵抗器を2個，直列につなぐ場合と並列につなぐ場合を考えるよ。どちらの回路も加える電圧を8Vとして，それぞれの回路全体に流れる電流の大きさと回路全体の抵抗の大きさを求めて比較すると分かるよ。

図2

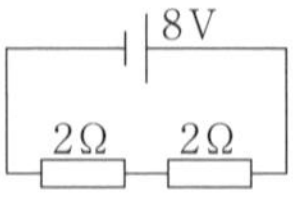

図3

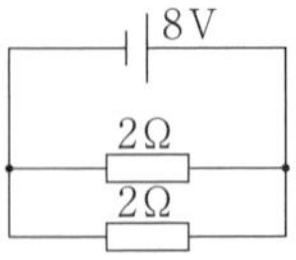

直樹：図2の回路では，回路全体に流れる電流の大きさは［　a　］Aで，回路全体の抵抗の大きさは［　b　］Ωになるね。それから，図3の回路では，回路全体に流れる電流の大きさは［　c　］Aで，回路全体の抵抗の大きさは［　d　］Ωになるね。確かに違うね。

春奈：そうよ。加える電圧は同じでも，抵抗器を直列につなぐより並列につないだ方が，回路全体の抵抗は小さくなり，回路全体に流れる電流は大きくなるから，全体の発熱量も大きくなり，あたたかくなるということよ。

直樹：そうだったんだね。

(1)　下線部②について，直樹さんの自宅の電気ストーブは，100V の電圧で 2 本の電熱線を使用したときの消費電力が 800W になります。この電気ストーブを 800W で 30 時間使ったときの電力量は何 kWh ですか。(　　　　kWh)

(2)　会話文中の [a] ～ [d] に当てはまる値をそれぞれ書きなさい。

a (　　　)　b (　　　)　c (　　　)　d (　　　)

5　その後，直樹さんたちは，次の【回路の条件】を基に，家にある電気ストーブのように，電流を流す電熱線を 0 本，1 本，2 本と変えられる回路を考え，右の図に示しました。この図の中に示されている e～h の 4 つの [　　　] に，電熱線 Y，2 個のスイッチの電気用図記号及び導線を示す実線――のいずれかをかき入れ，回路の図を完成しなさい。ただし，それぞれの [　　　] には，1 つだけの電気用図記号または実線をかくことができるものとします。

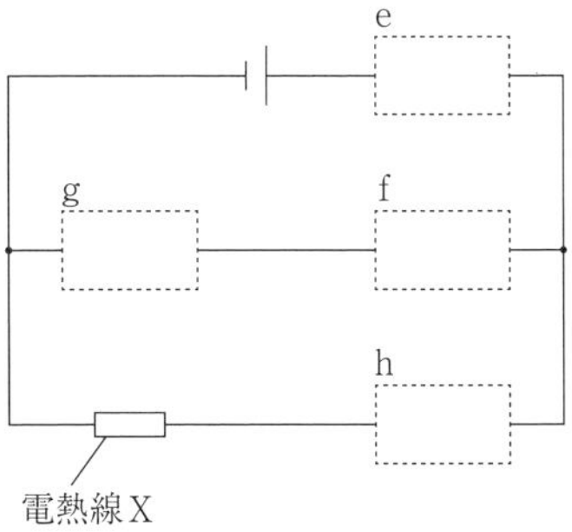

【回路の条件】

・電源と，電熱線を 2 本，スイッチを 2 個使用し，それぞれを導線でつなぐものとする。
・2 本の電熱線をそれぞれ電熱線 X と電熱線 Y とする。
・2 個のスイッチは，別々に操作でき，それぞれ「入れる」「切る」のいずれかに切り替えることができる。
・回路は，スイッチの操作により，「電熱線 X にのみ電流が流れる」「電熱線 X と電熱線 Y の 2 本ともに電流が流れる」「電熱線 X と電熱線 Y の 2 本ともに電流が流れない」の 3 つの状態のいずれかになり，「電熱線 Y にのみ電流が流れる」という状態にはならないものとする。
・電熱線 Y とスイッチの電気用図記号は，次のとおりとする。なお，導線は実線――で示すものとする。

	電熱線Y	スイッチ
電気用図記号	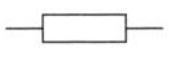	

4　科学部の美月さんは，各季節の特徴的な雲や天気について興味をもち，調べてレポートにまとめました。次に示したものは，美月さんのレポートの一部です。あとの1～6に答えなさい。

〔季節の特徴的な①雲について〕

写真1は，夏に観察した雲の様子であり，[A]と考えられる。[A]は，②寒冷前線付近で寒気が暖気を押し上げることで強い上昇気流が生じて発達するものや，昼間に大気が局地的に強く熱せられることで強い上昇気流が生じて発達するものがある。[A]は，[B]雨を短時間に降らせることが多く，観察後，この地点でも雷をともなう雨が降った。

写真1

写真2は，春に観察した雲の様子である。この雲は巻層雲というすく広がった白っぽい雲である。この雲は，氷の結晶が集まってできており，太陽からの光の進む道すじが氷の結晶中で曲げられることにより，写真2のように，太陽のまわりに光の輪が見えることもある。この雲が西からだんだん広がってくると，天気は下り坂になるといわれているのは，③温暖前線が接近してくることが考えられるためである。

写真2

〔各季節の天気について〕

	大気の動きと天気について
春・秋	移動性高気圧と低気圧が交互に日本列島付近を通ることにより，天気が周期的に移り変わることが多い。
夏	日本列島の南東で発達する高気圧により小笠原気団がつくられ，南東の④季節風が吹く。この季節風の影響により，日本列島は高温多湿で晴れることが多い。
冬	ユーラシア大陸で発達する高気圧によりシベリア気団がつくられ，北西の季節風が吹く。この⑤季節風の影響により，日本列島の日本海側では雪が降ることが多いが，太平洋側では乾燥して晴れることが多い。

1　下線部①について，次の文章は，雲のでき方についてまとめたものです。文章中の[　　]に当てはまる語を書きなさい。(　　　)

水蒸気を含んだ空気のかたまりが上昇すると，周囲の気圧が低くなるため膨張して空気の温度は下がり，[　　]よりも低い温度になると，空気に含みきれなくなった水蒸気は水滴になる。このようにしてできた水滴が集まって雲をつくっている。

2　レポート中の[A]・[B]に当てはまる語はそれぞれ何ですか。次のア～エの組み合わせの中から最も適切なものを選び，その記号を書きなさい。(　　　)

ア　[A]：乱層雲　[B]：弱い　　イ　[A]：乱層雲　[B]：強い

ウ　[A]：積乱雲　[B]：弱い　　エ　[A]：積乱雲　[B]：強い

3　下線部②について，美月さんは，日本のある地点を寒冷前線が通過した日の，その地点の0時から24時までの気温と湿度と風向を調べました。次の図は，調べた気温と湿度をグラフで示したものであり，下の表は，調べた風向を示したものです。この日，この地点を寒冷前線が通過した時間帯として，最も適切なものを，あとのア～エの中から選び，その記号を書きなさい。(　　　)

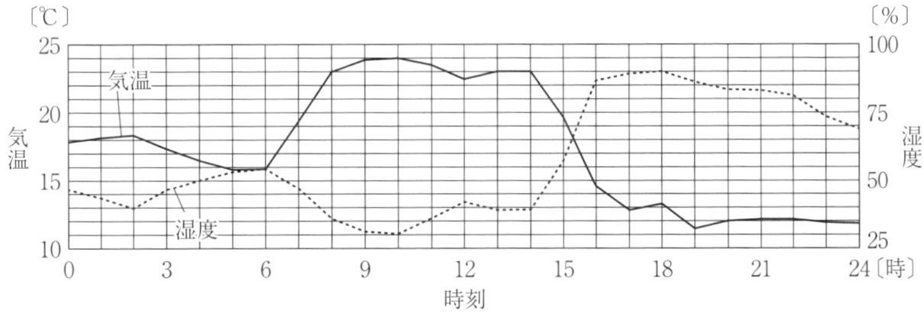

時刻〔時〕	0	1	2	3	4	5	6	7	8	9	10	11	12	13	14	15	16	17	18	19	20	21	22	23	24
風向	東	南南東	南南西	南南西	南南東	南南東	南西	南	南南西	南西	南西	西南西	南西	西南西	西南西	西	北北西	北	南西	北	北北西	南	南南西	北北西	北北西

(気象庁ウェブページにより作成。)

ア　2時～5時　　イ　6時～9時　　ウ　14時～17時　　エ　20時～23時

4　下線部③について，温暖前線にともなう雲は，温暖前線から遠くにあるほど，氷の結晶を含みやすくなります。それはなぜですか。その理由を，「前線面」の語を用いて簡潔に書きなさい。

(　　　　　　　　　　　　　　　　　　　　　　　　　　　　　　　　)

5　下線部④について，美月さんは，日本列島では，夏の季節風は南東から吹き，冬の季節風は北西から吹く仕組みについて調べて，次のようにまとめました。［　a　］に当てはまる内容を簡潔に書きなさい。また，［　b　］・［　c　］に当てはまる語はそれぞれ何ですか。下のア～エの組み合わせの中から適切なものを選び，その記号を書きなさい。

a (　　　　　　　　　　　　　　　　　　　　　　　　　　　　　　)

記号(　　　)

> 日本列島は，ユーラシア大陸と太平洋にはさまれている。
>
> 陸をつくる岩石などは，水よりも［　a　］性質がある。
>
> そのため，夏になると，ユーラシア大陸上の気温が太平洋上の気温よりも［　b　］なる。その結果，ユーラシア大陸上の気圧が太平洋上の気圧よりも［　c　］なるため，太平洋からユーラシア大陸へ向かって南東の風が吹く。
>
> 逆に，冬になると，太平洋上の気温がユーラシア大陸上の気温よりも［　b　］なる。その結果，太平洋上の気圧がユーラシア大陸上の気圧よりも［　c　］なるため，ユーラシア大陸から太平洋へ向かって北西の風が吹く。

ア　［　b　］：高く　［　c　］：高く　　イ　［　b　］：高く　［　c　］：低く

ウ　［　b　］：低く　［　c　］：高く　　エ　［　b　］：低く　［　c　］：低く

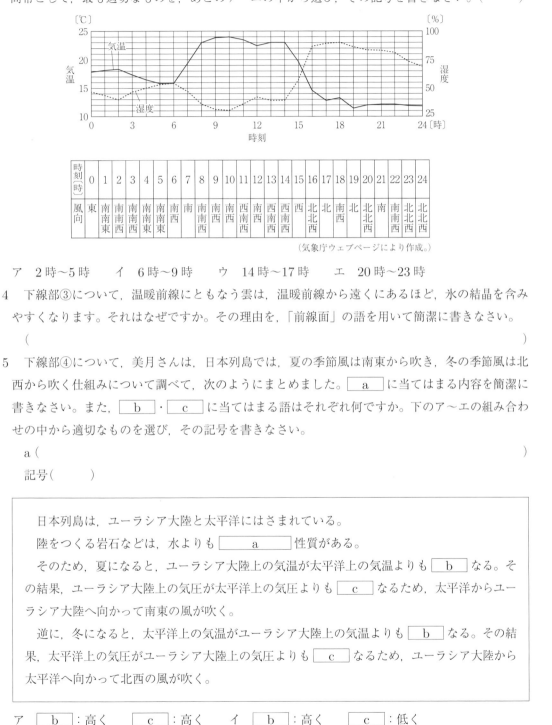

6　下線部⑤について，次の図は，冬の季節風と日本の天気を模式的に示したものです。また，下の文は，冬に日本列島の日本海側で雪が降ることが多いことについて述べたものです。文中の□に当てはまる内容を，図を基に簡潔に書きなさい。

(　　　　　　　　　　　　　　　　　　　　　　　　　　　　　　　)

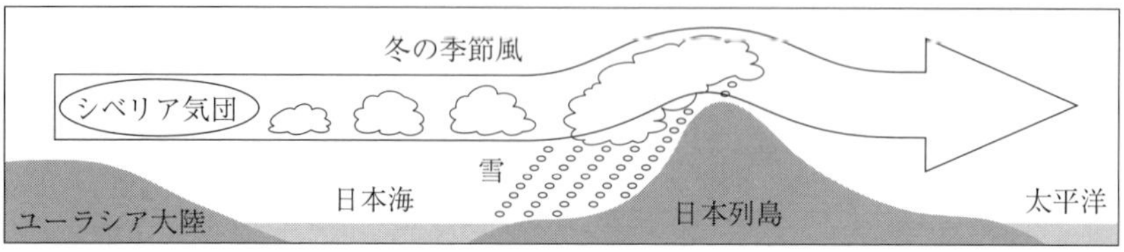

シベリア気団から吹き出す冷たく乾燥した空気は，□ため，日本列島の日本海側では湿った空気に変化しており，それが日本列島の山脈にぶつかって上昇し，雲が発達するため，雪が降ることが多い。

んに示している書き出しの部分は字数に含まないものとする。

私たち青空中学校の生徒は、今年度、地域で行われる避難訓練で受付・誘導係を体験することになりました。受付・誘導係を体験する際には、「やさしい日本語」を使って情報を伝えましょう。

250

人が参加するよね。このメモの言葉をそのまま伝えると難しいんじゃないかな。だから、必要な情報を分かりやすく伝えるために、留学生との交流会で使った「やさしい日本語」を使ったらいいんじゃないかと思うんだけど、どうかな。

森下：いい考えだね。でも、その交流会に参加していなかった人達は、「やさしい日本語」について知らないかもしれないね。地域の避難訓練の受付・誘導係をするときに、「やさしい日本語」を使ってもらうために、「生徒会だより」に文章を書いて、載せようよ。

【資料1】

「やさしい日本語」とは

一九九五年一月の阪神淡路大震災では、日本人だけでなく日本にいた多くの外国人も被害を受けました。そこで、外国人が災害発生時に適切な行動をとれるよう、災害情報を「迅速に」「正確に」「簡潔に」伝えるために考え出されたのが「やさしい日本語」の由来です。「やさしい日本語」は、外国人だけではなく、日本人にも分かりやすい日本語です。災害時はもちろん、普段のコミュニケーションにおいても有効です。絵や地図を示したり、筆談や身振りを合わせたりして「やさしい日本語」を使うと、より効果的です。

【資料2】

「やさしい日本語」の作り方

・難しい言葉を避け、簡単な語彙を使う。
（例）河川の増水。→川の水が増える。
　　こちらにおかけください。→ここに座ってください。
・一つの文を短くし、文の構造を簡単にする。
（例）下記のハガキ用紙にご記入の上、切り取って投函《とうかん》してください。→下のハガキに書いてください。そして、切り取って郵便ポストに入れてください。
・あいまいな表現は避ける。
（例）午前八時過ぎに来てください。→午前八時十分に来てください。
・カタカナ語、外来語はなるべく使わない。
（例）ライフライン。→生活に必要な電気、ガス、水道など。

（資料1・2は「福岡市ウェブページ」などにより作成。）

〔問い〕　森下さんは、「生徒会だより」に、「やさしい日本語」を紹介し、地域の避難訓練での受付・誘導係をする際に使用することを呼びかける文章を書くことにしました。あなたならどのように書きますか。次の条件1～3に従って書きなさい。

条件1　【生徒の会話】・【資料1】のそれぞれの内容を踏まえて書くこと。

条件2　受付・誘導係として使用する「やさしい日本語」については具体的な例を挙げて書くこと。その際には、【メモ】の中の役割について書かれた記述を取り上げ、【資料2】を参考にして「やさしい日本語」に作り替えて書くこと。

条件3　解答らんに示している書き出しに続くように書き、内容に応じて段落を変え、二百五十字以内で書くこと。ただし、解答ら

桜咲く遠山鳥のしだり尾のながながし日もあかぬ色かな
後鳥羽《ごとば》上皇

〈現代語訳〉
桜の咲いている遠山の眺めは、長い長い春の日にも、見飽きない美しさであることよ。

柳や桜を「市の木」に選んだ理由

豊岡市《とよおかし》（兵庫県）…しなやかで耐久力のある柳は、倒れても埋もれても再び芽を出すたくましい生命力を持ちます。雪の多い豊岡で、低湿地にもしっかりと根を張る柳は、豊岡市にとって最もふさわしい木と言えます。

小城市《おぎし》（佐賀県）…市内に日本さくら名所百選に選定された「小城公園」があり、県内有数の桜の名所として多くの観光客で賑《にぎ》わう。「力強さや生命力」、「優しさや美しさ」を感じる木として市民にも広く親しまれ、また、全国にシンボルとしてアピールできる木である。

【下書き】

選んだ木の名前…（　Ⅰ　）
選んだ理由…（　Ⅰ　）の木を選んだ理由は、後輩たちに（　Ⅱ　）というメッセージを伝え、中庭が（　Ⅲ　）場所であってほしいからです。

4　青空中学校の生徒会では、地域で行われる避難訓練に向けて、「生徒会だより」を作成することにしました。次の【生徒の会話】は生徒会役員の森下さんと松山さんが行ったもので、【資料1】、【資料2】は森下さんが「生徒会だより」を書くために調べて準備したものです。これらを読んで、あとの〔問い〕に答えなさい。

【生徒の会話】

森下：これから書く「生徒会だより」にはどんなことを書いたらいいかなあ。今度の地域の避難訓練で、僕たちは避難所での受付・誘導係を体験するんだね。避難所の受付・誘導係をするには、どんなことに気を付けるといいのかな。受付・誘導係の役割についてはメモをとって来たのだけど…。これがそのメモだよ。

【メモ】

受付・誘導係の役割
・避難してきた人に氏名の記入を依頼。
・避難所全体の地図の提示、及び体育館、教室への誘導。
・トイレと更衣室の場所を確認。
・廊下や階段の右側通行を徹底。
・立ち入り禁止エリアへの立ち入りは厳禁、喫煙は喫煙所のみ可能であることを確認。
・手洗い、うがいの励行、マスク着用の注意喚起。

松山：地域の避難訓練には、子供からお年寄りまで様々な年代の

イ　柳は、冬の小雨の中や、雪の積もった風景の中にあっても趣があって美しい。

ウ　花が散った後の桜の青葉が、枝で風になびいている様子も趣があって美しい。

エ　桜は満開の時が美しいが、雨が降る中で花びらが散っている様子も一段と美しい。

3　②また来る春をたのむもはかなしとあるが、何をむなしいといっているのですか。「……のに、……しまうこと。」という形式によって、現代の言葉を用いて書きなさい。

（　　　　のに、　　　　しまうこと。）

4　島内さんの班では、国語の時間に読んだこの文章の内容を踏まえて、卒業記念樹として植えるのは、柳と桜のどちらの木がよいかを提案するための話し合いを行いました。次の【生徒の会話】はそのときのもので、【ノート】は、島内さんが調べた内容を書いたものです。また、【下書き】は、島内さんが班で話し合った結果を提案するために下書きしたものです。あなたなら、どのように提案しますか。空欄Ⅰに柳か桜のどちらか一つの木の名前を書き、空欄Ⅱ・Ⅲに当てはまる適切な表現を、【ノート】と本文の内容を踏まえて現代の言葉を用いて書きなさい。

Ⅰ（　　）
Ⅱ（　　）
Ⅲ（　　）

【生徒の会話】

島内：　この文章を読むと、柳と桜に対する見方の違いが分かるね。卒業記念樹は、僕たち卒業生から在校生へのメッセージを込めて決めたいよね。決めるための参考になると思って、柳と桜が詠《よ》まれている和歌と、「市の木」として柳や桜を採用している市のウェブページで、「市の木」に採用した理由も調べてみたよ。

坂倉：　ありがとう。文章の内容と【ノート】とを参考にしながら一緒に考えよう。今年の卒業記念樹は中庭に植えるんだよね。中庭には花壇とベンチがあるね。木の種類だけでなく、在校生が見る景色も考えながら決めたいね。

中田：　私もそう思うわ。教室からも中庭が見えるよね。後輩たちが中庭を見て、どんな気持ちになる場所だったらよいかを考えながら選ぼうよ。

島内：　文章の内容と僕のノートを見ながら、柳と桜のどちらを植えたらよいかを一緒に考えてみよう。

【ノート】

新古今和歌集より

うちなびき春は来にけり青柳《あをやぎ》の陰ふむ道に人のやすらふ　　藤原高遠

〈現代語訳〉

春は来たのだなあ。青柳が茂って木陰を作っている道に、人が立ち止まって休んでいることよ。

たもので、この詩は人類愛を歌い上げており、十代のベートーヴェンはその詩の内容に強く共感し、ずっとその感動を心の中に大切にしまっていた。

その後のベートーヴェンは、作曲家として成功する一方、家族とのもめ事や友人との別離を繰り返し、耳の具合も悪化の一途をたどっていた。不器用ながらも人間関係を大切にしていたベートーヴェンにとっては非常につらい日々だったが、この時期は、作曲の試行錯誤を重ねることができた期間ともなった。そして、ついに五十代で、長年抱いてきた、シラーの詩に対する感動を表現するべく、一心不乱に作曲に打ち込んだ。シラーの詩に出会ってから、三十二年を経て完成した労作である。交響曲第九番こそまさに、ベートーヴェンの哲学そのものである。

3　次の文章を読んで、あとの問いに答えなさい。

柳は、花《桜の花》よりもなほ風情《ふぜい》に花あり《趣があって美しい》。水にひかれ風にしたがひて《水面に垂れて水の流れにまかせ風に吹かれ》、しかも音なく、夏は笠《かさ》[注1]なう《なくて》して休らふ人を①覆ひ、秋は一葉の水にうかみて風にあゆみ《浮かんで風の吹くままに漂い》、冬はしぐれ[注2]におもしろく《趣があり》、雪にながめ深し《雪の積もった眺めも趣がある》。

桜は、初花[注3]より人の心もうきうきしく、きのふ暮れけふ暮れ、ここかしこ咲きも残らぬ折節は《花が満開のころには》、花もたぬ木の梢々《こずゑこずゑ》もうるはしく《美しく見せ》、暮るればまた、あすも来んと契《ちぎ》り置きしに《来ようと決めていたところが》、雨降るもうたてし《残念なことだ》。とかくして《このようにして》春も末になりゆけば、散りつくす世の有様を見つれど、②また来る春をたのむもはかなし《期待してしまうけれどそれもむなしい》。あるは遠山ざくら《遠い山に咲く桜》、青葉がくれの遅ざくら《青葉に隠れるように咲いている遅咲きの桜》、若葉の花、風情おのおの一様ならず《若葉の季節の桜の花の趣はそれぞれ同じではない》。桜は百華に秀《ひい》でて《多くの花にまさり》、古今もろ人の風雅の中立《なかだち》とす《昔も今も多くの人が趣を感じるきっかけとなっている》。

（「独《ひと》ごと」より）

（注1）　笠＝雨や雪、日光を防ぐために頭に直接かぶるもの。

（注2）　しぐれ＝晩秋から初冬にかけて断続的に降る小雨。

（注3）　初花＝その年のその木に初めて咲く花。

1　①覆ひの平仮名の部分を、現代仮名遣いで書きなさい。（覆　　　）

2　次のア～エの中で、本文の内容に合っているものはどれですか。最も適切なものを選び、その記号を書きなさい。（　　）

ア　笠をもっていない旅人が、笠の代わりに柳の枝を手に持って歩く姿は趣があって美しい。

2　［　　］に当てはまる最も適切な語を、次のア～エの中から選び、その記号を書きなさい。（　　）

ア　確かに　　イ　むしろ　　ウ　けれども　　エ　なぜなら

3　①クラシック音楽は、決して耳に心地よいだけの音楽ではありませんとあるが、次の文は、このことについて筆者が述べていることをまとめたものです。空欄Ⅰに当てはまる最も適切な表現を、文章中から十字以内で抜き出して書きなさい。

クラシック音楽では、美しい調和した和音の響きで栄光や自然の美しさを表現するだけではなく、調和せずにぶつかり、強い緊張感と違和感を与える和音によって（　Ⅰ　）を表現することも、人々の人生を音楽で表現する上で重要である。

4　②価値ある演奏とあるが、次の【図】は、国語の時間にある生徒が、この文章における筆者の主張を踏まえ、オーケストラの演奏が価値ある演奏に至るまでの流れをまとめたものです。これを読んで、あとの(1)・(2)に答えなさい。

【図】

〈1　作曲家の役割〉	ビジョン・想念・感情などを楽譜に表現する。
←	
〈2　指揮者の役割〉	（　Ⅱ　）
←	
〈3　オーケストラの役割〉	（　Ⅲ　）
←	
〈4　聴衆〉	作曲家のビジョン・想念・感情などを、指揮者・オーケストラを介して深く味わい、自らの人生を無意識に重ね合わせて感動する。

(1)　空欄Ⅱ・Ⅲに当てはまる適切な表現を、それぞれ二十五字以内で書きなさい。

Ⅱ

Ⅲ

(2)　さらに、この生徒は【図】中の傍線部分について、ベートーヴェンの『交響曲第九番』の演奏を聴いた聴衆が、ベートーヴェンのどのようなビジョン・想念・感情などを味わって感動に至るのかということに興味をもち、次の【ノート】にまとめました。あとの【資料】は【ノート】にまとめるために準備したものです。この【ノート】の空欄Ⅳに当てはまる適切な表現を、本文の内容と【資料】の内容を踏まえて七十五字以内で書きなさい。

【ノート】

ベートーヴェンの（　Ⅳ　）を、指揮者・オーケストラを介して深く味わい、自らの人生を無意識に重ね合わせて感動する。

【資料】

ベートーヴェンの生涯最後の交響曲として、また、合唱が導入されている点においても有名な交響曲第九番。最も知られている第四楽章はドイツの詩人シラー作『歓喜に寄す』に曲をつけ

①クラシック音楽は、決して耳に心地よいだけの音楽ではありません。調和や栄光、自然の美しさを表した曲も数多くありますが、心の葛藤や後悔、別れや悲しみ、そしてあきらめという人間の負の感情に触れるものも少なくありません。耳に優しい和音、いわゆる調和した響きというものは確かに美しく、それだけでも人に生きてきた意味を感じさせることもあります。しかし、音と音が調和せずにぶつかり、強い緊張感とどこへ向かうかわからない違和感を与える和音も、同様に人々の人生を音楽で表現するには重要な要素なのです。

　作曲をするとき、優れた作曲家は往々にしてそうした緊張感を伴う和声（和音の流れ）の後、シンプルで美しい和声へと、劇的にその音楽を昇華させるものです。不安を㋐ノり越えた先の満足、ルードヴィヒ・ファン・ベートーヴェンの『交響曲第九番』ではありませんが、苦悩の後の歓喜、そのストーリー自体がカタルシス[注4]を感じさせると言えるでしょう。人は音楽に広い意味での「物語」を感じ、自らの人生を無意識に重ね合わせ、感動するのです。

　もちろん、オーケストラの面白さというのは、人によって、また、時によって様々です。そこに込められた意図はわからなくても、ただただ「美しい」と感じさせる演奏もあります。それだけで「これは価値がある演奏だ」と思って興奮するのもよいでしょうし、時として、何かの原因でばらばらになりかけたオーケストラのアンサンブルが、それでもぎりぎりのところで美しさを目指してまとまろうとする姿に興奮するのも、どちらもあなたの人生にとって意味のある楽しみ方なのです。

　しかし、一つだけ確かなのは、ステージの上で意味のあることが何も起きていないオーケストラのコンサートは面白味に欠けるものである、ということです。私は、たとえ正しい音符に正しいリズム、美しい音があったとしても、そこに興奮や喜びを感じさせる「何か」がなければ、それは②価値ある演奏とは言えないと考えます。

　日本でもよく知られているヘルベルト・フォン・カラヤンという指揮者はピョートル・チャイコフスキーの『交響曲第六番　悲愴《ひそう》』だけで六回の録音を残しました。これは、曲の解釈が時代や指揮者自身の成長・変化によっても㋑コトなることや、オーケストラが違えば同じ曲でも演奏するたびに違う表情をもつということが前提となっています。指揮者が圧倒的な創造意欲というものをもっていれば、同じ演奏が繰り返されることはまずありえないことなのです。

　つまり、オーケストラの演奏はルーティン[注5]化したお決まりの演奏（音楽）を味わうためのものではなく、もっとスリリング[注6]な楽しさをもっているということです。指揮者が楽譜から曲のビジョンをどう読み取ったのか、そしてどう曲を解釈したか、さらにそれがどのようにオーケストラに伝わり、その情熱が音としてどう現れたかという、その演奏の一回性[注7]にこそ、真の楽しみがあるのです。（藤野栄介「指揮者の知恵」より）

（注1）アンサンブル＝演奏の統一性やバランスのこと。
（注2）ビジョン＝構想。
（注3）醍醐味＝物事の本当の面白さ。
（注4）カタルシス＝心の中に解消されないで残っていたある気持ちが、何かをきっかけにして一気に取り除かれること。
（注5）ルーティン＝いつも行う手順。
（注6）スリリング＝はらはら、どきどきさせるさま。
（注7）一回性＝一回起こったきりで、繰り返すことがない性質。

1　㋐・㋑のカタカナに当たる漢字を書きなさい。

㋐（　　り）　㋑（　　なる）

が関係していると思うなあ。

西川：確かにそうだね。そのことに加えて、これまでの吹雪との関係から生まれた鷹匠の気持ちが、このせりふに表現されているんじゃないかな。僕は、吹雪が（　Ⅰ　）にも関わらず、赤ぎつねを倒して、鷹匠を誇らしげに待っていたところから、鷹匠の吹雪に対する称賛と、（　Ⅱ　）気持ちから生み出されたせりふだと考えたよ。

鈴木：そうだね、僕もそう思うよ。その鷹匠の気持ちが漫画では「おめえってヤツは　おめえってヤツは…」という言葉で表現されたんだね。

2　次の文章を読んで、あとの問いに答えなさい。

クラシック音楽にあまり興味のない方とお話していると、「クラシック音楽は誤解されているなぁ」と思うことがしばしばあります。

「オーケストラのコンサートって、スター指揮者が大げさに指揮棒を振って、オーケストラは一糸乱れぬようにそれに従って、ひたすら美しい音楽を奏《かな》でることを目指しているんでしょ？」と考えられているようなのです。音楽家やクラシック音楽愛好家にとっては、クラシックがこのように受け止められているとは思いもよらないことでしょう。

□、美しいアンサンブル[注1]はクラシック音楽のもつ大切な要素の一つではありますし、正確で的確な音を演奏するために日々精進し、演奏技術を磨くことは、演奏家にとって非常に重要なことです。そして実際に、この数十年という時間で考えれば、演奏技術は目覚ましく進歩しています。これにより、より正確で美しいサウンドをもつ演奏が実現できるようになりました。オーケストラという、八十人以上もの音楽家が同時に演奏する場において、正確で的確なアンサンブルを奏でることの重要性は、今後も増しこそすれ、減ることはないでしょう。

しかしながら、本来オーケストラコンサートの目指すところを簡単に言えば、作曲家のビジョン[注2]・想念・感情などを、指揮者・オーケストラを介して聴衆に深く味わってもらうことなのです。「正確で的確なアンサンブル」は、そのような演奏に必要な要素と言えるかもしれませんが、それ自体がクラシック音楽の本質なのではありません。そして、自ら楽器をもたない（音を奏でることのできない）指揮者という名の「音楽家」が、いかにして自分の音楽をオーケストラに、味わい深い音楽を奏でさせるのか――その実現と、そこに至るまでの過程こそがオーケストラの醍醐《だいご》[注3]味《み》であると、私は考えます。

（注8）　足革＝狩りのときに鷹の脚に付ける革ひも。

1　㋐～㋒の漢字の読みを書きなさい。

㋐（　　）　㋑（　　いだ）　㋒（　　）

2　[　　] に当てはまる適切な語を書きなさい。（　　）

3　①どうか元気でいてくれるようにといのりながら……とあるが、鷹匠が、このようにいのっているのはなぜですか。四十字以内で書きなさい。

4　②手を焼いているとあるが、この表現は、どのような様子を表現したものですか。次のア～エの中から最も適切なものを選び、その記号を書きなさい。（　　）

ア　いい加減な気持ちで対処している様子。

イ　対処や処理に苦労している様子。

ウ　密《ひそ》かに人を使って調べたり、働きかけたりしている様子。

エ　将来を予測して対策が立てられている様子。

5　この作品（戸川幸夫「爪王」）は漫画化されており、次の【資料】は、この文章の続きの場面を描いている漫画の一コマです。この文章の続きの場面を漫画で読んだ生徒と小説で読んだ生徒が、【資料】に書かれている鷹匠のせりふについて会話をしています。あとの【生徒の会話】はそのときのものです。これらを読んで、空欄Ⅰ・Ⅱに当てはまる適切な表現を、それぞれ書きなさい。

Ⅰ（　　）

Ⅱ（　　）

【資料】

（矢口高雄「野性伝説　爪王」より）

【生徒の会話】

西川：僕はこの文章の続きを漫画で読んだよ。吹雪と赤ぎつねの決闘後の一コマがこれだよ。

鈴木：あれ？　僕はこの文章の続きを小説で読んだんだけど、【資料】のせりふは書かれてなかったよ。この一コマは、小説では「吹雪は、激しい息遣いをしながら、赤ぎつねをしっかと押さえ付けて、誇らしげに待っていた。」という描写のみで鷹匠の言葉は書かれていないんだよ。どのようにして、このせりふは生み出されたのかなあ……。僕は、鷹匠が吹雪の足革を解き放して戦いに行かせたときの、鷹匠の決意けた。十分に戦えるためには、やはり強い体力を与えねばならない。「詰め」は早めに切り上げられた。吹雪は七歳。羽毛は黒褐色となり、闘志と充実した体力とがみなぎった。鷹匠は、おいっこを安楽城村の村長のもとにやり、猪ノ鼻岳の赤ぎつねの消息を尋ねた。心の中では、①どうか元気でいてくれるようにといのりながら……。

おいっこは間もなくもどってきて、赤ぎつねはますます老獪《ろうかい》[注6]になり、このごろでは昼間もおおっぴらに現れるようになって、村でも②手を焼いていることを話し、「だども[注7]、『鷹ではもうだめだべ。』と、村長は言うけ。」と報告した。鷹匠は、おいっこにはなんにも言わなかった。老人はだまって鷹部屋に行くと、吹雪をこぶしにすえ、「いいか、吹雪。今度こそだじぇ。」と、吹雪の胸骨をなでた。

鷹匠は、間もなく、吹雪と安楽城村に行った。家人の心配も、村人の軽蔑も、問題ではなかった。鷹匠は、赤ぎつねの足どりやり口を調べ、翌朝早く、吹雪をこぶしにすえて弁慶山に急いだ。弁慶山は、峰続きの猪ノ鼻岳より百二十メートルほど高い。上から下を襲うという鷹族の習性に従って、鷹匠は弁慶山の頂にたたずんで待った。めずらしく凪はなく、死のような静寂が峰を包んでいた。峰の上には、星がこおっていた。そのために、寒さがいっそう厳しく感じられた。

鷹匠は、吹雪を温めるようにだいて、じっと待ち続けた。やがて東の空に、青白い朝の気配が動き始めた。鷹匠と鷹は更に待った。時がたった。日はまだ出ないが、周囲は白く明るくなった。雪の㋒反射が視界を広げた。と、魚止森と猪ノ鼻岳の間の相沢川を渡って、ちらっと動く黒点が見られた。吹雪のひとみが鋭く光った。鷹匠は双眼鏡を取り出し、目に当てた。黒点は、まぎれもないあの赤ぎつねだった。が、赤ぎつねも、この三年間に見違えるほどたけだけしくなっていた。彼は、今朝も口に獲物をくわえていた。赤ぎつねは、一度川べりの林の中に姿を消したが、しばらくするとまた出てきた。そして、今度は尾根に登り始めた。

鷹匠は、まだ吹雪を放さなかった。彼はふり返って、吹雪の様子を見た。もし吹雪が羽毛をふくらませているのであったら、この鷹はおそれを感じている。だが、吹雪は、静かに時の来るのを待っている。この前のような興奮した荒々しさは見られなかった。

うん、これなら大丈夫だ――と、鷹匠は自信を持った。赤ぎつねは、猪ノ鼻岳の山頂に近いこんもりと茂った森に入ろうと急いだ。そこに彼の家があるらしかった。鷹匠は、吹雪の脚に付けてあった足革[注8]を解き放した。そのことは吹雪に全くの自由を、野生さえも許したことだった。吹雪が野生にもどろうと思えば、そのまま野生に帰り得るのだ。だが、鷹匠は、吹雪がこれから行う死を賭《と》した決闘に、少しでもさまたげになるものは除かねばならぬと思った。赤ぎつねのにくにくしげな姿が、レンズいっぱいに広がった。その顔には、この前の戦いで吹雪が付けた爪跡が、まだ黒く残っていた。鷹匠は、こぶしを静かに引いた。吹雪は、冠羽を逆立て、身をしずめた。「それっ！」鷹匠のこぶしが気合いをこめて前方に突き出されると、吹雪の体は軽々と飛んだ。

（戸川幸夫「爪王」より）

（注1）　鷹匠＝鷹を飼育、訓練して、狩りをする人。
（注2）　ねぐら入り＝鳥が巣ごもりする四、五月の繁殖期。
（注3）　苦悶＝苦しみもだえること。
（注4）　「詰め」＝絶食させること。
（注5）　精悍＝動作や顔つきが鋭く、力強いこと。
（注6）　老獪＝経験を積んでいて、悪賢いこと。
（注7）　だども＝けれども。

国語

時間　五〇分
満点　五〇点

1　次の文章を読んで、あとの問いに答えなさい。

[注1]鷹匠《たかじょう》である老人は、優れた若鷹を手に入れ、「吹雪」と名付けて育て上げた。ある日、安楽城村《あらきむら》（現在の山形県真室川町）の村長に赤ぎつねの退治を依頼され、退治に向かった。赤ぎつねとの戦いは壮絶で、激しい攻防の中、鷹匠は吹雪を見失い、吹雪の行方は分からなくなってしまった。吹雪がその後どうなったのか、手掛かりのないまま四日目が過ぎようとしていたその日の夜、吹雪は鷹匠の家にもどってきた。

吹雪は弱りきっていた。左の翼はだらりと下がり、羽は折れ、爪ははれ上がって止まり木に止まることすらできなかった。ただその刺すようなまなざしが、「失敗はしたが、負けたのではない。」とうったえていた。

鷹匠は椀《わん》に水をくみ、傷ついた親友に与えた。吹雪は少しだけ飲んだ。折れた羽を切り、肉と皮の間に出来た気泡をしぼって空気を押し出し、青木の葉をすって酢にとかした汁を傷口に付けた。鷹匠は眠らずにみとった。この傷で、野生にももどらず、自分のふところにもどってきた吹雪がいとしくてならなかった。手当ては順調に進み、吹雪の傷はぐんぐんとよくなった。春、[注2]ねぐら入りの季節が来るころには、いちばん重かった足指のはれもほとんど引いていた。吹雪は戸外の鷹小屋に移され、また太った。

しかし、鷹匠にはおそれが残った。吹雪の闘魂が、負傷と同時に傷つけられてしまったのではなかろうかという心配だった。□の傷は治しえても、気性の傷は治すことが困難である。おびえのきた鷹は救いがたい。

鷹匠は、吹雪がきつねをおそれることをおそれた。一匹のきつねをとる、とらないは、収穫の上ではたいした問題ではなかった。しかし、鷹匠としての、また優れた鷹としての誇りからいえば大問題だった。獲物をおそれる鷹は、名鷹《めいよう》とはいえない。同時に、そんな鷹を作り上げた鷹匠も、名匠とはいえないのだ。鷹匠が六十余年の生活の最後を飾るものとして探し出した吹雪、そして、長くない全生命をかけているこの吹雪が、あの赤ぎつねをおそれるとしたら、すべての希望は足下からくずれ去るのだ。鷹匠は[注3]苦悩と苦悶《くもん》の日を重ねた。そして得た結論は、死か名誉かであった。愛するものを失うか、誇りを守るかであった。すべてを得るか、すべてを無にするかであった。鷹匠は、もう一度吹雪をあの猪ノ鼻岳《いのはなだけ》の赤ぎつねと戦わせようと決心した。今度こそあの赤ぎつねを倒すか、吹雪を失うかなのだ。

鷹匠は準備に取りかかった。再び、「詰め」[注4]の季節が来た。吹雪は[注5]精悍《せいかん》にやせた。狩りの冬、鷹匠は、もううさぎや山鳥を追わせなかった。野犬にかからせ、ねこを襲わせた。飼いぎつねを求めて、それをもねらわせた。ふくろうやおお鷹も訓練の犠牲に供した。爪ときばをもって(ア)抵抗する生き物は、次々と吹雪の前にほうり出され、吹雪の爪とくちばしとを鋭く(イ)研いだ。これが、その後三年間の鷹匠と吹雪の生活だった。

いよいよ戦いの時が来た。鷹匠は慎重に詰めた。例年ならば野生にもどるのをおそれて体力を落とすのだったが、鷹匠は吹雪に勝敗のみをか

2021年度／解答

数学

1 【解き方】(1) 与式 $= 6 - 5 + 2 = 1 + 2 = 3$

(2) 与式 $= 2a = 2 \times 4 = 8$

(3) 与式 $= \sqrt{12} + \dfrac{9 \times \sqrt{3}}{\sqrt{3} \times \sqrt{3}} = 2\sqrt{3} + 3\sqrt{3} = 5\sqrt{3}$

(4) 左辺を因数分解して，$(x + 6)(x - 1) = 0$　よって，$x = -6$，1

(5) できる立体は，底面の円の半径が3cmで，高さが5cmの円錐。よって，体積は，$\dfrac{1}{3} \times \pi \times 3^2 \times 5 = 15\pi$ (cm^3)

(6) 右図の直角三角形ACBにおいて，$\mathrm{AC} = 7 - 2 = 5$，$\mathrm{BC} = 3 - 1 = 2$　よって，三平方の定理より，$\mathrm{AB} = \sqrt{5^2 + 2^2} = \sqrt{29}$

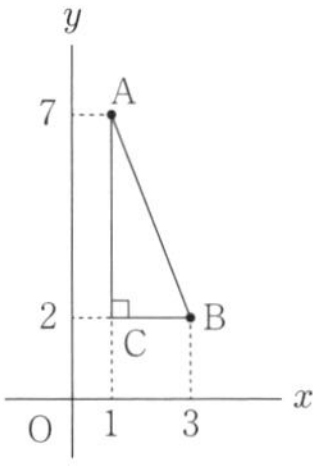

(7) まず，下に開いている放物線は比例定数が負だから，③のグラフはウとなる。次に，放物線の開き方が狭いほど，比例定数の絶対値は大きくなるから，①のグラフはイ，②のグラフはアとなる。

(8) 2枚のカードの取り出し方は全部で，$4 \times 3 = 12$（通り）　和が6以上になるのは，(袋A，袋B) = (3，3)，(4，2)，(4，3)の3通り。よって，求める確率は，$\dfrac{3}{12} = \dfrac{1}{4}$

【答】(1) 3　(2) 8　(3) $5\sqrt{3}$　(4) $x = -6$，1　(5) 15π (cm^3)　(6) $\sqrt{29}$　(7) ① イ　② ア　③ ウ　(8) $\dfrac{1}{4}$

2 【解き方】(1) $4^2 = 16$，$\left(\dfrac{13}{3}\right)^2 = \dfrac{169}{9} = 18\dfrac{7}{9}$ だから，$a = 17$，18

(3) Bさんの速さが分速160mだから，変化の割合は160。また，Bさんが駅を出発したのは，Aさんが駅を出発した8分後だから，$x = 8$のとき，$y = 0$　よって，Bさんについて，xとyの関係の式を$y = 160x + b$として，$x = 8$，$y = 0$を代入すると，$0 = 160 \times 8 + b$より，$b = -1280$だから，$y = 160x - 1280$　この式に$x = 10$を代入すると，$y = 160 \times 10 - 1280 = 320$　また，$y = 40x + 280$に$x = 10$を代入すると，$y = 40 \times 10 + 280 = 680$　よって，Aさんが駅を出発してから10分後の2人の位置は，Aさんは駅から680mのところ，Bさんは駅から320mのところなので，BさんがAさんに追いついたのは，坂道を進んでいるときになる。追いついたときのxとyの値は，$y = 160x - 1280$と$y = 40x + 280$を連立方程式として解いたときの解になる。これを解くと，$x = 13$，$y = 800$だから，BさんがAさんに追いついたのは，駅から800mのところ。

【答】(1) 17，18

(2) APを1辺とする正方形の面積は$x^2\,\mathrm{cm}^2$……①　PBを1辺とする正方形の面積は，$(6 - x)^2 = x^2 - 12x + 36$ (cm^2)……②　①，②より，APを1辺とする正方形の面積とPBを1辺とする正方形の面積の和は，$x^2 + x^2 - 12x + 36 = 2x^2 - 12x + 36$……③　PCを1辺とする正方形の面積は，$(3 - x)^2 = x^2 - 6x + 9$ (cm^2)……④　CBを1辺とする正方形の面積は，$3 \times 3 = 9$ (cm^2)……⑤　④，⑤より，PCを1辺とする正方形の面積とCBを1辺とする正方形の面積の和の2倍は，$2(x^2 - 6x + 9 + 9) = 2x^2 - 12x + 36$……⑥　③，⑥より，APを1辺とする正方形の面積とPBを1辺とする正方形の面積の和は，PCを1辺とする正方形の面積とCBを1辺とする正方形の面積の和の2倍に等しくなる。

(3) 800 (m)

③【解き方】AD ∥ BC より，$\triangle DBE = \triangle ABE = S$　BD ∥ EF より，DG：GE ＝ BG：GF ＝ 5：2 だから，DE：GE ＝ (5 ＋ 2)：2 ＝ 7：2　$\triangle DBE : \triangle GBE = DE : GE = 7 : 2$　よって，$\triangle GBE = \dfrac{2}{7}S$　$\triangle GBE : \triangle GEF = BG : GF = 5 : 2$　したがって，$\triangle GEF = \dfrac{2}{7}S \times \dfrac{2}{5} = \dfrac{4}{35}S$ より，$S : T = S : \dfrac{4}{35}S = 35 : 4$

【答】35：4

④【解き方】(1) $y = \dfrac{8}{x}$ に $y = 2$ を代入して，$2 = \dfrac{8}{x}$ より，$x = 4$

(2) DA ＝ AB より，B と A の y 座標の差と，A と D の y 座標の差は等しくなる。A と D の y 座標の差は 5 だから，B の y 座標は，5 ＋ 5 ＝ 10　B の x 座標は，$y = \dfrac{a}{x}$ に $y = 10$ を代入して，$10 = \dfrac{a}{x}$ より，$x = \dfrac{a}{10}$　B と A の x 座標の差と，A と D の x 座標の差も等しくなるから，D の x 座標は $-\dfrac{a}{10}$。また，C の x 座標は，$y = \dfrac{a}{x}$ に $y = 2$ を代入して，$2 = \dfrac{a}{x}$ より，$x = \dfrac{a}{2}$　よって，E の x 座標は $\dfrac{a}{2}$。DE ＝ 9 だから，$\dfrac{a}{2} - \left(-\dfrac{a}{10}\right) = 9$ が成り立つ。これを解くと，$a = 15$

【答】(1) 4　(2) 15

⑤【解き方】(1) 最大値が 22.6 万回，最小値が 10.2 万回だから，範囲は，22.6 万 − 10.2 万 ＝ 12.4 万(回)　よって，ウ。

(2) 最頻値や，再生回数が 20 万回以上の動画の本数の割合などに着目するとよい。

【答】(1) ウ

(2) (例 1) (私は，) Y (さんに依頼する。) 〔理由〕再生回数の最頻値に着目すると，Y さんは 23 万回，Z さんは 19 万回なので，Y さんが作成する動画の方が，Z さんが作成する動画より再生回数が多くなりそうである。だから，Y さんに依頼する。(例 2) (私は，) Z (さんに依頼する。) 〔理由〕再生回数が 20 万回以上の階級の度数の合計に着目すると，Y さんは 20 本，Z さんは 24 本なので，Z さんが作成する動画の方が，Y さんが作成する動画より再生回数が多くなりそうである。だから，Z さんに依頼する。

⑥【解き方】(2) 2 つの円の交点を通る直線は 2 つの円の中心の通る直線に垂直になることから，B を中心とする半径 BI の円と C と中心とする半径 CI の円の交点を通る直線は，辺 BC に垂直になる。

(3) F は円 I と辺 AB との接点だから，$\angle AFI = 90^\circ$　また，E は円 I と辺 CA との接点だから，$\angle AEI = 90^\circ$　よって，四角形 AFIE において，$\angle FIE = 360^\circ - (\angle x + 90^\circ + 90^\circ) = 180^\circ - \angle x$　$\overset{\frown}{EF}$ に対する円周角と中心角の関係より，$\angle FDE = \dfrac{1}{2}\angle FIE = \dfrac{1}{2} \times (180^\circ - \angle x) = 90^\circ - \dfrac{1}{2}\angle x$　また，$0^\circ < \angle x < 180^\circ$ より，$0^\circ < \dfrac{1}{2}\angle x < 90^\circ$ となるから，$0^\circ < \angle FDE < 90^\circ$ となる。

【答】(1) 点 P と点 R，点 Q と点 R をそれぞれ結ぶ。$\triangle POR$ と $\triangle QOR$ において，OP ＝ OQ……①　PR ＝ QR……②　共通な辺だから，OR ＝ OR……③　①，②，③より，3 組の辺がそれぞれ等しいから，$\triangle POR \equiv \triangle QOR$　合同な図形の対応する角は等しいから，$\angle POR = \angle QOR$　したがって，OR は $\angle XOY$ の二等分線である。

(2) ア．B　イ．BI　ウ．C　エ．CI　(3) オ．$90^\circ - \dfrac{1}{2}\angle x$　カ．0　キ．90

英　語

1 **【解き方】**（問題A）No.1.「ネコの周りにあるたくさんの星も好きだ」という感想に合うものを選ぶ。

No.2. ジェーンの家族は，リンゴをタナカさんから11個もらい，店で3個買った。

No.3. 2人が話をしているのは水曜日で，ブラウン先生は「明日の放課後」に来てほしいと言っている。

No.4. マサトは，母親が忙しそうだったので夕食を作るのを手伝ったと言っている。

（問題B）「スポーツをテレビで見るほうがいい」という意見に対して，自分の考えとその理由を書く。解答例は「私は賛成しません。他の多くのファンといっしょにスポーツを見るのを楽しむことができるので，スタジアムに行くほうがよりわくわくします」。

【答】（問題A）No.1. イ　No.2. エ　No.3. ウ　No.4. ウ

（問題B）（例）I don't agree. It is more exciting to go to stadiums because I can enjoy watching sports with many other fans.

◀全訳▶（問題A）

No.1.

A：ボブ，この絵を見て！　私の妹が昨日，私のために描いてくれたの。

B：ああ！　ネコがとてもかわいいね。

A：私もそう思うわ。私はネコの周りにあるたくさんの星も好きよ。

B：彼女はとても上手に絵を描くことができるんだね。

質問1：彼らはどの絵について話をしていますか？

No.2.

A：お父さん，大きな箱を持っているのね。それの中に何が入っているの？

B：11個のリンゴだよ。友だちのタナカさんからもらったんだ。

A：本当？　お母さんと私はちょうど，店でリンゴを3個買ったところなのよ。

B：今そんなにたくさんリンゴがあるんだね！　ジェーン，アップルパイを作ったらどうだい？

A：それはいい考えね。

質問2：ジェーンの家族は何個のリンゴを持っていますか？

No.3.

A：ショウタ，あなたは金曜日の英語の授業で自分の夢について話をすることになっているわね。もう水曜日よ。準備はできているの？

B：いいえ，ブラウン先生。それについていくつか質問してもいいですか？

A：ええ，でも今5時なのね。ごめんなさい。私は学校を出なければならないの。明日の放課後，私に会いに来てくれるかしら？

B：はい。ありがとうございます，ブラウン先生。

A：どういたしまして。

質問3：ショウタはいつブラウン先生を訪ねるべきですか？

No.4.

A：マサト，あなたは昨晩テレビを見た？　あなたの好きな歌手が新しい歌を歌ったのよ！　それはとてもわくわくしたわ。

B：ああ，ぼくはそれを見なかったよ。ぼくはたいてい夕食前に宿題をして，それからテレビを見て楽しむのだけれど，昨夜は忙しかったんだ。

A：何があったの？

B：ええと，ぼくが昨日帰宅したとき，母が忙しそうだった。それでぼくは彼女といっしょに夕食を作って，夕食後に宿題をしたんだ。

A：なるほど。あなたはよく夕食を作るの？

B：ううん，作らないよ。だけどぼくはそれをとても楽しんだよ。

質問4：マサトは昨夜，なぜ夕食後に宿題をしたのですか？

(問題B) 私はスポーツを見るのが好きです。自分の好きなチームの試合を見るために，私はよくスタジアムに行きます。しかし，テレビでスポーツを見るほうがいいと言う友人もいます。あなたはこの考えについてどう思いますか？　そしてあなたはなぜそのように考えますか？

2 **【解き方】** 1. グラフ1を見る。日本の海岸沿いのごみの中で，プラスチック製品が占める割合は65.8％である。

2.「しかしそれら（粉々に砕けたプラスチック）の一部は小さすぎて集められない」。too ～ to …＝「～すぎて…できない」。

3. 直後でジェシーは「人々がペットボトルをリサイクルすれば，それらは海に入っていかない」と言っているので，イの「私はリサイクルするのが最もよい方法だと思う」が適切。

4. (1) 雄太の1つ目のせりふより，「私たちの浜辺はごみのせいで『美しく』ない」とする。a. 雄太の2つ目のせりふより，「私たちは生活の中でとてもたくさんのプラスチック製品を『使っている』とする。b. 雄太の2つ目のせりふより，「多くのプラスチック製品は一度しか『使われ』ず，捨てられる」とする。「使われる」は受動態〈be動詞＋過去分詞〉で表す。(2) ジェシーの2つ目のせりふより，「これらの魚を食べることは私たちの健康に『よく』ないかもしれない」とする。

5. 彩花はペットボトルで水を売るのをやめることに賛成し，自分の町でも同じことをすべきだと言っている。この考えに対する自分の意見を書く。解答例は「私は賛成です。ペットボトルなしに生活することは私たちにとって難しいでしょう。しかし，海をきれいにするためにみんながそれらを使うことを減らすべきです」。

【答】 1. 65.8　2. too　3. イ　4. (1)（例）beautiful　a. イ　b. ウ　(2)（例）good

5.（例）I agree. I think it will be hard for us to live without plastic bottles. However, everyone should reduce using them to make the sea clean.（26語）

◀全訳▶

雄太　　　：今から，オーストラリアと日本の海洋ごみの問題について話をしよう。ぼくたちの町には美しい浜辺があったけれど，ぼくたちは今そこにたくさんのごみを見かけるんだ。きみの町はどう？

スチュワード：ぼくたちの浜辺にもたくさんのごみがある。オーストラリアでは，海岸沿いのごみの約75％がプラスチック製品なんだ。

彩花　　　：ええと，グラフ1は，日本では海岸沿いのごみの約65.8％がプラスチック製品だと示しているわ。

ジェシー　：2050年までに海には魚よりプラスチックごみのほうが多くなるだろうと言う人もいるわね。

雄太　　　：本当？　ぼくたちの生活にはとてもたくさんのプラスチック製品があるね。例えば，ぼくたちはペットボトル，食べ物の容器，そして袋を使っている。それらは一度しか使われず，捨てられる。そのあと，一部のプラスチック製品が海に入っていくんだ。

スチュワード：その通りだね。それらのプラスチック製品は海に長い間とどまり，粉々に砕けてしまう。それらを集めようとする人がいるけれど，それらの一部は小さすぎて集められないんだ。

ジェシー　：私はそれらが魚や他の海洋動物の体に入っていって蓄積するおそれがあるとも聞いたわ。私たちがそれらの魚を食べれば，私たちは健康問題を抱えるかもしれないわ。

彩花　　　：では，プラスチックごみを減らすために私たちは何をすべきかしら？

雄太　　　：海岸沿いのプラスチックごみの48.1％はペットボトルだから，それらについて考えよう。ぼくたちは海に入っていくペットボトルの数を減らすための方法を見つけるべきだね。

ジェシー　　：私はリサイクルするのが最もよい方法だと思う。人々がペットボトルをリサイクルすれば，それらは海に入っていかないわ。そうすれば，浜辺でごみを見ることもなくなるでしょう。

スチュワード：でもリサイクルをしない人もいるね。彼らは水やジュースを飲んだあと，ペットボトルを捨てるだけだ。彼らは海洋ごみの問題を理解していないから，リサイクルすることはペットボトルの数を減らすのに十分ではないね。

彩花　　　　：私はインターネットで興味深いアイデアを見つけたわ。ペットボトルの代わりに環境に優しい製品を選び始めている会社があるのよ。例えば英国で，ある会社は海草から作られている小さな容器で水を売っているの。

スチュワード：それはいいアイデアだね。ぼくたちの国では，全ての店がペットボトルで水を売るのをやめたので，ある町が有名になったよ。ぼくはそれがいい考えだと思う。きみたちはどう思う？

彩花　　　　：私は私たちの町で同じことをすべきだと思うわ。

ジェシー　　：もしあなたたちが全ての店でこれをすれば，少し問題が起きると私は思うの。私たちは別の方法を見つけることができるわ。

雄太　　　　：そうだね，ペットボトルを減らす方法はたくさんある。もっと学んで，ぼくたち自身の方法を見つけよう。

3 **【解き方】** 1. (1) 質問は「ダニエルは琵琶のレッスンを受ける前，何の楽器をよく弾いていましたか？」。ダニエルの記事の第1段落の最終文を見る。彼はギターを弾いていた。(2) 質問は「明子がダニエルに琵琶を教えることは簡単でしたか？」。明子の記事の第1段落を見る。明子にとってダニエルに琵琶を教えることはとても難しかった。No で答える。

2. 明子の記事の第2段落の中ほどを見る。彼女がダニエルの申し出を断ったときのことについて，「彼（ダニエル）には音楽のメッセージを表現することが必要だった」と述べている。

3. ダニエルの記事の第3段落の前半を見る。ダニエルが明子に頼んだのは，いっしょに「コンサート」をすることである。have a concert ＝「コンサートをする」。

4. 「文化について学びたい人はだれでもそれについて学ぶことができるのです」という意味の文。主格の関係代名詞を用いて Anyone を後ろから修飾する。

5. ア. ダニエルの記事の第1段落の冒頭を見る。彼は日本語を勉強したかったので，日本に来た。イ. ダニエルが多くの国でコンサートをしたがっているとは書かれていない。ウ.「明子はダニエルに琵琶を教えるとき，いくつかの方法で彼を手伝った」。明子の記事の第2段落の前半を見る。正しい。エ.「明子は多くの人がダニエルのコンサートに来るのでうれしく感じている」。明子の記事の第3段落の前半を見る。正しい。

6. (1) 解答例は「あなたは多くのことを学び自分自身の音楽を創造しているので，私はすばらしいと思います」。
(2) 解答例は「あなたが琵琶を弾くとき，最も大切なことは何ですか？」。

【答】 1. (例) (1) He played the guitar.　(2) No, it was not.　2. ア　3. concert

4. who wants to learn about culture　5. ウ・エ

6. (例) (1) I think you are great because you learned many things and create your own music (15語)
(2) What is the most important thing when you play the biwa

◀全訳▶　【ダニエル】

私は大学で日本語を勉強したかったので，32年前に日本に来ました。ある日，友人が私を日本の音楽コンサートに招待してくれました。私は伝統的な日本の楽器である琵琶の音に感動し，レッスンを受けることを決めました。琵琶はギターのように見えます。私はよくギターを弾いていたので，琵琶を弾くのは簡単だろうと思っていました。

しかし，私はたくさんのことを学ばなければなりませんでした。私たちは琵琶を弾いている間に，よく歌います。だから私は日本語で歌う方法も学ばなければなりませんでした。歌詞は古い日本の物語です。それぞれの物語の中の状況や登場人物の感情を理解することは，私にとってとても難しかったです。私の師匠は私に琵琶を何度も教えてくれました。琵琶を学ぶことは楽しく，私は毎日一生懸命に練習しました。

3年後，私は師匠に「今年，私はあなたとコンサートをしてもいいですか？」とたずねました。彼女は「いいえ，いけません」と答えました。私は「なぜですか？」とたずねました。彼女は「今，あなたは音楽家として立派な技巧を持っていますが，あなたは音楽を通して人々に何を伝えたいですか？」と答えました。私は彼女の言葉が理解できませんでした。

その後，私は日本の多くの場所を訪れ，多くの人と話をしました。これらの経験のおかげで，私は日本の歴史，文化，そして人々がどのように考えるのかについて学びました。すると，私はそれぞれの物語の中の状況や登場人物の感情を理解することができました。琵琶を24年学んだあと，私はついに師匠が言った言葉を理解したのです。ある日，彼女は「あなたは更によい音楽家になりました。今，あなた自身の音楽を創造するときです」と言いました。私の音楽を通して，私は人々に人生はすばらしいと感じてほしいです。

【明子】

ダニエルが初めて私のレッスンを受けたとき，彼はほんの少しだけ日本語を話し，私はほんの少しだけ英語を話しました。私にとって彼に琵琶を教えることはとても難しかったです。

しかし，彼はとても一生懸命に練習しました。私は彼に簡単な日本語で歌詞を示し，英語を話せる私の生徒といっしょに彼に歌詞の意味を教えました。私は彼に日本文化について学んでほしかったので，日本人がどのように感じ，ふるまうかも教えました。彼はすぐに上手に弾き，歌い始めました。しかし，私は彼が歌詞の意味を本当に理解していると思いませんでした。だから彼が私にいっしょにコンサートをしたいと頼んだとき，私は「いいえ，いけません」と答えました。私は，よりよい音楽家になるために彼にはもっと時間が必要だと思いました。彼には音楽のメッセージを表現することが必要でした。琵琶は常に人々の生活や文化とつながりがあります。彼がそれを理解したとき，更によい音楽家になったのです。私が彼に教えている間，日本文化は日本人のためだけのものではないと理解し始めました。文化について学びたい人はだれでもそれについて学ぶことができるのです。

今では，多くの日本人と海外からの人が彼のコンサートに来ます。私はそのことがとてもうれしいです。私は，ダニエルが琵琶を通して人々に日本文化について伝え，また彼自身の音楽を創造していると思います。

4 **【解き方】** A. 一番上のイラストより，海斗は（バドミントンの）試合に勝ったことがわかる。win the game = 「試合に勝つ」。win の過去形は won。

B. 部活動のよい点について書く。解答例は「例えば『たくさんの友だちを作って，いっしょに学校生活を楽しむことができる』」。

C. 部活動についてもっと知りたがっているスーザンに対してアドバイスを書く。解答例は「ぼくたちの学校にはたくさんの部があるから，『それらのいくつかを訪問してみるといいよ』」。

【答】（例）A. I won the game　B. make many friends and enjoy our school life together

C. you should visit some of them

社　会

[1]【解き方】1. (1) サバナ気候の地点を選択。サバナ（サバンナ）とは熱帯の地域で見られる草原のこと。あ は砂漠気候，い は熱帯雨林気候，え は地中海性気候に属する。(2) カイロ市の都市化が進み，スフィンクスの近くにまで住宅街が見られるようになっている。

2. (1) 写真の建築様式を合掌造という。アは厳しい寒さへの対策が必要な北海道などで見られる。(2) 白川村では，公共駐車場を設営し，幹線道路への進入を禁止した。駐車場料金の一部は世界遺産保存のために使われている。

3.「衣服」であれば[ウ]・[カ]，「住居」であれば[イ]・[オ]，「宗教」であれば[ア]・[エ]の組み合わせとなる。

【答】1. (1) う　(2) エ　2. (1) ア　(2) 自動車が侵入することを規制する取り組み。(同意可)

3.（例1）X. 衣服　(訪れる場所〈1〉) [ウ]　(暮らしの特色〔1〕) 高緯度で低温な地域なので，毛皮でつくられた防寒着を着た人々の生活が見られる。(訪れる場所〈2〉) [カ]　(暮らしの特色〔2〕) 標高が高く気温が低いので，寒さを防ぐために毛織物の服装を着た人々の生活が見られる。

（例2）X. 住居　(訪れる場所〈1〉) [イ]　(暮らしの特色〔1〕) 夏は高温で日差しが強く，乾燥する地域なので，紫外線や暑さを防ぐために，白い石灰石でつくられた，窓が小さな住居が見られる。(訪れる場所〈2〉) [オ]　(暮らしの特色〔2〕) 一年を通して降水量が多く，湿度が高い地域なので，床下に熱や湿気がこもらないよう高床にした住居が見られる。

（例3）X. 宗教　(訪れる場所〈1〉) [ア]　(暮らしの特色〔1〕) キリスト教を信仰する人々の生活が見られる。(訪れる場所〈2〉) [エ]　(暮らしの特色〔2〕) 仏教を信仰する人々の生活が見られる。

[2]【解き方】1. (1) 630年から始まり，250年ほどの間に十数回の遣唐使が派遣されたことがヒント。(2) 710年から始まった奈良時代の様子について述べた文を選択。アは弥生時代，ウは鎌倉時代，エは室町時代の様子。

3. アとウは鎌倉時代から始まった農業に関する内容。

4. インフレーションとは，物価が上がり続ける現象。グラフⅡから読みとれる。国家における中央銀行の目的は物価の安定を図ること。また，紙幣を発行できる唯一の銀行でもある。

【答】1. (1) ウ　(2) イ　2. 勘合　3. イ・エ　4.（記号）ウ　c. 紙幣の発行高を管理し，物価の安定（同意可）

[3]【解き方】1. 人々が東京に移り住む理由と関わりが深いと思われる資料を選ぶ。

2. [X]は地方公共団体間の財政格差を小さくするために支給される，使い道が指定されない財源。東京都は人口が多く，地方税収入も多いので地方交付税交付金の配分はない。

3. 具体的には，国や他の地方公共団体から委任されていた業務（機関委任事務）を廃止し，各地方公共団体が自主的に処理する事務（自治事務）と，国などから委託される事務（法定受託事務）に分類し直した。

4. (1) 地方議会の議員も首長も，住民の直接選挙によって選ばれることからこのような関係が成り立っている。

5. B県とは島根県のことで，「伝統的な製鉄」とは，たたら製鉄のこと。

【答】1. イ

2. [X] 地方交付税交付金　(理由) 東京都に比べて歳入に占める地方税の割合が低いA県に対して，不足分を補い，地方公共団体間に財政の格差が生じないようにするため。(同意可)

3. 国と地方公共団体の役割分担を明確にし，多くの権限を地方に移す（同意可）

4. (1) 互いに抑制し合い，均衡を保つようにする（同意可）　(2) 直接請求権

5. B県では，企業と大学などが連携することによって，地元の若者の雇用が生まれ，人口の流出を防ぐことが期待できる。(同意可)

[4]【解き方】1.「土石流」とは，山の斜面や川底にある石や土砂が，大雨などによって一気に下流へと押し流されること。したがって，山の尾根ではなく，谷がもっとも被害を受けやすい。ア～ウは尾根となっている。

2.「通常時」については「水は河川の外に出ず」，「氾濫後」については「切れ目から水が河川に戻る」という説

明を参考にするとよい。

3. (1) 個人的なことや私生活についてみだりに公開されない権利のこと。(2)「現在地から最も近い避難場所の情報」などの解答も可。

【答】 1. エ　2. Y→Z→X

3. (1) プライバシーの権利　(2) (例 1) 自然災害が発生している場所の情報。(例 2) 災害の状況に応じた避難経路の情報。(それぞれ同意可)

理　科

1 【解き方】1. アは延性について述べたもの。

2. 鉄と塩酸が反応したときに発生する気体は水素。

3. ⑴ メスシリンダーの目盛りは，最小目盛りの $\frac{1}{10}$ まで目分量で読み取る。

4. ⑴ 水150gにエタノール100gを溶かした混合液の質量は，150（g）+ 100（g）= 250（g）　よって，この混合液の質量パーセント濃度は，$\frac{100\,(\mathrm{g})}{250\,(\mathrm{g})} \times 100 = 40$（%）　⑵ 小片Aは水にも混合液Xにも浮くので，最も密度が小さいポリプロピレン。小片Cは水にも混合液Xにも沈むので，最も密度が大きいポリエチレンテレフタラート。よって，水には浮き，混合液Xには沈んだ小片Bはポリエチレン。

【答】1. ウ　2. H_2

3. ⑴ 72.5（または，72.4・72.6）(cm^3)　⑵ 体積の測定値が，空気の泡の分だけ大きくなったこと（同意可）

4. ⑴ 40（%）　⑵（小片A）イ　（小片B）ウ　（小片C）ア　a. 小片Bの密度が水の密度よりも小さい　b. 小片Bの密度が混合液Xの密度よりも大きい（それぞれ同意可）

2 【解き方】1. ⑴ 根が主根と側根からなるのは双子葉類。ユリ・トウモロコシは単子葉類。⑶ 分裂前に核の中の染色体が複製されて2倍になり，染色体が現れ（カ），中央に並び，それぞれが縦に分かれる（イ）。分かれた染色体が細胞の両端に移動し（エ），細胞の間にしきりができ（ウ），2個の細胞になる（オ）。

3. ⑵ 子葉に蓄えられている養分を使って成長しているかどうかを調べるので，豆苗Xは子葉を残し，豆苗Yは子葉を取り除いて，他の条件を同じにし，豆苗Xの方が成長することを確かめる。

【答】1. ⑴ ア・エ　⑵ ウ　⑶（ア→）カ→イ→エ→ウ→オ

2. A. 3日後には茎の先端に近いほど広がっている（同意可）　B. ア

3. ⑴ a. ヨウ素〔溶〕液　b. 青紫色になる（同意可）

⑵ C. 子葉を残す　D. 子葉を取り除く（それぞれ同意可）

3 【解き方】1. 温度の高い水は上側に移動し，温度の低い水は下側に移動するので，水全体に温度の差ができる。

3. 電熱線Pが消費する電力の大きさは，6.0（V）× 3.02（A）= 18.12（W）　電熱線Qが消費する電力の大きさは，6.0（V）× 1.54（A）= 9.24（W）　電熱線Rが消費する電力の大きさは，6.0（V）× 1.03（A）= 6.18（W）　また，5分後の水の上昇温度は，電熱線Pのときは10.5℃，電熱線Qのときは5.3℃，電熱線Rのときは3.5℃。電熱線で消費する電力が大きいほど，水の上昇温度は大きくなっている。

4. ⑴ 800Wで30時間使ったときの電力量は，800（W）× 30（h）= 24000（Wh）より，24kWh。⑵ a・b. 図2の回路全体の抵抗の大きさは，2（Ω）+ 2（Ω）= 4（Ω）　図2の回路全体に流れる電流の大きさは，オームの法則より，$\frac{8\,(\mathrm{V})}{4\,(\Omega)} = 2$（A）　c・d. 図3の2Ωの抵抗には，それぞれ8Vの電圧が加わっている。2Ωの抵抗1個あたりに流れる電流の大きさは，$\frac{8\,(\mathrm{V})}{2\,(\Omega)} = 4$（A）　図3の回路全体に流れる電流の大きさは，4（A）+ 4（A）= 8（A）　よって，図3の回路全体の抵抗の大きさは，$\frac{8\,(\mathrm{V})}{8\,(\mathrm{A})} = 1$（Ω）

5. 解答例の他に，fとgが入れ替わってもよい。

【答】1. 容器内の水に，温度の差ができるため。（同意可）　2.（次図ア）

3. 電熱線が消費する電力が大きいほど，電流による発熱量は大きい。（同意可）

4. ⑴ 24（kWh）　⑵ a. 2　b. 4　c. 8　d. 1　5.（次図イ）

図ア

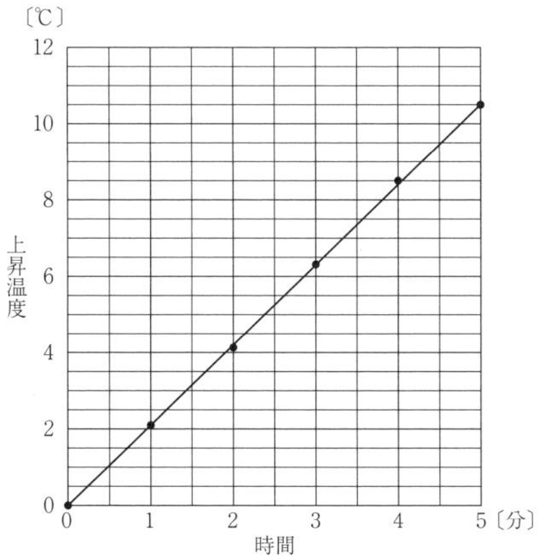

図イ

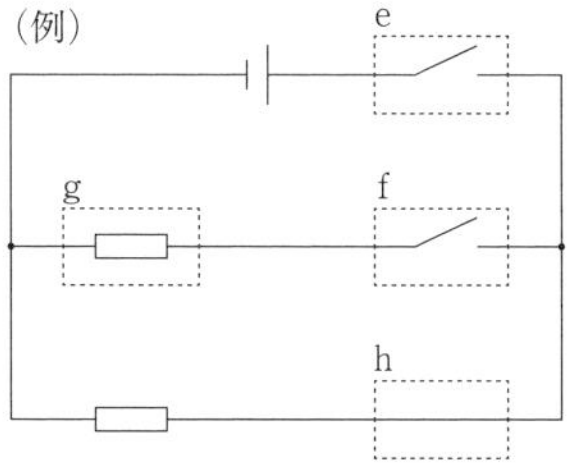

4 【解き方】3. 寒冷前線が通過した後は，気温が下がり，風向が北寄りになる。グラフと表より，14時から17時にかけて，気温が下がり，風向が北寄りに変化していることがわかる。

【答】1. 露点 2. エ 3. ウ

4. 温暖前線の前線面は，温暖前線から遠ざかるほど高度が高くなり，高度が高いほど気温が低くなるため。(同意可)

5. a. あたたまりやすく，冷めやすい (同意可) (記号) イ

6. 日本海の上を通る間に大量の水蒸気を含んでいく (同意可)

国　語

1 【解き方】2. 吹雪の傷について,「ぐんぐんとよくなった」「いちばん重かった足指のはれもほとんど引いていた」とあることから考える。

3.「愛するものを失うか，誇りを守るか」で悩み，鷹匠は吹雪を「赤ぎつねと戦わせようと決心」したことに着目する。以前の赤ぎつねとの壮絶な戦いで弱りきった吹雪が,「闘魂」まで傷つけられてしまったのではないかと心配し，吹雪を手強い赤ぎつねともう一度戦わせ，吹雪の闘魂がよみがえることを望んでいる。

5. Ⅰ.「にも関わらず，赤ぎつねを倒して」と続くので，以前の戦いで吹雪は負傷して「弱りきっていた」ことに着目する。Ⅱ.「鷹匠を誇らしげに待っていた」吹雪に対する，鷹匠の気持ちを考える。

【答】1. ㋐ ていこう　㋑ と(いだ)　㋒ はんしゃ　2. 肉体（同意可）

3. 吹雪に思い残すことなく赤ぎつねと戦わせてやり，誇りを取り戻させてやりたいから。(39字)（同意可）

4. イ

5. Ⅰ. 三年前に赤ぎつねと戦ったとき，深い傷を負い弱りきった経験がある　Ⅱ. 心からいとしいと思う（それぞれ同意可）

2 【解き方】2.「美しいアンサンブルはクラシック音楽のもつ大切な要素の一つではありますし…演奏技術を磨くことは，演奏家にとって非常に重要なことです」と認めている。

3. クラシック音楽の中には「栄光，自然の美しさ」を表す曲がある一方で,「心の葛藤や後悔…人間の負の感情に触れるものも少なくありません」と述べている。「音と音が調和せずにぶつかり…違和感を与える和音」も，人々の人生を音楽で表現するには重要な要素である。

4. (1) 指揮者やオーケストラの役割については，最後の段落で「指揮者が楽譜から…どう曲を解釈したか」「さらにそれがどのようにオーケストラに伝わり…音としてどう現れたか」と述べている。(2)『交響曲第九番』について本文では,「苦悩の後の歓喜，そのストーリー自体がカタルシスを感じさせる」楽曲だと述べている。また【資料】では，人類愛を歌い上げた『歓喜に寄す』というシラーの詩に強く共感し,「ずっとその感動を心の中に大切にしまっていた」ベートーヴェンが，自身の「非常につらい日々」の中,「シラーの詩に対する感動を表現するべく，一心不乱に作曲に打ち込んだ」末にようやく完成させた，労作だったと述べている。

【答】1. ㋐ 乗(り)　㋑ 異(なる)　2. ア　3. 人間の負の感情

4. (1) Ⅱ. 曲を解釈し，その解釈をオーケストラに伝える。(22字)　Ⅲ. 指揮者の曲の解釈を理解し，音にして表現する。(22字)（それぞれ同意可）(2) シラーの詩の人類愛への強い共感を，音楽で表現したいという思いを長年抱き続け，様々なつらい経験を乗り越え，ついに曲を完成させたという，苦悩の後の歓喜（73字）(同意可)

3 【解き方】1. 語頭以外の「は・ひ・ふ・へ・ほ」は「わ・い・う・え・お」にする。

2.「柳」についての記述の中に,「冬はしぐれにおもしろく，雪にながめ深し」とある。

3. 直前の「散りつくす世の有様を見つれど」に注目。桜はやがて散ってしまうので,「また来る春」に再び桜が咲くことを期待するが，それもむなしいと述べている。

4.「柳」については，本文に「夏は笠なうして休らふ人を覆ひ」とあることや,【ノート】に「しなやかで耐久力のある柳は…たくましい生命力を持ちます」「しっかりと根を張る柳は」などとあることから，伝えたいメッセージや，それを植えた場所がどうあってほしいかを考える。「桜」については，本文に「古今もろ人の風雅の中立とす」とあることや,【ノート】に「『力強さや生命力』,『優しさや美しさ』を感じる木として市民にも広く親しまれ」とあることから考える。

【答】1.（覆)い　2. イ　3. 春が終われば桜は散ってしまう(のに,)また次の年に桜が咲くことを期待して(しまうこと。)(同意可)

4.（例1）Ⅰ. 柳　Ⅱ. いつも柳のように強く，しなやかに物事に対処してほしい　Ⅲ. 四季を通じて，安ら

ぎを感じられる　(例 2)　I．桜　II．桜のように力強く，人への優しさを大切にしてほしい　III．春にみんなで集まって，桜の美しさを感じられる

◀口語訳▶　柳は，桜の花よりもなお趣があって美しい。水面に垂れて水の流れにまかせ風に吹かれ，しかも音もなく，夏は笠がなくて休む人を覆い，秋は一葉が水に浮かんで風の吹くままに漂い，冬は時雨の降るときに趣があり，雪の積もった眺めも趣がある。

桜は，初花から人の心もそわそわし，昨日が暮れ今日が暮れて，そこかしこに花が満開のころには，花の咲かない木の梢も美しく見せ，日が暮れると，また，明日も来ようと決めていたところが，雨が降るのも残念なことだ。このようにして春も終わりになると，散りつくす様子を見ることとなるが，また次の春に桜が咲くことを期待してしまうけれどそれもむなしい。あるいは遠い山に咲く桜，青葉に隠れるように咲いている遅咲きの桜，若葉の季節の桜の花の趣はそれぞれ同じではない。桜は多くの花にまさり，昔も今も多くの人が趣を感じるきっかけとなっている。

4 **【答】**（例）

（私たち青空中学校の生徒は，今年度，地域で行われる避難訓練で受付・誘導係を体験することになりました。受付・誘導係を体験する際には，「やさしい日本語」を使って情報を伝えましょう。）「やさしい日本語」は，災害時などに外国人に情報を迅速に，正確に，簡潔に伝えるために始められたものです。そして，普段のコミュニケーションでも役立つものです。

今回の地域の避難訓練には子供も参加します。受付・誘導係をする際には，例えば，地図を示しながら，立ち入り禁止エリアを「ここは入れません。」と説明したり，「厳禁」という言葉を，「絶対にしないでください。」と言い換えたりして伝えるなど，「やさしい日本語」で伝えることを心がけましょう。そうすれば，子供にも情報が分かりやすく伝えられるはずです。(245 字)

~MEMO~

広島県公立高等学校

2020年度
入学試験問題

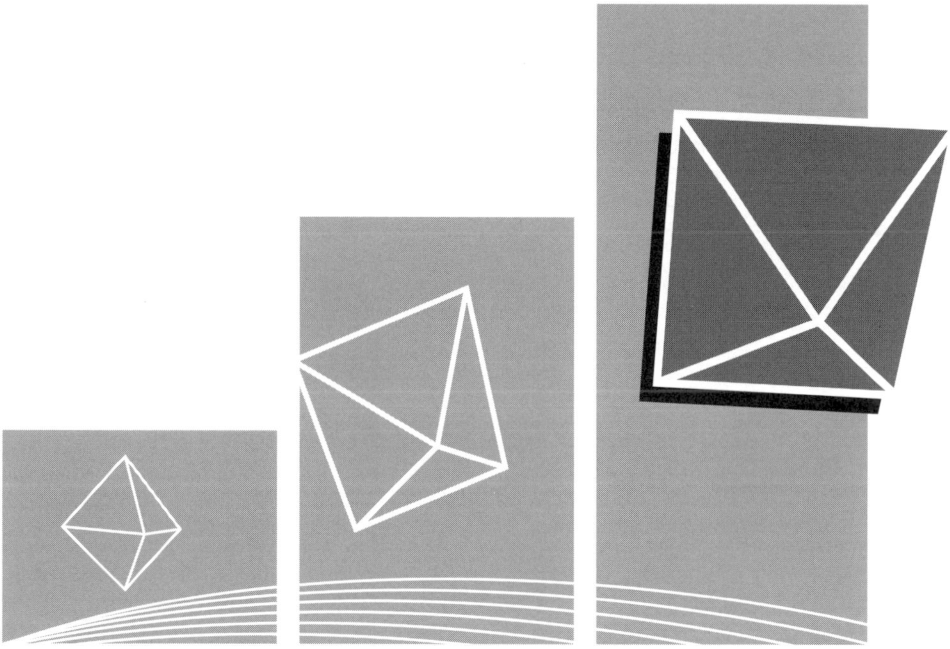

数学

時間　50分　　　　満点　50点

1　次の(1)～(8)に答えなさい。

(1)　$4 + 6 \div (-3)$ を計算しなさい。(　　　)

(2)　$4(2x - y) - (7x - 3y)$ を計算しなさい。(　　　)

(3)　$x^2 + 3x - 28$ を因数分解しなさい。(　　　)

(4)　$(\sqrt{2} + \sqrt{7})^2$ を計算しなさい。(　　　)

(5)　方程式 $4x^2 + 7x + 1 = 0$ を解きなさい。(　　　)

(6)　右の図は，ある立体の投影図です。この立体の展開図として適切なものを，下の①～④の中から選び，その番号を書きなさい。(　　　)

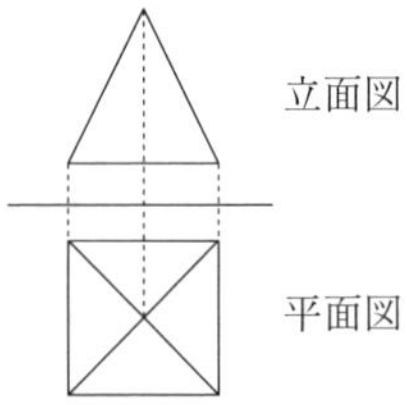

①

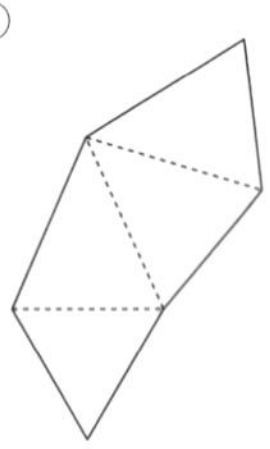

②

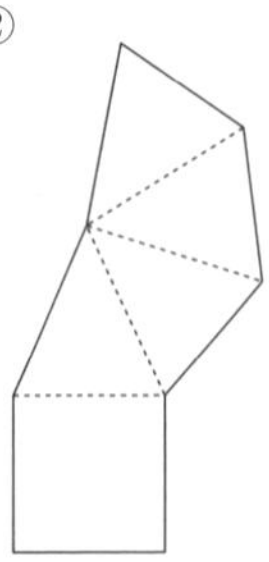

③

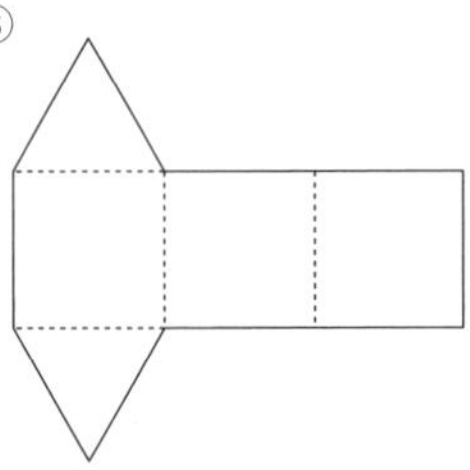

④

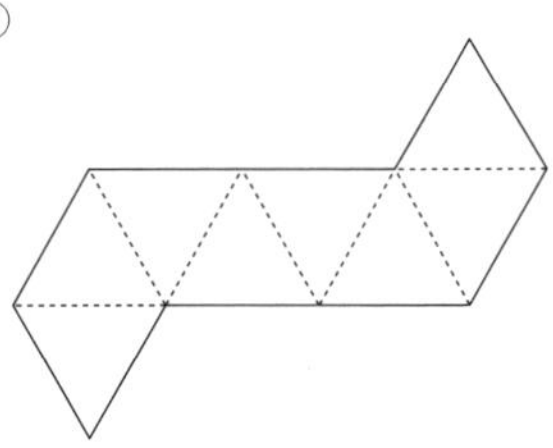

(7)　1辺の長さが x cm の正三角形があります。この正三角形の周の長さを y cm とすると，y は x に比例します。その比例定数を答えなさい。(　　　)

(8)　正しく作られた大小2つのさいころを同時に1回投げるとき，出る目の数の和が10になる確率を求めなさい。(　　　)

2　次の(1)～(3)に答えなさい。

(1)　ある国語辞典があります。右の図は，この国語辞典において，見出し語が掲載されているページの一部です。A さんは，この国語辞典に掲載されている見出し語の総数を，下の【手順】で標本調査をして調べました。

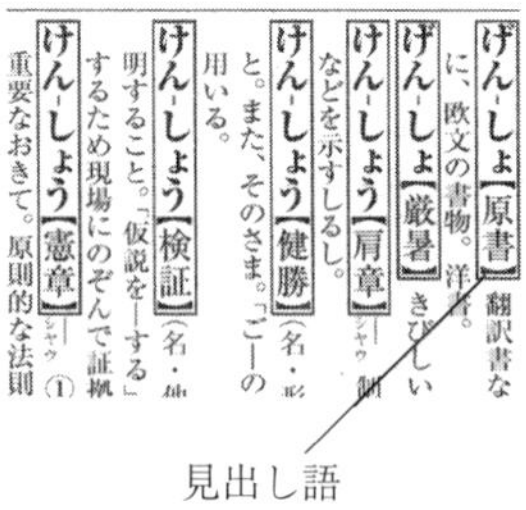

【手順】

〔1〕　見出し語が掲載されている総ページ数を調べる。

〔2〕　コンピュータの表計算ソフトを用いて無作為に10ページを選び，選んだページに掲載されている見出し語の数を調べる。

〔3〕〔2〕で調べた各ページに掲載されている見出し語の数の平均値を求める。

〔4〕〔1〕と〔3〕から，この国語辞典に掲載されている見出し語の総数を推測する。

A さんが，上の【手順】において，〔1〕で調べた結果は，1452 ページでした。また，〔2〕で調べた結果は，下の表のようになりました。

選んだページ	763	176	417	727	896	90	691	573	1321	647
見出し語の数	57	43	58	54	55	58	53	55	67	60

A さんは，〔3〕で求めた見出し語の数の平均値を，この国語辞典の 1 ページあたりに掲載されている見出し語の数と考え，この国語辞典の見出し語の総数を，およそ［　　］語と推測しました。

［　　］に当てはまる数として適切なものを，下の①～④の中から選び，その番号を書きなさい。

(　　)

①　65000　　②　73000　　③　81000　　④　89000

(2)　右の図のように，1 辺の長さが 3 cm の正方形 ABCD と，1 辺の長さが 5 cm の正方形 ECFG があり，点 D は辺 EC 上にあります。7 つの点 A，B，C，D，E，F，G から 2 点を選び，その 2 点を結んでできる線分の中で，長さが $\sqrt{73}$cm になるものを答えなさい。(　　　)

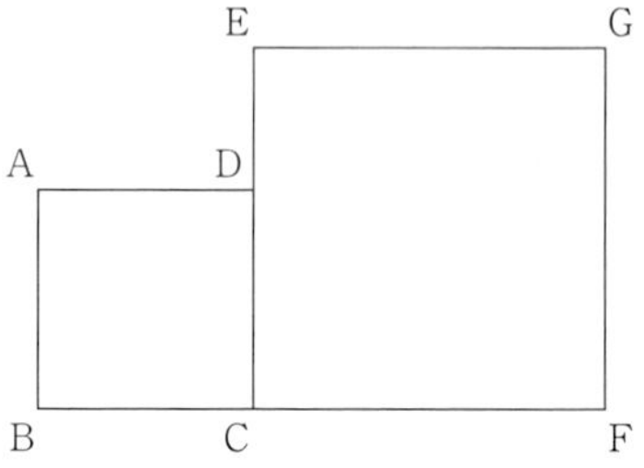

(3)　A さんは，P 地点から 5200m 離れた Q 地点までウォーキングとランニングをしました。P 地点から途中の R 地点までは分速 80m でウォーキングをし，R 地点から Q 地点までは分速 200m でランニングをしたところ，全体で 35 分かかりました。P 地点から R 地点までの道のりと R 地点から Q 地点までの道のりは，それぞれ何 m ですか。なお，答えを求める過程も分かるように書きなさい。

求める過程(　　　　　　　　　　　　)

P 地点から R 地点までの道のり(　　　m)　R 地点から Q 地点までの道のり(　　　m)

3　中学生の結衣さんが住んでいる町には，遊園地があります。その遊園地には多くの人が来場し，人気があるアトラクション（遊園地の遊戯設備）にはいつも行列ができています。結衣さんは，姉で大学生の彩花さんと，次の日曜日又は学校行事の振替休日である次の月曜日のどちらかに，その遊園地に一緒に遊びに行くことについて話をしています。

結衣さん「遊園地に遊びに行くのは，日曜日と月曜日のどちらがいいかな？」

彩花さん「私はどちらでもいいよ。」

結衣さん「できるだけ多くの人気アトラクションを楽しみたいから，待ち時間が少しでも短い方がいいな。だから平日の月曜日の方がいいんじゃないかな。」

彩花さん「そうだね。休日の方が遊園地に来場している人の数が多そうだから，平日の方が待ち時間が短そうだね。実際にどうなのか調べてみたらいいと思うよ。」

結衣さんは，遊園地についての情報が掲載されているウェブページから，過去１年間の休日と平日における人気アトラクションの平均待ち時間について調べ，下のように【まとめⅠ】を作成しました。

【まとめⅠ】　過去１年間の休日と平日における人気アトラクションの平均待ち時間について

度数分布表

階級（分）	休日		平日	
	度数（日）	相対度数	度数（日）	相対度数
以上　未満				
0 ～ 20	1	0.01	2	0.01
20 ～ 40	8	0.07	65	0.27
40 ～ 60	29	0.24	108	0.44
60 ～ 80	30	0.25	40	0.16
80 ～ 100	38	0.31	18	0.07
100 ～ 120	12	0.10	9	0.04
120 ～ 140	3	0.02	2	0.01
計	121	1.00	244	1.00

度数分布多角形（度数折れ線）

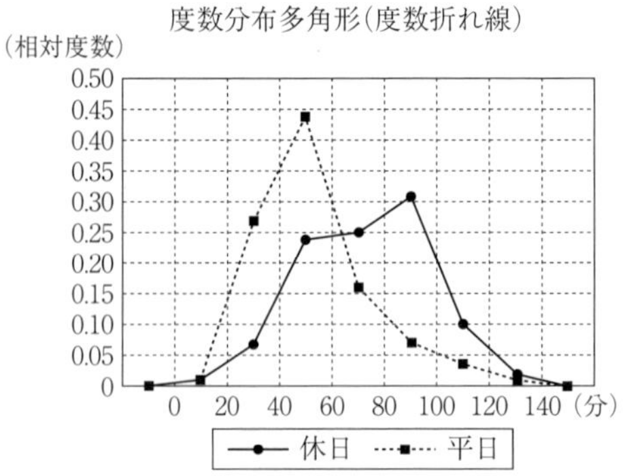

結衣さん「【まとめⅠ】の度数分布多角形から，やっぱり平日の方が休日に比べると待ち時間が短そうだよ。」

彩花さん「そうだね。でも，天気予報によると次の日曜日は雨で，次の月曜日は雨が降らないようだよ。雨が降ったら休日でも待ち時間が短くなるんじゃない？」

結衣さん「そうかもしれないね。遊びに行くのには雨が降らない方がいいけれど，私は待ち時間が少しでも短くなるのなら雨でもいいわ。」

彩花さん「だったら，雨が降った休日と雨が降らなかった平日の平均待ち時間についても同じように調べた上で，どうするかを考えたらいいと思うよ。」

結衣さんは，過去１年間の雨が降った休日と雨が降らなかった平日における人気アトラクションの平均待ち時間についても同じように調べ，次のように【まとめⅡ】を作成しました。

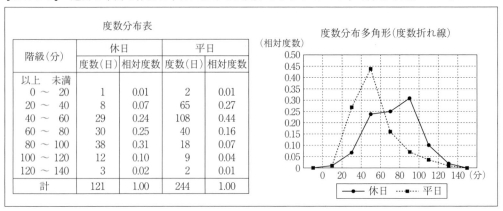

【まとめⅡ】 過去1年間の雨が降った休日と雨が降らなかった平日における人気アトラクションの平均待ち時間について

度数分布表

階級(分)	雨が降った休日		雨が降らなかった平日	
	度数(日)	相対度数	度数(日)	相対度数
以上 未満				
0 ～ 20	1	0.03	0	0.00
20 ～ 40	8	0.26	31	0.17
40 ～ 60	14	0.45	91	0.49
60 ～ 80	4	0.13	37	0.20
80 ～ 100	3	0.10	15	0.08
100 ～ 120	1	0.03	9	0.05
120 ～ 140	0	0.00	2	0.01
計	31	1.00	185	1.00

度数分布多角形(度数折れ線)

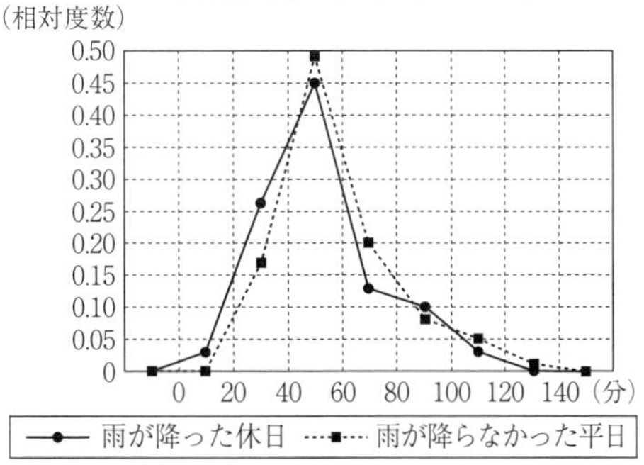

次の(1)・(2)に答えなさい。

(1) 【まとめⅠ】において，過去1年間の休日における人気アトラクションの平均待ち時間の最頻値は何分ですか。(　　　分)

(2) 結衣さんは，【まとめⅡ】の度数分布多角形からは，はっきりとした違いが分からないと判断しました。そこで，人気アトラクションの平均待ち時間が40分未満の2つの階級の相対度数に着目し，下のように考えました。

【結衣さんが考えたこと】

人気アトラクションの平均待ち時間が40分未満の2つの階級の相対度数の合計を求めると，雨が降った休日は ア で，雨が降らなかった平日は イ であるから，天気予報どおりなら，次の ウ の方が人気アトラクションの待ち時間が短くなりそうである。

【結衣さんが考えたこと】の ア ・ イ に当てはまる数をそれぞれ求めなさい。また， ウ に当てはまる言葉を，下の①・②の中から選び，その番号を書きなさい。

ア(　　　) イ(　　　) ウ(　　　)

① 日曜日　② 月曜日

4　佐藤さんは，数学の授業で，連続する２つの整数や連続する３つの整数について成り立つ性質を学習し，そのことをきっかけに，連続する４つの整数についても何か性質が成り立つのではないかと考え，調べています。

2，3，4，5について，$5 \times 4 - 2 \times 3 = 14$，$2 + 3 + 4 + 5 = 14$

7，8，9，10について，$10 \times 9 - 7 \times 8 = 34$，$7 + 8 + 9 + 10 = 34$

13，14，15，16について，$16 \times 15 - 13 \times 14 = 58$，$13 + 14 + 15 + 16 = 58$

佐藤さんは，これらの結果から下のことを予想しました。

【予想】

> 連続する４つの整数について，大きい方から１番目の数と大きい方から２番目の数の積から，小さい方から１番目の数と小さい方から２番目の数の積を引いたときの差は，その連続する４つの整数の和に等しくなる。

次の(1)・(2)に答えなさい。

(1)　佐藤さんは，この【予想】がいつでも成り立つことを，下のように説明しました。

【説明】

> 連続する４つの整数のうち，小さい方から１番目の数を n とすると，連続する４つの整数は，n，$n + 1$，$n + 2$，$n + 3$ と表される。
>
> ［　　　　　　　　　　　　　　　　］
>
> したがって，連続する４つの整数について，大きい方から１番目の数と大きい方から２番目の数の積から，小さい方から１番目の数と小さい方から２番目の数の積を引いたときの差は，その連続する４つの整数の和に等しくなる。

【説明】の［　　］に説明の続きを書き，説明を完成させなさい。

(2)　佐藤さんは，連続する４つの整数について，ほかにも成り立つ性質がないかを調べたところ，下の【性質Ⅰ】が成り立つことが分かりました。

【性質Ⅰ】

> 連続する４つの整数について，小さい方から２番目の数と大きい方から１番目の数の積から，小さい方から１番目の数と大きい方から２番目の数の積を引いたときの差は，［　　　　　　　　］の和に等しくなる。

さらに，佐藤さんは，連続する５つの整数についても，小さい方から２番目の数と大きい方から１番目の数の積から，小さい方から１番目の数と大きい方から２番目の数の積を引いたときの差がどうなるのかを調べたところ，次の【性質Ⅱ】が成り立つことが分かりました。

【性質Ⅱ】

> 連続する５つの整数について，小さい方から２番目の数と大きい方から１番目の数の積から，小さい方から１番目の数と大きい方から２番目の数の積を引いたときの差は，□の和に等しくなる。

【性質Ⅰ】・【性質Ⅱ】の□には同じ言葉が当てはまります。□に当てはまる言葉を書きなさい。(　　　　　　　　　　)

5　右の図のように，半径 OA，OB と $\overset{\frown}{AB}$ で囲まれたおうぎ形があり，$\angle AOB = 90^\circ$ です。$\overset{\frown}{AB}$ 上に，２点 C，D を $\overset{\frown}{AC} = \overset{\frown}{BD}$ となるようにとります。点 C，D から半径 OA に垂線 CE，DF をそれぞれ引きます。このとき，$\triangle COE \equiv \triangle ODF$ であることを証明しなさい。

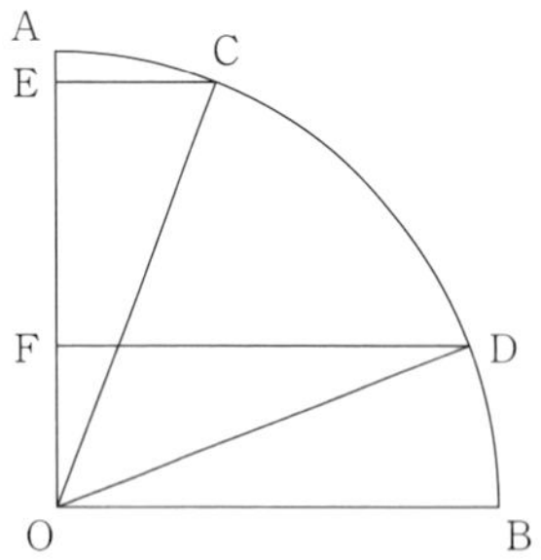

(　　　　　　　　　　　　　　　　　　　　)

6　右の図のように，関数 $y = x^2$ のグラフ上に点 A $(2,\ 4)$，y 軸上に y 座標が 4 より大きい範囲で動く点 B があります。点 B を通り x 軸に平行な直線と，関数 $y = x^2$ のグラフとの２つの交点のうち，x 座標が小さい方を C，大きい方を D とします。また，直線 CA と x 軸との交点を E とします。

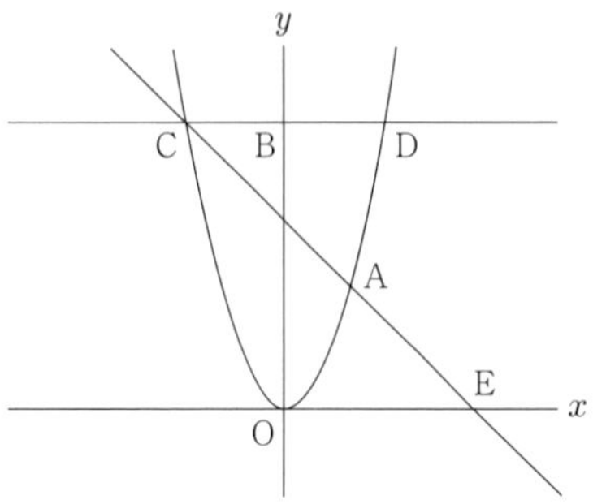

次の(1)・(2)に答えなさい。

(1)　点 E の x 座標が 5 となるとき，$\triangle AOE$ の面積を求めなさい。(　　　)

(2)　CA = AE となるとき，直線 DE の傾きを求めなさい。(　　　)

英語

時間　50分　　　　満点　50点

（編集部注）　放送問題の放送原稿は英語の末尾に掲載しています。
音声の再生についてはもくじをご覧ください。

（注）　最初に，放送による聞き取りテストを行います。

1　放送を聞いて答えなさい。

問題A　これから，No.1～No.4まで，対話を4つ放送します。それぞれの対話を聞き，そのあとに続く質問の答えとして最も適切なものを，ア～エの中から選んで，その記号を書きなさい。

No.1（　　　）　No.2（　　　）　No.3（　　　）　No.4（　　　）

No.1

ア

イ

ウ

エ

No.2

	ア	イ	ウ	エ
1	理科	体育	数学	国語
2	英語	英語	英語	英語
3	体育	数学	国語	数学
4	国語	音楽	音楽	理科
	昼休み	昼休み	昼休み	昼休み
5	数学	国語	体育	体育
6	音楽	理科	理科	音楽

No.3	ア　Two days.　イ　Three days.　ウ　Four days.　エ　Five days.
No.4	ア　To do volunteer work.　イ　To meet Ryoma.　ウ　To play baseball.　エ　To read some books.

問題B　これから放送する英文は，英語の授業で，先生がクラスの生徒に対して話したときのものです。先生の質問に対して，あなたならどのように答えますか。あなたの答えを英文で書きなさい。なお，2文以上になっても構いません。

（　　　　　　　　　　　　　　　　　　　　　　　　　　　　　　　　　　）

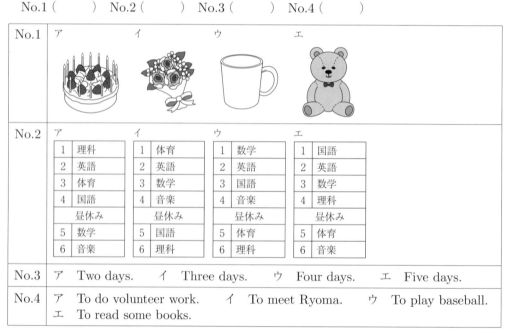

2　次の会話は，高校生の香里，ポール，翔太が，地域で開催される国際交流イベントの企画委員として，その内容について話し合ったときのものです。また，グラフ1～3は，そのとき香里たちが用いたものの一部です。これらに関して，あとの1～5に答えなさい。

Kaori：We are going to have the Tokyo Olympics and Paralympics soon. I can't wait!

Paul：Many people will come to Japan from abroad, so Japanese people will have a chance to introduce Japanese culture to the people who will visit Japan.

Shota：Next month, our town will also hold an international sports event. Local people and people from other countries will join the event. Our town asked us to decide what food to serve at the food stand to the people at the event.

Paul：That's right, Shota. We have some information about what food to serve.

Shota：Do you know that the main purpose of foreign people visiting Japan is to eat Japanese food? Look at Graph 1. About [A] % of the foreign people answered "I wanted to eat Japanese food before coming to Japan."

Paul：Now Japanese food is very popular around the world. I hear that the number of Japanese restaurants around the world doubled in five years after traditional Japanese cuisine was registered as a UNESCO's Intangible Cultural Heritage in 2013.

Kaori：That means [B]. I hope we can tell foreign people at the event about Japanese culture through the food we'll serve.

Paul：I agree with you, Kaori. Let's choose the food from popular Japanese food.

Shota：Yes. But what Japanese food is popular among foreign people visiting Japan? Is it *sushi* or *tempura*?

Kaori：I've brought Graph 2 and Graph 3. In Graph 2, we can see that the meat dishes are the most popular and *ramen* is also very popular among the foreign people.

Shota：*Ramen*? I thought *ramen* was Chinese food.

Kaori：In many places in Japan, there are many kinds of special *ramen* with local ingredients. I hear that we can enjoy local food culture when we eat *ramen*.

Paul：My American friends and I think *ramen* is Japanese food. *Ramen* is one of my favorite Japanese foods.

Shota：I see. Then, ①I think (call　can　food　Japanese　*ramen*　we).

Paul：Graph 2 shows that *sushi* is also very popular among the foreign people.

Kaori：Oh, now I remember! I got a letter from the town. It says that we can't serve raw food.

Paul：Then, we can't serve *sushi* for the event, right?

Kaori：That's right, Paul.

Shota：I like *okonomiyaki*. Is *okonomiyaki* popular among the foreign people?

Kaori：*Okonomiyaki* is a flour dish, so from Graph 2, I don't think it is very popular.

Paul：What does Graph 3 show about the flour dishes, Shota?

Shota：　Well, the foreign people who liked the flour dishes were asked why they liked those dishes. About 40% of the answers are that they are traditional and unique to Japan. We can think about that point when we decide what food we'll serve.

Paul　：　OK. Then, ② what food should we choose for the people joining the event?

Shota：　Let's talk about it more.

（注）local　地元の　　serve　(料理を) 出す　　stand　屋台　　purpose　目的
double　2倍になる　　cuisine　料理　　register　登録する
UNESCO's Intangible Cultural Heritage　ユネスコ無形文化遺産　　meat　肉
ingredient　材料　　raw　生の　　flour　小麦粉　　unique　特有の

グラフ1

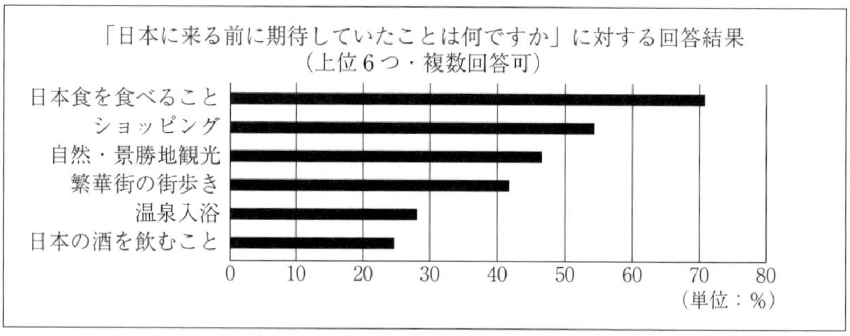

グラフ2

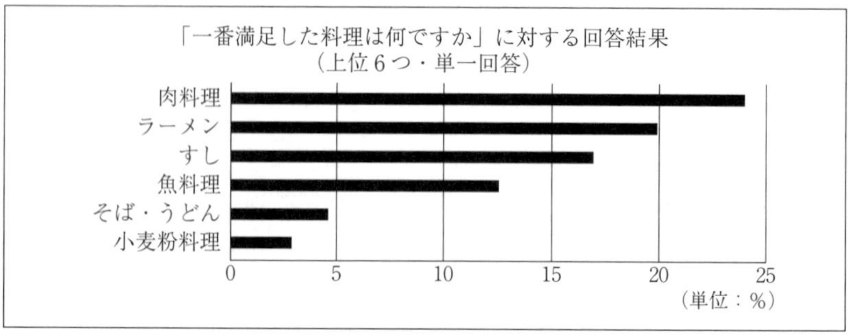

グラフ3

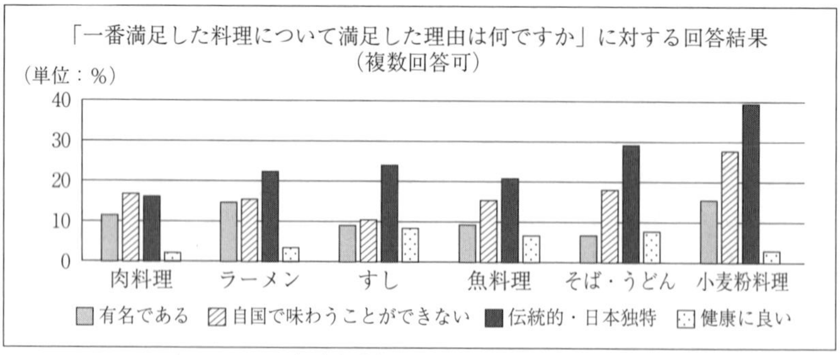

(グラフ1~3　観光庁「訪日外国人の消費動向　2018年　年次報告書」による。)

1　本文中の [A] に当てはまる最も適切な数字を，次のア～エの中から選び，その記号を書きなさい。(　　　)

ア　40　　イ　45　　ウ　55　　エ　70

2 本文中の B に当てはまる最も適切な英語を，次のア～エの中から選び，その記号を書きなさい。(　　)

ア we are going to have the Olympics and Paralympics in Tokyo

イ many people around the world have more chances to eat Japanese food now

ウ people in the town and from other countries will enjoy our town's event

エ *sushi* and *tempura* are the most popular Japanese foods among foreign people

3 本文中の下線部①が意味の通る英語になるように，(　　) 内の語を並べかえて，英語を完成しなさい。

I think (　　　　　　　　　　　　　　　　　　　　)

4 次のメモ1は，本文で示されている話し合いをするために，ポールが事前に準備したものの一部です。このメモ1中の (1) に適切な語を2語補って，メモ1を完成しなさい。また，メモ2は，本文で示されている話し合いの内容をポールがまとめたものの一部です。このメモ2中の (2) ～ (5) に当てはまる最も適切な英語を，あとのア～カの中からそれぞれ選び，その記号を書きなさい。ただし，文頭に来る語も小文字で示されています。

(1)(　　　　) (2)(　　) (3)(　　) (4)(　　) (5)(　　)

メモ1

- Traditional Japanese cuisine : Registered as a UNESCO's Intangible Cultural Heritage in 2013
- The number of (1) around the world : About 55,000 in 2013
  ↓
  About 118,000 in 2017

メモ2

- (2) : My favorite food
  It is (3) among the foreign people visiting Japan.
- (4) : Shota's favorite food
  It is (5) among the foreign people visiting Japan.

ア *okonomiyaki*　イ *ramen*　ウ *sushi*　エ not very popular

オ the most popular　カ very popular

5 本文中の下線部②について，このイベントが，現在あなたが住んでいる町で開催されるとしたら，あなたはどのような料理を選ぶべきだと考えますか。本文の内容に基づいて，具体的な料理を1つ挙げ，それを挙げた理由を含めて，あなたの考えを25語程度の英文で書きなさい。なお，2文以上になっても構いません。

(　　　　　　　　　　　　　　　　　　　　)

3　次の英文は，アフリカで活躍する実業家の美紀について，国際協力に関わる組織の広報誌に掲載された記事の一部です。これに関して，あとの1～6に答えなさい。

When you create something new and wonderful, what do you need? Many of us think we need a great idea. Then, what else do we need? Miki Yamamoto said, "I also need people I can trust and get to the same goal together." She is successful in business and now lives in Nigeria. How did she create great products in Nigeria?

【　あ　】 Miki studied about problems in Africa in her university days. She always thought about how to help poor people there. After university, she started working in Nigeria for people who needed help.

In Nigeria, she often went to markets and enjoyed seeing new things. At a market, she became interested in African fabric. There were many beautiful patterns, and she never saw such patterns in Japan. When she saw it, she thought, "I can use this fabric to help □ in Nigeria!"

【　い　】 Miki saw many kinds of clothes made of African fabric in the markets in Nigeria, but she couldn't find any clothes designs Japanese people liked. She thought, "Then, I will make and sell clothes Japanese people want to buy!" However, she didn't have any skills to make clothes, so she decided to hire people in Nigeria.

Miki started working with two women in Nigeria. The women had to work and make money for their children. Miki was glad to give them a place to work because she thought it was one way to solve problems in Africa. Miki wanted to make this business successful for the two women. Miki told them, "Let's make clothes for Japanese people with beautiful African fabric together."

【　う　】 Miki and the two women started making clothes for Japanese people. At first, Miki couldn't pay them enough money. Miki said, "I am sorry that I can't pay you enough." Then, one woman said, "Miki, we are proud of our work. African fabric is a symbol of our culture. We really want Japanese people to wear clothes made of it." The two women smiled at Miki. ①Miki was very happy to know that they were working for the same goal.

【　え　】 Miki kept asking her Japanese friends for advice about the clothes they were making. The two women studied popular Japanese clothes designs. Finally, Miki and the two women created beautiful clothes.

【　お　】 Miki opened a small store in Nigeria to sell their products. She also made a website to introduce and sell their clothes on the Internet. Soon, Japanese people became interested in their clothes through the Internet.

Now this business is successful, and Miki and the two women are very proud of their business. When Miki was asked why her business was successful, she answered, "It was successful because I saw beautiful African fabric and got a great idea to make clothes for Japanese people. But the most important thing is that I could meet people who worked very hard with me for the same goal." Miki and the two women are now very excited to think about creating new products for the people around the world.

(注) trust 信頼する goal 目標 successful 成功した business 事業
Nigeria ナイジェリア（アフリカ西部の国） product 製品 university 大学
market 市場 fabric 布 pattern 模様，柄 design デザイン skill 技術
hire 雇う solve 解決する pay 支払う be proud of ～ ～を誇りに思う
symbol 象徴

1 次の(1)・(2)に対する答えを，英文で書きなさい。

(1) What did Miki study about when she was a university student?
( )

(2) Where did Miki open a small store to sell her products?
( )

2 本文中の□に適切な語を１語補って，英文を完成しなさい。( )

3 本文中の下線部①について，その理由を表している最も適切な英文を，次のア～エの中から選び，その記号を書きなさい。( )

ア Miki knew that the two women could make enough money for their children.

イ Miki knew that African fabric was a symbol of the two women's culture.

ウ Miki knew that the two women wanted Japanese people to wear clothes made of African fabric.

エ Miki knew that the two women studied popular Japanese clothes designs to create clothes made of African fabric.

4 次の英文は，本文中から抜き出したものです。この英文を入れる最も適切なところを本文中の【 あ 】～【 お 】の中から選び，その記号を書きなさい。( )

Miki and the two women tried to create new clothes designs every day.

5 次のア～エの中で，本文の内容に合っているものを全て選び，その記号を書きなさい。
( )

ア Miki saw many beautiful patterns of African fabric when she was in Japan.

イ Miki didn't find any clothes designs Japanese people liked at the markets in Nigeria.

ウ Miki asked her Japanese friends for advice to make beautiful clothes with African fabric.

エ Miki thought her business was successful because she had the skill to make clothes.

6 次の対話は，英語の授業で，生徒がペアになって本文の内容について話したときのものです。詩織からの質問に対して，あなたが圭太ならどのように答えますか。この対話中の (1) ・ (2) に，あなたの答えをそれぞれ英文で書いて，対話を完成しなさい。なお，それぞれ２文以上になっても構いません。

(1)( )

(2)(　　　　　　　　　　　　　　　　　　　　　　　　　　　　　　　　　　　　)

Shiori： Miki said that there were two things she needed to create great products. What else do you need to create something new? Please tell me your own ideas.

Keita： [(1)]

Shiori： I see. Why do you think so?

Keita： [(2)]

4　次のイラストと英文は，高校生の恵と留学生のボブが，家庭での時間の過ごし方について話したときのものです。①～⑥の順に対話が自然につながるように，［A］～［C］に英語を書いて，対話を完成しなさい。ただし，［C］については，15 語程度で書きなさい。

A (　　　　　　　　　　)

B (　　　　　　　　　　)

C (　　　　　　　　　　)

(注)　rule　ルール

〈放送原稿〉

(チャイム)

2020 年度広島県公立高等学校入学試験英語聞き取り検査を始めます。

はじめに，問題についての説明を行いますから，よく聞きなさい。

聞き取り検査には，問題 A と問題 B の 2 種類の問いがあります。まず問題 A については，英語による対話を放送し，その内容について英語で質問をしますから，質問に対する答えとして最も適切なものを，問題用紙のア～エの中から選んで，その記号を書きなさい。次に問題 B については，問題 A が終了したあとに，英文を放送しますから，それに基づいてあなたの答えを英文で書きなさい。

対話，英文及び質問はすべて 2 回ずつ放送します。メモをとっても構いません。

では，問題 A を始めます。

(チャイム)

問題A　これから，No.1～No.4 まで，対話を 4 つ放送します。それぞれの対話を聞き，そのあとに続く質問の答えとして最も適切なものを，ア～エの中から選んで，その記号を書きなさい。

No.1

A：　How was your birthday party, Nanako?

B：　It was great, Tom. My mother made a cake for me. It was very good.

A：　That's nice. What did you get for your birthday?

B：　I got some flowers from my sister, and my brother gave me a cup.

A：　I think you had a wonderful time.

B：　Of course.

Question No.1 : What did Nanako get from her sister?

No.2

A：　We've just finished the English class. I enjoyed it very much.

B：　What is the next class, Daiki? Is it P.E.?

A：　No, Sarah. It's math. P.E. is in the afternoon. We'll play soccer today.

B：　Sounds exciting.

Question No.2 : Which schedule are Daiki and Sarah talking about?

No.3

A：　Hello, Mr. Davis. Are you interested in playing table tennis?

B：　Yes, but I've never played it. Is it fun, Momoka?

A：　Yes. I'm in the table tennis club. Would you like to join us?

B：　Sure. Where do you practice?

A：　We practice in the school gym. We always practice from Tuesday to Friday.

B：　OK. I'll join you this Friday.

Question No.3 : How many days does the table tennis club practice in a week?

No.4

A：　What will you do on Sunday, Emily?

B： I'll go to the library in the morning, and after that I'll go to the park near our school.

A： What will you do in the park?

B： I'll do volunteer work with my friends. We'll clean the park. Will you join us, Ryoma?

A： I'd like to join, but I'm going to play baseball with my friends on Sunday.

B： Oh, I see. Maybe next time.

Question No.4：Why will Emily go to the park on Sunday?

もう1回くりかえします。

問題A

No.1

A： How was your birthday party, Nanako?

B： It was great, Tom. My mother made a cake for me. It was very good.

A： That's nice. What did you get for your birthday?

B： I got some flowers from my sister, and my brother gave me a cup.

A： I think you had a wonderful time.

B： Of course.

Question No.1：What did Nanako get from her sister?

No.2

A： We've just finished the English class. I enjoyed it very much.

B： What is the next class, Daiki? Is it P.E.?

A： No, Sarah. It's math. P.E. is in the afternoon. We'll play soccer today.

B： Sounds exciting.

Question No.2：Which schedule are Daiki and Sarah talking about?

No.3

A： Hello, Mr. Davis. Are you interested in playing table tennis?

B： Yes, but I've never played it. Is it fun, Momoka?

A： Yes. I'm in the table tennis club. Would you like to join us?

B： Sure. Where do you practice?

A： We practice in the school gym. We always practice from Tuesday to Friday.

B： OK. I'll join you this Friday.

Question No.3：How many days does the table tennis club practice in a week?

No.4

A： What will you do on Sunday, Emily?

B： I'll go to the library in the morning, and after that I'll go to the park near our school.

A： What will you do in the park?

B： I'll do volunteer work with my friends. We'll clean the park. Will you join us, Ryoma?

A： I'd like to join, but I'm going to play baseball with my friends on Sunday.

B： Oh, I see. Maybe next time.

Question No.4：Why will Emily go to the park on Sunday?

これで，問題Aを終わります。

次に問題Bに入ります。これから放送する英文は，英語の授業で，先生がクラスの生徒に対して話したときのものです。先生の質問に対して，あなたならどのように答えますか。あなたの答えを英文で書きなさい。なお，2文以上になっても構いません。

問題B　When I came to this classroom after school yesterday, I saw many students studying here with their friends for the next week's test. However, some people say that it is better to study without friends when they study for a test. What do you think about this idea? And why do you think so?

もう1回くりかえします。

問題B　When I came to this classroom after school yesterday, I saw many students studying here with their friends for the next week's test. However, some people say that it is better to study without friends when they study for a test. What do you think about this idea? And why do you think so?

これで，聞き取り検査の問題の放送を全て終わります。

この後は，②番以降の問題に進んでも構いません。

（チャイム）

社会

時間　50分　　　　満点　50点

1　ある学級の社会科の授業で，「日本と世界の各地域における特色を農業の比較から考える」というテーマで班に分かれて課題を設定し，追究する学習をしました。太郎さんたちの班では，次のグラフⅠ・Ⅱを見付け，これらのグラフを基に茶の主な生産地に着目して話し合いました。下の会話はそのときのものです。あとの1～4に答えなさい。

グラフⅠ
茶の生産量の県別割合（%）
（2016年）

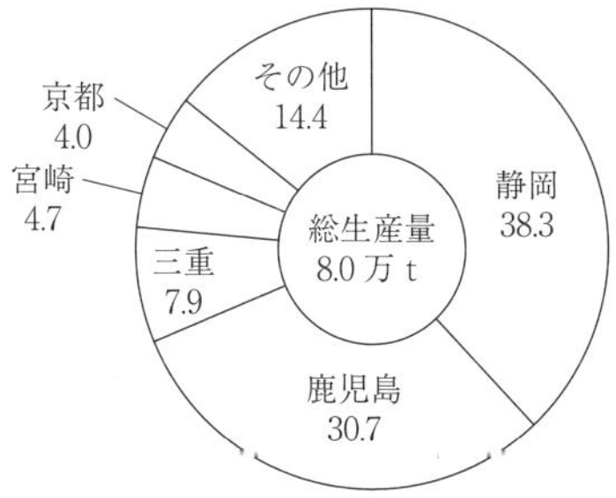

（作物統計　平成28年産による。）

グラフⅡ
茶の生産量の国別割合（%）
（2016年）

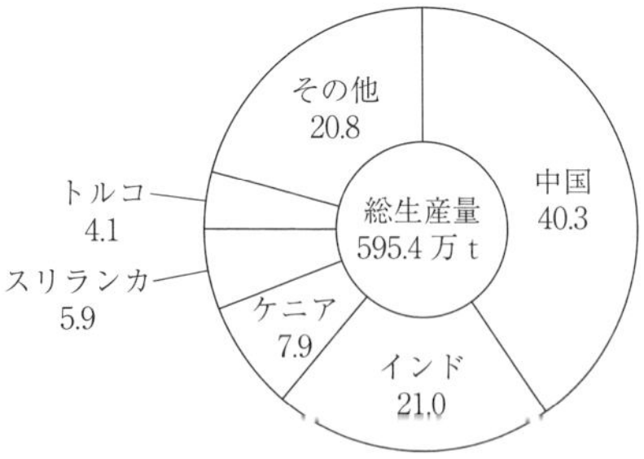

（世界国勢図会　2018／19年版による。）

太郎さん：グラフⅠでは，日本の茶の生産量は静岡県が最も多く，次に多いのが鹿児島県だね。この二つの県だけで日本の総生産量の約7割を占めているよ。

次郎さん：静岡県と①鹿児島県の茶の生産地には，どのような特色があるのかな。

太郎さん：②この二つの県の茶の生産について調べて比較すれば，両県の茶の生産地の特色を捉えられるんじゃないかな。調べてみようよ。

花子さん：グラフⅡでは，世界の茶の生産量は中国が最も多く，次に多いのがインドだね。この二つの国だけで世界の総生産量の約6割を占めているよ。③世界の茶の生産地には，どのような特色があるのかな。

咲子さん：世界の茶の生産地も調べて比較してみよう。

1　下線部①に関して，鹿児島県の茶畑の分布を調べると，その多くは火山の噴出物が積み重なってできた台地に分布していることが分かりました。九州南部に広がっているこのような台地を何といいますか。その名称を書きなさい。（　　　）

2　下線部②に関して，太郎さんたちの班では，静岡県と鹿児島県の茶の生産について調べたことを次の表Ⅰにまとめ，両県の茶の生産について比較することにしました。あとの(1)・(2)に答えなさい。

表Ⅰ

県	茶の栽培面積(ha)	茶の収穫用の乗用大型機械の導入面積(ha)
静岡	17,100	10,194
鹿児島	8,430	8,024

茶の収穫用の乗用大型機械の導入面積：茶の栽培面積のうち乗用大型機械を使用して収穫した面積

（「かごしま茶」未来創造プラン平成31年による。）

(1)　太郎さんは，表Ⅰを見て，鹿児島県の方が静岡県よりも茶の栽培面積に対する茶の収穫用の乗用大型機械の導入面積の割合が高く，機械化が進んでいることに気付きました。機械化が進むと茶の生産にどのような利点があると考えられますか。「労働力」の語を用いて簡潔に書きなさい。(　　　　　　　　　　　　　　　　　　　　　　　　　　　　)

(2)　太郎さんは，「静岡県が鹿児島県ほど乗用大型機械による機械化が進んでいないのはなぜだろう。」という疑問をもち，その理由について調べ，次の地形図Ⅰ・Ⅱを見付けました。地形図Ⅰ・Ⅱはそれぞれ静岡県と鹿児島県において，茶畑が分布している地域の主な地形を示しています。太郎さんは地形図Ⅰ・Ⅱを基に，静岡県が鹿児島県ほど乗用大型機械による機械化が進んでいない理由を下のようにまとめました。太郎さんのまとめはどのようなものだと考えられますか。太郎さんのまとめの中の□に当てはまるように，適切な内容を書きなさい。

(　　　　　　　　　　　　　　　　　　　　　　　　　)

地形図Ⅰ(静岡県)

(国土地理院２万５千分の１地形図「島田」平成28年発行による。)

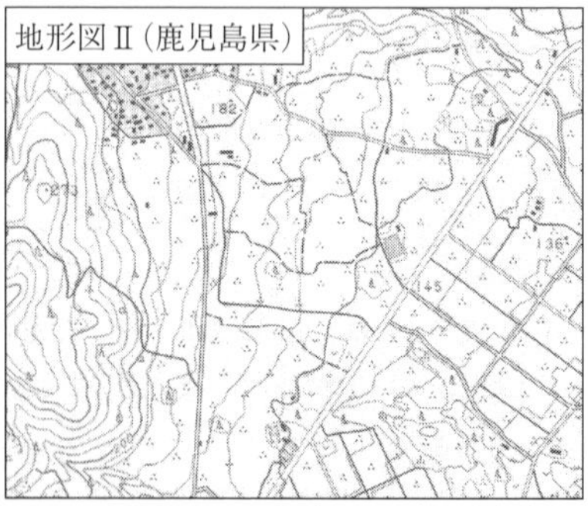
地形図Ⅱ(鹿児島県)

(国土地理院２万５千分の１地形図「枕崎」平成15年発行による。)

> 太郎さんのまとめ
>
> 　鹿児島県よりも静岡県の茶畑の方が，主に□ので，乗用大型機械の導入は難しいと考えられる。

3　下線部③に関して，太郎さんたちの班では，世界の茶の生産地の特色について調べました。花子さんは，世界の茶の生産上位国と日本について，茶の主な生産地付近の都市の位置と気温を調べ，次の地図とあとの表Ⅱを作成しました。地図は，それらの都市を示しています。また，表Ⅱは，それらの都市の年平均気温を示しています。あとの(1)・(2)に答えなさい。

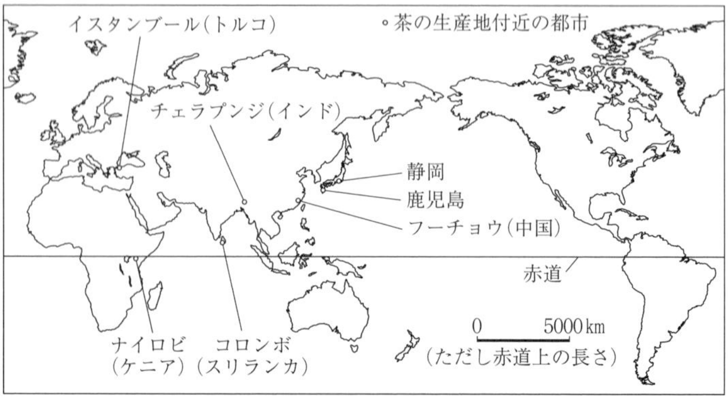

表Ⅱ

茶の生産地付近の都市	年平均気温(℃)
静岡	16.5
鹿児島	18.6
フーチョウ(中国)	20.2
チェラプンジ(インド)	17.5
ナイロビ(ケニア)	19.6
コロンボ(スリランカ)	27.7
イスタンブール(トルコ)	14.7

(理科年表 2019 による。)

(1)　花子さんは，地図と表Ⅱを見て，地図中の茶の生産地付近の7つの都市の共通点を考えました。次のア～エのうち，この7つの都市の共通点として適切なものを全て選び，その記号を書きなさい。(　　　)

ア　北緯50度から南緯50度の間にある。　　イ　本初子午線から東経135度の間にある。

ウ　冷帯と寒帯のどちらの地域にも含まれない。　　エ　砂漠の広がる地域に含まれる。

(2)　咲子さんは地図と表Ⅱを見て，ケニアのナイロビは，スリランカのコロンボより赤道に近いのに，コロンボより年平均気温が低いことに疑問をもちました。ナイロビがコロンボより年平均気温が低いのはなぜだと考えられますか。その理由を，簡潔に書きなさい。

(　　　　　　　　　　　　　　　　　　　　　　　　　　　　　　　　　)

4　次郎さんは，世界の茶の生産と消費のかかわりについて興味をもち，世界の茶の消費量を上位5か国まで調べ，右の表Ⅲを作成しました。次郎さんはグラフⅡと表Ⅲを見て，ケニアは，茶の生産量は3位で多いが，消費量が5位までに入っていないことに疑問をもちました。ケニアは，茶の生産量は多いのに，消費量が少ないのはなぜだと考えられますか。その理由を，「商品作物」の語を用い，ケニアの経済の特徴に触れて簡潔に書きなさい。

(　　　　　　　　　　　　　　　　　　　　　　　　　　　　)

表Ⅲ

茶の消費量(2014～2016年の平均値)

順位	国	消費量(万t)
1	中国	179.1
2	インド	94.7
3	ロシア	25.7
4	トルコ	24.7
5	アメリカ	13.0

(静岡県茶業の現状，データブック　オブ・ザ・ワールド2019年版による。)

2 ある学級の社会科の授業で，「税と政治とのかかわり」に注目して時代の特色を考える学習を行いました。このとき太郎さんたちの班では，各時代の納税と政治とのかかわりについて調べ，次のメモⅠ～Ⅴを作成しました。あとの1～5に答えなさい。

メモⅠ

> 飛鳥時代には，天皇を中心とした政治が目指され，大宝律令が定められた。人々は①口分田を利用した生活を営み，大宝律令に規定された租・調・庸という税や②防人などの兵役の義務が課された。

メモⅡ

> 鎌倉時代や室町時代には，国ごとに守護が，荘園や公領ごとに地頭が置かれ，守護は次第に守護大名として一国を支配するようになった。③惣と呼ばれる自治組織が作られ，団結した農民が守護大名や荘園領主と交渉して年貢を下げさせることがあった。

メモⅢ

> 江戸時代には，幕府と藩が全国を支配するようになった。幕府と藩は，農民の納める年貢米を主な財源としていたが，米の値段が安くなったことなどにより，財政難に直面した。18世紀には商工業者は，④株仲間という同業者組合を作った。

メモⅣ

> 明治時代には，大日本帝国憲法で天皇は国の元首とされ，衆議院と貴族院で構成される帝国議会が開かれることとなり，⑤国民の選挙により衆議院議員が初めて選ばれた。人々は地租改正により地価の3％の地租を現金で納め，この地租が政府の歳入の多くを占めるようになった。

メモⅤ

> 第二次世界大戦後には，国民主権を柱の一つとする日本国憲法が公布され，天皇は日本国と日本国民統合の象徴となった。治安維持法が廃止され，国民には政治活動の自由が認められ，選挙権が満20歳以上の男女に与えられた。また，⑥現在の税金の基本となる法律が整えられた。

1 次の(1)・(2)に答えなさい。

(1) 下線部①について，次のア～エのうち，古代の土地と税との関係について述べた文として最も適切なものはどれですか。その記号を書きなさい。(　　　)

ア 地主の土地が小作人に安く売り渡され，自分の土地で税を納められる者が増加した。

イ 自分が耕作する土地の価値や面積，税額などを記した地券を所持していた。

ウ 人々は国から農地を与えられ，そこからの収穫物で税を納め，死後は国に返した。

エ 自分の土地を持つ本百姓から村役人が選ばれ，年貢の納入に責任を負った。

(2) 下線部②に関して，太郎さんは，防人が九州に置かれた理由について，次の資料を基に，あとのようにまとめました。太郎さんのまとめはどのようなものだと考えられますか。太郎さんのまとめの中の□に当てはまるように，適切な内容を書きなさい。

(　　　　　　　　　　　　　　　　　　　　)

資料
7世紀半ばの朝鮮半島でのできごと ・660年：唐と新羅が連合して百済を滅ぼした。 ・663年：日本は，親交のあった百済の復興を助けるために大軍を送ったが，敗れた。

太郎さんのまとめ

資料のできごとの後の日本では，[　　　　　]ことが予想されたため，防人が九州に置かれた。

2　下線部③に関して，自治の広まりを背景に，複数の村が共通の目的のために団結し，武装した農民が，酒屋や土倉を襲い，借金の帳消しなどを求めました。このような動きを何といいますか。その名称を書きなさい。(　　　)

3　下線部④について，花子さんは，株仲間について調べ，株仲間は幕府と商工業者のそれぞれの立場にとって利点があることが分かり，次の表Ⅰを作成しました。株仲間による利点はそれぞれどのようなものだと考えられますか。表Ⅰ中の[　A　]と[　B　]に当てはまるように，適切な内容をそれぞれ書きなさい。

A (　　　　　　　　　　　　　　　　) B (　　　　　　　　　　)

表Ⅰ

幕府の立場	商工業者の立場
商工業者が株仲間を作ることを認めることにより，[　A　]ことができ，収入を増やすことができる。	株仲間を作ることを幕府に認められることにより，[　B　]ことができ，利益を増やすことができる。

4　下線部⑤に関して，次郎さんは，広島県で実施された第15回と第16回の衆議院議員総選挙について調べ，次の表Ⅱを作成しました。広島県で実施された第15回と第16回の衆議院議員総選挙の議員一人当たりの有権者の数が表Ⅱのように変化したのは，この二つの選挙の間で選挙権が与えられる資格に変更があったからです。それは，どのような変更ですか。第15回と第16回のそれぞれの衆議院議員総選挙において選挙権が与えられた資格の違いに触れて，簡潔に書きなさい。

(　　　　　　　　　　　　　　　　　　　　　　　　　　　　　　)

表Ⅱ

	実施年 (年)	人口 (人)	議員一人当たりの有権者 (人)	議員 (人)
第15回	1924 (大正13)	1,584,100	7,760	14
第16回	1928 (昭和3)	1,665,600	27,227	13

(日本帝国統計年鑑による。)

5　下線部⑥に関して，太郎さんたちの班では，自分たちの生活に身近な消費税について調べ，消費税は1989年（平成元年）に新たな税として日本に導入されたことが分かりました。太郎さんたちの班では，「消費税が導入されたのはなぜだろう。」という疑問をもち，その理由を調べました。次のグラフⅠ・Ⅱはそのとき見付けたものです。消費税が導入されたのはなぜだと考えられますか。その理由を，グラフⅠ・Ⅱを基に簡潔に書きなさい。

(　　)

グラフⅠ

日本の社会保障給付費の推移

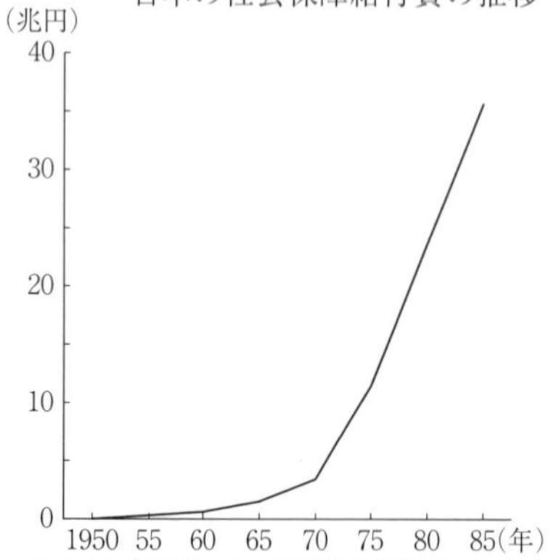

(国立社会保障・人口問題研究所資料による。)

グラフⅡ

日本の人口と人口構成の変化

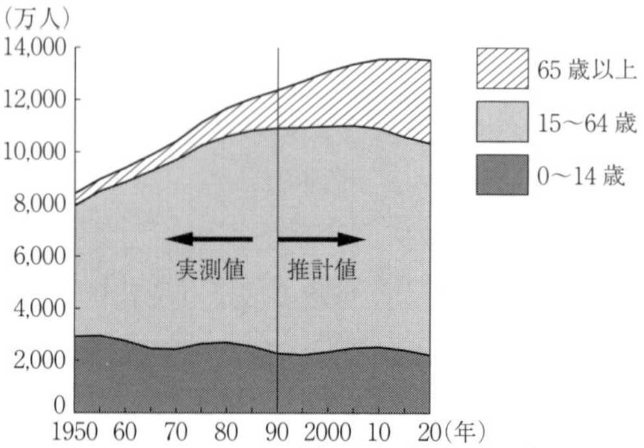

(厚生白書（平成元年版）による。)

3　ある学級の社会科の授業で，「裁判と国民とのかかわり」というテーマで班に分かれて学習しました。次の会話は，太郎さんたちの班が，裁判員制度に関する新聞記事の一部を見ながら話したときのものです。下の資料Ⅰは，この班が裁判員制度について調べた内容の一部です。あとの1～3に答えなさい。

太郎さん：①公正な裁判を行うために日本では様々な制度が整えられているよね。

次郎さん：こんな新聞記事を見付けたよ。裁判員制度が導入されて10年が経過したんだって。この記事によると，福島地方裁判所で裁判員経験者と裁判官や弁護士らの意見交換会があって，この制度について「有意義な経験」と評価しているよ。

「裁判員　有意義な経験」
制度10年　経験者ら意見交換

(2019年5月22日付　朝日新聞による。)

花子さん：どのような点が有意義だったんだろうね。

咲子さん：この制度を10年間行ってきて，課題はなかったのかな。

太郎さん：国民が参加する制度が導入されたこの裁判員制度について調べてみようよ。

> 資料Ⅰ
>
> 〔裁判員制度の内容〕
>
> ・くじで選ばれた20歳以上の国民が，地方裁判所で行われる特定の②刑事裁判に参加し，被告人が有罪か無罪か，有罪の場合はどのような刑にするのかを裁判官と一緒に決める制度である。
>
> 〔③裁判員制度導入の意義〕
>
> ・裁判の内容に国民の視点，感覚が反映され，司法に対する国民の理解が深まる。

1　下線部①に関して，次の(1)・(2)に答えなさい。

(1)　次の資料Ⅱは，司法権の独立に関する日本国憲法第76条の一部を示しています。この資料Ⅱの中の［ a ］と［ b ］に当てはまる語をそれぞれ書きなさい。a（　　　）　b（　　　）

> 資料Ⅱ
>
> すべて裁判官は，その［ a ］に従ひ独立してその職権を行ひ，この憲法及び［ b ］にのみ拘束される。

(2)　日本の裁判では，一つの事件について3回まで裁判を受けられる三審制がとられています。それはなぜですか。その理由を，簡潔に書きなさい。

（　　　　　　　　　　　　　　　　　　　　）

2　下線部②に関して，次のア～エのうち，日本国憲法に基づき保障されている被疑者・被告人の権利として適切なものを全て選び，その記号を書きなさい。（　　　）

ア　どのような場合でも，裁判官の出す令状がなければ逮捕されない。

イ　どのような場合でも，自己に不利益な供述を強要されない。

ウ　どのような場合でも，拷問による自白は証拠とならない。

エ　どのような場合でも，弁護人を依頼することができる。

3　下線部③に関して，次の(1)・(2)に答えなさい。

(1)　花子さんは，最高裁判所のウェブページに掲載されている報告書を基に，裁判官裁判（裁判官のみで判決を決める裁判）と裁判員裁判のそれぞれの判決内容を調べ，次の表Ⅰ・Ⅱを作成しました。花子さんは，資料Ⅰと表Ⅰ・Ⅱを基に，裁判員制度の導入の成果を下のようにまとめました。花子さんのまとめの中の［A］と［B］に当てはまる語はそれぞれ何ですか。表Ⅰ・Ⅱを基に，あとのア～エの組み合わせのうちから最も適切なものを選び，その記号を書きなさい。また，花子さんのまとめの中の［C］には，どのような内容が当てはまると考えられますか。資料Ⅰを基に適切な内容を書きなさい。

記号（　　　）　内容（　　　　　　　　　　　　　　　　　　　　　　　　　　　　）

表Ⅰ

執行猶予がつく割合

犯罪の種類	裁判官裁判(%)	裁判員裁判(%)
殺人既遂	5.0	8.2
殺人未遂	30.1	34.5
傷害致死	10.8	10.2
強盗致傷	8.2	12.8
放火既遂	24.7	31.8

執行猶予：刑罰が言い渡された者に対し，事情に応じて一定期間刑罰を執行せず，その期間罪を犯さず過ごせば実刑を科さないことにする制度。

表Ⅱ

実刑のうち最も多い人数の刑期

犯罪の種類	裁判官裁判	裁判員裁判
殺人既遂	11年より長く13年以下	11年より長く13年以下
殺人未遂	3年より長く5年以下	5年より長く7年以下
傷害致死	3年より長く5年以下	5年より長く7年以下
強盗致傷	3年より長く5年以下	5年より長く7年以下
放火既遂	3年より長く5年以下	3年より長く5年以下

（最高裁判所ウェブページによる。）

花子さんのまとめ

裁判員裁判は，裁判官裁判に比べて，執行猶予がつく割合は［A］傾向がみられ，実刑のうち最も多い人数の刑期は［B］傾向がみられる。これらのことから，裁判員裁判の方が軽重の双方向で判断の幅が広くなっていることがうかがえる。このことは，国民が判決を裁判官と一緒に決めることで［C］ことによる結果であると考えられ，裁判員制度を導入した成果であるといえる。

ア　A　高くなる　　B　短くなる　　イ　A　高くなる　　B　長くなる

ウ　A　低くなる　　B　短くなる　　エ　A　低くなる　　B　長くなる

(2)　咲子さんは，裁判員制度に対する国民の意義について調べ，次のグラフⅠを見付けました。咲子さんはグラフⅠを基に，裁判員候補者の辞退率の上昇傾向が続いていることが裁判員制度の課題の一つであると考えました。この課題を解決するためにさらに調べ，グラフⅡ・Ⅲを見付けました。グラフⅡ・Ⅲは，裁判員を経験した人に，裁判員に選ばれる前の気持ちと裁判員として裁判に参加した感想を聞いた結果をそれぞれまとめたものです。咲子さんはグラフⅡ・Ⅲを踏まえて，この課題を解決するための提案をすることにしました。あなたならどのような提案をしますか。条件１・２に従って書きなさい。

（　　　　　　　　　　　　　　　　　　　　　　　　　　　　　　）

条件１　グラフⅡ・Ⅲを踏まえて書くこと。

条件２　この課題を解決するために実施する具体的な方法を挙げて書くこと。

グラフⅠ

裁判員候補者の辞退率の推移

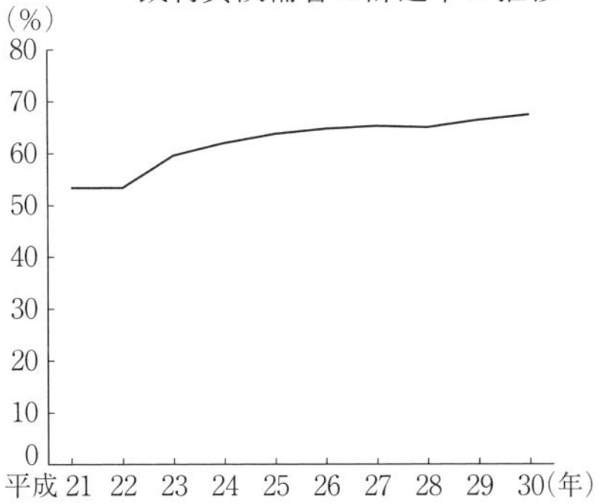

グラフⅡ

裁判員に選ばれる前の気持ち（%）

（平成 30 年）

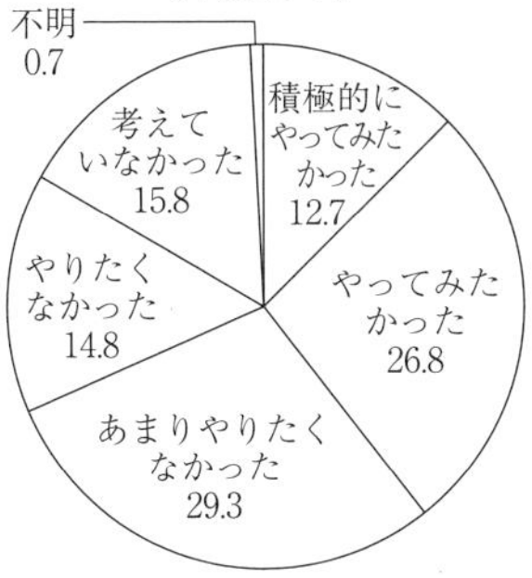

グラフⅢ

裁判員として裁判に参加した感想（%）

（平成 30 年）

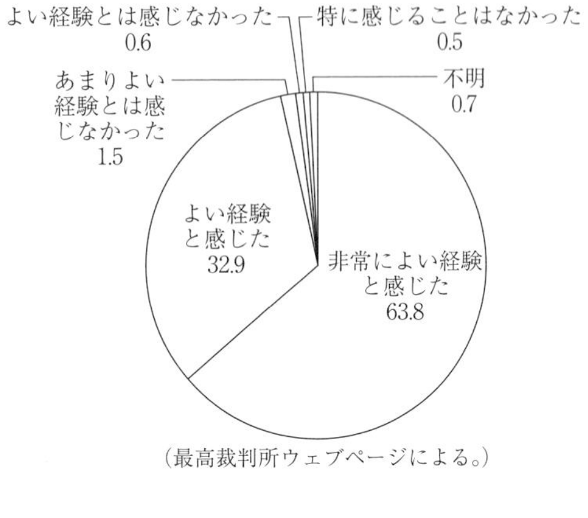

（最高裁判所ウェブページによる。）

4　ある学級の社会科の授業で，班に分かれて，先生が提示した地方公共団体のうちから一つ選び，現状を調べ，活性化の具体策を提案する学習を行いました。太郎さんたちの班は，岐阜県中津川市を選び，はじめに市の現状について調べ，次のメモを作成しました。あとの1～3に答えなさい。

メモ

岐阜県中津川市について
- ①人口は，約79,000人（平成27年）で岐阜県内では８番目であり，減少傾向にある。
- 男女とも 65～69 歳の年齢層の人口が最も多く，高齢化が進んでいる。
- ②中山道の宿場（宿駅）であった馬籠宿《まごめじゅく》，落合宿《じゅく》，中津川宿《じゅく》の古い町並みが残る。
- 馬籠宿は，詩人で小説家の島崎藤村の出身地である。
- 特産品にトマト，なす，栗《くり》，茶，そばなどがある。
- 主要道路に設けた休憩施設である「道の駅」が５か所ある。
- 2027 年開業予定のリニア中央新幹線の駅が設置され，東京と約 58 分で結ばれる。

1　下線部①に関して，太郎さんは，中津川市の昼間人口と夜間人口について調べ，右の表を作成しました。この表のように，昼間人口と夜間人口に差が生じるのはなぜだと考えられますか。その理由を，簡潔に書きなさい。

中津川市の昼間人口と夜間人口（平成 27 年）

昼間人口(人)	夜間人口(人)
77,807	78,883

（中津川市統計書による。）

（　　　　　　　　　　　　　　　　　　　　　　　　　　　　）

2　下線部②に関して，花子さんは，中山道の歴史について調べ，そのことについて次郎さんと話しました。次の会話はそのときのものです。あとの(1)・(2)に答えなさい。

花子さん：中山道は，江戸時代の五街道の一つで，江戸から京都までを結ぶ約 530km の街道なのよ。

次郎さん：当時はこの街道を利用して □ が手紙などを運んでいたんだね。

花子さん：それだけではないの。多い時には 30 ほどの大名が参勤交代の際にこの街道を利用していたのよ。

次郎さん：江戸幕府が諸大名に対する支配を安定させる点でも街道には大きな意味があったということだね。

(1)　会話中の □ には，当時の職業が当てはまります。その職業を何といいますか。その名称を書きなさい。（　　　）

(2)　花子さんは，中山道と参勤交代のかかわりについて調べ，次の資料を見付けました。花子さんは，資料を基に，中山道などに置かれた宿場は参勤交代のおかげで経済的に発展したと考えました。花子さんがそのように考えた理由を，資料を基に簡潔に書きなさい。

（　　　　　　　　　　　　　　　　　　　　　　　　　　　　）

資料

加賀藩前田家の参勤交代
- 加賀藩（石川県金沢市）から江戸までの距離と日数：約 480km，約 12 泊 13 日
- １回の参勤交代で移動する人数：2,000～4,000 人
- 江戸との往復には，五街道のうち主に中山道を利用した。

3　太郎さんたちの班では，「岐阜県中津川市について」のメモを基に，この市を活性化するための提案をすることにしました。あなたならどのような提案をしますか。次の条件1・2に従って書きなさい。

(　　　　　　　　　　　　　　　　　　　　　　　　　　　　　　　　　　)

条件1　メモを基に中津川市の魅力を挙げて書くこと。

条件2　この提案が，中津川市のどのような人々に対して，どのような効果をもたらすのかを，具体的に書くこと。

理科

時間　50分　　　　満点　50点

1　ある学級の理科の授業で，成美さんたちは，小球を斜面から転がし，木片に当てて，木片が移動する距離を調べる実験をして，それぞれでレポートにまとめました。次に示した【レポート】は，成美さんのレポートの一部です。あとの1～5に答えなさい。

【レポート】

《装置》

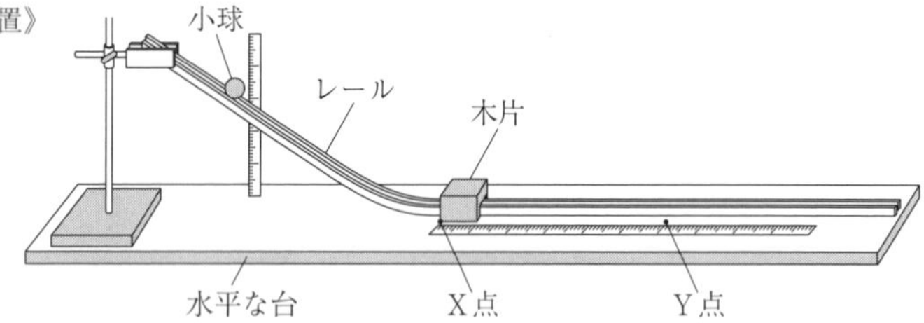

〔方法〕

Ⅰ　上の図のように装置を組み立て，水平な台の上に置く。

Ⅱ　この装置を用いて，質量が20.0gと50.0gの小球を，10.0cm，20.0cm，30.0cmの高さからそれぞれ静かに転がし，X点に置いた木片に当てる。

Ⅲ　小球が木片に当たり，木片が移動した距離をはかる。

Ⅳ　小球の高さと，木片が移動した距離との関係を表に整理し，グラフに表す。

〔結果〕

小球の質量が20.0gのとき

小球の高さ〔cm〕	10.0	20.0	30.0
木片が移動した距離〔cm〕	3.6	8.3	12.0

小球の質量が50.0gのとき

小球の高さ〔cm〕	10.0	20.0	30.0
木片が移動した距離〔cm〕	13.3	26.7	40.0

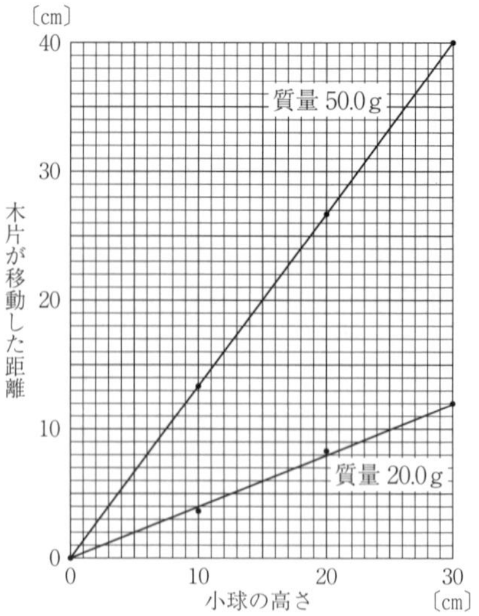

1　〔方法〕の下線部について，質量50.0gの小球の重さは何Nですか。また，水平な台の上にある質量50.0gの小球を，水平な台の上から20.0cmの高さまで持ち上げる仕事の量は何Jですか。ただし，質量100gの物体に働く重力の大きさを1Nとします。

小球の重さ(　　　N)　仕事の量(　　　J)

2　右の図は，この装置を用いて実験したときの，小球と木片の様子を模式的に示したものです。右の図中の矢印は，小球が当たった後の木片の移動の向きを示しています。木片が右の図中の矢印の方向へ移動しているとき，木片に働く水平方向の力を矢印で表すとどうなりますか。次のア～エの中から適切なものを選び，その記号を書きなさい。(　　　)

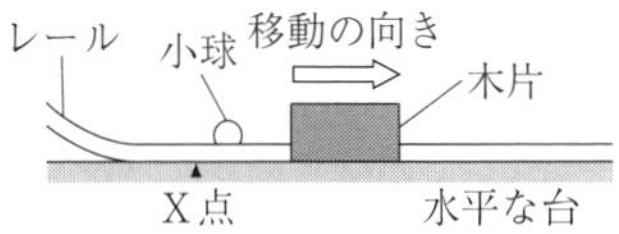

ア

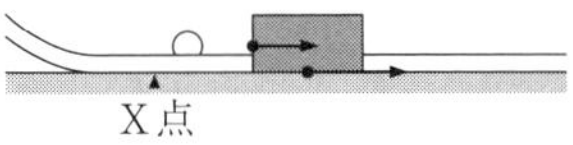

イ

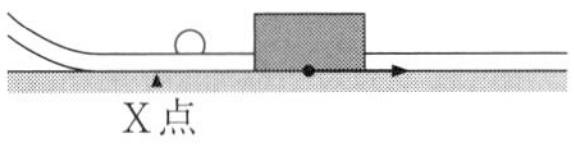

ウ

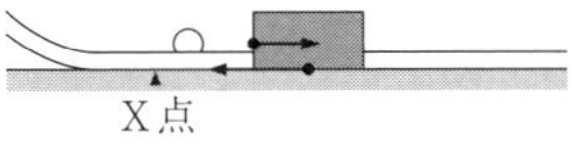

エ

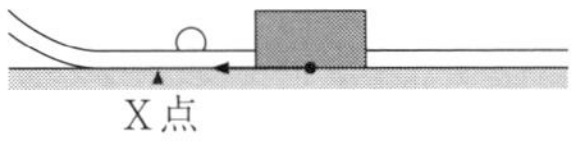

3　〔結果〕のグラフから，質量20.0gの小球を30.0cmの高さから静かに転がしたときの木片の移動距離と同じ距離だけ木片を移動させるためには，質量50.0gの小球を何cmの高さから静かに転がせばよいと考えられますか。その値を書きなさい。(　　　cm)

4　成美さんたちは，木片を置く位置を《装置》のX点からY点に変えて，質量20.0gの小球を10.0cmの高さから静かに転がし，Y点に置いた木片に当てる実験をしました。このとき，木片が移動した距離は，X点に木片を置いて実験したときの3.6cmよりも小さくなりました。それはなぜですか。その理由を簡潔に書きなさい。

(　　　　　　　　　　　　　　　　　　　　　　　　　　　　　　　)

5　成美さんたちは，授業で学んだことを基に，ふりこについて考えることにしました。右の図は，ふりこのおもりを，糸がたるまないようにa点まで持ち上げ静かに手を離し，おもりがb点を通り，a点と同じ高さのc点まで上がった運動の様子を模式的に示したものです。次のア～オの中で，図中のおもりがもつエネルギーの大きさについて説明している文として適切なものはどれですか。その記号を全て書きなさい。ただし，糸は伸び縮みしないものとし，おもりがもつ位置エネルギーと運動エネルギーはそれらのエネルギー以外には移り変わらないものとします。(　　　)

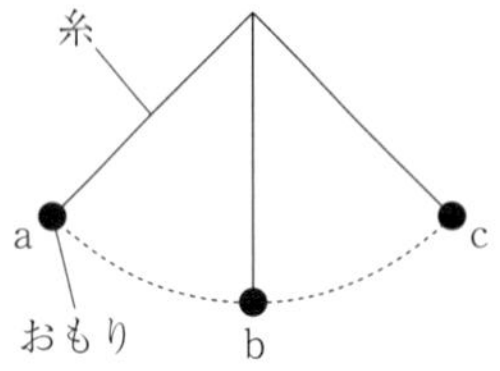

ア　a点とb点のおもりがもつ運動エネルギーの大きさを比べると，b点の方が大きい。

イ　b点とc点のおもりがもつ運動エネルギーの大きさを比べると，同じである。

ウ　b点とc点のおもりがもつ位置エネルギーの大きさを比べると，b点の方が大きい。

エ　a点とc点のおもりがもつ位置エネルギーの大きさを比べると，同じである。

オ　a点とb点とc点のおもりがもつ力学的エネルギーの大きさを比べると，全て同じである。

2　図1は，あるがけに見られる地層の様子を模式的に示したものです。あとの1～5に答えなさい。

図1

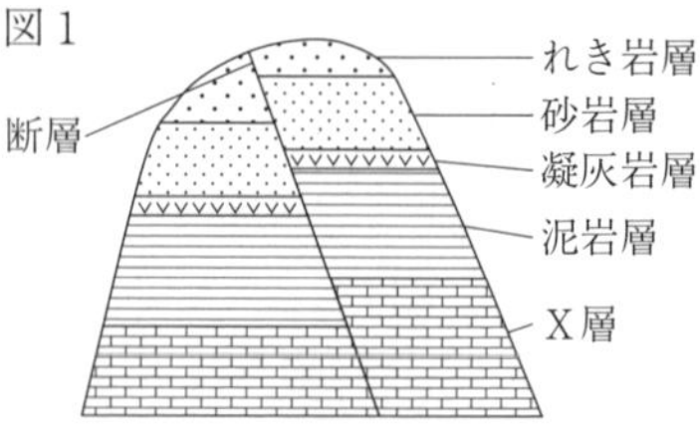

1　図2は，図1のれき岩層を観察し，スケッチしたものです。このスケッチに示された粒の形には，丸みを帯びたものが多く見られます。このような形になるのはなぜですか。その理由を簡潔に書きなさい。

(　　　　　　　　　　　　　　　　　　　　　　　　　　)

図2

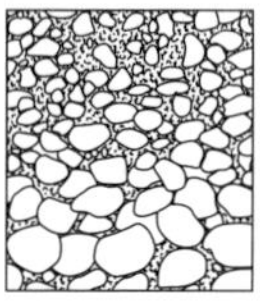

2　次のア～エは，花こう岩，安山岩，砂岩，泥岩のいずれかの表面の様子を撮影したものです。図1中の砂岩層の砂岩を示しているものはどれですか。ア～エの中から最も適切なものを選び，その記号を書きなさい。(　　　)

ア

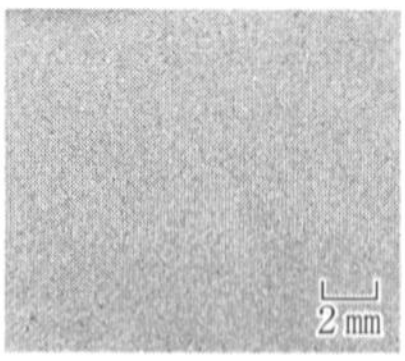

イ

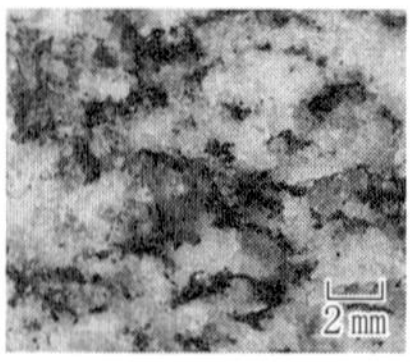

ウ

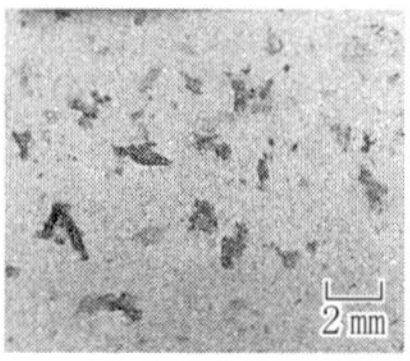

エ

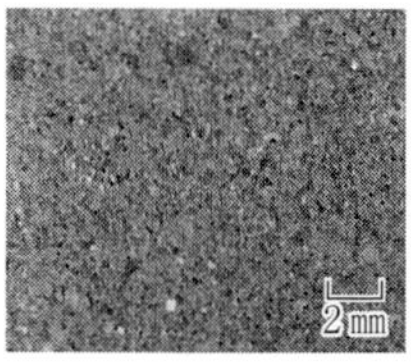

3　図1中のX層の岩石には，砂岩や泥岩などに見られる特徴が観察されなかったため，「X層の岩石は石灰岩である」という予想を立てました。そして，この予想を確かめるために，X層の岩石にうすい塩酸を2，3滴かける実験を行いました。この予想が正しい場合，この実験はどのような結果になりますか。簡潔に書きなさい。

(　　　　　　　　　　　　　　　　　　　　　　　　　　　　　　)

4　図1の断層は，図1中のそれぞれの層ができた後に生じたものと考えられます。そのように考えられる理由として適切なものを，次のア～エの中から2つ選び，その記号を書きなさい。

(　　　)

ア　断層の右と左で，れき岩層の厚さが異なっている。

イ　断層の右と左で，それぞれの層の下からの順番が同じである。

ウ　断層の右と左のどちらも，それぞれの層の境目がはっきりと分かれている。

エ　断層の右と左で，砂岩層，凝灰岩層，泥岩層のそれぞれの層の厚さが同じである。

5　次の文章は，先生と生徒が図1を見ながら話したときの会話の一部です。あとの(1)・(2)に答えなさい。

先生：図1は，あるがけに見られる地層の様子を模式的に示したものです。この地層の中に，離れた地域の地層を比較するのに役立つかぎ層があります。それはどの層でしょうか。

美子：[　A　]層です。

先生：なぜ，その岩石の層は，離れた地域の地層を比較することに役立つのでしょうか。

美子：[A] は [B] からできており，[B] は [C] にわたって降り積もるので，地層の広がりを知る手がかりになります。

先生：その通りです。

海斗：先生，そのほかに，図１を見て不思議に思うことがあります。

先生：何ですか。

海斗：図１の地層全体をみると，下になるほど小さい粒でできている層になっています。普通は，下になるほど粒が大きくなるはずなのに，なぜですか。

先生：よく気が付きましたね。その疑問を解決するためには，図１の地層ができた場所の環境の変化に着目して考えるといいですよ。

海斗：そうか。泥岩層が下側にあって，れき岩層が上側にあることから，泥岩層の方が [D]，図１の地層ができた場所は水深がだんだんと [E] なってきたと考えられるね。その理由は，粒の大きさが大きいほど，河口から [F] ところに堆積するからだよね。

先生：そうです。地層の見方が分かれば，大地の歴史が分かりますね。

(1)　会話中の [A] に当てはまる岩石の種類は何ですか。その名称を書きなさい。また，[B]・[C] に当てはまる語句をそれぞれ書きなさい。A（　　　）　B（　　　）　C（　　　）

(2)　会話中の [D] ～ [F] に当てはまる語として適切なものを，それぞれ右のア・イから選び，その記号を書きなさい。

D（　　　）　E（　　　）　F（　　　）

D	ア　新しく	イ　古く
E	ア　浅く	イ　深く
F	ア　近い	イ　遠い

3　科学部の翔太さんたちは，山へ野外観察に行き，見たことがない生物を見付けて観察しました。右の図は，そのとき翔太さんがスケッチしたものです。次に示した【会話】は，このときの先生と生徒の会話の一部です。あとの1～4に答えなさい。

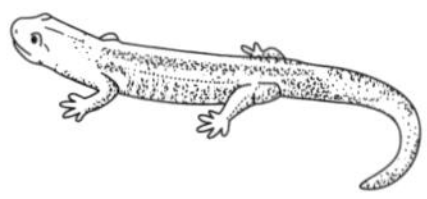

【会話】

翔太：この生物って，どの動物の仲間なのかな。

先生：しっかりと観察して，その結果をノートにまとめて，みんなで考えてみましょう。

ノートのまとめ

・背骨がある。　　　　・あしがある。
・うろこがない。　　　・体長は約12cmである。
・体表の温度が気温とほぼ同じである。

先生：このノートのまとめを見て，皆さんはどの動物の仲間だと思いますか。

翔太：背骨があるということは①無セキツイ動物ではなくセキツイ動物ですね。

希実：見た目がトカゲに似ているから，私はハチュウ類だと思うわ。

翔太：僕はノートのまとめから考えて，②この生物はハチュウ類ではないと思うよ。両生類じゃないかな。

希実：この生物が両生類であるとすると，ほかにどんな特徴が観察できるかな。

翔太：③子のうまれ方も特徴の一つだよね。

先生：そうですね。では，図鑑を使ってこの生物を何というのか調べてみましょう。

希実：図鑑から，きっとブチサンショウウオだと思うわ。今まで，このような生物なんて見たことがなかったわ。私たちの周りにはたくさんの種類の生物がいるよね。なぜかな。

先生：それは，④生物が長い年月をかけて，さまざまな環境の中で進化してきたからだといわれています。

1　下線部①について，無セキツイ動物の仲間には，軟体動物がいます。軟体動物の体の特徴を次の(ア)・(イ)から選び，その記号を書きなさい。また，次の(ウ)～(キ)の中で，軟体動物はどれですか。その記号を全て書きなさい。体の特徴(　　　)　生物名(　　　)

体の特徴	(ア)　外骨格	(イ)　外とう膜			
生物名	(ウ)　バッタ	(エ)　アサリ	(オ)　クモ	(カ)　イカ	(キ)　メダカ

2　下線部②について，翔太さんがこの生物はハチュウ類ではないと考えた理由を，ノートのまとめを基に，簡潔に書きなさい。

(　　　　　　　　　　　　　　　　　　　　　　　　　　)

3　下線部③について，次の(ア)～(オ)のセキツイ動物の仲間の中で，殻のない卵をうむ仲間はどれですか。その記号を全て書きなさい。(　　　)

(ア)　ホニュウ類　　(イ)　鳥類　　(ウ)　ハチュウ類　　(エ)　両生類　　(オ)　魚類

4　下線部④に関して，次の(1)～(3)に答えなさい。

(1)　生物が進化したことを示す証拠として，重要な役割を果たすものに化石があります。次の資料は，シソチョウの化石についてまとめたものです。資料中の A ～ D に当てはまる特徴はそれぞれ何ですか。資料中の［特徴］のア～エの中からそれぞれ選び，その記号を書きなさい。A（　　）　B（　　）　C（　　）　D（　　）

［シソチョウの化石］

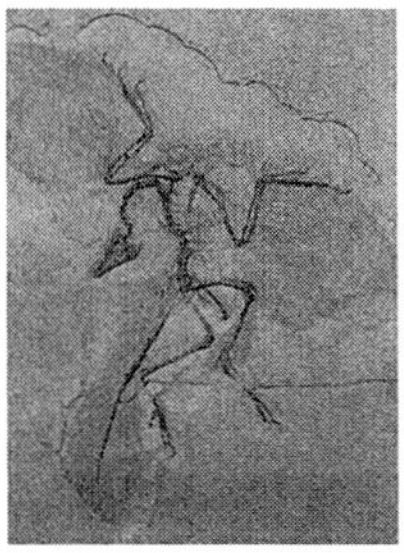

［特徴］
ア　口には歯がある
イ　体全体が羽毛でおおわれている
ウ　前あしが翼になっている
エ　前あしの先にはつめがある

［シソチョウの化石が進化の証拠だと考えられる理由］

　A という特徴と B という特徴は現在のハチュウ類の特徴で，C という特徴と D という特徴は現在の鳥類の特徴であり，ハチュウ類と鳥類の両方の特徴をもつことから，シソチョウの化石は進化の証拠であると考えられる。

(2)　生物が進化したことを示す証拠は，現存する生物にも見られます。右の資料は，ホニュウ類の前あしの骨格を比べたものです。これらは相同器官と呼ばれ，進化の証拠だと考えられています。次の文章は，このことについて説明したものです。文章中の X ・ Y に当てはまる語をそれぞれ書きなさい。また，Z に当てはまる内容として適切なものを，下のア～エの中から選び，その記号を書きなさい。X（　　）　Y（　　）　Z（　　）

ホニュウ類の前あしの骨格の比較

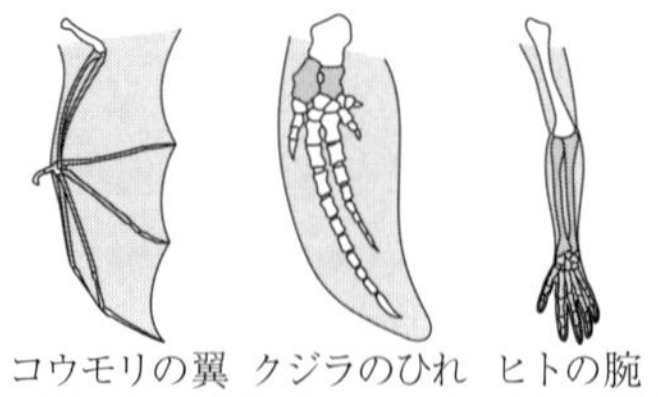

　資料中のホニュウ類の前あしを比べてみると，形やはたらきは X のに，骨格の基本的なつくりは Y ことから，これらはもとは同じ器官であったと推測できる。このような器官のことを相同器官といい，相同器官の存在から，現在のホニュウ類は，Z といえる。

ア　地球上にほぼ同じころ出現した
イ　どのような環境でも生活することができる
ウ　陸上での生活に適した形をしている
エ　共通の祖先が変化して生じたものである

(3)　生物は環境と密接な関係の中で生きています。ある生物が生きていた場所の当時の環境を推定することができる化石を示相化石といい，その例としてサンゴの化石があります。ある場所でサンゴの化石が見付かったとき，そのサンゴが生きていた場所の当時の環境は，どのような環境だったと推定できますか。簡潔に書きなさい。

（　　　　　　　　　　　　　　　　　　　　　　　　　　　　）

4　ある学級の理科の授業で，雅人さんたちは，化学変化の前後における物質の質量の変化を調べる実験をして，それぞれでレポートにまとめました。次に示した【レポート】は，雅人さんのレポートの一部です。あとの1～5に答えなさい。

【レポート】

◆実験1

〔方法〕

Ⅰ　うすい硫酸20cm^{3}とうすい水酸化バリウム水溶液20cm^{3}を別々のビーカーに入れ，その2つのビーカーの質量をまとめて電子てんびんではかる（図1）。

Ⅱ　うすい硫酸が入っているビーカーにうすい水酸化バリウム水溶液を加え，反応の様子を観察する。

Ⅲ　反応後，2つのビーカーの質量をまとめて電子てんびんではかる（図2）。

図1

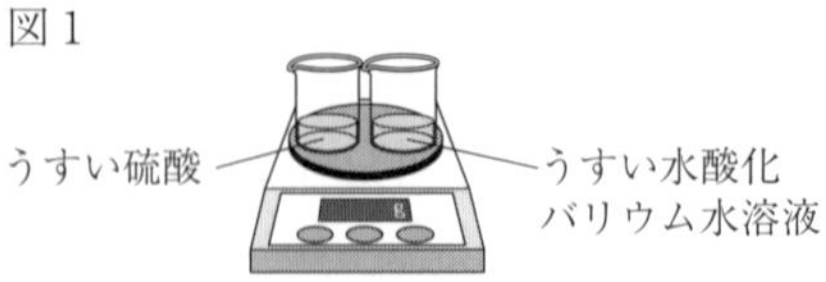

図2

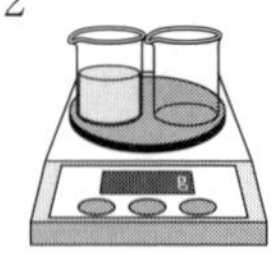

〔結果〕

・2つの水溶液を混合すると，白い沈殿ができた。

	反応前	反応後
2つのビーカーの質量の合計	100.94g	100.94g

〔考察〕

・反応の前後で，2つのビーカーの質量の合計は変化しなかった。

・この反応を化学反応式で表すと，$H_2SO_4 + Ba(OH)_2 \rightarrow BaSO_4 + 2H_2O$ となり，白い沈殿は［　A　］だと考えられる。

◆実験2

〔方法〕

Ⅰ　プラスチック容器の中にうすい塩酸 15cm^3 が入った試験管と，炭酸水素ナトリウム 0.50g を入れて，ふたをしっかりと閉め，容器全体の質量を電子てんびんではかる（図3）。

Ⅱ　プラスチック容器を傾けて，うすい塩酸と炭酸水素ナトリウムを混ぜ合わせ，反応させる。

Ⅲ　反応後，プラスチック容器全体の質量を電子てんびんではかる（図4）。

図3

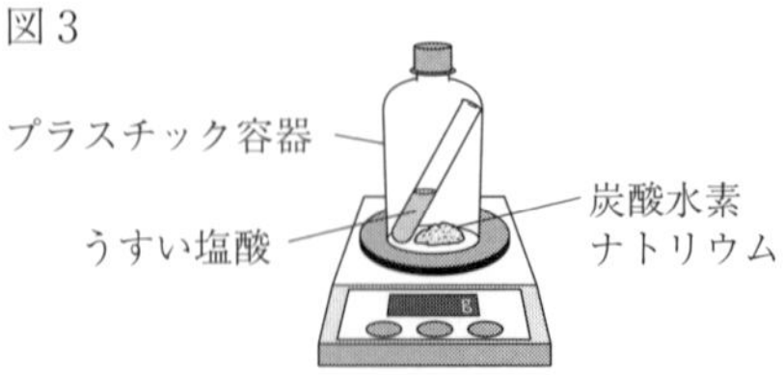

図4

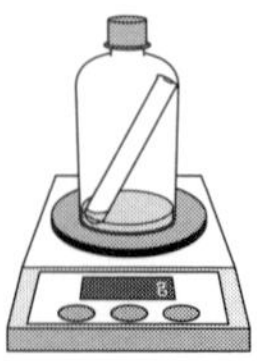

〔結果〕

・炭酸水素ナトリウムとうすい塩酸を混合すると，気体が発生した。

	反応前	反応後
プラスチック容器全体の質量	81.88g	81.88g

〔考察〕

・反応の前後で，プラスチック容器全体の質量は変化しなかった。

・この反応を化学反応式で表すと，$NaHCO_3 + HCl \rightarrow$ ［B］ $+ H_2O + CO_2$となり，発生した気体は二酸化炭素だと考えられる。

1　実験1の〔方法〕の下線部について，この2つの水溶液を混合すると，互いの性質を打ち消し合う反応が起こります。このような反応を何といいますか。その名称を書きなさい。(　　　)

2　実験1の〔考察〕の［A］に当てはまる物質は何ですか。その物質の名称を書きなさい。また，実験2の〔考察〕の［B］に当てはまる物質は何ですか。その物質の化学式を書きなさい。

A(　　　)　B(　　　)

3　実験1・2の結果から分かるように，化学変化の前後で物質全体の質量は変わりません。この法則を何といいますか。その名称を書きなさい。また，次の文章は，この法則が成り立つことについて雅人さんと博史さんが話したときの会話の一部です。会話中の［X］・［Y］に当てはまる語をそれぞれ書きなさい。名称(　　　)　X(　　　)　Y(　　　)

雅人：以前，化学反応式のつくり方を学んだよね。そのとき，化学反応式は反応前の物質と反応後の物質を矢印で結び，その矢印の左側と右側で，原子の［X］と［Y］は同じにしたよね。

博史：そうか。化学変化の前後で，原子の組み合わせは変わるけど，原子の［X］と［Y］が変わらないから，化学変化の前後で物質全体の質量は変化しないんだね。

4　実験2の〔方法〕Ⅲの後，プラスチック容器のふたをゆっくりと開けて，もう一度ふたを閉めてからプラスチック容器全体の質量を再びはかると，質量はどうなりますか。次のア～ウの中から適切なものを選び，その記号を書きなさい。また，その記号が答えとなる理由を簡潔に書きなさい。

記号(　　　)

理由(　　　　　　　　　　　　　　　　　　　　　　　　　　　　　)

ア　増加する　　イ　減少する　　ウ　変わらない

5　雅人さんたちは，その後の理科の授業で，金属を空気中で熱して酸素と化合させたとき，加熱後の物質の質量がどのように変化するのかを調べる実験をしました。次に示したものは，その方法と結果です。あとの(1)～(3)に答えなさい。

〔方法〕

Ⅰ　ステンレス皿の質量をはかった後，銅の粉末1.00gをステンレス皿に入れる。

Ⅱ　右の写真のように，ステンレス皿に入っている銅の粉末をガスバーナーで5分間加熱する。

Ⅲ　よく冷ました後，ステンレス皿全体の質量をはかる。

Ⅳ　Ⅱ・Ⅲの操作を6回繰り返す。

Ⅴ　結果をグラフに表す。

〔結果〕

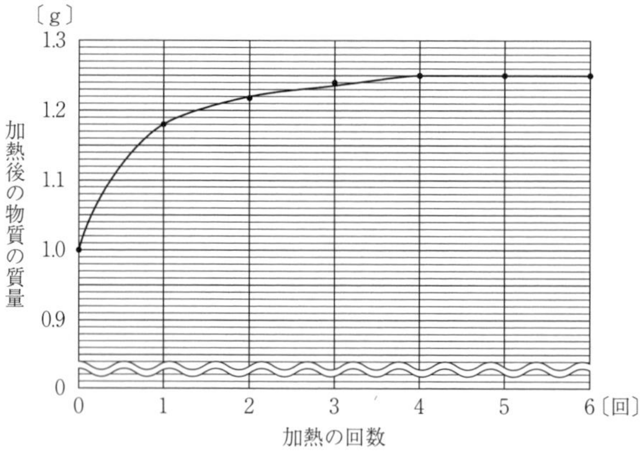

(1)〔結果〕のグラフから，1回目の加熱で，銅に化合した酸素の質量は何gだと考えられますか。次のア～エの中から適切なものを選び，その記号を書きなさい。(　　　)

ア　0.18　　イ　0.25　　ウ　1.18　　エ　1.25

(2)〔結果〕のグラフについて，加熱を繰り返すと，ある加熱の回数から，加熱後の物質の質量が変化しなくなりました。加熱後の物質の質量が変化しなくなった理由を，簡潔に書きなさい。

(　　　　　　　　　　　　　　　　　　　　　　　　　　　　　　　)

(3)　雅人さんたちは，この実験を，銅の粉末の質量を1.00gから0.80gに変えて行いました。その結果，1.00gのときと同じように，ある加熱の回数から，加熱後の物質の質量が変化しなくなりました。このとき，銅に化合した酸素の質量は何gだと考えられますか。〔結果〕のグラフを基に求め，その値を書きなさい。(　　　g)

と思っていた疑問を追究することは本当に楽しい。だから、将来は大学で自然科学に関する研究をし、エジソンのように生活に役立つものを発明したいという夢を持っている。

　エジソンは白熱電球や蓄音機などを発明した。私は、エジソンについて書かれた本に出会うまで、エジソンは発明家になるために大学でいろいろな研究をし、研究の中でひらめいたことを基に発明に至った人物だと思っていた。

　しかし、エジソンに関する本を読み、エジソンは大学での研究の中で発明に至ったわけではないと分かった。エジソンがたくさんのものを発明できたのは、「なぜ水をかけると火は消えるのか」「なぜチョウは飛べるのか」というような、私が「当たり前だ」と思っていることを、小学生の頃から疑問に感じ、疑問に感じたことを自分の実験室でとことん研究していたからだ。日常の中で自分から疑問を持ち、追究し続ける姿勢に感動した。

　私が日々の学習で、疑問を見いだし追究することを楽しいと感じているところは、エジソンと共通していると思う。だから、発明家になるという目標に向かって、これからも「なぜ？」と感じたことを、途中であきらめず、追究する姿勢を大切にしたい。

【生徒の会話】

中井：小島さん、私の書いた作文を読んでみてどうだった？　題名は適切だったかなあ。

小島：そうねえ……。私は、題名をもっと工夫したらいいんじゃないかと思ったわ。授業で、自分が一番伝えたいことの中心となる言葉を考えて題名やタイトルを付けるとよいと学習したよね。だから、中井さんの伝えたいことがもっと明確に伝わるような題名がいいんじゃないかな。今、話したことと、中井さんの作文を基にアドバイスを書いてみるわね。

〔問い〕　小島さんは、中井さんが書いた作文の題名についてのアドバイスを書いて伝えることにしました。あなたならどのように書きますか。次の条件1～3に従って、あなたの考えを書きなさい。

条件1　二段落構成とし、第一段落は、題名の案を挙げて書き、第二段落には、その題名がよいと考えた理由を書くこと。

条件2　【作文】と【生徒の会話】の内容を踏まえて書くこと。

条件3　二百字以内で書くこと。

りて続きを現代語訳で読んでみたよ。すると、こんな話だったよ。

【大谷さんが読んだ続きの要約】

大しうは、帝釈天王から伝授された通りに、七種類の野草で薬を作り、両親に与えた。すると、両親は二十歳くらいの姿になり、大しうは大変に喜んだ。七草という七種類の野草を正月七日にみかどに差し上げるのは、この出来事がきっかけであるとされている。

山田：大しうの願いがかなっているね。大しうが（　Ⅰ　）から願いがかなったんだね。

田中：この出来事が、みかどに七種類の野草を差し上げるきっかけになったんだね。七種類の野草を差し上げることで、みかどに（　Ⅱ　）という気持ちを伝えるためなのだろうね。

山田：そうだね。そしてこのことが、現在、僕たちが一月七日に「七草がゆ」を食べる行事とも関係しているのかもしれないね。調べてみようよ。

ア　中国の楚の国に何度も行った
イ　神仏に熱心に祈り続けた
ウ　自分の病を治すために薬を作った
エ　努力して健康を保ち続けた

4　小島さんの学級では、国語の時間に、それぞれが書いた作文の題名についてアドバイスをし合う活動をしています。次の【メモ】は、中井さんが作文を書くときに準備したもので、【作文】は中井さんがメモを基に書いた作文です。また、【生徒の会話】はこの活動の過程で小島さんと中井さんが行ったものです。これらを読んで、あとの〔問い〕に答えなさい。

【メモ】

作文のテーマ　自分の尊敬する人物を例に挙げて、自分の目指す生き方を相手に伝える

自分の目標　自然科学の研究をして、発明家になる

例に挙げる、尊敬する人　エジソン

エジソンは、幼いころから身のまわりの様々なことに「なぜ?」という疑問を持っていた。小学校の授業でも、自分が「なぜ?」と感じたことはすぐに追究しないと気が済まないため、授業内容に関係のない、見当違いな発言や行動が目立ち、小学校を三か月で退学になってしまった。しかし、エジソンは図書館などで独学し、「なぜ?」と感じたことを追究し続けた。さらに、新聞の販売員として働いて得たお金で、自分の実験室を作り、様々な物を発明した。生涯、学び続ける姿勢を大切にし、最終的には、アメリカで千九十三件もの発明に関する特許を得た。

【作文】

私の夢

中井　良子

私は理科の授業が好きだ。特に、実験をした後に考察し、「なぜ?」

3　次の文章を読んで、あとの問いに答えなさい。

そもそも正月七日に、野に出《い》でて、七草を摘みて、みかどへ[注1]供御《ぐご》に供ふるといふなる由来を尋ぬるに、唐土楚国《もろこしそこく》の傍らに《中国の楚の国の片隅に》、[注2]大しうといふ者あり。かれは□なり。すでに、はや《もう》百歳《ももとせ》に及ぶ父母あり、腰などもかがみ、目などもかすみ、言ふことも聞こえず。さるほどに《そのように》、老いければ、大しうこの朽ちはてたる《すっかり衰えてしまった》御姿を見参らする度に《拝見するたびに》、1 嘆き悲しむこと限りなし。

大しう思ふやうは、二人の親の御姿をふたたび若くなさまほしく《若返らせてほしいと》思ひて、明け暮れ《一日中、》天道《てんたう》に《天の神に》祈りけるは、「わが親の御姿、ふたたび若くなしてた《く》び給《たま》へ《ださい》」と、仏神[注3]三宝《さんぽう》に2 訴へ、「これかなはぬものならば、わが姿に転《入》じかへて《れ替えて》たび給へ。わが身は老《おい》となりて朽ちはつるとも、二人の親を若くなし給へ」と、あたり近きとうこう山《せん》に《近くの「とうこうせん」という山に》よぢ登りて、[注4]三七日が間、爪先を爪立てて、肝胆を砕き祈りける《心を込めて祈った》。さても、諸天諸仏《多くの神仏》は、これをあはれみ給ひ、三七日満ずる暮れ方に、かたじけなくも《ありがたいことに》[注5]帝釈天王《たいしゃくてんわう》は天降《あまくだ》り給ひ、大しうに向かつてのたまふやうは《おっしゃることには》、「なんぢ、浅からず親をあはれみ、ひとへに《ひたすら》天道に訴ゆること、納受《なふじゅ》を垂れ給ふによつて《願いを聞き入れなさったので》、われ、これまで来るなり。いでいで《さあさあ》、なんぢが親を若くなさん《若くしよう》」とて、薬を与へ給ふぞ《薬の作り方を伝授して下さったのは》ありがたき。

(「御伽草子集」より)

(注1)　供御＝天皇の飲食物。
(注2)　大しう＝人の名前。
(注3)　三宝＝仏教で信仰の対象となる、仏・法・僧の三つ。
(注4)　三七日が間＝仏に祈願をする二十一日間。
(注5)　帝釈天王＝仏法を守護する神。

1　□に当てはまる最も適切な表現を、次のア～エの中から選び、その記号を書きなさい。(　　)

ア　親に孝ある者　　イ　子に頼る者
ウ　親を欺く者　　エ　子を案ずる者

2　1 嘆き悲しむこと限りなしとあるが、大しうは何を嘆き悲しんでいるのですか。現代の言葉を用いて二十字以内で書きなさい。

3　2 訴への平仮名の部分を、現代仮名遣いで書きなさい。(訴　　　)

4　この文章について、生徒が次のような話し合いをしました。空欄Ⅰに当てはまる最も適切な表現を、あとのア～エの中から選び、その記号を書きなさい。また、空欄Ⅱに当てはまる適切な表現を、現代の言葉を用いて二十字以内で書きなさい。

Ⅰ(　　)　Ⅱ

山田：　大しうの両親はこの後どうなったのかなあ。この文章の続きが気になるなあ。
大谷：　僕もそのことが気になって「御伽草子集」を図書館で借

筆者の友人が答えた「ジョルジョ・モランディ」という画家は、（　Ⅰ　）画家であるため、酒宴に参加した人たちが、全員、一様に、その手があったか！　という表情を見せたから。

3　2公言と熟語の構成が同じものを、次のア～エの中から選び、その記号を書きなさい。（　　）

ア　常備　イ　読書　ウ　樹木　エ　善悪

4　［　］に当てはまる最も適切な語を、次のア～エの中から選び、その記号を書きなさい。（　　）

ア　ところが　イ　それとも　ウ　むしろ　エ　しかも

5　3不思議な満足感とあるが、ここで筆者が感じている不思議な満足感について、ある生徒が文章にまとめました。次の【ノート】はその生徒が文章にまとめたもので、【資料】は文章にまとめるために準備したものです。これらを読んで、【ノート】の空欄Ⅱに当てはまる適切な表現を、本文の内容と【資料】の内容を踏まえ、「価値」という語を用いて、五十字以内で書きなさい。

【ノート】

モランディの絵から「凍ったような情熱」が感じられるのは、モランディが描く側として（　Ⅱ　）からである。この「凍ったような情熱」を鑑賞することができたから、筆者は「不思議な満足感」を得ることが出来たのだろう。

【資料】

モランディは変わらなかったのではない。みずから職人のように生きることを選択したこの画家は、たしかに変化していたのだが、その振幅が、ピカソや他の現代画家たちほど大きいものではなかったということだ。あからさまに変わるのではなくて、微妙な差異、小さな変化のうちに積極的な価値を見いだすこと。それこそ、モランディが、おそらく自覚的に選択した道である。

モチーフや技法を限定すればするほど、画家がなしうることの範囲は限定されてくるだろう。それゆえにこそむしろ、そのなかで差異を生みだすという行為は、いっそう洗練され研ぎ澄まされたものになるのである。描く側も観る側も、うかうかしてはいられないのだ。差異が小さければ小さい分だけ、それを作りだす側も受けとる側も、感覚を研ぎ澄ましておく必要がある。「何かわからないもの」の声にじっと耳を澄ましていなければならない。反対に、明らかに違うものを見分けるのには、それほど苦労はいらないだろう。

（岡田温司「ジョルジョ・モランディ」より）

は、いわくいいがたい魅力を感じているひとりなのである。

私が初めてまとまったかたちでモランディの作品を観《み》たのは、かれこれ十年近くまえのことだろうか。ロンドンを訪問している最中に、テート[注2]・モダンで、偶然、回顧展を開催していたのだ。

モランディはもちろん知っていたし、地味ながらいい仕事をしていることも、なんとなく心惹《ひ》かれる画家であることもわかっていた。その作品が一堂に集められた展示室で、私はすっかり我を忘れてモランディの世界に入り込み、②没頭したのだった。

モランディの作品の多くは、さほどサイズが大きくなく、こぢんまりとしている。かつ、描かれているのは、なんの変哲もない瓶や水差しや花瓶などだ。それらの同じようなモティーフ[注3]が、繰り返し繰り返し、作品の中に登場する。［　　］、背景が変わったり、視点が変わったりすることもなく、ただただ、坦々《たんたん》と、同じようなものを、固定された視点で、ひたすらに、ひたむきに描いているのだ。

なんなんだこれは？　と初めて見た人は思うかもしれない。全部同じ静物画じゃないか、何がおもしろいんだ？　と。正直に告白すると、私も最初はそう思わなくはなかった。

なぜそうまでして、同じものばかりを描き続けたのか。その冷めた情熱はいったいどこからきているのか。そう、モランディの描く絵には、不思議と情熱が感じられるのだ。ただし、その温度が③極めて低い。まるで冬眠しているかのように、静かに呼吸をし、明日へと命をつなごうとするひたむきな意志がある。その凍ったような情熱が、しんしんと観る側に伝わってくる。

テート・モダンの「モランディ展」の入り口で、この画家に惹かれつつもその力量に対しては懐疑的だった私だが、出口にたどりつく頃には、ほのかに満足していた。満腹感はない。けれど、八分目でじゅうぶんだ。滋味溢《あふ》れるスローフード[注4]を食べたような、おだやかな満足感。ピカソやマティスやセザンヌにはない3不思議な満足感が、モランディの絵にはあるのだと知った。

「ブリオッシュ[注5]のある静物」
ジョルジョ・モランディ
1920年

（原田マハ「いちまいの絵」より）

（注1）キュレーター＝博物館や美術館で作品収集や企画立案を行う専門職員。
（注2）テート・モダン＝ロンドンにある国立近現代美術館。
（注3）モティーフ＝創作の動機となる主要な題材・思想。モチーフ。
（注4）スローフード＝質の良い食材で、時間をかけて作った料理。
（注5）ブリオッシュ＝パンの一種。

1　①～③の漢字の読みを書きなさい。

①（　　る）　②（　　）　③（　　めて）

2　1一瞬にして、その場の空気がさっと変わったとあるが、筆者が、そのように感じたのはなぜですか。その理由について述べた次の文の空欄Ⅰに当てはまる適切な表現を、四十五字以内で書きなさい。

大野：そうだね。「ぼんやりと和らぎだした」という表現に、吉の性格も表れているなあと思ったよ。

(1)　空欄Ⅱに当てはまる最も適切な表現を、次のア～エの中から選び、その記号を書きなさい。（　　）

ア　秘められた本心　　イ　家族との別離
ウ　定められた運命　　エ　報われない努力

(2)　空欄Ⅲに当てはまる適切な表現を「……ことで、……になっている」という形式によって書きなさい。

［　　　　　　ことで、
　　　　　　になっている　］

2　次の文章を読んで、あとの問いに答えなさい。

世界中にある絵画の中で、もしも一枚だけ好きな絵をもらえるとしたら、どのアーティストの作品が欲しい？

アート関係者が集まった酒宴の席で、そんな質問が飛び出した。私は、さっそく自分にとっての「この一枚」は誰の作品だろうか、と思案した。どんなアーティストを選ぶかによって、その人の個性も垣間見《かいまみ》える。これは心して選ばねばなるまい。ピカソもいいし、マティスも捨てがたい、はたまたセザンヌも……などと迷っていたら、現代アートを専門にしている注1キュレーターの友人が、意外な画家の名を挙げた。それは、ジョルジョ・モランディであった。

1一瞬にして、その場の空気がさっと変わった。全員、一様に、その手があったか！　という表情を見せた。ピカソやマティスを思い描いていた私も、「ああ、モランディ！」と思わず膝を打った。そして、誰もが口々に「いやあ、モランディはいいよね」「ほんとうにいい」と言い合ったのである。

このエピソードは、ジョルジョ・モランディを①巡る象徴的なふたつのことを物語っている。ひとつは、モランディという画家が、ぱっと真っ先に思い出されたり、とかく参照されたりということがあまりない画家、つまり、ピカソやマティスやセザンヌなどとは異なり、いたって地味な画家であるということ。もうひとつは、誰もが「ものすごく好き」というのではないけれど「憎からず」思っている画家なのだということ。つまり、誰にも「あの画家はいい」といわしめる普遍的な「何か」を、モランディは持ち合わせている――といえるのではないか。

事実、私の周辺には、2公言こそしないが、「実はモランディが好きである」という隠れファンがけっこういる。私自身、モランディに対して

1　①～③のカタカナに当たる漢字を書きなさい。

①（　　　）　②（　　み）　③（　　めて）

2　1笑いを浮かばせようと骨折った大きな口の曲線が、幾度も書き直されてあるとあるが、次の文は、吉がこのような行動をとった理由について述べたものです。空欄Ⅰに当てはまる適切な表現を、十字以内で書きなさい。

吉は、習字の時間も（　Ⅰ　）のことが気になっていたから。

3　2ずっと吉は毎日同じことをしたとあるが、吉は毎日どこで何をしていたのですか。十五字以内で書きなさい。

4　文章中で、母はどのような母親として描かれていると考えられますか。本文の内容を根拠に挙げ、「……ところや、……ところから、……母親として描かれていると考えられる。」という形式によって、あなたの考えを書きなさい。

ところや、
ところから、
母親として描かれていると考えられる。

5　※1から※2までの部分について、国語の時間に、生徒が話し合いをしました。次の【生徒の会話】はそのときのものです。これを読んで、あとの(1)・(2)に答えなさい。

【生徒の会話】

大野：吉はある日、久しぶりに仮面を見たら、腹が立ってきて仮面を引きずり降ろして割ったのよね。でも、その後、吉が割れた仮面で立派な下駄が出来そうな気がして、もとのように満足そうに表情が和らいでいるのはなぜなのかな。

長野：確か、吉が引きずり降ろして割った仮面は、吉を下駄屋にするという父の決断の大きなきっかけになっていたよね。

小川：なるほど。だから吉は、「貴様のお蔭で俺は下駄屋になったのだ！」と言っているんだね。ということは、仮面は吉の（　Ⅱ　）を象徴していると考えられない？　吉は自分が下駄屋として生きてきたことに不満があるのかなあ。

大野：吉は二十五年間、下駄屋を続けてきたんだね。でも、ある日、久しぶりに鴨居の上の仮面を見たら、二十五年間、下駄屋を続けてきた自分の人生を、仮面が馬鹿にして笑ったように感じたんだよね。だから、腹が立って、悲しくなって、また腹が立って仮面を引きずり降ろして割ったのだと思うよ。

長野：でも、吉は腹を立てて仮面を割ったけれど、本文の最後では、またもとのように満足そうにぼんやりと表情が和らいでいるよ。腹を立てていたのに、どうして最後に表情が満足そうにぼんやりと和らいだのかなあ。

小川：腹を立てて仮面を割った後、暫くして、持ち馴れた下駄の台木を眺めるように、割れた仮面を手にとって眺めて、ふと何だかそれで立派な下駄が出来そうだと感じているよね。吉は強く意識しているわけではないかもしれないけれど、この吉の行動は、吉が（　　Ⅲ　　）ということの表れだと思うなあ。だから、腹が立っていたけれど、暫くすると、もとのように満足そうに表情が和らいだんじゃないかな。

の青くなった彼は、まだ剃刀を研いでは屋根裏へ通い続けた。そしてその間も時々家の者らは晩飯の後の話のついでに吉の職業を選び合った。が、話は一向にまとまらなかった。ある日、昼餉《ひるげ》[注6]を終えると父は顎を撫でながら剃刀を取り出した。吉は湯を飲んでいた。「誰だ、この剃刀をぼろぼろにしたのは。」父は剃刀の刃をすかして見てから、紙の端を二つに折って切ってみた。が、少し引っかかった。父の顔は険しくなった。吉は飲みかけた湯を暫く口へ溜《た》めて黙っていた。「吉がこの間研いでいましたよ。」と姉は言った。「吉、お前どうした。」やはり吉は黙って湯をごくりと咽喉《のど》へ落とし込んだ。「うむ、どうした？」吉が何時までも黙っていると、「ははア分かった。吉は屋根裏へばかり上っていたから、何かしていたに決まってる。」と姉は言って庭へ降りた。「いやだい。」と吉は鋭く叫んだ。「いよいよ怪しい。」姉は梁《はり》[注7]の端に吊《つ》り下がっている梯子《はしご》を昇りかけた。すると吉は裸足《はだし》のまま庭へ飛び降りて梯子を下から揺すぶり出した。「恐《こわ》いよう、これ、吉ってば。」肩を③チヂめている姉はちょっと黙ると、口をとがらせて唾《つば》を吐きかける真似《まね》をした。「吉ッ！」と父は叱った。暫くして屋根裏の奥の方で、「まアこんなところに仮面《めん》が作《こしら》えてあるわ。」という姉の声がした。吉は姉が仮面を持って降りて来るのを待ち構えていて飛びかかった。姉は吉を突き除《の》けて素早く仮面を父に渡した。父はそれを高く捧《ささ》げるようにして暫く黙って眺めていたが、「こりゃ好く出来とるな。」またちょっと黙って、「うむ、こりゃ好く出来とる。」と言ってから頭を左へ傾け変えた。仮面は父を見下して馬鹿にしたような顔でにやりと笑っていた。その夜、納戸《なんど》で父と母とは寝ながら相談をした。「吉を下駄屋《げたや》にさそう。」最初にそう父が言い出した。母はただ黙ってきいていた。「道路に向いた小屋の壁をとって、そこで店を出さそう、それに村には下駄屋が一軒もないし。」ここまで父が言うと、今まで心配そうに黙っていた母は、「それが好い。あの子は身体が弱いから遠くへやりたくない。」と言った。

※1 間もなく吉は下駄屋になった。吉の作った仮面は、その後、彼の店の鴨居《かもい》[注8]の上で絶えず笑っていた。無論何を笑っているのか誰も知らなかった。吉は二十五年仮面の下で下駄をいじり続けて貧乏した。無論、父も母も亡くなっていた。ある日、吉は久しぶりでその仮面を仰いで見た。すると仮面は、鴨居の上から馬鹿にしたような顔をしてにやりと笑った。吉は腹が立った。次には悲しくなった。が、また腹が立って来た。「貴様のお蔭《かげ》で俺《おれ》は下駄屋になったのだ！」吉は仮面を引きずり降ろすと、鉈《なた》を振るってその場で仮面を二つに割った。暫くして、彼は持ち馴《な》れた下駄の台木を眺めるように、割れた仮面を手にとって眺めていた。が、ふと何だかそれで立派な下駄が出来そうな気がして来た。すると間もなく、吉の顔はまたもとのように満足そうにぼんやりと和らぎだした。※2

（横光利一「笑われた子」より）

（注1）暖簾を分ける＝長年よく勤めた店員などに新しく店を出させ、同じ店名を名乗ることを許す。

（注2）手工が甲＝図画工作の成績が良いこと。

（注3）信楽＝滋賀県の地名。信楽焼《しがらきやき》という陶器の産地。

（注4）高麗狗＝神社の社殿の前に置いてある獅子に似た獣の像。

（注5）跳ね釣瓶＝竿《さお》の先につけた桶《おけ》を石などの重みで跳ね上げ、井戸の水を汲《く》むようにしたもの。

（注6）昼餉＝昼食。

（注7）梁＝屋根の重みを支えるために柱の上部に架け渡した材木。

（注8）鴨居＝ふすまや障子などをはめ込むために、部屋と部屋の間や出入り口の上部に渡した溝のある横木。

国語

時間　五〇分
満点　五〇点

1 次の文章を読んで、あとの問いに答えなさい。

吉をどのような人間に仕立てるかということについて、吉の家では晩《ばん》餐《さん》後毎夜のように論議せられた。またその話が始まった。吉は牛にやる雑炊を煮《た》きながら、ひとり柴《しば》の切れ目からぶくぶく出る泡を面白そうに眺めていた。「やはり吉を大阪へやる方が好《よ》い。十五年も辛抱したなら、[注1]暖簾《のれん》が分けてもらえるし、そうすりゃあそこだから直《す》ぐに金も儲《もう》かるし。」そう父が言うのに母はこう言った。「大阪は水が悪いというから駄目駄目。幾らお金を儲けても、早く死んだら何もならない。」「百姓させば好い、百姓を。」と兄は言った。「吉は[注2]手工が甲だから[注3]信楽《しがらき》へお茶碗造《ちゃわんづく》りにやるといいのよ。あの職人さんほどいいお金儲けをする人はないって言うし。」そう口を入れたのはませた姉である。「そうだ、それも好いな。」と父は言った。母だけはいつまでも黙っていた。

その夜である。吉は真っ暗な果てしのない野の中で、口が耳まで裂けた大きな顔に笑われた。その顔は何処《どこ》か正月に見た獅子《しし》舞《ま》いの獅子の顔に似ているところもあったが、吉を見て笑う時の頬の肉や殊に鼻のふくらぎまでが、人間《ひと》のようにびくびくと動いていた。吉は必死に逃げようとするのに足がどちらへでも折れ曲がって、ただ汗が流れるばかりで①ケッキョク身体《からだ》はもとの道の上から動いていなかった。けれどもその大きな顔は、だんだん吉の方へ近よって来るのは来るが、さて吉をどうしようともせず、何時《いつ》までたってもただにやりにやりと笑っていた。何を笑っているのか吉にも分からなかった。が、とにかく彼を馬鹿にしたような笑顔であった。

翌朝、蒲団《ふとん》の上に座って薄暗い壁を見詰めていた吉は、昨夜夢の中で逃げようとしてもがいたときの汗を、まだかいていた。その日、吉は学校で三度教師に叱られた。最初は算術の時間で、仮分数を帯分数に直した分子の数を聞かれた時に黙っていると、「そうれ見よ。お前はさっきから窓ばかり眺めていたのだ。」と教師に睨《にら》まれた。二度目の時は習字の時間である。その時の吉の草紙の上には、字が一字も見あたらないで、宮の前の[注4]高麗狗《こまいぬ》の顔にも似ていれば、また人間の顔にも似つかわしい三つの顔が書いてあった。そのどの顔も、1笑いを浮かばせようと骨折った大きな口の曲線が、幾度も書き直されてあるために、真っ黒くなっていた。三度目の時は学校の退《ひ》けるときで、皆の学童が包《つつみ》を仕上げて礼をしてから出ようとすると、教師は吉を呼び止めた。そして、もう一度礼をし直せと叱った。

家へ走り帰ると直ぐ吉は、鏡台の引き出しから油紙に包んだ剃刀《かみそり》を取り出して人目につかない小屋の中でそれを研いだ。研ぎ終わると軒へ回って、積み上げてある割木を眺めていた。それからまた庭へ入って、餅搗《つ》き用の杵《きね》を撫《な》でてみた。が、またぶらぶら流し元まで戻って来るとまな板を裏返してみたが急に彼は井戸傍《いどばた》の[注5]跳《は》ね釣瓶《つるべ》の下へ駆け出した。

「これはうまいぞ、うまいぞ。」そう言いながら吉は釣瓶の尻の重りに縛り付けられた欅《けやき》の丸太を取りはずして、その代わりに石を縛り付けた。暫《しばら》くして吉は、その丸太を三、四寸も②アツみのある幅広い長方形のものにしてから、それと一緒に鉛筆と剃刀とを持って屋根裏へ昇っていった。次の日もまたその次の日も、そしてそれから2ずっと吉は毎日同じことをした。

ひと月もたつと四月が来て、吉は学校を卒業した。しかし、少し顔色

2020年度／解答

数　学

1 【解き方】(1) 与式 $= 4 - 2 = 2$

(2) 与式 $= 8x - 4y - 7x + 3y = x - y$

(3) 和が3，積が -28 である2数は7と -4 だから，与式 $=(x+7)(x-4)$

(4) 与式 $=(\sqrt{2})^2 + 2 \times \sqrt{2} \times \sqrt{7} + (\sqrt{7})^2 = 2 + 2\sqrt{14} + 7 = 9 + 2\sqrt{14}$

(5) 解の公式より，$x = \dfrac{-7 \pm \sqrt{7^2 - 4 \times 4 \times 1}}{2 \times 4} = \dfrac{-7 \pm \sqrt{33}}{8}$

(6) 立面図が三角形で，平面図が四角形であることから，この立体は四角錐とわかる。よって，展開図は②。

(7) 正三角形の周の長さは1辺の長さの3倍だから，$y = x \times 3 = 3x$　よって，比例定数は3。

(8) 出る目の数の和が10になる場合は，(大，小) = (4，6)，(5，5)，(6，4)の3通り。2つのさいころの目の出方は全部で，$6 \times 6 = 36$ (通り)だから，求める確率は，$\dfrac{3}{36} = \dfrac{1}{12}$

【答】(1) 2　(2) $x - y$　(3) $(x+7)(x-4)$　(4) $9 + 2\sqrt{14}$　(5) $x = \dfrac{-7 \pm \sqrt{33}}{8}$　(6) ②　(7) 3　(8) $\dfrac{1}{12}$

2 【解き方】(1) 表から，1ページあたりの見出し語の数は，$(57 + 43 + 58 + 54 + 55 + 58 + 53 + 55 + 67 + 60) \div 10 = 56$ (語)だから，$56 \times 1452 = 81312$ より，③の81000語。

(2) 正方形の1辺の長さと対角線の長さは $\sqrt{73}$cm にならないのは明らか。よって，考えられる線分は，線分AE，AF，AG，BE，BF，BG，DE，DF，DG。このうち，線分BFは，$3 + 5 = 8$ (cm)，線分DEは，$5 - 3 = 2$ (cm)　次に，正方形ECFGの対角線の長さは $5\sqrt{2}$cm で，$5\sqrt{2} = \sqrt{50}$ より，それぞれの線分を斜辺とする直角三角形において，直角をはさむ2辺のうち，少なくとも1辺は5cmより長くなくてはいけない。これより，線分AE，BE，DF，DGは $\sqrt{73}$cm ではない。残りの線分AF，AG，BGの長さの2乗を求めると，$AF^2 = AB^2 + BF^2 = 3^2 + 8^2 = 73$，$AG^2$ は，AD + EGの2乗と DE^2 の和に等しく，$(3 + 5)^2 + 2^2 = 68$，BG^2 は，CE^2 と BF^2 の和に等しく，$5^2 + 8^2 = 89$　よって，長さが $\sqrt{73}$cm になる線分は線分AF。

(3) P地点からR地点までの道のりを x m，R地点からQ地点までの道のりを y m とすると，P地点からQ地点までの道のりについて，$x + y = 5200$……①，かかった時間について，$\dfrac{x}{80} + \dfrac{y}{200} = 35$……②が成り立つ。①，②を連立方程式として解くと，$x = 1200$，$y = 4000$　よって，P地点からR地点までの道のりは1200m，R地点からQ地点までの道のりは4000m。

【答】(1) ③　(2) 線分AF

(3) (P地点からR地点までの道のり) 1200 (m)　(R地点からQ地点までの道のり) 4000 (m)

3 【解き方】(1) 度数が最も大きい階級は80分以上100分未満の階級だから，最頻値は，$\dfrac{80 + 100}{2} = 90$ (分)

(2) 平均待ち時間が40分未満の相対度数は，雨が降った休日が，$0.03 + 0.26 = 0.29$ で，雨が降らなかった平日が，$0.00 + 0.17 = 0.17$　よって，待ち時間が短くなるのは，雨が降った休日の方と考えられるから，次の日曜日で，①。

【答】(1) 90 (分)　(2) ア．0.29　イ．0.17　ウ．①

4 【解き方】(2) まず，連続する4つの整数について，小さい方から2番目の数と大きい方から1番目の数の積から，小さい方から1番目の数と大きい方から2番目の数の積を引いたときの差は，$(n + 1)(n + 3) - n(n +$

2) $= n^2 + 4n + 3 - n^2 - 2n = 2n + 3$　n，$n + 1$，$n + 2$，$n + 3$ のうち，和が $2n + 3$ になる 2 数は，$n + (n + 3)$ か，$(n + 1) + (n + 2)$ のいずれか。次に，連続する 5 つの整数のうち，小さい方から 1 番目の数を m とすると，連続する 5 つの整数は，m，$m + 1$，$m + 2$，$m + 3$，$m + 4$ と表せる。小さい方から 2 番目の数と大きい方から 1 番目の数の積から，小さい方から 1 番目の数と大きい方から 2 番目の数の積を引いたときの差は，$(m + 1)(m + 4) - m(m + 3) = m^2 + 5m + 4 - m^2 - 3m = 2m + 4$　m，$m + 1$，$m + 2$，$m + 3$，$m + 4$ のうち，和が $2m + 4$ になる 2 数は，$m + (m + 4)$ か，$(m + 1) + (m + 3)$ のいずれか。以上より，「小さい方から 1 番目の数と大きい方から 1 番目の数の和」，または，「小さい方から 2 番目の数と大きい方から 2 番目の数の和」となる。

【答】 (1) (例) 大きい方から 1 番目の数と大きい方から 2 番目の数の積から，小さい方から 1 番目の数と小さい方から 2 番目の数の積を引いたときの差は，$(n + 3)(n + 2) - n(n + 1) = n^2 + 5n + 6 - n^2 - n = 4n + 6$　連続する 4 つの整数の和は，$n + (n + 1) + (n + 2) + (n + 3) = 4n + 6$

(2) 小さい方から 1 番目の数と大きい方から 1 番目の数（または，小さい方から 2 番目の数と大きい方から 2 番目の数の和）

5 **【答】** △COE と△ODF において，円の半径だから，CO = OD……①　仮定より，∠CEO = ∠OFD = 90°……②　等しい弧に対する中心角は等しいから，∠AOC = ∠BOD……③　②より，∠OCE = 90° − ∠AOC……④　∠AOB = 90° であるから，∠DOF = 90° − ∠BOD……⑤　③，④，⑤より，∠OCE = ∠DOF……⑥　①，②，⑥より，直角三角形の斜辺と 1 つの鋭角がそれぞれ等しいから，△COE ≡ △ODF

6 **【解き方】** (1) △AOE は OE = 5 を底辺とすると，高さは 4 になるから，△AOE $= \dfrac{1}{2} \times 5 \times 4 = 10$

(2) CA = AE のとき，A は CE の中点。点 D の x 座標を t とすると，点 D の y 座標は t^2 になるから，点 C の y 座標も t^2　A が CE の中点になることから，A の y 座標について，$\dfrac{t^2 + 0}{2} = 4$ が成り立つ。整理して，$t^2 = 8$　$t > 0$ より，$t = 2\sqrt{2}$ だから，D $(2\sqrt{2},\ 8)$，C $(-2\sqrt{2},\ 8)$　2 点 A，C の x 座標の差は，$2 - (-2\sqrt{2}) = 2 + 2\sqrt{2}$ だから，点 E の x 座標は，$2 + (2 + 2\sqrt{2}) = 4 + 2\sqrt{2}$　よって，直線 DE の傾きは，$\dfrac{0 - 8}{(4 + 2\sqrt{2}) - 2\sqrt{2}} = -2$

【答】 (1) 10　(2) -2

英　語

1 【解き方】(問題A) No.1. ナナコは「姉（妹）から花をもらった」と言っている。No.2.「英語の次の授業が数学である」,「体育は午後にある」という条件に合うものを選ぶ。No.3. モモカは「火曜日から金曜日まで練習している」と言っている。No.4. エミリーは「友人たちと一緒にボランティア活動をする」と言っている。
(問題B)「勉強するときには友人と一緒のほうがいいのか，友人なしのほうがいいのか？」という質問。友人と一緒のほうがいいという意見であれば「質問があるときに聞くことができるから」，友人なしのほうがいいという意見であれば「友人と話をしてしまうため，熱心に勉強できないから」などの理由を述べる。

【答】(問題A) No.1. イ　No.2. エ　No.3. ウ　No.4. ア
(問題B)(例) I don't agree. I can study better with my friends because I can ask them questions when I have something I don't understand.

◀全訳▶ (問題A)

No.1.
A：ナナコ，誕生日パーティーはどうでしたか？
B：楽しかったですよ，トム。母が私のためにケーキを作ってくれました。とてもおいしかったです。
A：それはよかったですね。誕生日には何をもらったのですか？
B：姉（妹）から花をもらい，兄（弟）がカップをくれました。
A：楽しいときを過ごせたようですね。
B：もちろんです。
質問1：ナナコは姉（妹）から何をもらいましたか？

No.2.
A：英語の授業が終わったところです。とても楽しかったです。
B：次の授業は何ですか，ダイキ？　体育ですか？
A：いいえ，サラ。次は数学です。体育は午後にあります。今日はサッカーをする予定です。
B：楽しそうですね。
質問2：ダイキとサラはどの時間割について話していますか？

No.3.
A：こんにちは，デイヴィス先生。先生は卓球をするのに興味がありますか？
B：はい，でもやったことはありません。それは楽しいですか，モモカ？
A：はい。私は卓球部に入っています。私たちと一緒にやりませんか？
B：いいですよ。どこで練習しているのですか？
A：私たちは学校の体育館で練習しています。いつも火曜日から金曜日まで練習しています。
B：わかりました。今週の金曜日に参加します。
質問3：卓球部は週に何日練習していますか？

No.4.
A：エミリー，日曜日は何をする予定ですか？
B：午前中は図書館に行って，そのあとは学校の近くの公園へ行く予定です。
A：公園では何をするのですか？
B：友人たちと一緒にボランティア活動をする予定です。私たちは公園を掃除します。私たちと一緒にやりませんか，リョウマ？
A：参加したいのですが，日曜日は友人たちと野球をする予定なのです。
B：ああ，わかりました。ではまた今度。

質問4：なぜエミリーは日曜日に公園へ行くのですか？

（問題B）昨日の放課後にこの教室に来たとき，たくさんの生徒たちが来週のテストに向けて友人たちと一緒にここで勉強しているのを見ました。しかし，テスト勉強をするときには友人なしで勉強するほうがいいと言う人々もいます。この考えについてあなたはどう思いますか？　また，なぜそう思うのですか？

2 【解き方】1. グラフ1を見る。「日本食を食べること」と答えている人は約70パーセント。

2. ポールの「世界中にある日本食レストランの数が5年で2倍になった」という言葉に対するせりふ。have more chances to ～＝「～する機会をより多く持つ」。

3. 「私たちはラーメンを日本食と呼ぶことができると思う」という意味にする。「AをBと呼ぶ」= call A B。

4. (1) ポールの3番目のせりふにある「世界中の日本食レストランの数が5年で2倍になった」という言葉から考える。世界中の「日本食レストラン」の数が約55,000から約118,000に増えた。(2) ポールの5番目のせりふを見る。ポールの好きな日本食の1つはラーメン。(3) 香里の3番目のせりふを見る。ラーメンは日本を訪れる外国人の間でとても人気がある。(4) 翔太の6番目のせりふを見る。翔太の好きな食べ物はお好み焼き。(5) 香里の7番目のせりふを見る。お好み焼きは外国人にはあまり人気がない。

5. 「地元の食文化を紹介することができるのでお好み焼きがいいと思う」，「外国人に人気があるので，地元の材料を使った特別なラーメンがいいと思う」などの内容を英語で表す。

【答】1. エ　2. イ　3. we can call *ramen* Japanese food

4. (1) Japanese restaurants　(2) イ　(3) カ　(4) ア　(5) エ

5. (例) I think *okonomiyaki* is good. Hiroshima is famous for *okonomiyaki*, so people joining the event will learn about the food culture of Hiroshima by eating *okonomiyaki*. (26語)

◀全訳▶

香里　：もうすぐ東京オリンピック・パラリンピックが行われます。待ちきれません！

ポール：海外から多くの人が日本に来るので，日本人は日本を訪れる人々に日本文化を紹介する機会を持つことになりますね。

翔太　：来月，僕たちの町も国際的なスポーツイベントを開催します。地元の人々や外国の人々がそのイベントに参加する予定です。僕たちの町が，そのイベントでは屋台でどんな食べ物を人々に出せばいいのか決めるよう僕たちに求めてきました。

ポール：そうですね，翔太。僕たちはどんな食べ物を出せばいいのかということに関する情報を持っています。

翔太　：日本を訪れる外国人の主な目的が日本食を食べることだと知っていますか？　グラフ1を見てください。外国人の約70パーセントが「日本に来る前に日本食が食べたかった」と答えています。

ポール：今，日本食は世界中でとても人気があります。2013年に伝統的な日本料理がユネスコ無形文化遺産に登録されたあと，世界中の日本食レストランの数が5年で2倍になったそうです。

香里　：それは，今では世界中の多くの人が日本食を食べる機会をより多く持つようになったということです。私たちが出す食べ物を通じて，そのイベントに来ている外国人に日本文化を伝えることができればいいと思います。

ポール：僕も同感です，香里。人気のある日本食の中から食べ物を選びましょう。

翔太　：はい。しかし日本を訪れる外国人の間でどんな日本食が人気なのでしょうか？　すしでしょうか，それとも，てんぷらでしょうか？

香里　：グラフ2とグラフ3を持ってきました。グラフ2から，外国人の中では肉料理が最も人気があり，ラーメンもとても人気があることがわかります。

翔太　：ラーメン？　僕はラーメンは中華料理だと思っていました。

香里　：日本の多くの場所に，地元の材料を使った多くの種類の特別なラーメンがあります。ラーメンを食べると地元の食文化を楽しむことができるそうですよ。

ポール：アメリカの友人たちも僕も，ラーメンは日本食だと思っています。ラーメンは僕の大好きな日本食の1つです。

翔太　：なるほど。では，僕たちはラーメンを日本食と呼ぶことができるのだと思います。

ポール：グラフ2は，すしも外国人の間でとても人気があることを示しています。

香里　：ああ，今思い出しました！　私は町から手紙を受け取りました。それには生の食べ物は出せないと書いてあります。

ポール：ではそのイベントで，すしは出せないということですね？

香里　：その通りです，ポール。

翔太　：僕はお好み焼きが好きです。お好み焼きは外国人の間で人気がありますか？

香里　：お好み焼きは小麦粉料理ですから，グラフ2から判断すると，あまり人気があるようには思えません。

ポール：グラフ3は小麦粉料理についてどんなことを示しているのですか，翔太？

翔太　：ええと，小麦粉料理が好きな外国人が，なぜそれらの料理が好きなのかを問われました。回答の約40パーセントは，それらが伝統的で日本独特のものであるからというものです。僕たちが出すものを決める際には，その点も考慮に入れることができます。

ポール：わかりました。では，イベントに参加する人々のためにどの料理を選べばいいでしょうか？

翔太　：そのことについてもっと話し合いましょう。

3 **【解き方】** 1. (1)「大学生のとき，美紀は何について学びましたか？」。第2段落の1文目を見る。美紀はアフリカの問題について学んだ。(2)「製品を売るために，美紀はどこで小さな店をオープンしましたか？」。第8段落の1文目を見る。彼女はナイジェリアで店をオープンした。

2. 第2段落の2・3文目から考える。美紀は「ナイジェリアの『人々』を助けるためにこの布を利用することができる」と思った。

3. 2つ前の文を見る。美紀は女性の「私たちは日本人にアフリカの布で作られた衣服を着てもらいたいと心から思っています」という言葉を聞いて喜んだ。

4.「美紀と二人の女性は，新しい衣服のデザインを創り出そうと毎日努力しました」という文。美紀と二人の女性が日本人のための衣服を創り出そうと努力している様子が述べられている第7段落の冒頭に入る。

5. ア．第3段落の1～3文目を見る。美紀がアフリカの布の美しい柄をたくさん見たのはナイジェリアの市場でのこと。イ．「美紀はナイジェリアの市場で日本人が好む衣服のデザインを見つけることができなかった」。第4段落の1文目を見る。正しい。ウ．「美紀はアフリカの布で美しい衣服を作るためのアドバイスを日本の友人たちに求めた」。第7段落を見る。正しい。エ．第4段落の最終文を見る。美紀には衣服を作る技術がまったくなかった。

6. 何か新しいものを創り出すとき，美紀が言った「素晴らしいアイデアと，信頼できて一緒に同じ目標を達成することのできる人」の他に何が必要なのかという質問。(1)で「時間」や「お金」など，自分が必要だと思うものを答え，(2)でその理由を述べる。

【答】 1.（例）(1) She studied about problems in Africa.　(2) She opened it in Nigeria.　2.（例）people
3. ウ　4. え　5. イ・ウ
6.（例）(1) I think I need time.　(2) I have to think of some good ideas to create something new.

◀全訳▶　何か新しく素晴らしいものを創り出すとき，あなたは何を必要としますか？　私たちの多くは素晴らしいアイデアが必要だと考えます。では，他には何が必要でしょうか？　山本美紀は「信頼できて一緒に同じ目標を達成することのできる人も必要です」と言いました。彼女は事業に成功し，現在はナイジェリアに住んでいます。彼女はどのようにしてナイジェリアで素晴らしい製品を創り出したのでしょうか？

美紀は大学時代にアフリカの問題について学びました。彼女はアフリカの貧しい人々をどのように助ければいいのかということを常に考えていました。大学卒業後，彼女は援助を必要とする人々のためにナイジェリアで働き始めました。

ナイジェリアで，彼女はよく市場に行き，新しいものを見て楽しみました。ある市場で，彼女はアフリカの布に興味を持つようになりました。たくさんの美しい柄がありましたが，彼女は日本でそのような柄を見たことはありませんでした。それを見たとき，彼女は「ナイジェリアの人々を助けるためにこの布を利用することができる！」と思いました。

美紀はナイジェリアの市場で，アフリカの布でできた多くの種類の衣服を見たのですが，日本人が好む衣服のデザインを見つけることができませんでした。彼女は「それなら，日本人が買いたくなる衣服を私が作って売ろう！」と思いました。しかし，彼女には衣服を作る技術がまったくなかったため，ナイジェリアで人を雇うことにしました。

美紀はナイジェリアで二人の女性と一緒に働き始めました。その女性たちは子どもたちのために働いてお金を稼ぐ必要がありました。美紀は彼女たちに働く場所を与えることができてうれしく思いました，なぜならそれがアフリカの問題を解決する１つの方法だと思ったからです。美紀はその二人の女性のためにこの事業を成功させたいと思いました。美紀は彼女たちに「美しいアフリカの布を使って日本人のための衣服を一緒に作りましょう」と言いました。

美紀と二人の女性は日本人のための衣服を作り始めました。最初，美紀は彼女たちに十分なお金を支払うことができませんでした。美紀は「あなたたちに十分支払うことができなくてすみません」と言いました。すると，一人の女性が「美紀，私たちは自分たちの仕事を誇りに思っています。アフリカの布は私たちの文化の象徴なのです。私たちは日本人にアフリカの布で作られた衣服を着てもらいたいと心から思っています」と言いました。二人の女性は美紀にほほ笑みました。彼女たちが同じ目標に向かって働いているのを知り，美紀はとても幸せでした。

美紀と二人の女性は，新しい衣服のデザインを創り出そうと毎日努力しました。美紀は自分たちが作っている衣服についてのアドバイスを日本の友人たちに求め続けました。二人の女性は人気のある日本の衣服デザインを研究しました。とうとう，美紀と二人の女性は美しい衣服を創り出しました。

彼女たちの製品を売るため，美紀はナイジェリアに小さな店をオープンしました。インターネットで自分たちの衣服を紹介して販売するために，彼女はウェブサイトも作りました。間もなく，インターネットを通じて日本人が彼女たちの衣服に興味を持つようになりました。

現在，この事業は成功し，美紀と二人の女性は自分たちの事業をとても誇りに思っています。なぜ自分の事業が成功したのかと尋ねられると，美紀は「美しいアフリカの布を見て，日本人のために衣服を作ろうという素晴らしいアイデアを得たから，それは成功したのです。でも最も重要なことは，同じ目標のために私と一緒にとても熱心に働いてくれる人々に出会えたことです」と答えました。美紀と二人の女性は今，世界中の人々のために新しい製品を創り出すことについて考え，とてもわくわくしています。

4 **【解き方】** A. 昨晩，恵の母親は恵に対して怒っていた。「～に対して怒る」＝ be（または，get）angry at（または，with）～。

B. イラストより，恵が母親にしかられたのは「勉強せずに音楽を聞いていた」からであると考える。「音楽を聞いていた」＝ I was listening to music。「勉強せずに」＝ without studying。

C. ボブの「家での時間の使い方について自分自身のルールを作ってはどうか」という提案に対して言った言葉。「何時に勉強を始めて何時に寝るのか決めるつもりだ」や「何時間勉強して，何時間音楽を聞くのか決めるつもりだ」などの文が考えられる。

【答】（例）A. was angry at me　B. I was listening to music late at night without studying

C. decide what time I start to study and what time I go to bed（14 語）

社　会

1 【解き方】1. シラス台地は栄養価が少なく水もちが悪いため，稲作には不向きな土地。そのため，さつまいもや茶などの畑作や畜産業がさかん。

2. (1) 労働力を少なくすることができれば，生産にかかる費用が下がるので，商品の価格も安くすることができる。(2) 等高線の混み具合の差に注目するとよい。静岡県では日当たりの良い斜面を利用した茶の栽培がさかん。

3. (1) イ. 静岡県は兵庫県明石市を通る東経 135 度よりも東に位置している。エ. 茶は温暖で雨の多い地域で栽培されているため，砂漠が広がる地域は含まれない。(2) 気温が低くなる条件としては，標高が高い，寒流が側を流れているなどの要素がある。ナイロビは標高約 1700m の高地に位置している。

4. 商品作物とは自国での消費ではなく市場での販売や輸出を目的として栽培される農作物のこと。アフリカやアジア諸国では植民地時代に，ヨーロッパ諸国への輸出用にプランテーション（大農園）がつくられた。

【答】1. シラス台地

2. (1) 少ない労働力で効率よく生産できる。(2) 急な斜面に分布している（それぞれ同意可）

3. (1) ア・ウ　(2) ナイロビは，コロンボよりも標高が高いため。(同意可)

4. 商品作物の輸出による収入に頼る経済となっているため。(同意可)

2 【解き方】1. (1) アは昭和時代の太平洋戦争の終戦後に行われた農地改革，イは明治時代に行われた地租改正，ウは班田収授法，エは江戸時代の土地制度と税の関係についての文。(2) 九州北部には大宰府が置かれ，周辺には水城《みずき》や大野城などを築いて唐や新羅の侵攻に備えた。

2. 1428 年には日本初の農民や馬借の反乱とされている正長の土一揆が起こった。

3. 18 世紀後半に老中となった田沼意次は，大商人の資金力を利用することによって幕府の財政を立て直そうと考え，株仲間を公認して税金として冥加金《みょうがきん》を取り立てた。しかし，商人との結びつきの強さが賄賂《わいろ》政治を生むという矛盾《むじゅん》も生じた。

4. 1925 年に普通選挙法が制定され納税額による制限がなくなり，有権者の数が約 4 倍に増加した。

5. 15～64 歳の生産年齢人口が減り，65 歳以上の高齢者が増えるので，社会保障給付費をまかなうためには増税しなければならなかった。なお消費税率は，社会保障の給付と少子化対策のために，2019 年 10 月，10%に引き上げられた。

【答】1. (1) ウ　(2) 唐や新羅が攻めてくる（同意可）　2. 土一揆

3. A. 株仲間に税を納めさせる　B. 営業を独占する（それぞれ同意可）

4. 第 15 回衆議院議員総選挙で選挙権が与えられる資格には，納税額による制限があったが，第 16 回では納税額による制限が廃止された。(同意可)

5. 当時は社会保障給付費が増え続けてきており，少子高齢化がさらに進むと推計されていることから，新たな財源が必要となったため。(同意可)

3 【解き方】1. (2) 第一審の判決に不服で第二審に訴えることを控訴，第二審の判決に不服で第三審に訴えることを上告という。

2. ア. 現行犯の場合は令状は不要。エ. 経済的理由で弁護人を依頼できない場合は，国の費用で弁護人を依頼できる。

3. (1) 裁判員裁判で「執行猶予がつく割合」は，「傷害致死」以外の 4 項目で裁判官裁判よりも高くなっている。また，「実刑のうち最も多い人数の刑期」は，「殺人未遂」「傷害致死」「強盗致傷」の 3 項目で長くなっている。裁判員制度は国民の常識を裁判に反映させることで，裁判に対する国民の理解を深めるために 2009 年から導入された。(2) 実際に参加した人の感想や体験談をまとめて冊子にして配布したり，講演会やセミナーなどを開いたりして，よかったと感じた経験を人々に広く知ってもらうことで，裁判員制度のイメージを変えることができることなどを提案するとよい。

【答】1. (1) a. 良心　b. 法律　(2) 慎重に判断して，間違いをなくすため。(同意可)　2. イ・ウ・エ

3. (1)(記号) イ　(内容) 裁判の内容に国民の視点，感覚が反映された (同意可)　(2)(例) 裁判員を経験する前は裁判員制度に対する関心が低いが，実際に経験してみたらよかったと感じている人が多いことから，裁判員経験者によかったと感じた経験を話してもらう講演会を開く。

4 【解き方】1. 中津川市から愛知県の名古屋市までは，鉄道を使えば1時間30分ほどで行くことができるため，愛知県方面に通勤・通学している人々も多くいると考えられる。

2. (2) 参勤交代の際に移動する人数は多く，街道沿いの宿場にある宿屋などは経済的に潤った。

3. 歴史面では，「中山道の宿場であった古い町並みが残る馬籠宿・落合宿・中津川宿」や「島崎藤村の出身地であること」をアピールできる。また，「特産品のトマト・なす・栗・茶・そば」などを「主要道路にある道の駅」で買えることを宣伝すれば，車での来訪も見込める。さらに，「開業予定のリニア中央新幹線の駅が設置される」ことから東京や海外からの観光客を呼び込むことができる可能性まで考えるとよい。

【答】1. 昼間は，通勤や通学のために，市内に入ってくる人よりも，市外へ出ていく人の方が多いため。(同意可)

2. (1) 飛脚　(2) 参勤交代において，中山道の宿場で宿泊や飲食などに多くのお金が使われることにより，中山道沿いの人々が大きな利益を得ることができたため。(同意可)

3. (例) 有名な島崎藤村の出身地である中山道の馬籠宿を紹介して観光客を呼び，リニア中央新幹線の開業後は，東京に集まる多くの外国人にも来てもらい，古い町並みを歩いたり，そば打ちの体験をしたりしてもらう。この提案は，観光地で働く人々や特産品を生産する人々の収入を増加させる効果をもたらすと考える。

理　科

1 【解き方】1. 質量50.0gの小球の重さは，1 (N) × $\frac{50.0\,(\mathrm{g})}{100\,(\mathrm{g})}$ = 0.5 (N)　重さが0.5Nの小球を，20.0cm = 0.2mの高さまで持ち上げる仕事の量は，0.5 (N) × 0.2 (m) = 0.1 (J)

2. 小球が当たった後の木片には，レールとの間に移動する方向とは反対向きの摩擦力だけが働いている。

3. 表より，20.0gの小球を30.0cmの高さから静かに転がしたときの木片の移動距離は12.0cm。質量50.0gの小球を転がし，木片の移動距離が12.0cmになるのは，グラフより，9.0cmの高さから転がしたとき。

5. おもりがもつ位置エネルギーは，おもりの高さが高いほど大きい。おもりの位置が低くなると，位置エネルギーが小さくなり，運動エネルギーが大きくなるが，その和である力学的エネルギーは常に一定に保たれる。

【答】1. (小球の重さ) 0.5 (N)　(仕事の量) 0.1 (J)　2. エ　3. 9.0 (または，9) (cm)

4. 小球とレールとの間に働く摩擦力などにより，X点とY点の間で小球がもつエネルギーが失われるため。(同意可)

5. ア・エ・オ

2 【解き方】2. アは粒の直径が0.06mm以下の泥岩，イは等粒状組織である花こう岩，ウは斑状組織である安山岩，エは粒の直径が0.06～2mmの砂岩。

3. 石灰岩の主成分である炭酸カルシウムにうすい塩酸をかけると，二酸化炭素が発生する。

【答】1. 流水で運ばれながら，岩石の角がけずられるため。(同意可)　2. エ　3. 気体が発生する。(同意可)

4. イ・エ　5. (1) A. 凝灰岩　B. 火山灰　C. 広い範囲 (それぞれ同意可)　(2) D. イ　E. ア　F. ア

3 【解き方】1. バッタ・クモは外骨格をもつ節足動物，メダカはセキツイ動物。

2. 両生類・ハチュウ類はともに背骨やあしがあり，体表の温度が気温とほぼ同じである変温動物。

3. 卵に殻がないと乾燥してしまうので，殻のない卵は水中や水辺にうみつけられる。

【答】1. (体の特徴) (イ)　(生物名) (エ)・(カ)　2. この生物にはうろこがないため。(同意可)　3. (エ)・(オ)

4. (1) A. ア　B. エ (A・Bは順不同)　C. イ　D. ウ (C・Dは順不同)

(2) X. 異なる　Y. 同じである (それぞれ同意可)　Z. エ　(3) あたたかくて浅い海であった。(同意可)

4 【解き方】2. 硫酸バリウム$BaSO_4$は水に溶けないので，白い沈殿になる。また，実験2では，炭酸水素ナトリウムと塩酸が反応し，塩化ナトリウムと水と二酸化炭素ができる。

4. プラスチック容器の中では二酸化炭素が発生し，気圧が高くなっているので，ふたを開けると容器内の気体がプラスチック容器の外に出ていく。

5. (1) 銅の粉末1.00gを1回加熱すると，加熱後の物質の質量が1.18gになったので，銅に化合した酸素の質量は，1.18 (g) − 1.00 (g) = 0.18 (g)　(3) 加熱を4回以上行ったとき，加熱後の物質の質量は1.25gのまま一定になるので，銅の粉末1.00gを質量が変化しなくなるまで加熱したときに結びつく酸素の質量は，1.25 (g) − 1.00 (g) = 0.25 (g)　よって，銅の粉末0.80gを質量が変化しなくなるまで加熱したときに結びつく酸素の質量は，0.25 (g) × $\frac{0.80\,(\mathrm{g})}{1.00\,(\mathrm{g})}$ = 0.20 (g)

【答】1. 中和　2. A. 硫酸バリウム　B. NaCl

3. (名称) 質量保存の法則　X. 数　Y. 種類 (X・Yは順不同)

4. (記号) イ　(理由) 容器内の気体が，空気中に出ていくため。(同意可)

5. (1) ア　(2) 一定量の銅に化合する酸素の質量には限界があるため。(同意可)　(3) 0.20 (または，0.2) (g)

国　語

1 【解き方】2.「高麗狗の顔にも似ていれば，また人間の顔にも似つかわしい」顔とは昨夜の夢に出てきた顔であり，その笑っている様子を表そうと夢中になって何度も書き直していることをおさえる。

3. 姉が「吉は屋根裏へばかり上っていたから，何かしていたに決まっている」と言って，屋根裏で「仮面が作えてある」のを見つけたことから考える。

4. 父が吉を「大阪へやる」と言ったときに「大阪は水が悪い…何もならない」と言ったり，「吉を下駄屋にさそう」と言ったときには「あの子は身体が弱いから遠くへやりたくない」と言ったりしていることに着目する。

5. (1) 吉の「貴様のお蔭で俺は下駄屋になったのだ！」という言葉から，下駄屋になり貧乏している人生が，自分の意志ではなく仮面によって決められたものであると考えていることをおさえる。(2) 割れた仮面で「立派な下駄が出来そうな気がして来た」とあるので，二十五年間も下駄屋をしてきた吉が，立派な下駄を作れるかどうかという判断ができるようになっていることをおさえる。

【答】1. ① 結局　② 厚(み)　③ 縮(めて)　2. 夢に出てきた顔（同意可）

3. 屋根裏で仮面を作っていた。(13字)（同意可）

4. 就職先を考える時も吉の身体のことを心配している(ところや,)吉を遠くに行かさず下駄屋にさそうという父の言葉に賛成する(ところから,)心配性な面のある(母親として描かれていると考えられる。)（同意可）

5. (1) ウ　(2) 下駄を作る仕事を二十五年間続けてきた(ことで,)下駄作りの技能が身に付いた職人(になっている)（同意可）

2 【解き方】2. このエピソードからモランディという画家について，「いたって地味な画家」であり，「誰にも『あの画家はいい』といわしめる…持ち合わせている」と述べている。

3. 上の漢字が下の漢字を修飾している。イは，上の漢字が動作を表し，下の漢字がその対象を表している。ウは，同意の漢字の組み合わせ。エは，反意の漢字の組み合わせ。

4. モランディの作品の特徴として，「同じようなモティーフが…登場する」ということに，「背景が変わったり…ひたすらに，ひたむきに描いている」ということを付け加えている。

5. 資料では，モランディが「微妙な差異，小さな変化のうちに積極的な価値を見いだすこと」を自覚的に選択していたこと，また，この微妙な差異を生みだすためには「感覚を研ぎ澄ましておく必要がある」ことを述べている。「凍ったような情熱」とは，そうした「微妙な差異…価値を見いだす」ために感覚を研ぎ澄まし，強い意志を持って「同じものばかりを描き続けた」ことを表しており，それを感じたことから筆者が「不思議な満足感」を得ていることをおさえる。

【答】1. ① めぐ(る)　② ぼっとう　③ きわ(めて)

2. いたって地味だが，誰にも「あの画家はいい」といわしめる普遍的な「何か」を持ち合わせている (44字)（同意可）

3. ア　4. エ

5. 小さな差異を生み出すことに価値を見いだし，研ぎ澄まされた感覚で，ひたむきに同じものを描き続けている (49字)（同意可）

3 【解き方】1.「大しう」が「浅からず親をあはれみ」，「肝胆を砕き」祈った人物であることに着目する。

2. 父母の「朽ちはてたる御姿を見参らする度」に，嘆き悲しんでいる。

3. 語頭以外の「は・ひ・ふ・へ・ほ」は「わ・い・う・え・お」にする。

4. Ⅰ. 大しうが「肝胆を砕き祈りける」ことを，諸天諸仏は「あはれ」んだことをおさえる。Ⅱ. 大しうは，父母の姿を「ふたたび若くなしてたび給へ」という目的で祈っており，そのための七種類の野草をみかどに差し上げていることから考える。

【答】1. ア　2. 父母がすっかり衰えてしまったこと。(17字)（同意可）　3. (訴)え

4. Ⅰ. イ　Ⅱ. いつまでも若く，健康でいてほしい（16字）（同意可）

◀口語訳▶　さて正月七日に，野に出て，七草を摘んで，帝にお召し上がりものとして差し上げるということの由来を尋ねると，中国の楚の国の片隅に，大しうという者がいた。彼は親孝行な者であった。すでに，もう百歳にもなる父母がいて，腰なども曲がって，目などもかすみ，言うことも聞こえなかった。そのように，年をとったので，大しうはこのすっかり衰えてしまったお姿を拝見するたびに，嘆き悲しむことに限りがなかった。

大しうは，二人の親のお姿をふたたび若返らせてほしいと思って，一日中，天の神に祈ったことには，「私の親のお姿を，ふたたび若くしてください」と，仏神三宝に訴え，「これがかなわないものであるならば，私の姿と入れ替えてください。私の体は年をとって衰えたとしても，二人の親を若くしてください」と，近くの「とうこうせん」という山によじ登って，二十一日間，足を爪先立てて，心を込めて祈った。さて，多くの神仏は，これをふびんに思われ，二十一日が終わる夕暮れに，ありがたいことに帝釈天王が天から下られ，大しうに向かっておっしゃることには，「おまえが，深く親をふびんに思い，ひたすらに天に訴えたことを，（神仏は）願いを聞き入れなさったので，私は，ここまで来たのだ。さあさあ，おまえの親を若くしよう」とおっしゃって，薬の作り方を伝授して下さったのはすばらしいことだ。

4 **【解き方】** 中井さんの作文では，「疑問を見いだし追究すること」の楽しさがエジソンの発明のもととなっており，自分もその姿勢を大切にしながら発明家になる目標に向かっていきたいと述べている。発明家になる夢よりも，それに向かっていく姿勢について述べていることをおさえる。

【答】（例）

私は，「疑問に対する追究」という題名がよいと考える。

なぜなら，中井さんがこの作文で最も伝えたいことが明確に伝わるからだ。中井さんは発明家になるという夢の実現のために，疑問に対して追究し続けるエジソンのような人になりたいと主張している。つまり，一番伝えたいことの中心となる言葉は「追究」である。だから，中井さんの伝えたいことが端的に表現できているこの題名がよいと考える。（198字）

2025年度 受験用

公立高校入試対策シリーズ(赤本) ラインナップ

入試データ　前年度の各高校の募集定員,倍率,志願者数等の入試データを詳しく掲載しています。

募集要項　公立高校の受験に役立つ募集要項のポイントを掲載してあります。ただし,2023年度受験生対象のものを参考として掲載している場合がありますので,2024年度募集要項は必ず確認してください。

傾向と対策　過去の出題内容を各教科ごとに分析して,来年度の受験について,その出題予想と受験対策を掲載してあります。予想を出題範囲として限定するのではなく,あくまで受験勉強に対する一つの指針として,そこから学習の範囲を広げて幅広い学力を身につけるように努力してください。

くわしい解き方　模範解答を載せるだけでなく,詳細な解き方・考え方を小問ごとに付けてあります。解き方・考え方をじっくり研究することで応用力が身に付くはずです。また,英語長文には全訳,古文には口語訳を付けてあります。

解答用紙と配点　解答用紙は巻末に別冊として付けてあります。
解答用紙の中に問題ごとの配点を掲載しています(配点非公表の場合を除く)。合格ラインの判断の資料にしてください。

府県一覧表

3021　岐阜県公立高
3022　静岡県公立高
3023　愛知県公立高
3024　三重県公立高【後期選抜】
3025　滋賀県公立高
3026-1　京都府公立高【中期選抜】
3026-2　京都府公立高【前期選抜 共通学力検査】
3027-1　大阪府公立高【一般選抜】
3027-2　大阪府公立高【特別選抜】
3028　兵庫県公立高
3029-1　奈良県公立高【一般選抜】
3029-2　奈良県公立高【特色選抜】
3030　和歌山県公立高
3033-1　岡山県公立高【一般選抜】
3033-2　岡山県公立高【特別選抜】
3034　広島県公立高
3035　山口県公立高
3036　徳島県公立高
3037　香川県公立高
3038　愛媛県公立高
3040　福岡県公立高
3042　長崎県公立高
3043　熊本県公立高
3044　大分県公立高
3046　鹿児島県公立高

滋賀県特色選抜・学校独自問題

2001　滋賀県立石山高
2002　滋賀県立八日市高
2003　滋賀県立草津東高
2004　滋賀県立膳所高
2005　滋賀県立東大津高
2006　滋賀県立彦根東高
2007　滋賀県立守山高
2008　滋賀県立虎姫高
2020　滋賀県立大津高

京都府前期選抜・学校独自問題

2009　京都市立堀川高・探究学科群
2010　京都市立西京高・エンタープライジング科
2011　京都府立嵯峨野高・京都こすもす科
2012　京都府立桃山高・自然科学科

ご購入はお近くの書店,または弊社ウェブサイトへ。　https://book.eisyun.jp/

2025 年度
受験用

公立高校入試対策シリーズ 3034

広島県公立高等学校

別冊

解答用紙

●この冊子は本体から取りはずしてご使用いただけます。

●解答用紙（本書掲載分）をダウンロードする場合はこちら↓
https://book.eisyun.jp/

※なお，予告なくダウンロードを終了することがあります。

英俊社

●解答用紙の四隅にあるガイドに合わせて指定の倍率で拡大すると，実物とほぼ同じ大きさでご使用いただけます(一部例外がございます)。

数解

受検番号	第　　　番

数　学　解答用紙

得点	

1	(1)	
	(2)	
	(3)	
	(4)	
	(5)	
	(6)	
	(7)	cm
	(8)	

2	(1)	cm^2
	(2)	
	(3)	

3	(1)	
	(2)	

4	［証　明］

5	(1)		
	(2)	グラフ	図1 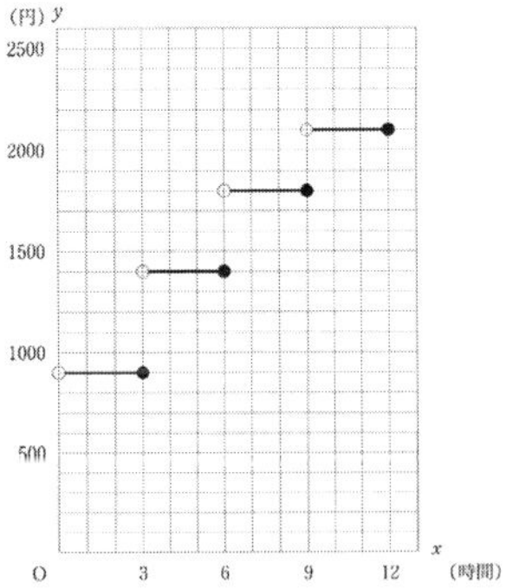
		ア	
		イ	

●はグラフがその点をふくむことを示し，○はグラフがその点をふくまないことを示している。

6	(1)		nを整数とすると，連続する3つの整数は，n，n＋1，n＋2と表される。 したがって，連続する3つの整数のそれぞれの2乗の和から2をひいた数は，その連続する3つの整数の中央の数を2乗して3倍した数と等しくなる。
	(2)	ア	
		イ	
	(3)		

※実物の大きさ：195% 拡大（A3 用紙）

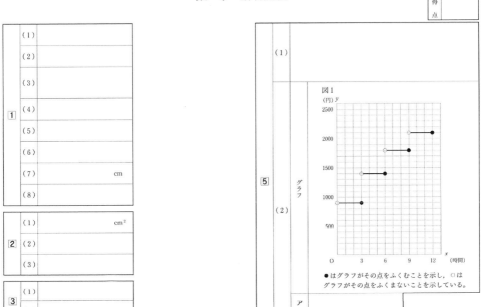

英
解

受検番号	第　　　　番

英　語　解答用紙

得点	

1	問題A	No.1	
		No.2	
		No.3	
	問題B		
	問題C		

2	1		
	2		
	3		
	4		
	5	a	
		b	
		c	
		d	

3	1	(1)	
		(2)	
	2		I knew (　　　　) better.
	3		
	4		
	5		
	6	(1)	
		(2)	

4	30 50

※実物の大きさ：195% 拡大（A3 用紙）

社
解

受検番号	第　　　　番

社　会　解答用紙

得点	

1	1	(1)	
		(2)	
	2		
	3		
	4		
2	1		
	2		
	3		
	4		
	5		
	6		
3	1	(1)	
		(2)	
		(3)	
	2	(1)	
		(2)	
4	1		
	2		
	3		
	4		
	5	A	
		B	

※実物の大きさ：195% 拡大（A3 用紙）

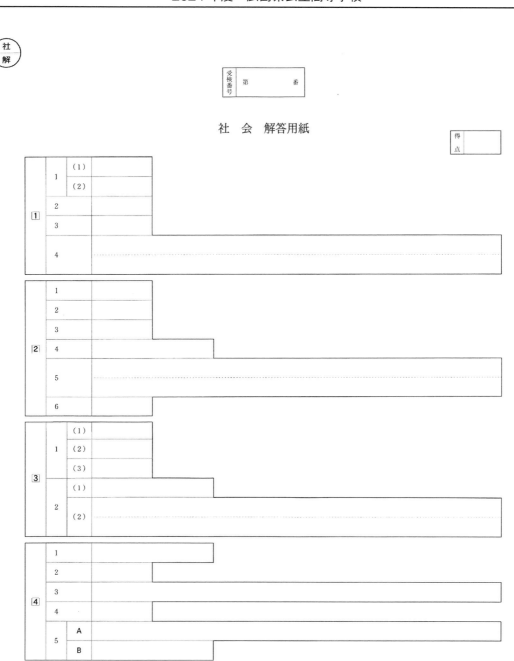

理
解

受検番号	第　　　　番

理　科　解答用紙

得点	

1	1	(1)		
		(2)		
		(3)	記号	正しい語
	2	(1)		
		(2)	a	b
		(3)	c	d

2	1	(1)	
		(2)	
		(3)	
	2		→ → →
	3	(1)	
		(2)	

3	1	(1)	
		(2)	
		(3)	記号
			理由
	2		
	3	(1)	
		(2)	

4	1		
	2	(1)	
		(2)	
		(3)	
		(4)	
		(5)	

※実物の大きさ：195% 拡大（A3 用紙）

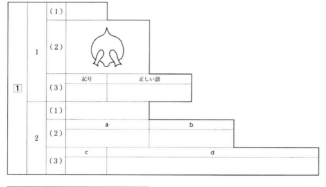

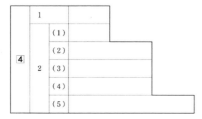

国解

受検番号　第　　番

国　語　解答用紙

得点

一
1 ㋐　㋑　かに　㋒　㋓　れ　㋔
2
3
4
5
6 Ⅲ　Ⅳ

二
1
2
3
4
5 (1)　(2)

三
1 日
2
3 見《ルニ》之《ヲ》
4

※実物の大きさ：195% 拡大（A3 用紙）

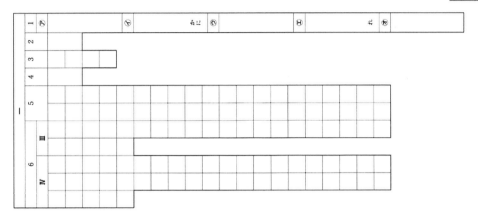

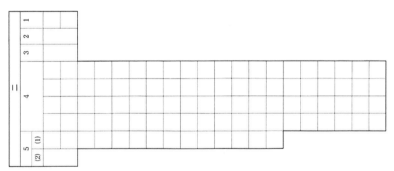

【数　　学】

[1] 2点×8　[2] (1)3点　(2)3点　(3)3点（完答）　[3] (1)2点　(2)3点　[4] 5点
[5] (1)2点　(2)3点×2（アイは完答）　[6] (1)3点　(2)2点（完答）　(3)2点

【英　　語】

[1] 問題A. 2点×3　問題B. 3点　問題C. 4点　[2] 1～4. 2点×4　5. 1点×4
[3] 1～5. 2点×6（3は完答）　6. (1)2点　(2)3点　[4] 8点

【社　　会】

[1] 1～3. 2点×4　4. 4点　[2] 1～4. 2点×4　5. 3点　6. 2点
[3] 1. 2点×3　2. (1)2点　(2)4点　[4] 1. 2点　2. 2点　3. 3点　4. 2点　5. 2点×2

【理　　科】

[1] 1. 2点×3（(3)は完答）　2. (1)2点　(2)2点（完答）　(3)3点（完答）　[2] 2点×6
[3] 1. 2点×3（(3)は完答）　2. 2点　3. (1)2点　(2)3点
[4] 1. 2点　2. (1)2点　(2)1点　(3)2点　(4)2点　(5)3点

【国　　語】

一. 1. 1点×5　2～4. 2点×3　5. 4点　6. Ⅲ. 3点　Ⅳ. 4点
二. 1. 2点　2. 2点　3. 3点　4. 5点　5. 3点×2
三. 1. 1点　2. 2点　3. 1点　4. 6点

数
解

受検番号	第　　　　番

数　学　解答用紙

得点	

1	(1)	
	(2)	
	(3)	
	(4)	
	(5)	
	(6)	個
	(7)	cm^3
	(8)	

2	(1)	
	(2)	分
	(3)	

3	(1)	度
	(2)	

4	(1)	
	(2)	

5	(1)	
	(2)	（求める過程） （答）　ア　に当てはまる配分時間は イ　に当てはまる配分時間は

6	(1)	△CEDと△CGBにおいて 合同な図形の対応する辺は等しいから DE ＝ BG
	(2)	

※実物の大きさ：195% 拡大（A3 用紙）

英解

受検番号	第　　　番

英　語　解答用紙

得点	

1	問題A	No.1	
		No.2	
		No.3	
	問題B		
	問題C		

2	1		
	2		
	3		
	4		
	5	a	
		b	
		c	
		d	

3	1	(1)	
		(2)	
	2		
	3		
	4		It (　　　) could understand what mushrooms are talking about.
	5		
	6		

4	問題A	ア	
		イ	
	問題B		

※実物の大きさ：195% 拡大（A3 用紙）

社
解

受検番号	第　　　　番

社　会　解答用紙

得点	

1	1	(1)	
		(2)	
	2	(1)	
		(2)	
	3		
2	1		
	2		
	3		
	4		
	5		
	6		
3	1		
	2		
	3		
	4		
	5		
4	1		
	2		
	3		
	4	(1)	
		(2) 問題点	
		(2) 取り組み	

※実物の大きさ：195% 拡大（A3 用紙）

理
解

受検番号	第　　　番

理　科　解答用紙

得点	

1	1	(1)	
		(2)	
		(3)	a
			b
	2	(1)	
		(2)	
	3		

2	1	(1)		
		(2)	a	b
	2	(1)	はたらき	気体
		(2)		
	3	(1)		
		(2)		

3	1				
	2	(1)			
		(2)			
	3		a		
			記号		
	4	(1)			
		(2)	d	e	f

4	1		
	2	(1)	
		(2)	N
		(3)	
	3		c
			d
	4		

※実物の大きさ：195% 拡大（A3 用紙）

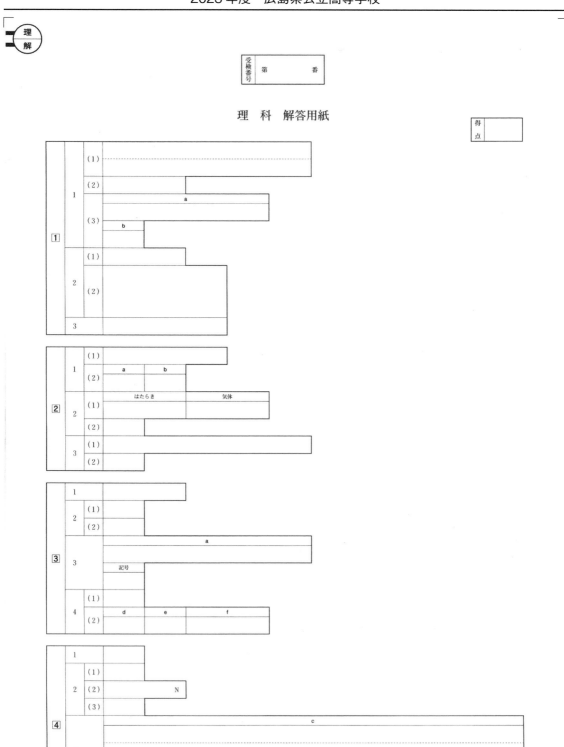

国 解

受検番号　第　　　番

国語解答用紙

得点

一
1 ㋐ って ㋑ り ㋒
2
3 Ⅰ Ⅱ
4
5
6 (1) (2)

二
1 ㋐ ㋑ らして ㋒
2
3 Ⓐ Ⓑ Ⓒ Ⓓ
4
5

三
1
2
3
200

※実物の大きさ：195% 拡大（A3用紙）

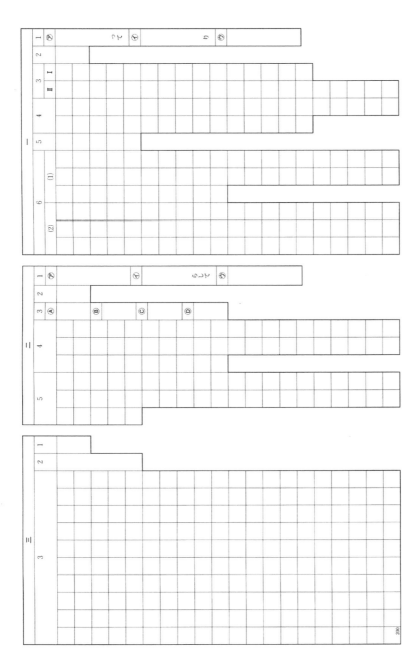

【数　　学】

1 2点×8　2 (1)3点　(2)3点　(3)4点　3 (1)2点　(2)3点　4 (1)2点　(2)3点
5 (1)3点　(2)4点　6 (1)4点　(2)3点（完答）

【英　　語】

1 問題A．2点×3　問題B．3点　問題C．4点　2 1～4．2点×4　5．1点×4
3 1～5．2点×6　6．4点　4 問題A．ア．2点　イ．3点　問題B．4点

【社　　会】

1 1．2点×2　2．2点×2　3．4点　2 1～4．2点×4　5．3点　6．2点
3 1～4．2点×4　5．4点　4 1～3．2点×3　4．(1)3点　(2)4点（完答）

【理　　科】

1 1．(1)2点　(2)1点　(3)2点×2　2．(1)1点　(2)2点　3．2点（完答）
2 1．(1)1点　(2)3点（完答）　2．(1)2点（完答）　(2)2点　3．(1)2点　(2)3点
3 1．1点　2．2点×2　3．a：2点　記号：1点　4．(1)2点　(2)3点（完答）
4 1．2点　2．(1)1点　(2)2点　(3)2点　3．3点（完答）　4．2点（完答）

【国　　語】

一．1．1点×3　2．2点　3．2点×2　4．3点　5．2点　6．3点×2
二．1．1点×3　2．2点　3．1点×4　4．5点　5．4点
三．1．2点　2．1点　3．9点

数
解

受検番号	第　　　　番

数　学　解答用紙

得点	

1	(1)	
	(2)	
	(3)	
	(4)	
	(5)	
	(6)	
	(7)	度
	(8)	

2	(1)	紅茶　　mL	コーヒー　　mL
	(2)	cm	
	(3)		

3	(1)	
	(2)	

4	〔証　明〕

5

(1)

(2)

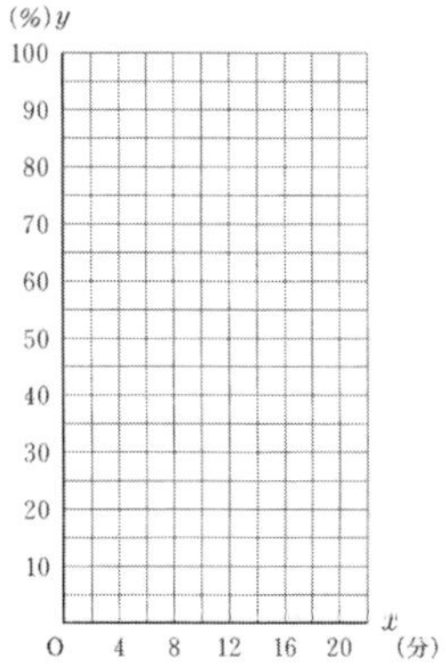

〔説　明〕

6

(1)

(2)

〔記　号〕

〔理　由〕

※実物の大きさ：195% 拡大（A3 用紙）

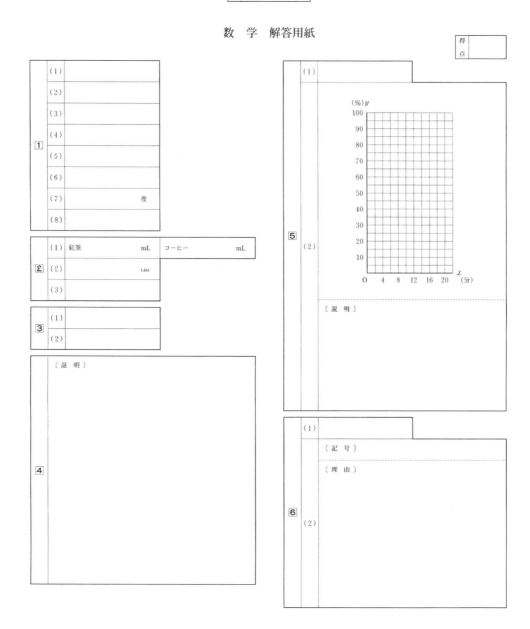

英
解

受検番号	第	番

英　語　解答用紙

得点	

1	問題A	No.1	
		No.2	
		No.3	
	問題B		
	問題C		

2	1		
	2		
	3		
	4	記号	
		日にち	日
	5		

3	1	(1)	
		(2)	
	2		I (　　　) for many years.
	3		
	4		
	5		
	6		

4	問題A	ア	
		イ	
	問題B	記号	
		理由	

※実物の大きさ：195% 拡大（A3 用紙）

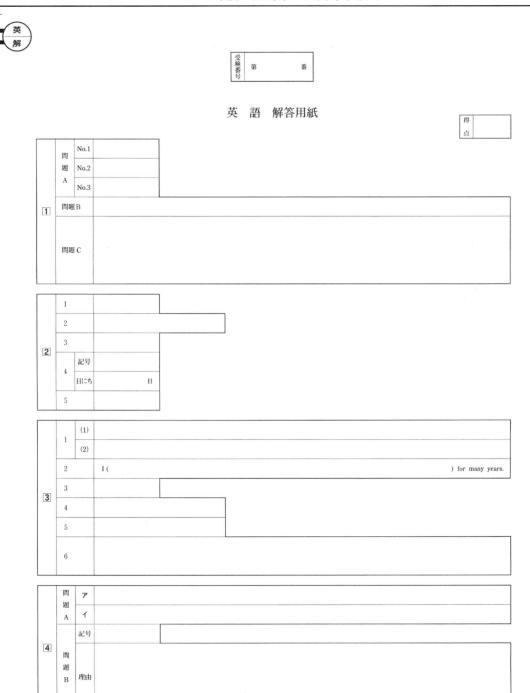

社
解

受検番号	第	番

社　会　解答用紙

得点	

1	1		
	2	a	
		b	
	3		
	4	記号	
		理由	
	5	利用者の立場からの利点	
		運行会社の立場からの利点	

2	1		
	2		
	3	A	
		B	
	4		

3	1		
	2	(1)	
		(2)	
	3		
	4		
	5		
	6	和食の特徴	
		取り組み	

4	1		
	2	A	
		B	
	3	記号	
		c	

※実物の大きさ：195% 拡大（A3 用紙）

理
解

受検番号	第　　　番

理　科　解答用紙

得点	

1	1	(1)				
		(2)				
	2	(1)	A	B	C	D
		(2)	E	F		
	3		G	H		
			I			

2	1		A	B
	2		C	D
	3		E	
			ⅰ Zn →	ⅱ → Cu
	4	(1)		
		(2)		

3	1			
	2			
	3	(1)	A	B
		(2)	度	
	4	(1)		
		(2)		

4	1	(1)	a
			b
		(2)	
	3	(1)	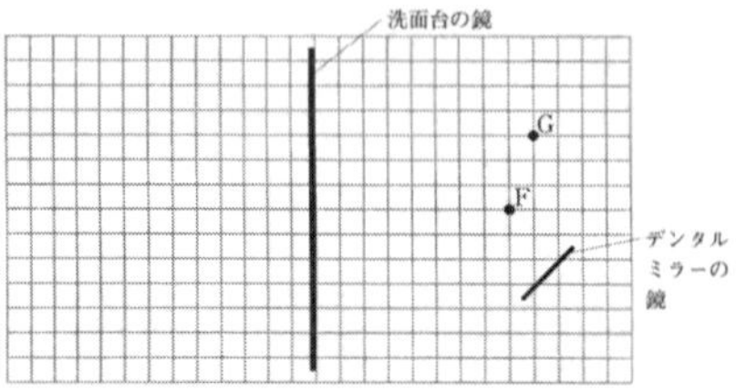
		(2)	

4の2

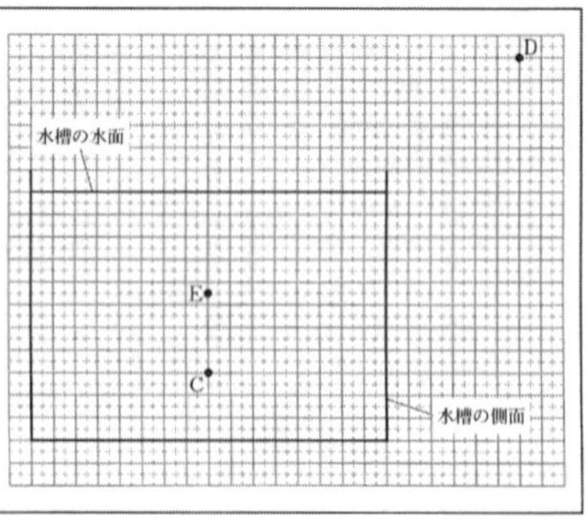

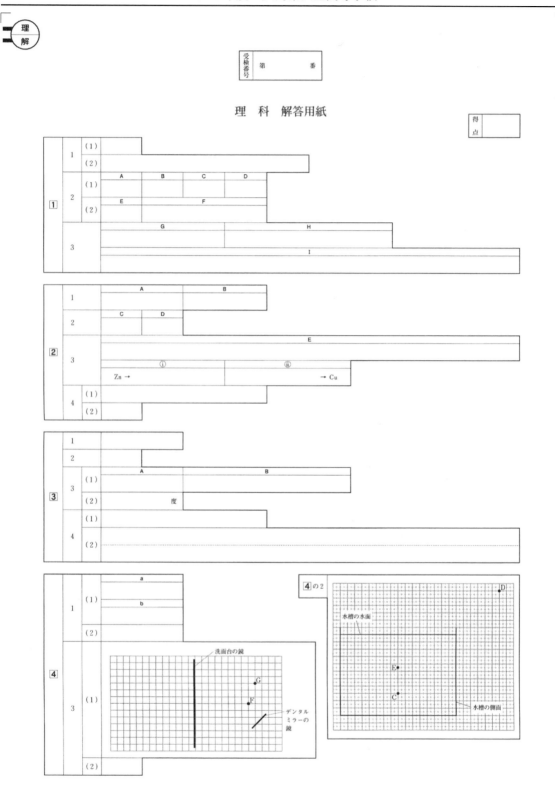

国解

受検番号 第　　番

国語 解答用紙

得点

一
1 ㋐ って ㋑ ねて ㋒ られる
2
3
4 (1) (2)
5

二
1 ㋐ ㋑ ㋒ ぶ
2
3
4 Ⅰ Ⅱ

三
1
2
3 (1) (2)

四
250

※実物の大きさ：195% 拡大（A3 用紙）

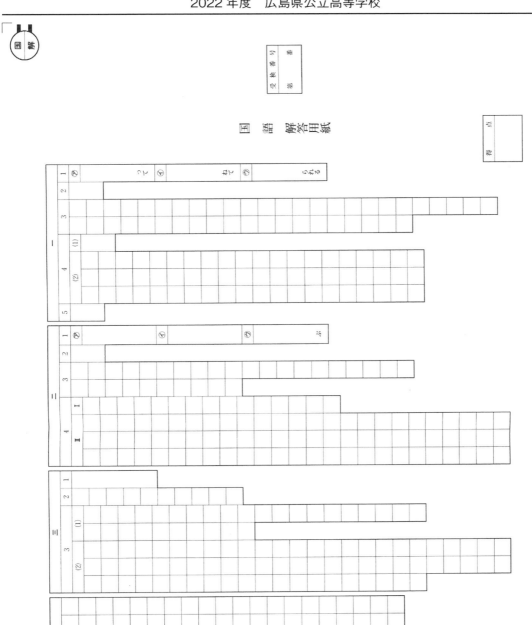

2022年度　広島県公立高等学校［配点］

【数　　学】

[1] 2点×8　[2] (1)3点　(2)4点　(3)3点　[3] (1)2点　(2)3点　[4] 5点　[5] (1)3点　(2)4点（完答）
[6] (1)3点　(2)4点（完答）

【英　　語】

[1] 問題A. 2点×3　問題B. 3点　問題C. 4点　[2] 1～3. 2点×3　4. 3点（完答）　5. 3点
[3] 1～4. 2点×5　5. 3点　6. 3点　[4] 問題A. ア. 2点　イ. 3点　問題B. 4点

【社　　会】

[1] 1. 1点　2. a. 1点　b. 2点　3. 2点　4. 3点（完答）　5. 2点×2
[2] 1. 2点　2. 3点　3. 2点×2　4. 3点
[3] 1. 1点　2. (1)2点　(2)1点　3～5. 2点×3　6. 3点（完答）
[4] 1. 3点　2. 2点×2　3. 記号：2点　c. 3点

【理　　科】

[1] 1. (1)1点　(2)2点　2. 2点×2（各完答）　3. GH：3点　I：2点
[2] 1. 1点（完答）　2. 1点（完答）　3. E：2点　i・ii：3点　4. (1)2点　(2)3点
[3] 1. 1点　2. 2点　3. (1)3点（完答）　(2)2点　4. (1)2点　(2)3点
[4] 1. (1)1点×2　(2)3点　2. 3点　3. (1)3点　(2)2点

【国　　語】

一. 1. 1点×3　2. 1点　3. 3点　4. (1)2点　(2)5点　5. 2点
二. 1. 1点×3　2. 2点　3. 3点　4. Ⅰ. 2点　Ⅱ. 4点
三. 1. 1点　2. 2点　3. (1)2点　(2)3点　四. 12点

数
解

受検番号	第　　　　番

数　学　解答用紙

得点	

1	(1)	
	(2)	
	(3)	
	(4)	
	(5)	cm^3
	(6)	
	(7)	①　　②　　③
	(8)	

2	(1)	
	(2)	
	(3)	m

3	S : T = 　　:

4	(1)	
	(2)	

5	(1)	
	(2)	私は，(　　　) さんに依頼する。 〔理　由〕

6	(1)	〔証　明〕	
	(2)	ア	
		イ	
		ウ	
		エ	
	(3)	オ	
		カ	
		キ	

※実物の大きさ：195% 拡大（A3 用紙）

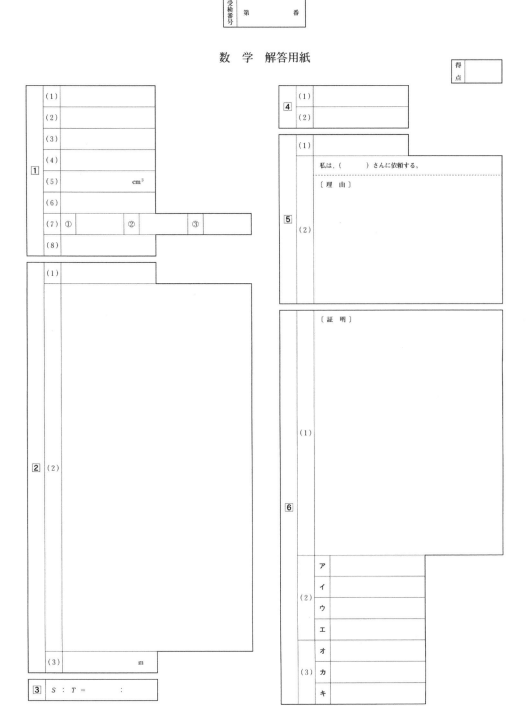

英解

受検番号	第　　番

英　語　解答用紙

得点	

1	問題A	No.1	
		No.2	
		No.3	
		No.4	
	問題B		

2	1		
	2		
	3		
	4	(1)	
		a	b
		(2)	
	5		

3	1	(1)	
		(2)	
	2		
	3		
	4	Anyone (　　　　) can learn about it.	
	5		
	6	(1)	
		(2)	

4	A	
	B	
	C	

※実物の大きさ：195% 拡大（A3 用紙）

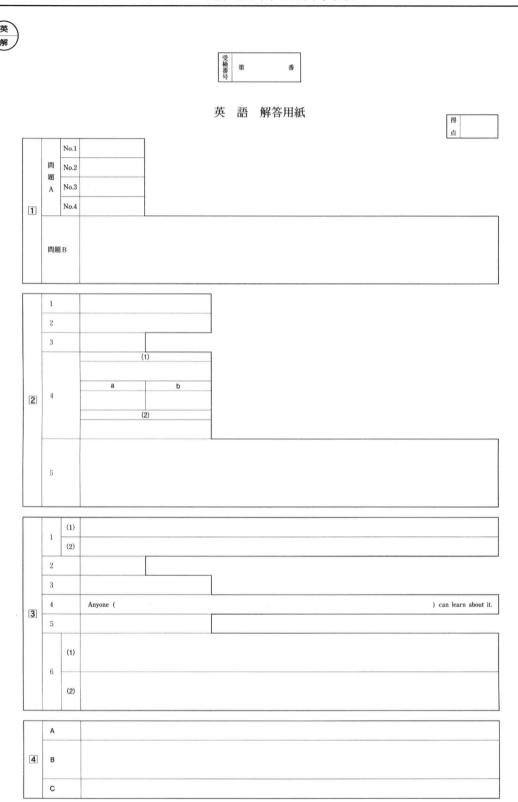

社
解

受検番号	第　　　番

社　会　解答用紙

得点	

1	1	(1)	
		(2)	
	2	(1)	
		(2)	
	3	X	
		訪れる場所〈1〉	
		暮らしの特色〔1〕	
		訪れる場所〈2〉	
		暮らしの特色〔2〕	

2	1	(1)	
		(2)	
	2		
	3		
	4	記号	
		c	

3	1		
	2	X	
		理由	
	3		
	4	(1)	
		(2)	
	5		

4	1		
	2		「通常時」→「氾濫時」→「氾濫後」
	3	(1)	
		(2)	〔例1〕
			〔例2〕

※実物の大きさ：195% 拡大（A3 用紙）

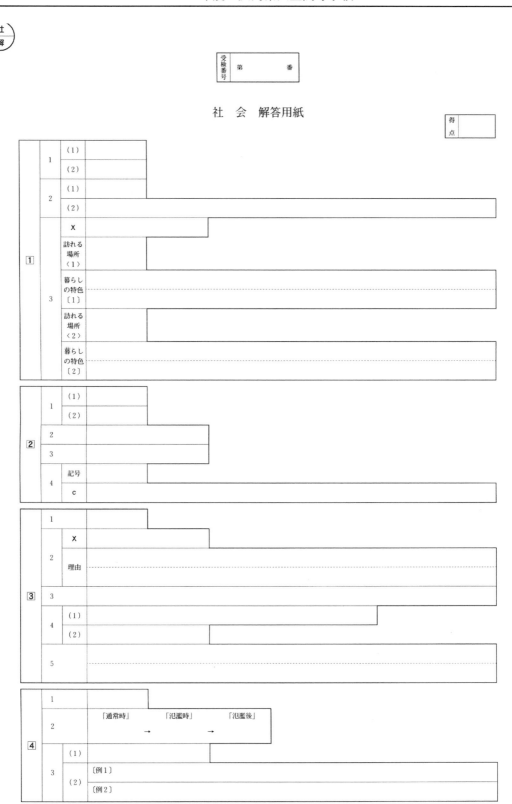

理
解

受検番号	第　　　　　番

理　科　解答用紙

得点	

1	1		
	2		
	3	(1)	cm³
		(2)	
	4	(1)	%
		(2)	小片A / 小片B / 小片C
			a
			b

2	1	(1)	
		(2)	
		(3)	ア →　　→　　→　　→　　→
	2	A	
		B	
	3	(1)	a / b
		(2)	C / D

3	1		
	3		
	4	(1)	kWh
		(2)	a / b / c / d
	5		

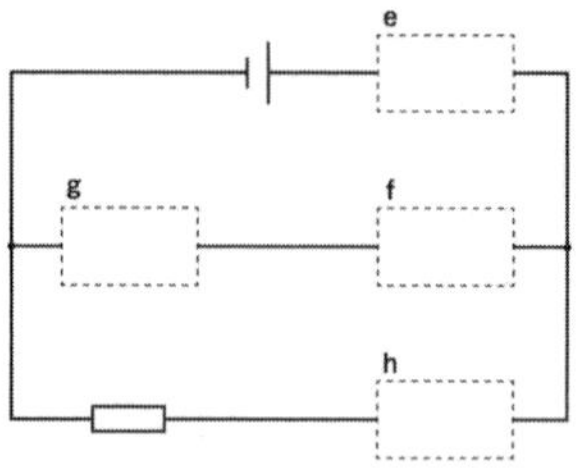

3の2

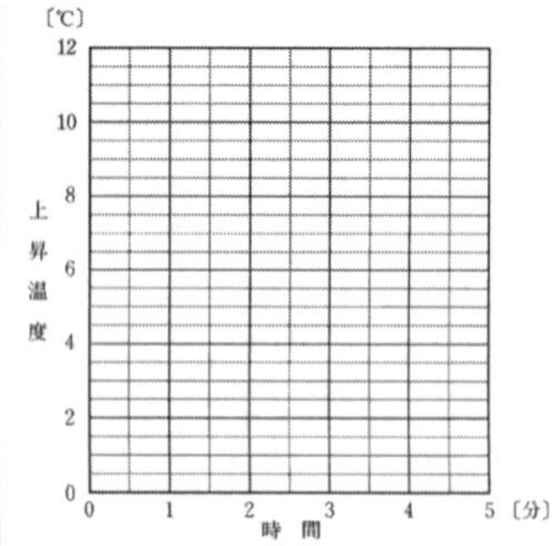

4	1	
	2	
	3	
	4	
	5	a / 記号
	6	

※実物の大きさ：195% 拡大（A3 用紙）

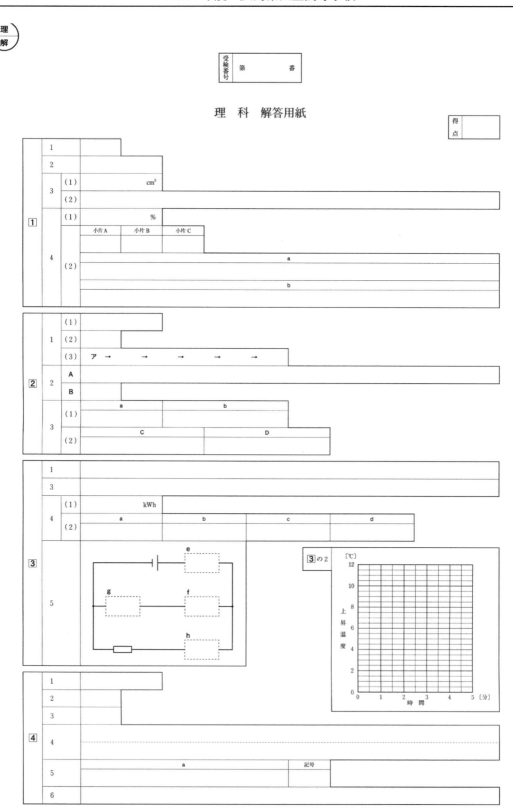

国解

受検番号　第　　番

国語解答用紙

得点　　点

一
1 ㋐　㋑　いだ　㋒
2
3
4
5 Ⅰ　Ⅱ

二
1 ㋐　り　㋑　なる
2
3
4 (1) Ⅱ　Ⅲ
(2)

三
1 覆
2
3 のに、　しまうこと。
4 Ⅰ 木の名前　Ⅱ　Ⅲ

四
私たち青空中学校の生徒は、今年度、地域で行われる避難訓練で受付・誘導係を体験することになりました。受付・誘導係を体験する際には、「やさしい日本語」を使って情報を伝えましょう。

250

※実物の大きさ：195% 拡大（A3 用紙）

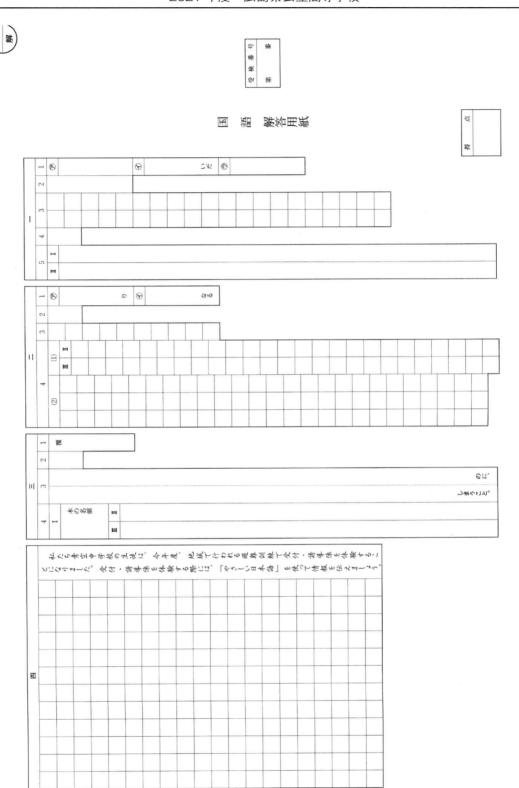

【数　　学】

[1] 2 点×8　[2] (1) 3 点　(2) 4 点　(3) 3 点　[3] 4 点　[4] (1) 2 点　(2) 3 点　[5] (1) 2 点　(2) 4 点
[6] (1) 4 点　(2) 2 点　(3) 3 点

【英　　語】

[1] 問題 A. 2 点×4　問題 B. 4 点　[2] 1 ～ 3. 2 点×3　4. (1) 2 点　a. 1 点　b. 1 点　(2) 2 点　5. 4 点
[3] 2 点×8　[4] 2 点×3

【社　　会】

[1] 1. (1) 1 点　(2) 2 点　2. (1) 2 点　(2) 3 点　3. 6 点
[2] 1. 1 点×2　2. 2 点　3. 3 点　4. 記号：2 点　c. 3 点
[3] 1. 2 点　2. X. 1 点　理由：2 点　3. 3 点　4. (1) 2 点　(2) 1 点　5. 3 点
[4] 1. 2 点　2. 3 点　3. (1) 1 点　(2) 4 点

【理　　科】

[1] 1. 1 点　2. 2 点　3. (1) 1 点　(2) 3 点　4. (1) 2 点　(2) 小片 A ～小片 C：2 点　a・b：2 点
[2] 1. (1) 2 点　(2) 2 点　(3) 1 点　2. 3 点　3. 2 点×2　[3] 1 ～ 3. 2 点×3　4. (1) 1 点　(2) 3 点　5. 3 点
[4] 1. 1 点　2. 1 点　3. 2 点　4. 3 点　5. 3 点　6. 2 点

【国　　語】

一. 1. 1 点×3　2. 2 点　3. 3 点　4. 2 点　5. Ⅰ. 3 点　Ⅱ. 2 点
二. 1. 1 点×2　2. 2 点　3. 3 点　4. (1) 2 点×2　(2) 4 点
三. 1. 1 点　2. 2 点　3. 3 点　4. 2 点×2　四. 10 点

数
解

受検番号	第　　　　番

数　学　解答用紙

得点	

1

(1)	
(2)	
(3)	
(4)	
(5)	
(6)	
(7)	
(8)	

2

(1)	
(2)	
(3)	(求める過程） (答)　P地点からR地点までの道のり　　　m， R地点からQ地点までの道のり　　　m

3

(1)		分
(2)	ア	
	イ	
	ウ	

4

(1)

連続する4つの整数のうち，小さい方から1番目の数を n とすると，連続する4つの整数は，n，$n+1$，$n+2$，$n+3$ と表される。

したがって，連続する4つの整数について，大きい方から1番目の数と大きい方から2番目の数の積から，小さい方から1番目の数と小さい方から2番目の数の積を引いたときの差は，その連続する4つの整数の和に等しくなる。

(2)

5

〔仮　定〕　図において，$\angle AOB = 90°$，$\overset{\frown}{AC} = \overset{\frown}{BD}$，$CE \perp OA$，$DF \perp OA$

〔結　論〕　$\triangle COE \equiv \triangle ODF$

〔証　明〕

6

(1)	
(2)	

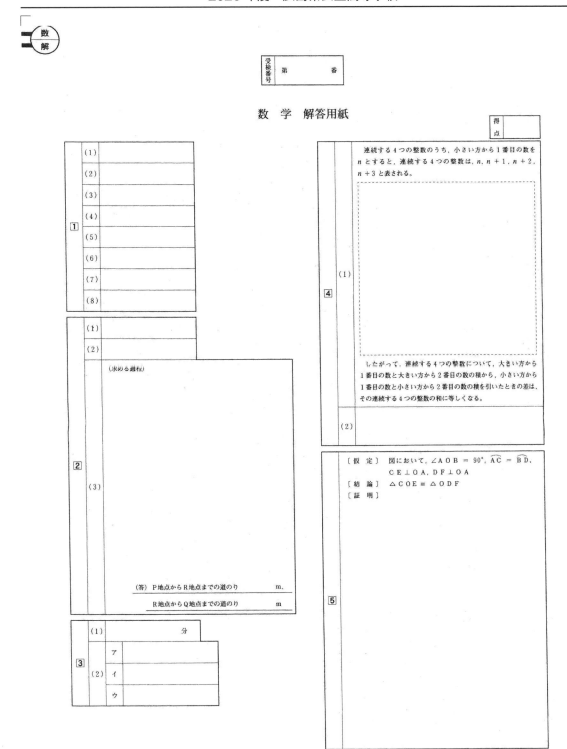

英解

受検番号	第　　　番

英　語　解答用紙

得点	

1	問題A	No.1	
		No.2	
		No.3	
		No.4	
	問題 B		

2	1				
	2				
	3	I think (			)
	4	(1)			
		(2)	(3)	(4)	(5)
	5				

3	1	(1)	
		(2)	
	2		
	3		
	4		
	5		
	6	(1)	
		(2)	

4	A	
	B	
	C	

※実物の大きさ：195% 拡大（A3 用紙）

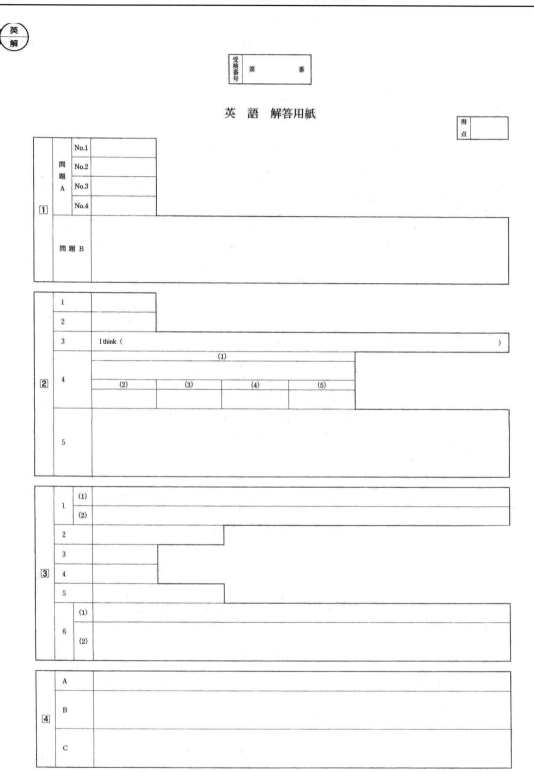

社
解

受検番号	第　　　　番

社　会　解答用紙

得点	

1	1		
	2	(1)	
		(2)	
	3	(1)	
		(2)	
	4		
2	1	(1)	
		(2)	
	2		
	3		A / B
	4		
	5		
3	1	(1)	a / b
		(2)	
	2		
	3	(1)	記　号（AとB） / 内　容（C）
		(2)	
4	1		
	2	(1)	
		(2)	
	3		

※実物の大きさ：195% 拡大（A3 用紙）

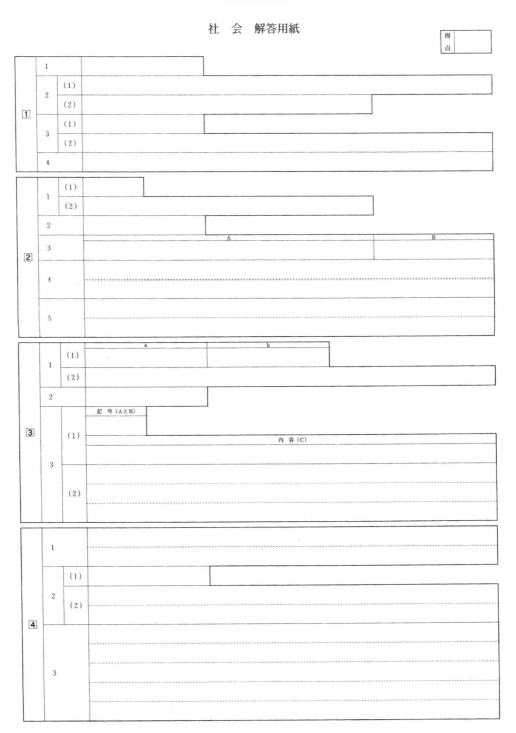

理
解

受検番号	第　　　番

理　科　解答用紙

得点	

1	1		小球の重さ	仕事の量
			N	J
	2			
	3		cm	
	4			
	5			

2	1					
	2					
	3					
	4					
	5	(1)	A	B	C	
		(2)	D	E	F	

3	1		体の特徴	生物名		
	2					
	3					
	4	(1)	A	B	C	D
		(2)	X	Y	Z	
		(3)				

4	1				
	2		A	B	
	3		名称	X	Y
	4	記号			
		理由			
	5	(1)			
		(2)			
		(3)	g		

※実物の大きさ：195% 拡大（A3 用紙）

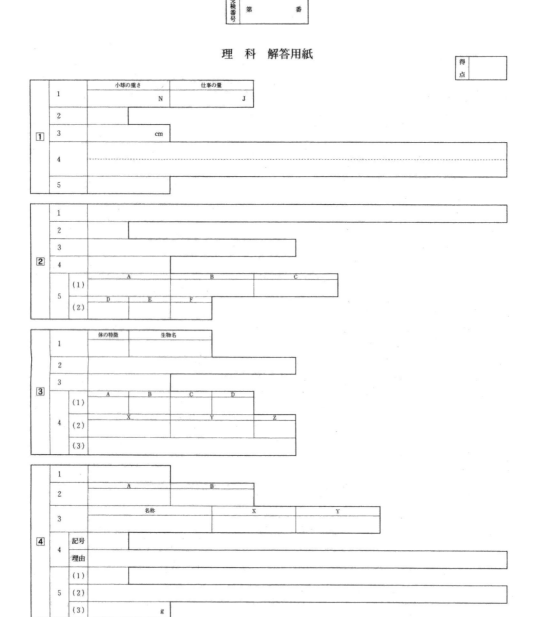

国解

受検番号　第　　番

国語　解答用紙

得点

一
1 ①　②　み　③　めて
2
3
4 ところや、
ところから、
母親として描かれていると考えられる。
5 (1)
(2) ことで、
になっている

二
1 ①　る　②　③　めて
2
3
4
5

三
1
2
3 訴
4 Ⅰ
Ⅱ

四
200

※実物の大きさ：195% 拡大（A3 用紙）

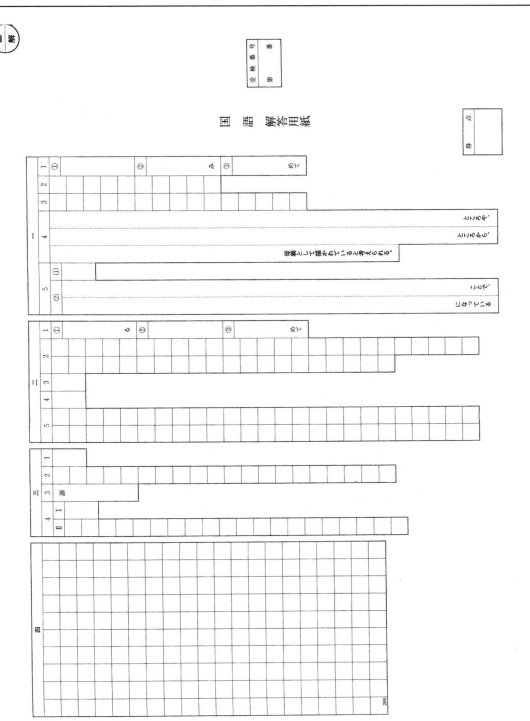

【数　　学】

1 2点×8　2 (1)3点　(2)3点　(3)4点　3 3点×2　4 (1)4点　(2)3点　5 5点　6 3点×2

【英　　語】

1 問題A. 2点×4　問題B. 4点　2 1～3. 2点×3　4. (1)2点　(2)～(5)1点×4　5. 4点
3 2点×8　4 2点×3

【社　　会】

1 1. 1点　2. 2点×2　3. 2点×2　4. 3点
2 1. (1)1点　(2)2点　2. 1点　3. 2点×2　4. 3点　5. 3点
3 1. (1)1点×2　(2)2点　2. 1点　3. (1)記号：1点　内容：3点　(2)3点
4 1. 2点　2. (1)1点　(2)3点　3. 6点

【理　　科】

1 1. 1点×2　2. 2点　3. 2点　4. 3点　5. 3点
2 1. 2点　2. 1点　3. 2点　4. 2点　5. (1)1点×3　(2)3点
3 1. 2点　2. 2点　3. 1点　4. (1)2点　(2)XY：2点　Z：1点　(3)2点
4 1. 1点　2. 1点×2　3. 名称：1点　XY：2点　4. 2点　5. (1)1点　(2)2点　(3)2点

【国　　語】

一. 1. 1点×3　2. 2点　3. 2点　4. 3点　5. (1)2点　(2)4点
二. 1. 1点×3　2. 4点　3. 1点　4. 2点　5. 5点
三. 1. 2点　2. 2点　3. 1点　4. 2点×2　四. 10点